긍정 도덕교육론

긍정 도덕교육론

추 병 완 지음

한국문화사

■ 머리말

　학생의 웰빙 증진에 대한 관심이 증가하면서 긍정교육에 대한 전 세계적인 학문적 연구와 실천도 급증하고 있다. 이 책은 긍정심리학을 학교교육에 적용하는 시도인 긍정교육을 도덕교육적 맥락에서 논의하려는 나의 학문적 시도를 담고 있다. 독자들은 긍정 도덕교육이라는 용어의 사용에 대해 다소 의아해할지도 모른다. 긍정 도덕교육은 긍정교육과 도덕교육의 합성어이다. 한마디로 요약하면, 그것은 긍정교육을 도덕교육적 맥락에 적용하려는 시도를 의미한다. 하지만 긍정 도덕교육은 긍정교육의 핵심 원리나 아이디어를 기계적으로 도덕교육에 적용하는 것이 아니라, 비판적 맥락에서 그 적용 가능성을 이론적으로 규명하고, 가능하고 현실적인 실천 방안을 제시하는 것을 목표로 삼는다. 나는 도덕교육은 학생이 더 행복하고 도덕적으로 건전하게 발달하는 데 기여해야만 한다고 믿으며, 도덕교육은 긍정교육과의 만남을 통해 그 믿음을 구체화할 수 있다고 생각한다. 이것이 바로 내가 이 책을 집필하게 된 순수한 학문적 동기다.

　도덕교육이 긍정교육과의 만남을 통해 긍정교육의 강점을 제대로 활용할 경우 우리는 도덕교육의 위상과 효과를 더욱 제고할 수 있다. 첫째, 우리는 도덕성과 삶의 만족, 신체건강과 정신건강, 웰빙 간의 친밀하고 강한 상관성을 토대로 도덕교육의 외연을 더욱 확장할 수 있다. 이것은 긍정 도덕교육을 통해 도덕교육의 연구 및 실천 분야가 더욱 다양해질 수 있음을 의미한다. 특히 긍정 도덕교육을 통해 우리는 도덕적으로 사는 것이 곧 즐겁고 행복한 삶임을 학생들이 인식하고 체화하도록 도울 수 있다. 긍정 도덕교육을 통해 우리는 도덕적 삶의 당위성과 현실적 이득을 학생들에게 보다 명확하고 다양한 과학적 근거로 제시할 수 있다. 둘째,

긍정교육은 도덕교육에서 중시하는 성품 강점이나 덕을 중시하므로 도덕교육의 내포를 더욱 깊고 강하게 만들어준다. 특히 긍정교육은 개별 덕의 발달 과정, 측정 도구, 함양 방법에 관한 증거 기반의 다양한 자료를 제공하므로, 긍정 도덕교육을 통해 우리는 도덕교육의 내용으로서 덕에 관한 더욱 심층적 이해를 할 수 있다. 셋째, 긍정교육은 증거 기반의 개입 사례를 통해 웰빙과 플로리싱 수준을 높이는 데 도움을 주는 효과적인 지도 방법이나 생활 기술을 제공한다. 그러므로 긍정 도덕교육을 통해 우리는 도덕교육의 방법에서 풍요로움을 누릴 수 있게 된다.

이 책은 그간 내가 긍정교육에 관한 이론과 실제를 살펴보면서, 도덕교육에 쉽게 적용하여 도덕교육의 실효성을 제고하는 데 도움을 줄 수 있는 이론적 근거와 더불어 증거 기반 실천 방안을 정리한 것이다. 이 책에 실린 대부분의 내용은 그동안 내가 학술지에 발표했던 긍정교육에 관한 논문에서 비롯되었다. 내 논리대로 글을 쓰는 것보다는 익명의 심사위원의 학문적 검증을 통해 더욱 탄탄한 논리를 갖춘 책을 만드는 것이 좋겠다는 의도에서 나는 이 책의 목차를 머릿속에 그리면서 먼저 논문을 작성하여 게재하고, 다시 수정과 보완을 거쳐 한 권의 책으로 만드는 어렵고 힘든 길을 선택하였다. 그러다 보니 3년 이상의 긴 세월에 걸쳐 이 책의 집필을 마칠 수 있었다. 나는 이 책에서 긍정교육의 핵심 구인을 가급적 모두 다루어보려고 애를 썼다. 특히 긍정심리학과 긍정교육에서 강조하는 여러 심리학적 구인 가운데 도덕교육적 함의가 크다고 여겨지는 7가지 구인을 집중적으로 다루었다. 그래서 나는 삶의 의미, 삶의 목적, 회복탄력성, 감사, 희망, 자기 자비, 음미 등의 핵심 구인을 비교적 상세하게 다루는 데 초점을 맞추었다. 모쪼록 이 책이 학생의 웰빙이나 플로리싱을 증진하는 교육 활동을 위한 이론적·실천적 길잡이가 되기를 기대한다.

이 책이 나오기까지 많은 분이 도움을 주었다. 나는 먼저 연구에만 전념할 수 있는 교육 환경과 도서관 장서를 제공해 준 춘천교육대학교, 그리고 나와 함께 연구를 수행하면서 내 학문적 아이디어의 실천과 보급에 앞장서고 있는 김광수 선생님과 최윤정 선생님에게 고마움을 전해야만 한다. 한결같은 정서적 지지의 원천이 되는 사랑하는 나의 가족들에게도 지면을 빌어 고마움을 전하고 싶다. 그리고 도덕교육이라는 어려운 과제에 대한 학문적 대화를 나눌 수 있는 학계의 많은 동료에게도 고마움을 전하고 싶다. 끝으로, 어려운 출판 여건에도 한 권의 책으로 만들어주신 한국문화사 관계자 모두에게 마음으로부터 우러나오는 따뜻한 고마움의 온기를 전하고 싶다.

2019년 1월
홍익관 연구실에서

차례

■ 머리말 / v

1부 긍정 도덕교육의 이해

1장 기로에 선 도덕교육 ———————————— 3
1. 도덕교육의 현 좌표는? ·····················4
2. 도덕교육의 새 활로 ·····················14

2장 학교 기반 긍정심리학 개입과 도덕교육 ———— 36
1. 긍정심리학과 긍정교육의 이해 ·····················38
2. 학교에서의 긍정심리학 개입 사례 ·····················42
3. 도덕교육에의 시사점 ·····················57

3장 긍정교육과 인성교육 ———————————— 68
1. 긍정교육의 이론 체계 ·····················70
2. 긍정교육의 적용과 평가 ·····················81
3. 인성교육에 대한 시사점 ·····················96

2부 긍정 도덕교육의 실제

4장 삶의 목적과 도덕교육 ———————————— 109
1. 삶의 목적의 의미와 기능 ·····················111
2. 삶의 목적의 발달 과정 및 효과 ·····················118
3. 삶의 목적의식 함양을 위한 지도 방법 ·····················127

5장 삶의 의미와 도덕교육 ——————————— 139
1. 철학과 심리학에서 삶의 의미 ···142
2. 삶의 의미의 발달 토대 ···150
3. 삶의 의미 증진을 위한 지도 방법 ···159

6장 자기 자비와 도덕교육 ——————————— 176
1. 자기 자비 구인의 등장 개념 ···178
2. 자기 자비의 개념 및 구성 요소 ···181
3. 자기 자비의 심리적 기능 및 효과 ···186
4. 자기 자비의 함양을 위한 교수 방법 ··194

7장 희망과 도덕교육 ————————————— 207
1. 희망 이론의 이해 ··209
2. 학교에서의 희망 개입 사례 ··217
3. 초등 도덕교육에서 활용상의 유의점 ·······································221

8장 음미와 도덕교육 ————————————— 229
1. 긍정 정서의 유형과 기능 ···232
2. 긍정 정서 조절로서의 음미 ··238
3. 음미 전략의 활용 방안 ··244

9장 감사와 도덕교육 ————————————— 257
1. 감사의 개념과 도덕적 기능 ··259
2. 감사 교육 활동의 방법과 성과 ···266
3. 도덕교육에 대한 시사점 ··271

10장 회복탄력성과 도덕교육 ──────────── 283
1. 회복탄력성이란 무엇인가? ······················286
2. 회복탄력성 증진을 위한 교육적 개입 ···················294
3. 회복탄력성 증진을 위한 도덕과 지도 방법 ················305

■ 찾아보기 / 321

1부
긍정 도덕교육의 이해

여기서는 지금 우리가 왜 긍정 도덕교육이라는 새로운 이론적 관점을 필요로 하는지를 다룬다. 이를 위해 나는 1장의 기로에 선 도덕교육에서 향후 우리의 도덕교육이 지향해야 할 10가지 기본 원칙을 제시하였다. 그리고 그 원칙 가운데 하나로 긍정교육과 도덕교육의 만남이 필요한 이유를 언급하였다. 2장은 초등학교 기반 긍정심리학 개입을 다루면서 국외의 초등학교에 적용된 긍정심리학 개입의 유형을 살펴보고, 이를 적용할 때의 유의점에 대해 살펴보았다. 3장은 긍정교육의 모델이 되고 있는 오스트레일리아 지롱 그래머 학교의 실천 사례를 소개하고, 그것이 인성교육에 주는 시사점을 밝혔다. 3장에서 나는 긍정교육의 핵심 사항이 무엇인지를 이해하기 쉽게 설명하는 데 주력하였다. 나는 1~3장의 내용을 통해 긍정심리학, 긍정교육, 도덕교육 또는 인성교육의 만남이 서로 상승 작용을 할 수 있는 방안을 이론적으로 제시하는 데 초점을 맞추었다.

이 책의 1장은 2018년 12월 12일 한국도덕윤리과교육학회의 동계학술대회에서 기조 강연으로 다루었던 내용을 모체로 한다. 2장은 2018년 8월 3일 한국초등도덕교육학회에서 발표한 내용이다. 그리고 3장은 2017년 8월 7일 한국도덕윤리과교육학회 연차학술대회에서 발표한 내용이다. 나는 강연 내용이나 발표 내용을 이 책의 구성에 맞게 부분적으로 수정하였다.

1장
기로에 선 도덕교육

　1973년 하나의 독립 교과로 등장한 이래 도덕 교과는 파란만장한 교과로서의 삶을 보여 주었다. 1990년대에 들어서면서 도덕 교과는 교육과정의 개편 때마다 존폐의 기로에 서서 교과로서 수명을 연장하기 위한 참담한 전투를 벌여야 했고, 급기야 7차 교육과정에서 '시수 감소'라는 커다란 부상을 입은 채 가까스로 살아남았다. 2000년대에 들어와서도 위기는 지속되어 고등학교 도덕이 '통합 사회' 과목에 편입되는 또 한 번의 아픔을 겪기도 했다. 그 사이 통일교육지원법, 인성교육진흥법의 제정과 더불어 도덕 교과의 독립성과 자립성에 긍정적 영향을 줄 것이라는 일시적인 기대가 생기기도 했지만, 정작 현실은 그렇지 않았다. 하지만 파란만장했던 교과로서의 삶을 지탱해오는 가운데 오늘날 고등학교 선택 과목인 '생활과 윤리'는 수능 시험의 사회 탐구 영역에서 학생들이 가장 많이 선택하는 과목이 되었으며, '윤리와 사상'을 선택하는 학생의 숫자도 미약하지만 계속 증가 추세에 있다. '윤리와 사상'을 선택하면 '생활과 윤리'는 보너스라는 말이 회자될 정도로 적어도 수험생에게 도덕 교과가 차지하는 위상은 이전과는 사뭇 다르다.

그래서 나는 오늘 1장의 제목을 '기로에 선 도덕교육'으로 정했다. 여기서 나는 도덕교육을 전공하는 우리가 앞으로 지향해야 할 방향과 표적이 무엇인지를 제시하고자 한다. 어쩌면 여기서 내가 말하고자 하는 것은 1981년 이후 도덕교육에 몸을 담았던 나 자신의 철저한 학문적 자기반성의 산물이며, 그러한 나 자신의 고민을 이 자리에서 상호 공유하는 것이 향후 우리의 도덕교육이 진일보하는 데 밑거름이 되기를 바라는 소박한 절규일 수도 있다. 논의의 편의를 위해 나는 여기서 두 가지 사항에 초점을 맞추고자 한다. 하나는 우리의 도덕교육이 서 있는 좌표를 명확하게 확인하는 것이고, 다른 하나는 도덕교육 연구와 실천이 지향해야 할 10가지 지침을 제안하는 것이다. 물론 이것은 그간 나 자신의 이론 연구와 경험 연구 결과에서 나온 한갓 개인적 내러티브에 불과하지만, 도덕교육에 관심이 있는 많은 사람과 진지하게 고민해 볼 가치가 충분히 있다고 판단한다.

1. 도덕교육의 현 좌표는?

1) 3S 분석

나는 먼저 현재 우리의 도덕교육이 자리를 잡고 있는 정확한 좌표를 확인하고자 한다. 지금 우리가 어떤 상황에 놓여 있는지 그리고 우리가 직면한 도전이나 위기가 무엇인지를 명확하게 알아야 적절한 대처 방안을 모색할 수 있기 때문이다. 물론 우리의 현 좌표를 식별하기 위해 PEST 분석이나 SWOT 분석을 사용할 수도 있지만, 여기서 나는 더 간편한 교육학적 도구를 사용하고자 한다. 상당히 오래된 개념이기는 하지만 타일러(Tyler)가 제시한 3S 원칙은 현재 우리의 좌표를 확인하는 데 상당한 도움을 준다. 우리가 어떤 새로운 형태나 방식의 교육을 설계하고자 할 때는 사회(Society), 학생(Student), 교과(Subject)의 학문적 동향을 세밀하게 분석하는 작업이 선행되어야 한다.

첫째, 우리가 살고 있는 사회의 변화상에 주목할 필요가 있다. 사실 나를 비롯한 오늘날 기성세대는 산업화, 정보화, 지능화로 대변되는 시대를 모두 압축적으로 겪으며 살고 있는 어찌 보면 매우 불행하면서도 달리 보면 시대 변화에 잘 적응한 매우 회복탄력적인 사람들이라고 볼 수도 있다. 융합 기술의 눈부신 발전에 힘입어 기존의 세계화와 다원화는 그 폭과 깊이를 더해 가고 있다. 이와 관련하여 많은 교육학자는 융합과 연결을 특징으로 하는 4차 산업혁명에 대비한 21세기 기술의 중요성을 강조한다. 또한 이주의 시대에 걸맞게 우리 사회의 인적 구성은 점점 다양해지는 가운데 새로운 사회 통합의 필요성이 커지고 있다. 여하튼 도덕교육은 이러한 사회적 흐름을 반영하는 가운데 우리의 학생들이 기술의 발전이 마련해 놓은 새로운 질서와 체제에 연착륙할 수 있도록 도와줌과 동시에 융합 기술이 수반하는 잠재적인 윤리적 문제에 대한 비판적 평가 능력을 갖출 수 있게 해 주어야 한다. 동시에 도덕교육은 학생들이 우리 사회의 점증하는 문화적 다양성을 수용하고 인정하면서 서로 평등하고 정의롭게 살아갈 수 있는 공존의 기술과 논리를 습득할 수 있도록 도와주어야 한다. 더 나아가 무학년제, 학교 울타리의 해체와 같은 미래 사회의 학교 변화에 대응하는 유연한 도덕과 교육과정 운영 체제를 선도적으로 고민해 보아야 할 것이다.

한편, 우리는 과학기술의 발전이 가져올 유토피아적 세계에 관련된 도덕교육을 모색함과 더불어 디스토피아적 세계와 관련된 도덕교육에 대해서도 생각해 보아야 한다. 최근 아마존 웹서비스의 중단이나 KT 지사의 화재는 미래 사회에 도래할 압축된 재앙의 단면을 여실하게 보여 주었다. 기계에 대한 의존성이 심해짐에 따라 우리는 새로운 형태의 인간 소외나 권태에 시달리는 가운데 실존적 공허에 빠질 수도 있다. 미래 사회에서는 기계가 인간이 수행하던 많은 일을 대신함에 따라 전통적으로 인간이 관계했었던 삶의 의미와 목적의 범주가 크게 줄어들 것이 분명하다. 이제 우리는 암울해질 수 있는 미래 사회에서 새로운 삶의 의미와 목적의 추구 및 현존에 도움을 줄 수 있는 도덕교육에 대해서도 진지하게 고민해 보아야 한다. 복잡한 도덕 문제에 대한 사회적 결정 및 해결 과정에서 인공지능이나 빅데이터 기술이 인간을 대체하면서 우리는 도덕적 권태나 도덕적 무관심에 내몰릴 수 있을 것이다. 그러한 도덕적 권태나 무관심은 자기탐닉적인 생활방식의 확산을 더욱 부채질할 것이 분명하다. 저녁이 있는 삶을 위해 많은 젊은 세대가 공무원 시험에만 전념하는 작금의 사회 풍조는 삶의 의미와 목적의 획일화라는 비극을 연출하고 있다. 자신을 넘어서는 세계에 대한 공헌과 기여보다는 자기만의 만족을 추구하는 자기중심주의(meism)가 날로 극심해지는 상황에서 도덕교육이 제대로 된 방향타 역할을 할 수 있는 방안을 우리는 진지하게 모색해야 한다.

사회의 변화와 관련하여 우리는 우리 사회의 지속적인 변화 추세에도 관심을 기울여야 할 것이다. 저출산·고령화로 표현되는 우리 사회의 특징은 상당한 도덕적 함의를 보여 준다. 그러다 보니 우리가 간과했었던 도덕교육의 사각지대가 점점 커지고 있다. 나는 여기서 우리가 간과했던 3개의 사각지대를 강조하고 싶다. 그것은 바로 작은 학교, 노인 차별, 해외 한국 학교의 문제이다. 학령인구의 감소에 따라 작은 학교의 숫자가 날로 증가하지만, 이에 대해 우리는 아무런 대비를 하지 않고 있다. 강원도의 경우를 놓고 보면 전체 초등학교 가운데 거의 절반에 해당하는 학교가 전교생 60명 미만의 작은 학교이다. 전교생이 20~30명인 학교에서 복식 수업은 필수적인데, 우리의 학계는 작은 학교에서 도덕 수업을 어떻게 해야 하는지에 대한 연구가 거의 전무한 실정이다.

고령화 추세는 세대 간 갈등이나 노인 차별과 같은 선진국 형태의 윤리 문제가 우리 사회에서도 곧 심각해짐을 예측한다. 그러나 효도, 존중, 배려의 가치만으로는 노인 차별이나 노인 학대와 같은 사회 문제에 성공적으로 대처하기가 어려운 것이 사실이다. 성차별이나 인종 차별과 달리 노인 차별은 언젠가 나 자신도 분명히 포함되는 집단에 대한 차별이기에 그 예방과 감소에서 혁신적인 방안을 필요로 한다. 그러므로 성차별, 인종 차별과 더불어 노인 차별에 대한 도덕교육적 관심을 어떻게든 표명해야 할 시점이다.

내국인의 해외 이주가 증가함에 따라 해외 한국 학교의 규모도 계속 증가 추세를 보인다. 일례로, 베트남 호치민의 한국 학교는 초등학생부터 고등학생까지 전교생이 거의 2천 명에 달하는 매우 큰 학교다. 그러나 이 학교의 교육과정에서 도덕 교과는 찾아볼 수가 없다. 더구나 이 학교에는 한베 가정 자녀라고 해서 한국인과 베트남인 사이에서 출생한 자녀들이 거의 400명을 차지하고 있음에도 불구하고, 체계적인 다문화 도덕교육의 실행을 위한 전문교사가 배치되어 있지 않은 실정이다. 해외 한국 학교에서 도덕교육의 문제는 앞으로 우리 학계가 관계 부처와 협의를 통해 해결 방안을 시급히 찾아야 할 매우 중요한 사각지대에 해당한다.

둘째, 우리가 가르치고 있는 그리고 앞으로 가르쳐야 할 학생에 대한 명확한 이해가 필요하다. 오늘날 우리가 가르쳐야 할 학령기 아이들은 태어나면서부터 디지털 기기와 친숙한 디지털 네이티브(digital native) 또는 넷 세대(Net generation)에 속한다. 정보 통신 기술은 학령기 아이들의 삶의 총체적인 부분을 이루고 있으므로 그들의 흥미와 기술에 부합하도록 우리의 교육 체제를 적합하게 만들어야 한다는 사회적 요구가 거세게 일고 있다. 이미 학교 현장의 많은 교사는 오늘날 학생들이 적극적인 체험적 학습자로서 멀티태스킹(multitasking)에 능통하고, 정보에 접근하고 타인과 소통하기 위해 통신 기술에 상당히 의존하고 있음을 목도하고 있다. 일찍이 탭스콧(Tapscott, 1998, 131)은 전통적인 형태의 교훈적인 가르침 방식이 새로운 세대의 지적·사회적·동기적·정서적 욕구와 잘 부합하지 않음을 역설한 바 있다. 특히 비선형적인 방식으로 설계된 인터넷에 익숙한 아이들에게 선형적인 방식의 전통적인 교수·학습이 과연 얼마나 실효성 있는지에 대해 우리는 심각하게 고민해야 한다. 동시에 그들의 통신 기술에 대한 의존성을 도덕교육적 관심으로 유도하는 획기적이고 혁신적인 방법을 모색해야 한다. 지금 우리는 인터넷에 검색하면 다 나오는 내용을 굳이 시간을 따로 내어 학교에서 가르칠 필요가 있는지에 대해 논리적으로 타당한 답변을 제시해야 할 처지에 놓여 있다.

셋째, 도덕 교과의 배경 학문의 동향을 면밀하게 파악해야 한다. 도덕 교과의 배경 학문이 되고 있는 윤리학, 도덕 심리학 그리고 여타의 사회과학의 동향을 예의 주시해야 한다. 덕 윤리학은 덕, 성품, 공동체, 내러티브, 모범, 습관의 중요성을 제시하면서 덕의 함양이 도덕교육의 목표가 되어야 한다는 것을 강조한다. 한편 실천윤리학 혹은 응용윤리학의 눈부신 발전은 도덕교육의 내용 영역의 확장에 기여하고 있다. 이제 우리는 신경윤리학, 인공지능 윤리학, 로봇윤리학과 같은 새로운 분야의 도입에 대해 진지하게 고려해야 한다. 신경과학의 발전은 소위 뇌 기반 교육의 필요성을 역설하고 있다. 우리는 뇌 과학의 연구 결과에 대한 몰이해에서 비롯하는 신경신화(neuromyths)를 경계하는 가운데 후성유전학과 신경 가소성의 원리에 근거한 도덕교육의 학습 기제에 대해서도 고민해야 한다. 전통적인 시민성 분야에서도 상당한 변화가 일고 있다. 이제 우리는 전통적인 민주 시민성(democratic citizenship)이 포괄하지 못하는 디지털 시민성(digital citizenship)이나 생태 시민성(ecological citizenship)의 등장에 주목해야 한다. 동시에 시민성에 관한 최근의 학문적 동향은 풍부한 지식을 갖춘 시민, 헌신적이고 적극적인 시민, 자율적이고 비판적 성찰 능력을 갖춘 시민이나 도덕 행위자를 육성할 것을 강조한다(Halstead & Pike, 2006, 34). 또한 최근에 도덕 심리학은 직관과 정서의 중요성을 강조하면서 추론 중심의 기존 도덕교육에 대한 반성을 요구하고 있다. 나바이즈

(Narvaez)가 강조한 도덕적 전문 기술(moral expertise)에 근거한 통합적 윤리교육 모델은 우리의 도덕교육이 놓치고 있는 부분이 무엇인지를 잘 적시해 준다. 교육학 분야에서는 기업의 교육 모델에 주목하는 가운데 숙달(mastery)에 근거한 역량 기반 교육에 주목하고 있으며, 최근 우리의 교육과정은 이러한 핵심 역량을 강조하고 있기도 하다. 이러한 여러 배경 학문의 동향은 우리의 좌표를 확인하는 데 많은 도움을 준다.

2) 도덕교육에 대한 외적·내적 도전

이러한 변화의 흐름에서 현재 우리의 도덕교육이 직면하고 있는 외적 그리고 내적인 도전이 무엇인지를 살펴보기로 하자. 설령 우리가 처한 좌표를 명확하게 인식했다 하더라도 이러한 도전을 이겨내지 못한다면 우리의 도덕교육은 실패할 수밖에 없다. 불행하게도 우리가 직면하고 있는 외적 그리고 내적인 도전은 그리 만만한 상대가 아니다.

외적 도전

도덕교육이 직면하고 있는 외적 도전 가운데 가장 심각한 것은 바로 트랜스휴머니스트(transhumanist)라고 자칭하는 사람들이 제기하는 도덕적 향상(moral enhancement) 논리이다. 트랜스휴머니즘을 신봉하는 사람들은 인간 향상과 관련하여 인지 향상, 기분 향상과 더불어 도덕적 향상의 필요성을 강력하게 제기한다. 특히 그 선봉에 서 있는 피어슨과 사부레스쿠(Persson & Savulescu, 2012; 추병완, 2015)는 도덕적 향상을 인간의 도덕적 의무로 규정하는 가운데, 생명의학과 유전공학 기술을 활용하여 인류를 도덕적으로 향상시키지 않는 한, 머지않은 장래에 인류는 파멸에 직면할 것이라고 경고한다. 동시에 그들은 전통적인 방식의 학교 도덕교육은 인류의 위기를 해결하는 데 큰 도움이 되지 않는다고 주장한다. 이론적 측면에서 직접적 개입에 의한 도덕적 향상 논리는 도덕성의 본질에 대한 몰이해, 도덕적 향상 수단의 부적절, 강제성, 도덕적 악에 대한 과잉 단순화의 오류를 범하고 있다. 그리고 실제적 측면에서 도덕적 향상 논리는 효험과 안전성에서 명확한 한계를 드러내고 있다. 그럼에도 도덕적 향상을 주장하는 사람들은 도덕적 향상을 자기 증진을 지향하는 하나의 도덕적 의무로 규정한다. 대부분의 우리는 생명 의학적 수단이나 약한 도덕적 인공 지능에 의한 도덕적 향상이 인간의 존엄성, 자율성, 정체성을 심각하게 훼손할 우려가 있음에 주목한다. 그러나 치료와 향상 개념의 엄격한 구분이 점차 모호해지고 있는 상황을 고려할 때, 직접적 개입에 의한 도덕적 향상의 논리는 더욱 득세할 것이 분명하므로, 우리는 이에 대한 반대 논리를 개발하는 데에 더 많은 노력을 기울여야 할 것이다.

두 번째 우리가 직면한 외적 도전은 디지털 기술의 눈부신 발전에 따라 온라인과 오프라인의 구분이 점점 모호해지는 상황에 직면하고 있다는 것이다. 사실 우리는 현실에서 제대로 된 도덕성을 갖춘 사람이라면 온라인에서도 도덕적으로 선한 방식으로 행동할 것이라는 막연한 기대에 근거하여 정보 통신 윤리 내용을 기존의 도덕교육 내용에 덧붙이는(add-on) 방식의 단순한 해결책을 모색하였다. 그러나 온라인과 오프라인 경계의 모호함은 사이버 공간에 대한 과도한 몰입이나 여러 형태의 사이버 일탈 행동의 만연을 초래하고 있다. 사이버 공간에서의 탈억제(disinhibition)나 도덕적 이탈(moral disengagement)에 대한 적절한 지식이나 정보의 제공이 없는 가운데 온라인에서 적절하고 바람직한 행동만을 기대하기는 매우 어렵다. 이 점에서 디지털 시민성과 같은 새로운 시민성 교육이 우리의 도덕교육의 틀을 짜는 데 도움을 줄 수 있을 것이다.

세 번째의 도전도 역시 만만한 과제가 아니다. 아리스토텔레스(Aristotle)가 유덕한 행동의 학습에서 경쟁적 모방(emulation)의 중요성을 강조한 이래로 관찰과 모방에 의한 도덕성의 학습은 매우 간단하면서도 용이한 도덕교육의 방법으로 간주되어 왔다. 하지만 현재 우리 사회에는 학생들이 보고 배울 만한 도덕적 모범이 그리 많지 않다. 유덕한 모범의 행동을 접하면서 느끼는 고양(elevation) 경험은 도덕적 행동과 친사회적 행동의 강력한 동기화(motivation) 요인이지만, 실제로 우리의 학생들이 고양 경험을 느낄 만한 모범 사례가 너무나도 부재하는 그런 사회에서 지금 우리는 도덕교육을 실행하고 있다. 학생에 대한 중요한 도덕적 역할 모델로서 자신의 소임을 다하는 도덕 교사들이 얼마나 많은지도 사실 의심스럽다. 교과서에 제시된 모범은 학생들의 삶과 유리된 것이 많고, 학생들이 본받고 실천하기에 너무 벅찬 지나치게 이상적인 소재들로 구성되어 있는 경우가 많다.

내적 도전

우리가 직면하는 도전 가운데에는 우리 내부에서 유래하는 것도 많다. 그중에서도 나는 두 가지 사항을 특히 강조하고 싶다. 하나는 도덕 교과의 목표로서 설정하고 있는 인간상 또는 도덕교육을 받은 학생의 모습이 너무나도 이상적이라는 사실이다. 목표는 SMART한 것일 때 의미가 있다. 목표는 구체적이고(Specific), 측정 가능하며(measurable), 성취 가능하며(Attainable), 현실적이고(Realistic), 완료 시한이 있는 것(time-bound)이어야 한다. 하지만 우리가 제시하는 도덕 교과의 총괄 목표나 학교 단위의 목표는 이상적인 목표가 갖추어야 할 조건을 제대로 갖추지 못하고 있다. 예를 들어보기로 하자. 2015 도덕과 교육과정에서 제시하는 총괄 목표는 다음과 같다. "도덕과는 기본적으로 성실, 배려, 정의, 책임 등 21세기 한국인으로서 갖추고 있어야 하는 인성의 기본 요소를 핵심 가치로 설정하여 내면화하는 것을 일차적 목표로 삼는다. 이를 토대로 자신의 삶의 의미를 자율적으로 찾아갈 수 있는 도덕적 탐구 및 윤리적 성찰, 실천 과정으로 이어지는 도덕함의 능력을 길러 도덕적인 인간과 정의로운 시민으로 살아갈 수 있도록 돕는 것을 목표로 한다."(교육부, 2015, 4). 그동안 학계에서 논란이 되었던 '도덕함'은 별개로 치더라도, 도덕적인 인간과 정의로운 인간이라는 추상적인 용어의 귀결로 목표를 대신하고 있다. 여기서 도덕적인 인간은 무엇이고, 정의로운 인간은 또 무엇인가? 이것은 성취 기준의 경우에도 마찬가지다. 온갖 미사여구로 치장했을 뿐 사실상 측정 가능하거나 완료 시한이 있는 것이 아니다. 이렇듯 모호하면서도 지나치게 추상적인 목표 설정은 현실 적합성을 갖기가 어렵다. 그 자체가 매우 신비스럽고 아주 먼 교육 목표는 도달하기도 어렵거니와 학생에게 좌절과 탈동기화(demotivation)만을 부추길 뿐이다.

   고등학교의 경우를 살펴보자. 수능 시험에서 다루어지는 '생활과 윤리'와 '윤리와 사상'의 경우 해당 학자의 원전을 읽어야만 정답을 찾을 수 있는 매우 고차원적이고 난해한 도덕적 지식을 요구하고 있다. 선택지의 답안 내용이 적어도 학생들의 일상적인 삶에서 도덕적 행동을 안내하는 지침으로서의 역할을 다할 때 지식 위주의 평가가 갖는 한계를 어느 정도 극복할 수 있음에도, 지금 수능 평가 문항은 단지 '지식을 위한 지식' 혹은 화이트헤드(Whitehead, 1929/1967, 32)가 그토록 경계했던 실제 상황에서의 문제 해결에 전혀 도움을 주지 못하는 무기력한 관념(inert ideas)의 재생산에 그치고 있다. 화이트헤드(1927/1967, 28)가 피력한 바와 같이, 우리의 도덕교육 목표는 리듬이 없는 선형적이고 비순환적인 목표들로 가득 채워져 있다. 학생들이 교과 학습의 과정에서 무언가 열매나 결실을 얻어 그것을 음미하고 새롭게 출발할 수 있는 여지를 전혀 남겨두지 않고 있다.

   도덕교육이 직면하고 있는 또 다른 내적 도전은 현대판 바벨탑의 재현에 있다. 도덕교육에 관한 연구자의 증가는 분명 환영할 만한 일이다. 하지만 서로 다른 용어와 개념, 구인의 무분별한 사용은 연구자들 사이에서도 잘 소통이 되지 않는 경우가 많다. 도덕교육의 내적 도전은 많은 연구자들이 새로운 것(the new)에 도취된 채 앞다투어 기존과는 다른 새로운 도덕교육 어휘를 불리는 것에만 관심을 가질 뿐 공통의 개념 정의를 위한 진지한 노력은 하지 않고 있다는 사실과 관련되어 있다. 나는 교육이 망가지는 데에는 두 가지 요인이 기여한다고 생각한다. 하나는 그 교육을 연구하는 사람들 사이에 공통된 개념 정의가 부재하여 서로 다른 말을 하는 것이고, 다른 하나는 이론 연구는 제쳐둔 채 무분별한 적용과 실천에만 골몰할 때이다. 한때 우리 교육에도 성행했던 열린 교육(open education)이 그 대표적인 사례라고 볼 수 있다. 도덕교육 연구자들 사이에 통약 불가능한 용어가 난무하는 것은 우리의 도덕교육을 해치는 위험 요인이라는 사실을 우리는 직시해야 할 것이다.

또한 도덕교육의 외연이 넓어지면서 타 학문 분야의 효과적인 방법을 도덕교육에 적용하면서 또 하나의 새로운 것에 도취되는 경향도 유념할 필요가 있다. 이를테면 최근에 일부 연구자는 심리 치료의 방식을 교과로서의 도덕교육에 접목하려는 시도를 한다. 하지만 치료의 맥락과 교육의 맥락은 분명히 다른 것이다. 치료의 맥락에서 치료사와 환자의 관계는 교육의 맥락에서 교사와 학생의 관계와는 분명히 다른 것이다. 우리가 도덕교사의 역할을 치료사의 역할까지 마구 확대하는 것이 과연 바람직한 것인가에 대한 진지한 고민이 없는 가운데, 자신의 연구 결과를 마치 도덕교육 분야에서의 새로운 발견인 양 추켜세우는 일에 몰두해서는 안 된다. 도덕교육의 임무는 치료의 경우처럼 개인의 약점을 보완하거나 치유하는 것에 국한되지 않는다. 오히려 도덕교육은 각자의 잠재된 성품 강점을 더욱 발전시키도록 자극하는 것에 더 많은 관심을 기울여야 한다. 이와 비슷한 논리에서, 도덕교육은 그 방법에 있어서도 도덕적이어야 한다. 교사는 학생의 선택과 자율성을 존중하는 가운데 학생 스스로 도덕적으로 타당한 가치나 원리를 자율적으로 선택하거나 채택할 기회를 부여해야 한다. 도덕교육은 디자이너의 의도대로 학생을 주조하는 도덕 디자인과는 다른 것이기 때문이다. 도덕교육에서도 목적이 수단을 정당화하지는 않는다는 것을 새겨두어야 할 것이다.

2. 도덕교육의 새 활로

지금까지 도덕교육의 현재 좌표와 우리가 처한 도전에 대해 서술하였다. 이제 이 기로에서 우리의 도덕교육이 모색해야 할 새 활로의 구체적인 지침 10가지를 제시하고자 한다. 물론 이것은 나의 개인적인 생각이지만, 내 생각을 뒷받침하는 여러 연구 결과를 활용하면서 개인적 내러티브의 한계를 극복할 생각이다.

1) 도덕 행위자에 대한 합당한 이해가 필요하다.

한때 나는 그 어느 누구보다도 피아제와 콜버그의 열렬한 지지자였다. 나는 피아제와 콜버그의 학문 세계만이 아니라 그들의 개인적인 삶의 자세를 모방하려는 시도까지 할 정도로 그 두 사람은 나의 학문 세계와 일상적인 삶에 지대한 영향을 주었다. 나는 가끔 왜 콜버그가 공립학교의 도덕교육 목표를 4단계로 하향 조정하는 선택을 해야만 했었는지에 대해 곰곰이 생각해본다. 그리고 그의 선택이 옳았다는 것을 다시 확인해 본다. 그러므로 우리가 길러내고자 하는 도덕 행위자에 대한 현실적인 이해가 필요하다는 것이 도덕교육의 활로와 관련하여 내가 제안하는 첫 번째 지침이다.

여기서 나는 니산(Nisan, 1991, 220)의 도덕적 균형(moral balance) 개념

에 주목할 것이다. 나는 언제 어디서나 도덕적 행동을 하나의 정언명령으로 수행하는 그런 도덕 행위자는 불가능하다고 생각한다. 그것은 지나치게 이상적인 서술에 불과하고, 우리 인간에 대한 정확한 묘사에도 실패한 것이라고 본다. 우리가 기르고자 하는 도덕 행위자는 신처럼 오류가 전혀 없는 도덕적으로 완벽한 사람이 아니다. 도덕성은 우리 안의 많은 성향 중 일부이고, 도덕성이 다른 성향보다 압도적으로 우선할 때에만 도덕성은 행동으로 구체화되기 마련이다. 사실 니산의 지적처럼 우리는 자신의 도덕 정체성을 유지하려고 노력하는 존재이다. 그러므로 어떤 행동이 자신의 도덕 정체성을 심각하게 손상하지 않을 때에는 우리는 도덕적으로 이탈하여 작은 잘못(small sins)을 범하는 것을 허용한다. 이러한 제한된 도덕성(limited morality)의 개념을 수용하는 것이 인간의 도덕 생활에 대한 현실적인 이해에 근거한 도덕교육의 실행을 가능하게 한다.

니산의 도덕적 균형 모델의 핵심은 우리가 적절한 판단에 따라 행동해야겠다는 의무감을 느끼지만, 자신의 도덕 정체성에 심각한 손상을 입히지 않는 한 어느 정도 일탈의 여지를 허용한다는 사실이다. 이런 관점에서 보면 도덕적으로 선한 사람은 합리적인 도덕적 균형을 유지하는 사람이다. 실제로 도덕 심리학 연구는 우리가 도덕적 면허(moral licensing)나 도덕적 세정(moral cleansing)을 통해 나름의 도덕적 균형을 유지하면서 살고 있음을 분명하게 보여 준다. 선한 행동은 우리의 도덕적 균형 수준을 높이고, 나쁜 행동은 도덕적 균형 수준을 낮출 것이다. 그러므로 이제 우리는 어떤 이상적인 종착점이나 단계를 향해 나아가는 선형적인 도덕 발달에 근거한 도덕교육보다는 자신의 도덕 정체성을 유지하기 위해 부침을 거듭하면서 현재의 도덕적 균형을 유지할 뿐만 아니라 더 높은 균형을 이루기 위해 지속적으로 노력하려는 사람을 육성하는 데에 초점을 맞춰야 할 것이다. 이것은 도덕 정체성에 관한 도덕 심리학의 연구 결과와도 어느 정도 일치하는 사항이다.

2) 불필요한 죄책감을 유발하는 도덕교육을 지양하자.

도덕 정서에 관한 대부분의 연구는 부정적 유의를 지닌 2개의 자기 의식적인 정서인 수치심과 죄책감에 초점을 맞추었다. 수치심은 전반적인 자아에 대한 부정적인 평가를 의미하고, 죄책감은 특정한 행동에 대한 부정적인 평가를 의미한다. 경험 연구는 수치심이 아닌 죄책감이 삶에서 도덕 경로를 선택하도록 동기를 부여하는 데 더 효율적이라는 사실에 수렴한다(Tangnet et al., 2007, 354). 죄책감의 능력은 책임을 수용하고 우연한 실패나 위반 행동의 결과로써 배상 행동을 취하도록 동기를 부여하여 도덕적 행동을 촉진할 경향성이 매우 크다. 반대로 경험 연구 결과는 수치심을 일련의 불법적이고 위험한 또는 그렇지 않으면 문제가 있는 행동과 연결되어 있음을 보여 준다. 그러므로 자신의 행동에 대한 죄책감을 느끼도록 자극하는 형태의 도덕교육은 그 자체로 매우 의미 있는 것이다.

하지만 이러한 죄책감은 어디까지나 학생 자신의 행동에 국한되어야 할 것이다. 학생 자신이 전혀 관여하지 않은 일에 대해서까지 죄책감을 확장하는 것은 바람직하지 못하다. 사실 빈부 격차와 환경 문제를 비롯한 우리 사회의 비도덕적 문제의 상당 부분은 사회 환경, 특히 사회의 구조나 제도 또는 정책의 실패에서 비롯된 것이 많다. 그리고 그것은 학생 개인의 도덕성만으로는 해결하기 어려운 문제들이다. 학생 자신이 저지르지도 않은 일에 대해 대해서까지 애써 죄책감을 느끼게 할 필요는 없다. 예멘 난민 문제를 예로 들어보자. 우리가 학교에서 가르친 관용과 존중, 인류평등주의, 세계 윤리는 제주도 난민 문제의 해결에서 아무런 도덕적 목소리를 내지 못한 채 정치적 결정에 가려지고 말았다. 이에 대해 혹자는 학생들이 '도덕적 행동을 하지 않음'에 대한 죄책감을 느껴야 한다고 강변할지도 모른다. 물론 그런 확장된 죄책감이나 책임 개념이 윤리학적으로는 의미가 있을지 모르나 적어도 도덕교육의 맥락에서는 선뜻 수용하기가 어렵다.

확장된 죄책감이나 책임감은 어느 누구도 죄책감을 느끼지 않거나 책임을 지지 않는 면책 수단으로 언제든지 돌변할 수 있기 때문이다.

나는 우리의 도덕교육이 우리 사회의 비도덕적 문제에 대해 성찰하면서 학생들이 불필요한 죄책감을 느끼게 하기보다는 오히려 학생의 도덕적 자부심(moral pride)을 촉진하는 데에 더 많은 관심을 두어야 한다고 생각한다. 도덕적으로 적절한 기준을 충족하거나 또는 초과하기 위한 그리고 비도덕적으로 행동하려는 충동을 억제하기 위한 건전한 자부심의 감정은 중요한 동기적인 기능에 기여한다. 따라서 학생이 관여하지도 않았던 우리 사회의 문제에 대해 모종의 죄책감과 책임을 강요하는 가운데 사회의 개선을 위한 학생 참여를 강조하는 것보다는 오히려 사회 변혁의 주체 세력이 될 수 있다는 학생의 도덕적 자부심을 촉진하는 데 우리는 더 진력해야 할 것이다. 지금 우리에게는 학생들이 근거 없는 죄책감에서 탈피하여 도덕적 자부심을 가진 정의 지향 시민(justice-oriented citizen) 혹은 변혁적 시민(transformative citizen)으로 성장하고 발달할 수 있도록 돕는 형태의 도덕교육이 필요하다(Banks, 2008, 137).

〈표 1〉 민주 시민의 유형

개인적으로 책임 있는 시민	참여하는 시민	정의 지향 시민
[특징] • 자신이 속한 공동체에서 책임 있게 행동한다. • 일을 하고, 세금을 내고, 법을 준수한다. • 재활용을 하고, 헌혈을 한다. • 위기의 시점에서 도움을 주려고 자발적으로 나선다.	[특징] • 공동체 조직의 적극적인 시민으로서 개선 시도를 한다. • 도움이 필요한 사람을 돌보기 위한 공동체의 시도를 조직화하고, 경제 발전에 기여하며, 환경을 정화한다. • 정부 기관이 작동하는	[특징] • 표면상의 원인을 넘어서서 파악하려고 사회적·정치적·경제적 구조를 비판적으로 평가한다. • 정의롭지 못한 분야를 찾아내고 역점을 두어 그것을 다룬다. • 민주적인 사회 운동과 체

	방식을 알고 있다. · 집단행동을 실현하기 위한 전략을 알고 있다.	제 변화에 영향을 주는 방법에 대해 알고 있다.
[사례] · 푸드 드라이브(food drive)에 식량을 기부한다.	[사례] · 푸드 드라이브를 조직하는 것을 돕는다.	[사례] · 사람들이 굶주리는 이유를 탐색하고, 근본 원인을 제거하려고 노력한다.
[핵심 가정] · 사회 문제 해결과 개선을 위해 시민은 좋은 인성을 갖추어야만 한다. 시민은 공동체의 성원으로서 정직하고, 책임감 있으며, 법을 잘 지키는 사람이어야만 한다.	[핵심 가정] · 사회 문제를 해결하고 사회를 개선하기 위해 시민은 기존의 체제와 공동체 구조 안에서 적극적으로 참여하고 리더십 지위를 채택해야만 한다.	[핵심 가정] · 사회 문제를 해결하고 사회를 개선하기 위해 시민은 의문을 제기하고, 논쟁하며, 오랜 시간에 걸쳐 부정의(injustice) 유형을 재생산하는 기존의 체제와 구조를 변화시켜야만 한다.

웨스트하이머와 케인(Westheimer & Kahne, 2004, 240)은 민주 시민의 유형을 3가지로 구분하였다. <표 1>에서 볼 수 있는 바와 같이 개인적으로 책임 있는 시민, 참여하는 시민, 정의 지향 시민이 바로 그 3가지 유형에 해당한다. 개인적으로 책임 있고 참여하는 시민을 양성하는 시민성 교육은 자원봉사나 지역사회 봉사활동에 학생을 참여시켜 개인적으로 좋은 시민을 육성하는 것이다. 이 접근법은 학생들을 민주주의에서 최소 참여를 위한 시민으로 준비시킨다. 이를테면 투표 참여, 준법, 기부, 도움이 필요한 사람 돕기 등과 같은 사회 문제에 대한 개인적 해결에 초점을 맞춘다. 정의 지향 접근법은 집단적인 사회 행동과 같은 더욱 적극적인 형태의 민주적 참여를 강조하고, 학생들이 기저의 원인과 체제상의 해결에 초점을 맞추도록 격려한다. 정의 지향 접근법은 학생들이 동료 시민의 다양한 욕구와 관점에 민감해지고, 학생들이 사회의 부정의를 인식하고 그러한

사회 문제의 근본 원인을 파악하게 하며, 기존의 체제와 구조를 변화시키는 방법을 이해하게 하는 데 초점을 맞춘다(Westheimer & Kahne, 2004, 255).

3) 도덕적인 삶이 좋고 행복한 삶임을 강조하자.

언제부터인지 정확히 알 수는 없지만, 우리 사회는 법대로 혹은 도덕적으로 살다가는 손해를 보기 십상이라는 생각이 만연하였다. 이러한 생각은 학생들에게도 그대로 전염되어 수단과 방법을 가리지 않고 내 목표와 목적을 달성하면 그만이라는 그릇된 사고방식의 만연으로 이어졌다. 그러나 아리스토텔레스를 포함한 동서양의 많은 철학자와 성현은 도덕성이 좋은 삶과 행복한 삶의 중요한 토대임을 역설하였다.

아리스토텔레스는 우리가 어떻게 살아야만 하는지 그리고 무엇을 위해 살아야만 하는지를 이해하는 데 깊은 관심을 두고 있었다.『니코마쿠스 윤리학』(*Nicomachean Ethics*)에서 아리스토텔레스는 그가 에우다이모니아(eudaimonia)라고 불렀던 최고선에 관하여 이야기하였다. 에우다이모니아는 우리말로 표현하면 자기실현, 완성, 번영을 의미한다. 에우다이모니아는 윤리적으로, 진정성 있게, 유덕하게 사는 과정이다. 그것은 고착된 상태가 아니다. 에우다이모니아는 우리의 기본적인 인간적인 기능을 완벽하게 수행하는 것 그리고 우리가 저마다의 독특한 활동을 수행하는 것을 통해서만 얻을 수 있는 매우 안정된 번영을 뜻한다. 에우다이모니아는 덕과 탁월성에 일치하여 수행된 개인적으로 의미 있는 행동의 결과다. 아리스토텔레스는 모든 사람이 특정한 재능이나 능력을 소유하고 있으며, 우리는 그러한 기술을 우리의 특정한 역할, 직업, 목적에 활용한다고 믿고 있었다. 우리가 가진 능력을 최상으로 발휘하려고 열심히 노력하는 것은 우리를 에우다이모니아로 이끌어 준다.

아리스토텔레스의 에우다이모니아 개념은 삶의 목적(purpose in life)과 심리적 웰빙(psychological well-being)이라는 오늘날의 심리학 개념에 지대한 영향을 주었다. 과학적 연구와 가치중립성을 표방하는 최근의 심리학 이론에서도 웰빙(well-being)이나 플로리싱(flourishing)의 중요한 토대로서 성품 강점(character strengths)의 중요성을 강조하는 추세다. 우리가 도덕교육에서 강조하는 가치·덕목은 우리의 삶이 지향해야 할 분명한 방향을 안내하는 기능을 수행함과 동시에 삶의 역경이나 위기의 순간에서 자신을 다시 일으켜 세워주는 버팀목이 된다. 이것은 우리가 도덕교육을 통해 도덕적 삶의 당위성만을 강조할 것이 아니라, 도덕적으로 사는 삶이 가져올 수 있는 다양한 혜택이나 이득과 같은 더욱 현실적인 사항에 대해서도 학생들과 소통하는 것이 중요함을 일깨워 준다.

우리가 학생들에게 도덕적인 삶이 좋고 행복한 것임을 강조하는 것은 최근 국제적으로 이슈가 되고 있는 긍정교육(positive education)으로부터 많은 시사점을 얻을 수 있다. 이제 우리는 긍정 도덕교육(positive moral education)에 대해 심각하게 고민해 볼 필요가 있다. 여기서 긍정 도덕교육은 긍정교육의 기본 원리와 아이디어를 도덕교육에 적용하는 것을 의미한다. 하지만 단순한 기계적 적용이 아니라 비판적 맥락과 증거 기반을 중시하는 가운데 도덕교육의 효과를 제고하는 데 도움을 줄 수 있는 다양한 아이디어를 이론과 실제의 측면에서 적극적으로 검토하여 적용하는 것을 의미한다.

도덕교육이 긍정교육과의 만남을 통해 긍정교육의 강점을 제대로 활용할 경우 우리는 도덕교육의 위상과 효과를 더욱 제고할 수 있다. 첫째, 우리는 도덕성과 삶의 만족, 신체건강과 정신건강, 웰빙 간의 친밀하고 강한 상관성을 토대로 도덕교육의 외연을 더욱 확장할 수 있다. 이것은 긍정 도덕교육을 통해 도덕교육의 연구 및 실천 분야가 더욱 다양해질 수 있음을 의미한다. 특히 긍정 도덕교육을 통해 우리는 도덕적으로 사는 것이 곧 즐겁고 행복한 삶임을 학생들이 인식하고 체화하도록 도울 수 있다. 긍정 도덕교육을 통해 우리는 도덕적 삶의 당위성과 현실적 이득을 학생들에게 보다 명확하고 다양한 과학적 근거로 제시할 수 있다. 둘째, 긍정교육은 도덕교육에서 중시하는 성품 강점이나 덕을 중시하므로 도덕교육의 내포를 더욱 깊고 강하게 만들어준다. 특히 긍정교육은 개별 덕의 발달 과정, 측정 도구, 함양 방법에 관한 증거 기반의 다양한 자료를 제공하므로, 긍정 도덕교육을 통해 우리는 도덕교육의 내용으로서 덕에 관한 더욱 심층적 이해를 할 수 있다. 셋째, 긍정교육은 증거 기반의 개입 사례를 통해 웰빙과 플로리싱 수준을 높이는 데 도움을 주는 효과적인 지도 방법이나 생활 기술을 제공한다. 그러므로 긍정 도덕교육을 통해 우리는 도덕교육의 방법에서 풍요로움을 누릴 수 있게 된다.

4) 도덕적 생활 기술을 가르치자.

일찍이 토머스 리코나(Lickona, 1991, 61)는 도덕적 역량(moral competence)을 도덕적 판단과 감정을 행동으로 효과적으로 전환할 수 있는 능력이라고 규정하였다. 예를 들면, 우리가 갈등을 공정하게 해결하려면 실제적인 기술(skills)을 필요로 한다. 그러한 기술은 경청하기, 다른 사람을 모욕하지 않으면서 서로의 관점을 주고받는 것, 서로가 수용할 수 있는 해결책을 만들어내는 것 등을 포함할 수 있다. 이렇듯 우리가 직관, 판단, 감정을 행동으로 옮기기 위해서는 여러 가지 생활 기술(life skills)을 필요로 한다. 도덕교육은 막연하게 도덕적 행동의 실천을 강조하는 것이 아니라 학생들이 좋은 성품을 갖추는 데 필요한 그리고 자신의 도덕적 판단과 감정을 실제 행동으로 옮기는 데 필요한 구체적인 생활 기술을 가르쳐줄 수 있어야 한다.

세계 보건 기구(World Health Organization)는 개인이 건강한 삶을 영위하기 위해 갖추어 할 생활 기술을 인지적 기술(창의적 사고 기술, 비판적 사고 기술, 의사결정 기술, 문제 해결 기술), 사회적 기술(대인관계 기술, 자기 인식 기술, 공감 기술), 협상 기술(스트레스 대처 기술, 정서 대처 기술)로 구분한 바 있다. 쿠마(Kumar, 2017, 146-147)는 이러한 생활 기술을 가르치기 위해 학교가 교실 토론, 집단 과업, 교육적 게임, 역할놀이, 논쟁, 브레인스토밍, 사례 연구 및 분석, 스토리텔링과 같은 다양한 전략을 활용할 것을 제안하였다. 도덕교육 분야에서 사회 정서 학습(social & emotional learning), 봉사 학습(service learning), 도덕적 전문 기술(moral expertise)에 관한 연구는 이러한 생활 기술이 도덕교육에서 어떻게 활용되어야 하는지를 잘 보여준다. 그런데 생활 기술은 학생들의 구체적인 경험과 체험을 필요로 하므로 도덕교육은 학생들이 생활 기술을 체험하고 연습할 수 있는 다양한 기회를 부여할 수 있어야 한다. 동시에 학생들이 구체적인 경험에 대한 성찰적 관찰, 경험에서 학습한 내용의 추상적 개념화, 학습한 내용의 적극적 실행을 통해 진정한 생활 기술로 발전시킬 수 있게 해야 할 것이다.

5) 유행타기를 경계하자.

도덕교육에서 우리가 특히 경계해야 할 것은 바로 유행타기(faddism)이다. 이것은 도덕교육 분야나 다른 분야에서 효과적이라고 입증된 것을 마치 만병통치약인 양 숭배하면서 다른 방법이나 모델을 폄하하는 전형적인 모습을 보인다. 도덕교육과 관련된 최근 초등학교 현장의 유행타기로 긍정 훈육(positive discipline)을 들 수 있다. 긍정 훈육의 철학과 기법은 심리 치료사이자 시카고의 알프레드 아들러 연구소(Alfrec Adler Institute of Chicago) 소장이었던 드리커스(Dreikurs, 1968)의 저술로부터 나온 것이다. 드리커스는 자신의 모델을 긍정 훈육이라고 부르지 않았다. 사실 그는 민주적 훈육이라는 용어를 사용했었다. 드리커스 철학의 핵심 원리를 계승하는 가운데 긍정 훈육이라는 용어를 사용한 것은 넬슨과 그 동료 (Nelson et al., 2000)이다.

넬슨과 그 동료는 교사가 학생들의 광범위한 사회적·정서적·행동적 문제를 예방하기 위해 모든 학생이 발달시키도록 지도해야 할 권한 부여적인(empowering) 3가지 신념과 4가지 필수 기술을 규정하였다(Nelson et al., 2000, 4). 3가지의 신념은 개인적 유능성, 사회적 소속감, 자율성이다. 4가지 필수 기술은 개인 내적 기술, 대인 관계적 기술, 판단 기술, 체계적 기술(예: 책임감, 결과에 반응하기)을 포함한다. 긍정 훈육은 긍정적인 교실 풍토, 격려, 학급회의를 강조하는 민주적이고 배려하는 풍토를 중시한다. 드리커스를 따라서 넬슨과 그 동료는 격려를 긍정 훈육의 토대로 여긴다(Nelson et al., 2000, 161). 격려는 학습 동기를 부여하고, 자존감을 높여주며, 긍정적인 교사-학생 관계를 발전시키고, 사회적·정서적·행동적 문제를 예방하는 열쇠이다. 요약하면, 긍정 훈육은 학생 중심적이고, 자제력 및 그와 관련된 인지와 정서의 발달을 강조하고, 자율성·유능성·사회적 소속감에 대한 학생의 욕구를 충족시키는 것의 중요성을 인정한다. 긍정 훈육은 행동 문제의 해결에서 보상, 칭찬, 처벌의 사용에 반대하고, 교사-학생 관계 및 학급회의, 긍정 행동 관리 도구, 격려에 강하게 의존한다.

긍정 훈육은 처벌, 보상, 칭찬을 그릇된 행동의 주된 원인으로 여긴다. 처벌, 보상, 칭찬은 자제력 및 교사-학생 관계 발달에 해로운 것이다. 넬슨과 그 동료는 "어떤 형태의 처벌이나 자유방임은 둘 모두 타인을 경시하고 낙담시키는 것이다. 처벌은 긍정 훈육 교실에서 설 자리가 없다."고 주장하였다(Nelson et al., 2000, 117). 그들은 교육자들이 학생이 더 나쁘게 느끼도록 만들기 위해, 학생을 위협하고 통제하기 위해 그리고 학생의 그릇된 행동에 보복하기 위해 처벌을 사용한다고 주장하였다. 보상과 칭찬은 거의 처벌만큼이나 가혹한 것이다. 넬슨과 그 동료는 보상과 칭찬은 학생의 행동에 책임을 지도록 교사를 격려하는 것이지 결코 학생을 격려하는 것이 아니라고 말한다. 그들은 보상과 칭찬은 반항, 부정적인 힘의 사용, 분별없는 순응과 같은 장기적으로 부정적인 효과를 증진하고, 자제력이나 인생에서 성공을 위한 여타의 중요한 인성 특징과 기술을 가르치는 데 실패한다고 주장한다(Nelson et al., 2000, 20). 이렇듯 긍정 훈육은 칭찬을 보상이나 처벌과 같은 시각에서 바라본다. 칭찬은 아이들이 성인에게 의존하도록 만들기 때문에 효과적이지 못하다.

하지만 이것은 도덕 발달과 관련하여 이제껏 우리가 학습한 내용과는 상당히 다르다. 처벌, 보상, 칭찬이 어떤 맥락에서 어떻게 사용되는지에 따라서 도덕 발달에 순기능적일 수도 있기 때문이다. 우리는 목욕물을 버리려다가 아이까지 함께 버리는 잘못을 저질러서는 결코 안 된다. 어떤 현상을 기존과는 다르게 설명하고, 매력적인 해결 방안을 제시해 준다고 해서 그것에 매료되어 이전의 것을 모두 부정하는 것은 결코 바람직하지 않다. 모든 도덕교육 이론은 나름의 한계가 있다. 도덕성을 어떻게 규정하는지, 도덕교육을 위한 최상의 방법이 무엇인지 그리고 학습자를 어떻게 바라보는지에 있어서 이론마다 차이가 있을 수 있다. 따라서 도덕교육자는 일시적 유행타기에 편승할 것이 아니라 도덕적으로 건전하고, 명확한 목표 체계와 일관된 실천을 가능하게 하는 하이브리드(hybrid)를 신중하게 고려·구안·실천하는 일에 더 많은 노력을 기울여야 할 것이다.

6) 도덕적 정서와 행동을 점화하자.

점화(priming)란 주변 환경에 있는 어떤 자극에 노출되어 도식(schema)의 현저성이 증가하는 과정을 뜻한다. 심리학자들은 아주 미묘한 상황적 단서가 우리가 의식하지 못하는 사이에 도덕적 행동 대본(behavior script)을 활성화 시킬 수 있음을 강조한다. 나바이즈를 비롯한 여러 학자가 강조하는 만성적으로 접근 가능한 도덕적 도식(chronically accessible moral schema)이 바로 그 전형적인 사례에 속한다(Narvaez et al., 2006, 969). 연구자들은 사람들이 도덕적 행동 대본으로 점화될 수 있는 몇 가지 방안을 제시한다. 긍정 정서 점화, 도덕적 은유 점화, 사회적 역할 점화, 종교적 가치 점화, 죽음 점화는 도움 행동을 비롯한 친사회적 행동과 도덕적 행동을 유발하는 데 매우 효과적인 것으로 밝혀졌다.

첫째, 긍정 정서는 도움 행동의 증가에 기여한다. 연구자들은 긍정적인 분위기가 도움 행동을 증가시킨다는 사실을 입증하였다. 도서관에서 공부하면서 누군가로부터 쿠키를 받았거나 또는 공중전화에서 예상치 않게 동전을 발견한 긍정적인 분위기의 참가자들은 나중에 타인에게 도움을 줄 가능성이 더 컸다. 이를테면 그들은 자선 단체에 더 많은 돈을 기부하고, 소지품을 떨어뜨린 사람에게 더 많은 도움을 주고, 누군가 우표를 붙이는 것을 잊은 채 그냥 두고 간 편지를 위해 우표를 사서 우체통에 넣을 가능성이 더 컸다(Isen & Levin, 1972, 384). 왜 그럴까? 우리는 기분이 좋을 때는 그 기분을 더 연장하기 위해 도움이 필요한 사람을 거절할 때 생기는 죄책감을 피하고자 타인을 돕는다고 볼 수 있다. 최근 긍정 정서의 확장 및 축적 이론(broaden-and-build theory)은 긍정 정서 상태가 우리의 주의 폭을 확장하여 자신과 타인의 중첩을 증가시킨다고 설명한다(Waugh & Fredricken, 2006, 93). 기분이 좋을 때는 자기와 타인의 중첩이 증가하여 일체(oneness)임을 쉽게 느껴 타인의 밝고 좋은 면을 더 볼 수 있기에 도움 행동의 기여에 증가하는 것이다.

둘째, 도덕적 은유(moral metaphor)나 유비(analogy)는 도덕적 행동의 유발에 기여할 수 있다. 은유는 추상적 개념을 생각하고 이해하기 위해 구체적이고 쉬운 개념을 사용하는 심적 도구이다. 유비는 어떤 대상이 몇 가지 점에서 다른 대상과 유사할 때 그것은 모름지기 다른 점에서도 유사할 것이라고 여기는 것이다. 도덕 수업에서 우리가 다루는 정의(justice)와 같은 규범은 본질적으로 추상적이기에 학생들이 자신의 언어로 쉽게 이해하기 어렵다. 그러나 우리는 도덕성을 물리적 높이나 청결로 간주할 수 있다. 그러기에 우리는 어떤 사람이 높은 도덕성을 가졌다고 혹은 어떤 사람이 깨끗한 양심을 갖고 있다고 말한다. 간혹 우리는 신을 맨 위에 두고 그 중간에 인간과 동물을 그리고 악마를 맨 아래에 두는 수직적 차원으로 도덕적 세계관의 순위를 매기기도 한다(Brandt & Reyna, 2011, 428). 일반적으로 높이와 청결은 도덕성을 점화하는 대표적인 방법이다. 비도덕적인 행동을 했을 때 우리는 자신이 밑바닥으로 떨어졌다거나 또는 더러워졌다고 느낀다. 그러기에 우리는 자신을 더럽히는 행동을 해서는 안 된다고 말한다. 불결함과 낮음이 비도덕적 행동과 연관되듯이, 청결함과 높음은 도덕적인 행동과 쉽게 연관된다. 유비 역시 추상적인 도덕 개념의 구체적인 이해에 도움을 준다. 정직이라는 추상적인 개념의 학습에서, 교사는 학생들에게 정직한 사람과 잘 익은 토마토의 공통점을 찾아보게 할 수 있다. 이를테면, 학생들이 찾아낸 "겉과 속이 같다."라는 공통점은 정직을 요구하는 상황에서 자신을 겉과 속이 같은 사람으로 무의식적으로 규정하고 확인하려는 학생들의 동기 부여에 훨씬 효과적이다.

셋째, 사회적 역할과 관계의 점화는 도움 행동의 증가에 기여한다. 사회적 역할과 관계는 우리에게 행동하는 방식을 알려주는 특정한 규범을 갖고 있다. 이를테면 간호와 같은 사회적 역할과 직업은 도움을 주려는 규범을 수행한다. 그러한 역할을 맡거나 단지 그 역할에 대해 생각하는 것만으로도, 우리는 타인에게 더 많은 도움을 주게 된다. 한 연구에서 연구진은 공항에서 비행기를 타려고 기다리는 사람들에게 친한 친구(매우 친하지만 같은 일을 하고 있지는 않음.)와 직장 동료(지위도 같고 긍정적인 관계를 맺고 있지만, 일 이외에서는 친구가 아님.)를 떠올리고 그에 관한 몇 가지 질문에 대답하는 1분 정도의 짧은 설문조사를 요청하였다. 이후 연구진은 참가자에게 10~15분이 소요되는 조사에 응함으로써 연구진을 도와줄 의사가 있느냐고 물어보았다. 직장 동료를 생각한 참가자의 19%만이 두 번째 조사에 응하겠다고 답했지만, 친한 친구를 생각한 참가자의 53%가 두 번째 조사에 응하였다(Fitzsimons & Bargh, 2003, 154). 이렇듯 우정에 대해 생각하는 것은 우리를 우호적으로 만들어 남에게 친절하고 도움이 되는 방식으로 행동할 준비를 하게 한다. 친한 친구와 같은 구체적인 사회적 역할과 관계가 점화되어 자신이 탈개인화 되었다고 느낄 경우, 사람들은 더 친사회적이고 도덕적으로 행동하게 된다. 그러므로 우리가 학생의 도덕적 행동이 쉽게 점화되도록 돕기 위해서는 학생들이 자신의 구체적인 사회적 역할과 관계를 생각할 수 있도록 자극하는 것이 중요하다.

넷째, 죽음 점화는 친사회적 행동을 조장한다. 공포 관리 이론(terror management theory)은 죽음 현출성(death salience)이 친사회적 행동을 조장한다는 것을 잘 보여 준다. 크리스마스 유령이 스크루지의 죽음 이후에 아무도 그를 그리워하지 않는다는 미래를 보여 주자 스크루지는 자선가로 변모하였다. 스크루지는 타인에게 관대하게 행동하여 긍정적인 영향을 끼치면 육체적인 죽음을 넘어 남에게 기억될 수 있다는 사실을 깨달은 것이다. 일반적으로 죽음을 상기하는 것은 사람들을 더 관대하게 만들어 준다. 공포 관리 이론은 죽음을 상기하는 것이 신체적 건강의 우선시, 친사회적 가치 신봉, 애정이 넘치고 평화로운 관계 형성, 자비로운 공동체 구축, 개방성의 증가에 기여한다는 것을 잘 보여 주었다(Vail & Juhl, 2015, 1020). 특히 미국의 9.11 테러처럼 사람들이 현실에서 죽음을 상기하게 되면 기부, 자원봉사, 헌혈이 증가하는 모습을 보여 준다. 하지만 장기 기증 요청처럼 친사회적 행동 자체가 사람들에게 죽음을 상기시키는 경우에는 이러한 친사회적 영향이 차단되거나 심지어 역전될 수도 있음에 우리는 유념해야 한다. 친사회적 행동은 우리가 가치 있게 여기는 세계에 우리를 편입시키므로 죽음의 현실로부터 우리를 떼어놓을 수 있지만, 자선 행위가 그 자체로 죽음에 대한 생각을 상기시키지 않을 때에만 그렇다. 장기 기증의 경우처럼 도움 행동 자체의 표적이 죽음을 다시 생각나게 할 경우에는 전형적인 공포 관리 과정이 위협을 받게 된다. 그러면 사람들은 원위적이고 상징적인 방어에 의존하는 능력이 제거되어 죽음 인식의 위협을 제거하려는 구체적인 시도로 이루어진 근접 방어 기제에만 의존하여 친사회적 행동을 하지 않게 된다(Hirschberger et al., 2008, 675). 또한 죽음 현출성은 자신의 문화적 세계관을 지지하는 내집단 성원에 대한 수용을 증가시키지만, 외집단 성원을 거부하게 하며 이것은 자존감이 낮은 아이일수록 더 심하다(Florian & Mikulincer, 1998, 1110). 따라서 죽음 점화의 도덕교육적 한계를 분명하게 인식하는 것도 매우 중요하다.

끝으로, 종교적 가치의 점화는 친사회적 행동이나 도덕적 행동의 점화에 매우 효과적이다. 신성함 혹은 신과 같은 개념을 가진 문장으로 점화된 참가자들은 중성적인 개념을 접한 참가자들보다 더욱 관대하고 정직한 행동을 보여 준다(Shariff & Norenzayan, 2006, 807). 신, 기도, 예언과 같은 초자연적 개념은 도덕 행위자가 관대함이나 자비로운 도움 행동과 어의적으로 그리고 역동적으로 연합되게 할 수 있다. 종교적 점화는 자신의 행동에 대한 초자연적 감시자가 존재한다는 인식을 각성시켜서 친사회적 행동의 기여에 증가한다.

지금까지 살펴본 바와 같이, 친사회적이고 도덕적인 자세를 갖게 하는 긍정 정서와 기분, 은유나 유비를 통해 도덕적 개념과 연결된 물리적 단서(예: 깨끗한 향기), 친구 혹은 공동 지향을 자극하는 우정의 점화, 자신의 문화적 세계관을 지지하는 타인을 돕도록 이끄는 죽음에 대한 상기, 종교적 신념의 점화는 도덕적 행동의 증가에 기여할 수 있다. 그러므로 우리는 이러한 점화와 관련된 연구 결과를 도덕교육의 실행에 적극적으로 활용할 수 있어야 한다.

7) 도덕적 모범에 자주 접하게 하자.

　도덕적 모범에 학생들을 자주 접하게 하는 것은 가장 오래된 그리고 가장 손쉬운 도덕교육의 방법이다. 심리학 분야에서 이러한 역할 모델링에 관한 이론적·경험적 서술은 주로 긍정적인 도덕 정서로서 고양에서 가장 빛을 발하는 중이다. 특히 하이트(Haidt, 2003, 853)는 심리학자들이 이제껏 기술하지 않았던 고양이라는 용어를 도입하였다. 고양 경험을 극대화시키는 조건은 우리가 도덕 수업을 통한 역할 모델링에 접근하는 방식에 매우 신선한 시사점을 준다(추병완, 2018, 25). 첫째, 도덕 교사는 학생이 손쉽게 접하고 모방할 수 있는 인물, 학생의 연령이나 삶에 가깝고 적절한 인물을 도덕적 모범으로 제시해야 학생의 고양 경험을 극대화할 수 있음에 유념해야 한다. 학생의 실제적인 삶과 거리가 먼 인물, 학생이 따라 하기에 적절하지 않은 지나치게 어렵고 힘든 도덕적 행동은 고양 경험을 거의 유발하지 못한다는 사실을 도덕 교사는 유념해야 한다. 둘째, 도덕 교사는 도덕적 모범이 실행하는 도덕적 행동의 수혜자가 되는 사람이 선한 품성을 갖고 있을 때 그리고 도덕적 모범이 수혜자를 위한 도덕적 행동에 더 많은 수고와 노력을 기울일 때 고양 경험이 더욱 강화될 수 있음을 인식해야만 한다. 셋째, 도덕 교사는 도덕적 모범의 행동이 좋은 결과를 가져온 경우에 학생의 고양 경험이 증폭되지만, 나쁜 결과를 가져왔을 때에는 고양의 감정이 희석될 수도 있음에 주의를 기울여야 한다. 넷째, 도덕 교사는 학생이 일상생활에서 타인의 도덕적 행동을 목격하거나 관찰한 사례를 일지로 기록한 후에, 교실 수업에서 집단 대화를 통해 서로 공유하는 기회를 제공해 줄 필요가 있다.

8) 증거 기반 교수 방법을 효과적으로 활용하자.

많은 교사는 도덕 수업을 하는 것이 매우 힘들다고 불평한다. 이것은 특히 도덕교육에 관한 분명한 전공 지식이 부족한 초등 교사의 경우에 가장 현저하다. 그러나 이미 많은 연구를 통해 그 효과가 과학적으로 입증된 방법이 많으므로 도덕교육의 현장에서 교사들은 증거 기반(evidence-based) 교수 방법을 효과적으로 활용할 수 있어야 한다. 학교와 교실의 도덕적 풍토 조성, 학생에 대한 높은 도덕적 기대, 교사와 학생의 안전한 애착 관계, 도덕성의 실천 기회 부여, 도덕적 대화·탐구·토론, 도덕적 내러티브의 활용, 역할 모델 및 도덕적 멘토와의 접촉, 영역(domain)에 적합한 교육 내용과 훈육 등은 이미 많은 연구를 통해 그 효과가 입증된 방식이다. 따라서 우리는 이러한 증거 기반의 방법들을 우리의 교실 문화와 맥락에 적절하게 적용할 수 있어야 할 것이다.

9) 도덕교육의 최전선(forefront)을 결정하자.

도덕교육자로서 우리의 역량은 분명 한계가 있기 마련이다. 따라서 우리는 이러한 제한된 역량을 집중하여 가장 큰 효과를 볼 수 있는 도덕교육의 최전선이 어디인지를 결정하고, 그 분야에 노력을 집중해야 할 것이다. 도덕교육 연구자는 각자 자신의 연구 분야가 가장 소중하고 중요하다는 착각에 빠지기 쉬우며, 이것은 우리의 공동 노력을 저해한다. 이제 우리는 우리가 역점을 두어 추진해 할 도덕교육적인 당면 과제의 우선순위를 선정하여 힘과 역량을 분배하는 지혜를 발휘할 수 있어야 한다. 이 과정에서 이전의 성과와 교훈을 모으고 축적하는 작업은 필수적이다. 동시에 앞으로 우리가 직면할 새로운 도덕 문제를 다룰 리터러시나 역량이 무엇인지를 윤리적 예상을 토대로 결정하여 교육과정에 반영해야 할 것이다. 개인

윤리적 측면에만 치우쳤던 기존의 도덕교육에 구조적 불평등과 억압의 문제를 다룰 수 있는 비판적 도덕교육의 관점을 포함하는 것도 신중하게 고려해야 할 것이다.

10) 도덕 교사 양성 과정에 대한 깊은 고민이 필요하다.

도덕교육의 성공 여부는 사실 교사의 자질과 능력에 좌우된다. 하지만 지금의 교대와 사대의 교사 양성 과정은 많은 문제점을 드러내고 있고, 특히 날이 갈수록 임용 시험 준비 기관으로 전락하고 있다. 훌륭한 도덕 교사를 양성하기 위한 이상적인 교육과정의 설계와 운영보다는 재직 교수의 전공을 고려한 교육과정의 운영에 그치는 경우가 많다. 재직 교수는 강의하기 편한 교과목을 우선적으로 선점하고, 중요하지만 다루기 힘든 것은 시간 강사의 몫인 경우가 많다. 지방 대학에서는 교과목 성격에 맞는 시간 강사를 구하는 것 자체가 어렵다. 또한 소위 청탁 금지법과 미투 운동의 확산 이후 대학에서 교수-학생의 관계는 이전과는 사뭇 다른 양상으로 변해가고 있다. 학생들은 재학 중 탁월한 품성 도야보다는 임용 시험 준비에만 골몰하기에 그들이 과연 도덕적 역할 모델로서 제대로 된 기능을 수행할 수 있을지 심히 우려되는 현실이다. 교과교육론에서는 수업 방법 못지않게 도덕적 훈육 및 도덕적 학급 경영에 관한 지식과 이론을 가르쳐야 할 필요성이 더욱 커지는 중이다. 특히 학교 폭력과 같은 문제를 해결하면서 교사는 많은 도덕적 고통을 경험하기 쉬우므로, 도덕적 회복탄력성 기술을 대학에서 적극적으로 가르칠 필요가 있다. 교사가 느끼는 도덕적 고통(moral distress)은 교사가 어떤 상황에서 요구되는 도덕적으로 적절한 행동을 의식하고 있지만, 제도적 장애나 법적 한계 때문에 그 행동을 수행하지 못할 때 발생하는 고통스러운 감정이나 심리적 비평형(disequilibrium)을 의미한다(Corley, 2006, 636). 아울러 교사 양성 과정에서는 도덕을 가르치는 교사로서 정신건강과 웰빙을 추구하기 위한 생활 기술을 가르칠 필요가 있다. 교사가 행복하지 못하거나, 회복탄력성을 갖고 있지 않다면 교사로서 수행의 질 감소와 더불어 학생들의 삶에 매우 부정적인 영향을 주기 때문이다.

지금까지 도덕교육의 현 좌표와 새 활로에 대한 나의 개인적인 생각을 피력하였다. 일찍이 루스벨트(Roosebelt)는 "한 인간을 도덕이 아닌 머리로만 교육하는 것은 사회에 대한 위험인물을 만들어내는 것이나 다를 바 없다."고 말했다(Lickona, 1991, 3에서 재인용). 이렇듯 도덕교육의 중요성은 아무리 강조해도 지나치지 않지만, 도덕에 대한 사회적 무관심은 확산 일로에 있다. 지금 우리의 도덕교육은 내외부적 도전에 직면하여 중대한 선택을 해야 하는 기로에 서 있다고 보아야 한다. 우리가 내리는 결정이 앞으로 우리의 도덕적 미래를 결정할 수 있으므로, 우리는 신중한 판단과 결정을 해야 할 것이다. 이제 우리는 교육과정과 교사교육 전반에 걸친 엄정한 진단과 평가를 바탕으로 우리의 나아갈 바를 설정하고, 이 과정에서 공동 노력과 집단 지성을 최대한 발휘해야 할 것이다. 이제 나는 내가 가장 좋아하는 말로 논의를 마치고자 한다. "악이 승리하기 위한 유일한 조건은 선한 사람이 아무 일도 하지 않는 것이다." 선한 사람으로서 우리가 도덕교육에서 무엇을 해야 할지를 같이 생각해 보면 좋겠다.

■ 참고 문헌

교육부(2015), 『도덕과 교육과정』, 세종: 교육부.
추병완(2017a), 『도덕교육 탐구』, 서울: 한국문화사.
추병완(2017b), 『회복탄력성』, 서울: 하우.
추병완(2018), "도덕 정서로서 고양에 관한 연구 동향", 『도덕윤리과교육』, 60, 1-31.
Banks, J. A. (2008), "Diversity, group identity, and citizenship education in a global age", *Educational Researcher*, 37(3), 129-139.
Brandt, M. J., & Reyna, C. (2011), "The chain of being: A hierarchy of morality", *Perspectives on Psychological Science*, 6(5), 428-446.
Corley, M. C. (2006), "Nurse moral distress: A proposed theory and research agenda", *Nursing Ethics*, 9(6), 636-650.
Dreikurs, R. (1968), *Psychology in the classroom: A manual for teachers*, New York: Harper & Row.
Fitzsimons, G. M., & Bargh, J. A. (2003), "Thinking of you: Nonconscious pursuit of interpersonal goals associated with relationship partners", *Journal of Personality and Social Psychology*, 84, 148-163.
Florian, V. & Mikulincer, M. (1998), "Terror management in childhood: Does death conceptualization moderate the effects of mortality salience on acceptance of similar and different others?", *Personality and Social Psychology Bulletin*, 24(10), 1104-1112.
Haidt, J. (2003), "The moral emotions", In R. J. Davidson, K. R. Scherer & H. H. Goldsmith (Eds.), *Handbook of affective sciences* (pp. 852-870). Oxford: Oxford University Press.
Halstead, J. M. & Pike, M. A. (2006), *Citizenship and moral education: Values in action*, London: Routledge.
Hirschberger, G., Ein-Dor, T., & Almakias, S. (2008), "The self-protective altruist: Terror management and the ambivalent nature of prosocial behavior", *Personality and Social Psychology Bulletin*, 34(5), 666-678.
Isen, A. M., & Levin, P. F. (1972), "Effect of feeling good on helping: Cookies and kindness", *Journal of Personality and Social Psychology*,

21(3), 384-388.

Kumar, P. (2017), "Morality and life skills: The need and importance of life skills education", *International Journal of Advanced Education and Research*, 2(4), 144-148.

Lickona, T. (1991), *Educating for character: How our schools teach respect and responsibility*, New York: Bantam Books.

Narvaez, D., Lapsley, D. K., Hagele, S. & Lasky, B. (2006), "Moral chronicity and social information processing: Tests of a social cognitive approach to the moral personality", *Journal of Research in Personality*, 40, 966-985.

Nelson, J. D., Lott, L. & Glenn, H. S. (2000), *Positive discipline in the classroom: Developing manual respect, cooperation, and responsibility in your classroom* (3rd ed.), New York: Three Rivers.

Nisan, M. (1991), "The moral balance model: Theory and research extending our understanding of moral choice and deviation", In W. M. Kurtines & J. L. Gewirtz (Eds.), *Handbook of moral behavior and development, Vol. 3: Application* (pp. 213-249), Hillsdale: Lawrence Erlbaum Associates.

Persson, I. & Savulescu, J. (2012), *Unfit for the future: The need for moral enhancement*, 추병완 역(2015), 『미래 사회를 위한 준비: 도덕적 생명 향상』, 서울: 하우.

Shariff, A. F. & Norenzayan, A. (2006), "God is watching you: Priming God concepts increases prosocial behavior in an anonymous economic game", *Psychological Science*, 18(9), 803-809.

Tangney, J. P., Stuewig, J. & Mashek, D. J. (2007), "Moral emotions and moral behavior", *Annual Review of Psychology*, 58, 345-372.

Tapscott, D. (1998), *Growing up digital: The rise of the Net generation*, New York: McGraw-Hill.

Vail, K. E. & Juhl, J. (2015), "An appreciative view of the brighter side of terror management processes", *Social Sciences*, 4, 1020-1045.

Waugh, C. E. & Fredrickson, B. L. (2006), "Nice to know you: Positive emotions, self-other overlap, and complex understanding in the formation of a new relationship", *Journal of Positive Psychology*, 1(2), 93-106.

Westheimer, J. & Kahne, J. (2004), "What kind of citizen? The politics of eduvation for democracy", *American Educational Research Journal*, 41(2), 237-269.

Whitehead, A. N. (1929/1967), *The aims of education and other essays*, New York: Free Press.

2장
학교 기반 긍정심리학 개입과 도덕교육

 긍정심리학은 상대적으로 일천한 학문 역사를 가진 새로운 연구 분야임에도 불구하고, 우리가 웰빙 기술이나 플로리싱 기술을 배울 수 있는 방법에 관한 풍부한 연구 결과를 축적하였다. 긍정심리학은 우리가 여러 방식을 통해서 웰빙이나 플로리싱을 추구할 수 있음을 보여 준다. 긍정심리학 연구 결과는 우리가 감각 경험을 통해, 음미를 통해, 사회적 상호작용을 통해, 적극적이고 건설적인 반응을 통해, 감사 표현을 통해, 인지적 재해석 경험을 통해, 낙관성 학습을 통해, 의미와 목적이 있는 활동에의 관여와 몰입을 통해 얼마든지 웰빙이나 플로리싱을 추구할 수 있다는 사실을 강조한다. 일반적으로 우리의 웰빙 수준이나 플로리싱 수준을 높이기 위한 이러한 유형의 기법을 통틀어 긍정심리학 개입(PPI: Positive Psychology Interventions)이라고 부른다. 긍정심리학 연구자들은 일반 성인과 학생, 환자들을 대상으로 그들의 웰빙이나 플로리싱 수준을 제고하기 위한 다양한 긍정심리학 개입 활동을 전개하여 왔다.
 긍정심리학 개입은 유전과 상황적 요인에도 불구하고, 인간의 행복 수준이 증가할 수 있다는 확고한 신념에 근거한다. 뤼보머스키와 그 동료

(Lyubomirsky et al., 2005, 118)는 모든 사람에게 유전적으로 설정된 행복 설정값(happiness set point)에도 불구하고, 우리가 선택한 활동이 행복 수준에서 중요한 역할을 수행한다고 주장한다. 또한 쉘돈과 뤼보머스키(Sheldon & Lyubomirsky, 2012, 672-673)는 쾌락주의적 적응 예방 모델(hedonic adaptation prevention model)을 통해 쾌락주의적 적응의 문제를 다루는 방법과 행복 수준에서 장기적인 증가를 지속하는 방법을 설명한다. 이 모델은 쾌락주의적 적응을 예방하는 2가지 핵심 과정을 보여 준다. 첫째, 이 모델은 상황적 변화(예: 새 집의 경우처럼 우리가 익숙해지면서 쉽사리 당연한 것으로 받아들이는 것)와 정기적인 연습 활동(예: 연인과 함께 하는 시간의 경우처럼, 자신의 관점에 따라서 단조로운 시간이 되거나 또는 새롭고 흥미 있는 시간이 될 수 있는 것) 둘 모두에 대한 자신의 평가를 새롭게 하는 것의 중요성을 강조한다. 둘째, 이 모델은 자신이 이전에 경험했던 것보다 더 많은 긍정 정서를 경험하는 것을 끝없이 목표로 하는 것이 아니라, 현실적인 기대를 유지할 것을 제안한다. 이 모델은 모든 것이 동일한 경우에, 활동의 다양함과 놀람(surprise)의 요소가 행복의 증가에 매우 중요함을 강조한다. 따라서 동일한 활동을 반복하기보다는 다양한 활동을 연습하는 것 그리고 동일한 활동에 새로운 요소(예: 아내와 외식하러 가지만 매번 다른 장소에서 새로운 음식을 먹는 것)를 융해하는 것이 더욱 바람직하다.

긍정심리학 개입은 주로 성인을 대상으로 진행되었기에, 아동과 청소년을 대상으로 한 개입 효과에 관한 연구는 상대적으로 매우 적다. 긍정심리학 이론을 학교라는 무대에 적용하는 긍정교육(positive education)의 등장 이후 학교에 기반을 둔 긍정심리학 개입 연구가 날로 증가하는 추세다. 셀리그먼과 그 동료(Seligman et al., 2009, 294-295)는 우울증의 증가, 삶의 만족도 저하, 웰빙과 학습의 시너지 효과를 고려할 때, 학교는 마땅히 학생들에게 웰빙 기술을 가르치는 긍정교육을 전개해야 한다고 주장하였다. 오늘날 영국과 오스트레일리아는 긍정심리학에 근거한 행복 수업을 통해 학생들의 웰빙 기술을 향상하는 데 주력하고 있다. 이에 이 장에서는 학교 기반 긍정심리학 개입의 해외 사례를 살펴보고, 그것이 우리의 도덕교육에 주는 시사점과 유의점이 무엇인지를 규명하고자 한다.

1. 긍정심리학과 긍정교육의 이해

1) 긍정심리학의 이해

긍정심리학은 출생부터 사망까지 삶의 모든 시점에서 '잘 되고 있는 것'에 관한 과학적 이론이다(Peterson, 2006, 4). 긍정심리학은 주류 심리학의 질병 모델에 불만을 품었던 셀리그먼(Seligman)과 칙센트미하이(Csikszentmihalyi)의 주도적인 노력을 통해 세상에 첫 선을 보였다. 두 사람은 현대 심리학이 질병·약점·손상에 관한 연구에서 탈피하여 강점과 미덕에 관한 연구로 탈바꿈해야 한다는 사실에 깊이 공감하였다(Seligman & Csikszentmihalyi, 2000, 7). 그들은 21세기의 새로운 심리학은 개인·공동체·사회가 번영하도록 돕는 요인을 발견·구축하는 데 진력해야 한다고 주장하였다. 1998년에 미국심리학회 회장으로 취임한 셀리그먼은 심리학자들이 그동안 간과되어 왔었던 심리학의 2가지 사명인 인간의 강점 구축과 천재성(genius) 육성에 다시 깊은 관심을 기울일 것을 촉구하는 가운데, 심리학의 새로운 방향과 초점은 긍정심리학이 되어야 한다고 주장하였다.

긍정심리학의 탁월한 과업은 우리가 정신적 웰빙과 신체적 건강을 증진할 수 있는 이론적 토대와 실천적 해결 방안을 제공하는 것이다. 이러한 새로운 학문적 추세는 자원, 강점, 행복에 관한 과학적 연구에 초점을 맞춘다. 긍정심리학은 행복과 웰빙에 영향을 주는 요인을 발견하는 것만이 아니라, 행복과 웰빙을 이해하고 설명하며 지원하는 것에 집중한다. 긍정심리학이라는 명칭은 새로운 학문적 관심의 초점을 강조하기 위해 그리고 2차 대전 이후 주류 심리학의 성취와 차별성을 더욱 부각시키기 위해 도입된 것이다. 따라서 긍정심리학 그 자체는 심리학에서 이전의 추세와 경쟁 관계에 놓여 있는 하나의 분리된 과학이 절대 아니다. 실제로 긍정심리학자들은 자신들이 좋은 삶을 고안했다거나 또는 좋은 삶에 관한 과학적 연구를 처음으로 시작했다고 주장하지는 않는다. 오히려 그들은 우리의 삶을 가장 가치 있게 만드는 것에 관해 산재했던 이질적인 이론과 연구 노선을 새롭게 통합한 것이라고 주장한다(Seligman et al., 2005, 410). 특히 셀리그먼은 긍정심리학을 패러다임 이동(paradigm shift)이라는 관점에서 이해해서는 안 되며, 심리학 분과에 긍정심리학과 부정심리학이라는 이분법이 존재해서도 안 된다고 주장하였다.

또한 긍정심리학 옹호자들이 결핍 모델(deficit model)을 활용하여 인간의 기능 수행을 설명하지 않는다고 해서 그들이 인간의 단점·결함·고통의 존재 자체를 부정하지는 않는다는 사실에 우리는 주목해야만 한다. 오히려 그들은 긍정성 모델 또는 대표 강점 모델을 활용한다. 이 모델은 개인이 정상 상태로 복귀하는 것을 도울 뿐만 아니라 최적의 기능 수행과 발달을 추구하도록 돕는 것을 목표로 삼는다. 긍정심리학자들은 긍정성 모델에 치중하는 것이 개인과 사회의 자원을 확장하고, 그들의 번영에 기여하며, 그 결과 전통적인 심리학적·사회적 개입의 필요성을 감소시킬 수 있다는 확신에 차 있다. 또한 그들은 긍정성 모델이 결핍 모델과 경쟁 관계에 놓여 있는 것이 아니라 오히려 그것을 보완하는 것임을 강조한다(Pluskota, 2014, 3). 따라서 긍정심리학과 기존 심리학의 근본적인 차이점은 관심 대상의 차이라고 평가할 수 있다. 긍정심리학은 인간의 삶에서 최악의 것을 고치려는 시도로부터 인간의 삶에서 최상의 것을 만들어내는 시도로 관심 대상을 획기적으로 바꾼 것이다.

2) 긍정심리학 개입과 긍정교육의 이해

긍정심리학 개입은 인간의 일상생활에서 긍정성을 증진하여 부정적인 사건과 기분에 대처하도록 돕는 것을 목표로 한다. 하지만 긍정심리학 개입은 긍정심리학에 비해 더욱 역사가 일천하기에 이에 대한 연구자들의 합의된 개념 정의를 찾는 것이 매우 어렵다. 이를테면, 신과 뤼보머스키(Sin & Lyubomirski, 2009, 468)는 긍정심리학 개입을 규정하는 2가지 중요한 요소를 제시하였다. 하나는 부정성을 감소하는 것보다는 긍정성을 증가하는 것에 관심을 집중하는 것이고, 다른 하나는 장기적인 효과를 모색하는 것이다. 그들은 장기적인 맥락에서 긍정 감정, 긍정 행동, 긍정 인지를 함양하는 것을 목표로 삼는 프로그램, 관행, 치료 방법을 일컬어 긍정심리학 개입이라고 규정하였다.

볼리어와 그 동료(Bolier et al., 2013)는 이러한 개념 규정을 더욱 발전시켰다. 그들은 위에서 언급한 2가지 구성 요소에 초점을 맞춘 활동이 반드시 긍정심리학이 발전시킨 이론에 의도적인 기반을 두고 있어야 함을 강조하였다(Parks & Titova, 2016, 307에서 재인용). 또한, 파크스와 비스워즈-디너(Parks & Biswas-Diener, 2013, 141-142)는 긍정심리학 개입은 긍정심리학 구인을 다루는 가운데, 그 효과성을 입증하는 일군의 과학적 근거를 갖추어야 함을 강조하였다. 이것은 긍정심리학 개입이 타당도와 신뢰도를 갖춘 연구 설계와 척도를 활용한 평가 체제를 갖추어야 함을 강조한다. 이렇게 볼 때, 긍정심리학 개입은 긍정심리학이 발전시킨 이론 및 그 효과성을 입증하는 과학적인 증거에 의도적인 기반을 두는 가운데, 개인과 집단의 삶에서 긍정성을 증진하여 장기적으로 웰빙 수준 증가라는 가시적인 효과를 기대하는 개입 활동이라고 규정할 수 있다.

이러한 개념 규정은 긍정심리학 개입의 2가지 구성 요소, 즉 개입의 목표와 개입이 작동하는 경로를 강조한다. 첫째, 긍정심리학 개입의 목표는 개인과 집단의 웰빙을 표적으로 해야 한다. 셀리그먼은 PERMA 모델을 통해 긍정심리학 개입이 목표로 삼아야 할 웰빙의 5가지 요인으로 긍정 정서, 관여, 관계, 의미, 성취의 중요성을 강조하였다. 둘째, 긍정심리학 개입은 결함을 고치는 것 또는 부적응 양상을 다루는 것보다는 긍정 정서·사고·행동을 증진하는 것으로 밝혀진 기제를 통해 전개되어야만 한다. 이것은 긍정심리학 개입이 긍정심리학의 이론적 전통에 명확하게 부합하여 이루어져야 함을 강조한다.

긍정심리학 개입은 처음에는 주로 성인을 대상으로 이루어졌다. 긍정심리학 개입은 음미, 감사, 친절, 공감, 낙관성, 강점, 의미라는 7가지 범주를 통해 주로 실행되었다(Parks & Titova, 2016, 308). 하지만 2009년부터 셀리그먼과 그 동료는 학생을 대상으로 한 긍정심리학 개입을 본격적으로 시도하였다. 학교라는 무대에 긍정심리학 개입을 적용하려는 시도를 일컬어 긍정교육(positive education)이라고 부른다. 긍정교육은 학교를 하나의 긍정 제도로 간주한다. 긍정심리학 개입에 관한 개념 규정이 다양하듯이 긍정교육에 관한 개념 규정 역시 다양하다. 대부분의 학자들은 긍정심리학을 교육에 적용하려는 시도를 일컬어 긍정교육이라고 부르는 데 동의한다. 셀리그먼과 그 동료는 전통적인 학업 기술 그리고 행복·웰빙 기술이 서로를 상쇄하지 않는 가운데, 둘 모두를 증진하는 교육에 대한 접근법을 일컬어 긍정교육이라고 규정하였다(Seligman, et al., 2009, 294). 그들은 학교가 학업 기술과 웰빙 기술을 동시에 가르칠 수 있다고 주장하였다.

오늘날 긍정교육에 진력하고 있는 오스트레일리아에서 긍정교육은 학교와 학생의 웰빙을 권면·지원하려고 긍정심리학의 연구 결과와 교육에서의 모범 실무 교수 활동(best-practice teaching)을 결합한 것을 의미한다(Norrish et al., 2013, 148). 왜냐하면 긍정심리학의 원리를 학교교육에 적용·응용하는 데에는 모범 실무 교수 활동과 교육 이론의 도움이 필요하기 때문이다. 이렇게 볼 때, 긍정교육은 학생의 웰빙 수준을 향상하려고 긍정심리학의 연구 결과를 학교라는 무대에 최적으로 적용하는 교육적 시도를 뜻한다.

2. 학교에서의 긍정심리학 개입 사례

긍정심리학자들은 학교야말로 긍정심리학 개입을 위한 최상의 통로라고 생각한다. 학생들이 깨어 있는 시간에 가장 많은 시간을 보내는 곳이 바로 학교이고, 그들의 웰빙이 현재 상당한 위협을 받고 있기 때문에, 긍정심리학자들은 학교는 마땅히 학생들에게 웰빙 기술을 가르쳐야만 한다고 믿는다. 그들은 읽기, 쓰기, 셈하기와 같은 학업 기술을 가르치는 데 활용되는 공식이나 관행이 존재하는 것처럼, 웰빙 기술을 가르치는 데 활용되는 공식이나 관행도 역시 존재할 수 있다고 믿는다.

학교 기반 긍정심리학 개입이 학생의 웰빙과 학업 성취에 미치는 영향을 이해하는 데 가장 유용한 이론적 모델은 긍정 정서의 확장 및 축적 이론(broaden-and-build theory of positive emotions)과 자기 결정 이론(self-determination theory)이다. 긍정 정서의 확장 및 축적 이론은 긍정 정서가 더욱 탁월한 수행을 가져온다는 사실을 강조한다. 이를테면 긍정 정서 유발 조건의 실험 참가자들은 다른 조건의 참가자들과 비교할 때, 문제 해결에 소요되는 시간이 훨씬 적을 뿐만 아니라 더욱 창의적이고 다양한 해결 방안을 발견했다. 이 모델에 근거한 연구 결과는 긍정 정서가 주의력, 사고, 행동을 어떻게 확장하여 창의성 계발에 도움을 주는지를 잘 보여 준다. 이 이론은 창의적 문제 해결 과정을 통해 계발된 새로운 역량이 미래의 스트레스 상황에 더욱 잘 대처할 수 있게 하여 지속 가능한 웰빙 수준에 기여함을 잘 보여 준다. 한편, 자기 결정 이론은 개인이 자율성, 유능성, 관계성의 감정을 갖고 있을 때, 더욱 내재적 동기 부여 및 관여가 활성화 되어 높은 수준의 웰빙을 향유할 수 있음을 강조한다. 자율성을 지원하는 환경 조성, 유능성의 감정 제고, 관계성의 감정 증진을 통해 교사는 학업 수행과 웰빙 모두에 유익한 환경을 조성할 수 있다.

연구 결과는 학교에서의 긍정심리학 개입이 긍정적인 학업 성취와 웰빙에 매우 효과적이라는 사실을 분명하게 보여 준다. 학교 기반 긍정심리학 개입은 학생의 웰빙, 학업 성취, 학교 풍토, 교사의 웰빙에 매우 유망한 결과를 수반하였다(Shankland & Rosset, 2017, 363). 이에 여기서는 해외 여러 나라에서 실시한 학교에서의 긍정심리학 개입 사례를 간략하게 살펴보고자 한다.

1) 희망 개입 사례

미래를 위한 아이디어와 에너지를 뜻하는 희망은 학생의 성공을 가름하는 가장 유망한 예측 인자 중의 하나다. 일찍이 스나이더(Snyder, 1995, 355)는 희망을 "자신의 목표에 관한 사고 과정"으로 규정하면서, 그러한 목표를 향해 나아가려는 동기와 그러한 목표에 도달하기 위한 방법의 중요성을 강조하였다. 스나이더의 희망 이론에서 희망은 목표를 명확하게 개념화하는 능력(목표 사고), 그 목표에 도달하기 위한 구체적인 전략을 개발하는 능력(경로 사고), 그러한 전략을 활용하려는 동기를 유발하여 지속하는 능력(주도 사고)에서 드러나는 인간의 강점을 뜻한다(Lopez et al, 2009, 37).

연구자들은 희망과 학생들의 삶에서 중요한 측면 간의 관계를 명확하게 이해하려고 다양한 연구를 수행하였다. 희망은 자신 및 미래에 대한 관점, 삶의 만족과 웰빙, 신체적 건강, 학업 성취, 운동 능력, 대인관계와 정적인 상관관계를 맺고 있다. 희망 수준이 높은 학생은 학교생활과 일상생활을 더욱 잘 영위한다. 희망은 자신의 역량 지각, 자존감, 삶의 만족, 웰빙과

정적인 상관관계를 맺고 있다. 그리고 우울 징후와는 부적인 상관관계를 맺고 있다. 희망 수준이 높은 학생은 전형적으로 낙관적이고, 많은 생활 목표를 설정하며, 자신에게 발생하는 문제를 스스로 해결할 수 있다고 믿는다. 높은 희망 수준은 사회적 능력, 타인과 친교를 맺는 즐거움, 빈번한 대인 관계적 상호작용을 즐김, 타인의 목표 추구에 대한 관심과도 정적인 상관관계를 맺고 있다. 희망은 천식 환자가 치료를 계속 받는 것의 경우처럼 아동의 건강과도 관련이 깊다. 반대로 자신 및 자신의 미래에 대한 부정적 기대를 의미하는 무망감(hopelessness)은 폭력, 공격 행동, 물질 남용, 성 행동, 사고로 인한 부상을 예측하는 중요한 인자다(Marques & Lopez, 2016, 188).

희망 개입의 대표적인 사례는 포르투갈의 중학생을 대상으로 사전 사후 통제집단 설계 방법에 따라 이루어졌다. 이 연구는 매주 1시간씩 5주 동안 <표 1>과 같이 진행되었다(Marques & Lopez, 2016, 193-194). 개입 활동의 종료 후에 실험집단의 학생들은 희망, 삶의 만족, 자존감에서 통계적으로 의미 있는 증가를 보여 주었고, 그 효과는 18개월 동안 지속되었다. 비록 실험집단과 통제집단 사이에 학업 성취에서의 현격한 차이는 나타나지 않았지만, 이 연구는 단기간의 희망 개입 활동으로 학생의 웰빙 수준을 크게 향상시킬 수 있으며, 그 효과는 상당히 장기적임을 명확하게 보여 주었다.

〈표 1〉 '미래를 위한 희망 갖기' 프로그램 개요

세션	주제	활동 내용	
1	희망에 관해 학습하기	목표	희망 이론에 관한 학생의 이해를 증진한다. 희망 이론과 개인적인 변화 과정 및 긍정적 발달 결과 간의 적합성에 관한 학생의 이해를 증진한다.
		내용	목표 사고, 경로 사고, 주도 사고를 포함하는 가운데 희망 이론의 개요를 학생들에게 설명한

			다. 희망 모델에서 사용되는 어휘를 학습·발견·연습하는 것을 통해 일상적인 의사소통에서 희망이 수행하는 핵심적인 역할을 학생들이 이해하게 한다.
		연습 사례	학생들은 '희망 그림'을 그린 후에 그것에 대해 설명하는 활동을 전개한다.
2	희망을 구조화하기	목표	학생들이 경로 사고, 주도 사고, 목표 달성에서의 장애 요인을 명확하게 인식할 수 있도록 가르친다. 학생들이 앞으로 4주 동안에 달성할 수 있는 실현 가능한 개인적인 목표를 발견하여 설정하도록 도와준다.
		내용	이야기 속의 목표 지향적인 주인공에 대한 토의, 과거의 삶에서 자신의 목표 지향적인 생각에 관한 브레인스토밍, 자신이 하고 싶은 현재의 목표 발견에 관한 브레인스토밍
		연습 사례	학생들은 이야기 속의 주인공 사례, 과거 자신의 실제 삶의 상황, 그리고 현재의 상황에서 희망 수준이 높은 친구와 함께 하고 싶은 것에서 목표 사고, 장애 요인, 경로 사고, 주도 사고를 발견한다.
3	긍정적이고 구체적인 목표를 설정하기	목표	학생들에게 희망 이론 모델을 연습시킨다. 학생들은 실현 가능성을 높이기 위해 구체적·긍정적·명료한 목표를 설정하는 방법, 자신의 개인적 목표 달성에 도움이 되는 다양한 경로 사고와 주도 사고를 발견하는 연습을 한다.
		내용	새로운 내러티브와 집단 활동의 도입을 통해 학생들이 희망 이론 모델을 연습할 기회를 제공한다. 개인적 목표를 정련하여 설정하는 과정을 중시하고, 의도하는 목표의 성공적인 달성에 방해가 되는 행동이나 사고에서의 모순을 수정할 수 있도록 학생들 간의 협력 활동을 강조한다.
		연습 사례	학생들은 더욱 구체적이고 긍정적인 목표를 설정하기 위해 '목표 향상 학습지'에 자신의 목표를 기록해 보는 활동을 수행한다.

4	완벽을 위한 연습하기	목표	'희망의 말'(hopeful talk)을 판정 · 발견 · 창조한다. 희망 이론 모델을 숙달한다. 개인의 '희망 이야기'에서 실현 가능한 목표를 검토하여 소개한다.
		내용	희망적인 의사소통과 행동을 제시하고, 그것에 관한 역할놀이 활동을 전개하여 학생들이 유망함과 희망적인 목소리를 발견하여 이해하도록 돕는다. 개인적 목표 설정의 과정을 지속적으로 모니터 한다.
		연습 사례	학생들은 자신의 목표 달성에서의 진전 과정을 '희망 친구 저널'에 작성하여 서로 공유한다.
5	검토하기 및 미래를 위해 적용하기	목표	개인적인 희망 이야기를 학생들이 서로 자주 교환하게 하고, 다음 단계를 치밀하게 계획하게 한다.
		내용	희망 이론 모델을 자신의 독특한 삶의 경험에 적용한 방식을 다른 학생들과 교류해 보게 한다. 목표 달성에서 성취 못지않게 과정이 중요하다는 사실 그리고 목표 달성을 위해서는 다음 단계에서 무엇을 해야 하는지를 인식하는 것이 중요함을 일깨워 준다.
		연습 사례	학생들은 목표 달성의 과정을 평가하고, 희망 친구와 더불어 다음 단계에 대해 토의하며, 전체 학생들과 자신의 개인적인 희망 이야기를 공유하는 활동을 수행한다.

2) 감사 개입

긍정심리학 연구의 핵심 교리 중 하나는 지지적인 사회관계가 인간의 웰빙과 번영에 필수적이라는 사실이다. 감사는 이러한 목표에 완벽하게 부합하는 미덕, 성품 강점이자 긍정적인 도덕 정서다. 감사는 우리가 타인으로부터 선물이나 혜택을 받을 때 경험하는 감정이다. 동시에 감사는 하나의 선물로서 우리의 삶을 인식하는 태도다. 감사는 우리를 우리 자신의 바깥으로 인도하여 상호 호혜적인 관계를 지속하는 더욱 크고 복잡한 네트워크의 일부로서 우리 자신을 볼 수 있게 한다. 감사와 같은 긍정 정서의 규칙적인 경험은 사람들을 더욱 건강하고 탄력성 있게 만들고, 최적 기능의 상향적 선순환에 연료를 제공하여 웰빙과 건전한 발달에 기여한다. 연구자들은 감사가 긍정 정서, 삶의 만족, 낙관성, 사회적 지지, 친사회적 행동과 밀접하게 상관되어 있음을 보여 주었다(Waters, 2011, 78). 감사 표현과 같은 긍정적인 행동은 우울과 불안, 물질주의, 약물 남용, 정신병리 및 문제 행동의 감소에 기여한다. 연구자들은 축복 헤아리기, 감사 방문, 사후 가정 사고 활용하기, 이득 평가 교육과정 등을 통해 학생들의 감사 성향을 향상시키려는 개입 활동을 전개하였다(Lomas et al., 2014, 9).

학교 기반 감사 개입 사례 중 가장 체계적인 시도는 프라와 그 동료(Froh et al., 2014, 149)가 초등학생을 대상으로 수행한 이득 평가(benefit appraisal) 교육과정이다. 우리가 감사를 제대로 경험하려면 은인이 베푼 이득을 우리에게 소중하고 가치 있는 것으로 지각하고, 그 이득을 은인이 의도적으로 그리고 이타적인 마음에서 우리에게 제공했고, 그 이득을 우리에게 주기 위해 은인이 상당한 비용을 들이거나 희생을 했다는 것을 분명하게 인식해야만 한다. 이를 고려하여 이득 평가 교육과정은 이득에 대한 학생들의 인지 도식을 변화시켜 감사를 경험하는 빈도와 강도를 높이려는 의도에서 개발된 것이다.

프라와 그 동료는 <표 2>와 같은 이득 평가 교육과정을 62명의 초등학생을 대상으로 매일 30분씩 총 5일 동안 실행하는 방법과 44명을 대상으로 매주 1회씩 총 5주에 걸쳐 실행하는 두 가지 개입 방식을 병행적으로 활용하여, 감사 사고를 가르치는 것이 초등학생에게 매우 효과적이라는 사실을 입증하였다(Froh et al., 2014, 149-151; Renshaw & Olinger, 2016, 294). 그들이 개발한 이득 평가 교육과정은 감사의 인지적 조건 가운데 의도, 노력, 이득에 초점을 맞춘 것이다. 2가지 상이한 방식의 개입을 통해 연구자들은 타인에게 도움을 받는 상황에 연루된 사회 인지적 평가에 초등학생들이 더욱 능통해졌고, 그러한 인지 도식의 변화가 학생들의 감사 성향 증가와 웰빙 수준 향상에 기여한다는 것을 밝혀냈다. 매주 1회 실시한 프로그램은 그 효과가 조금 늦게 나타나 심지어 5개월 이후에 나타나는 경우도 있었지만, 매일 실시한 프로그램에서는 그 효과가 이틀 후에 즉각적으로 나타났다. 이 연구에 참여한 초등학생들은 이전에 비해 감사를 행동으로 표현하는 데 더욱 익숙해졌으며, 교사들은 학생들이 이전보다 더 행복감을 느낀다는 사실을 관찰하였다(Lomas et al., 2014, 12).

〈표 2〉 이득 평가 교육과정 개요

	이득 평가 수업 계획
세션 1	- 강사는 자신을 소개하고, 앞으로의 만남에서 활동해야 할 사항에 대해 설명한다. - 강사는 '고마워하는'이라는 단어를 칠판에 적고, 학생들로 하여금 이 단어가 뜻하는 것이 무엇인지에 대해 토의하게 한다. - 강사는 학생들에게 저널을 나누어주고, 이것이 그들의 감사 저널이 될 것이라고 말해 준다. 학생들은 그들이 가장 감사해야 할 3가지 사항을 저널에 기록한다. - 강사는 '감사란?'이라는 동영상을 학생들에게 보여 준다. 동영상은 감사와 관련한 여러 가지 용어와 감정을 담고 있다. - 강사는 학생들에게 오늘 배운 것에 대해 요약하도록 요구하고, 다음 수업에서 공유하기 위해 그들이 감사해야 할 다른 것들에 대해 생각해 보도록 가르친다.
세션 2	[의도] - 강사는 이전 세션을 복습하고, 이번 시간에 완료해야 할 과제를 검토한다. - 강사는 오늘 고마워하는 감정에 대해 이야기를 나눌 것이라고 설명하고, '의도적'이라는 말이 의미하는 바에 대해 설명한다. - 학생들은 감사 저널을 받아 팀으로 활동하고, 강사가 읽어주는 두 문장에 대한 질문에 대답한다. - 감사 저널에서 학생들은 타인이 자기 일을 하던 것에서 벗어나 자신들을 도와준 시간에 대해 이야기한다.

	- 강사는 세션을 요약하고, 다음 주에 학생들이 가장 감사하다고 느꼈던 순간을 찾을 것이라고 안내한다.
세션 3	[노력] - 강사는 이전 세션을 검토하고, 지난 세션으로부터의 과제를 복습한다. - 학생들은 '노력'이라는 단어를 서술하고, 그 단어의 여러 의미에 대해 배운다. 그리고 그것이 누군가가 타인을 위해 어떤 것을 포기하는 시간을 의미할 수 있는지를 배운다. - 강사는 아낌없이 주는 나무를 읽어주고, 학생들과 그 책에 대해 토의한다. - 학생들은 나뭇잎 그림을 받은 후에 나무에게 감사해야 할 것에 대해 1가지를 적는다. - 학생들은 타인들이 자신을 위해 하던 것을 그만둔 시간에 대해 적는다. - 강사는 세션을 요약하고, 다음 주 과제를 설명한다. 타인들이 자신을 도왔던 여러 순간과 그 내용에 대해 기록하는 것이 다음 주 과제이다.
세션 4	[이득] - 강사는 이전 세션을 검토하고 지난 시간의 과제를 점검한다. - 강사는 '이득'이 의미하는 바에 설명하고, 감사와 관련된 이득을 경험한 사례가 있는지를 학생들에게 질문한다. - 학생들은 타인이 자신들을 돕기 위해 하던 일을 멈춘 순간에 대해 감사 저널에 기록한다. - 강사는 모임에서 논의한 사항을 요약하고, 한 주 동안 누군가가 자신을 도왔던 순간을 생각해 보고, 그 이득에 대해 기록하게 한다.
세션 5	- 강사는 이전 세션을 검토하고, 지난주 과제를 점검한다. - 강사는 '의도, 노력, 이득'이라는 단어와 '고마워하는'이라는 단어를 함께 적어 놓는다. - 강사는 학생들이 감사를 느꼈던 상황에 대해 역할놀이를 실시하게 한다. - 학생들은 감사 저널에 누군가가 자신을 위해 하던 일을 멈추었던 때를 떠올리고, 그것을 의도, 노력, 이득의 관점에서 설명한다. - 강사는 '감사 댄스'라는 영상을 보여 준다. - 강사는 학생들과 이야기를 나누었던 모든 것들에 대해 요약한다.

3) 회복탄력성 개입

인간의 긍정적인 기능 수행 가운데 하나는 삶의 중대한 도전에 직면하여 그 역경을 극복하는 것이다. 회복탄력성은 심각한 역경이나 위험을 겪는 동안이나 그 이후의 긍정적인 적응 유형을 의미한다. 회복탄력성은 스트레스와 역경에 성공적으로 적응하는 능력과 과정이다. 회복탄력성은 정상적인 심리적·신체적 기능을 유지하는 가운데 스트레스와 역경을 적응력 있게 극복하는 능력과 역동적 과정을 의미한다. 이러한 개념 규정은 두 가지 판단을 요구한다. 하나는 위험이나 역경에 노출되는 것이 건전한 발달에 상당한 위협을 제기할 정도로 심각한 것이어야 한다는 것이고, 다른 하나는 개인이 사후에 자신의 나이에 요구되는 발달 과업을 성공리에 수행한다는 것이다(추병완, 2017a, 341).

긍정심리학자들이 회복탄력성에 주목하는 이유는 크게 보아 두 가지다. 하나는 회복탄력성이 우리의 신체적·정신적 건강과 웰빙에 커다란 영향을 미치기 때문이다. 회복탄력적인 사람은 신체적·정신적으로 건강할 뿐만 아니라 자신의 삶에 매우 만족한다. 많은 연구는 회복탄력성이 높은 사람이 더욱 생산적이고, 건강 문제로 인한 비용 지출이 매우 적으며, 원만한 대인 관계를 유지하는 사회적 유능성이 높고, 학교나 직장에서 더욱 탁월한 역량을 보여 줌을 입증한다. 또 다른 이유는 바로 과학기술의 눈부신 발전에 따라 사회가 더욱 복잡해지면서 위기에 직면하는 사람의 숫자가 더욱 늘고 있고, 우리가 직면하는 스트레스 유발 요인과 역경의 숫자도 그만큼 많아졌기 때문이다(추병완, 2017b, 19).

학교 기반 회복탄력성 개입의 전형적인 사례는 흔히 PRP라고 불리는 펜실베이니아 회복탄력성 프로그램(Penn Resilience Program)이다. PRP는 학생의 회복탄력성을 향상시키고 불안과 우울의 징후를 예방하려고 마련된 인지 행동 및 사회적 문제 해결 예방 프로그램이다(Springer et al., 2014, 311). PRP의 근본 목표는 대부분의 학생들이 겪는 일상적인 스트레스 유발 요인과 도전을 슬기롭게 다룰 수 있도록 학생들의 역량을 길러주는 것이다. 이 프로그램은 미국만이 아니라 영국, 오스트레일리아, 중국,

포르투갈의 여러 학교에서도 실행되었다. 이 프로그램은 <표 3>에서 볼 수 있는 바와 같이, 학생들이 불안과 우울을 예방하는 가운데 웰빙을 증진하도록 7가지 기능 습득에 초점을 맞추었다.

〈표 3〉 펜실베이니아 회복탄력성 프로그램 개요

가르친 기능	목표로 설정한 회복탄력성 능력
ABC	정서 조절과 공감
설명 양식	현실적 낙관주의와 인과 분석
자기 논박(self-disputing)	자기 효능감
균형 잡힌 시각으로 보기	현실적 낙관주의와 자기 효능감
목표 설정	충동 통제
단호함과 타협	관계 형성 및 추구
의사결정	자기 효능감, 충동 통제, 공감

PRP는 학생의 회복탄력성을 향상하려고 인지 행동 치료 분야의 지식을 긍정심리학과 통합하였다. PRP는 심각하거나 일상적인 스트레스 유발 요인과 곤경에 반응하는 학생의 능력을 증진하고 병리 발달을 사전에 예방하려고 참여와 상호작용을 강조하는 교육과정을 활용하였다. 이를 위해 교수·학습 과정은 스트레스 유발 요인에 대한 회복탄력성을 증가시키는 것에 유용한 개인적 강점의 계발, 사회 정서 지능 발달, 건전한 인지 양식 함양, 효과적인 문제 해결 기술의 습득을 강조하였다. PRP는 위험에 처한 학생을 위한 표적 개입만이 아니라 보편적인 예방 프로그램으로도 실행되었다. PRP는 두 가지 유형의 개입 모두에서 학생들이 삶에서 직면하는 수많은 형태의 스트레스 유발 요인과 역경을 잘 다룰 수 있는 준비 태세를 갖추게 하는 데 목표를 두었다.

연구진은 펜실베이니아 회복탄력성 프로그램 개입을 통해 나타난 결과를 다음의 7가지 사항으로 요약한다(Seligman et al., 2009, 298). 첫째, 우울증의 징후를 예방하고 감소시켜 준다. 둘째, 무망감을 감소시키고 낙관성을 향상시켜 준다. 셋째, 우울증과 불안의 임상 수준을 예방한다. 넷째, 불안을 예방하고 감소시켜 준다. 다섯째, 공격성과 일탈과 같은 행동상의 문제를 감소시켜 준다. 여섯째, 백인 학생만이 아니라 유색 인종의 학생들에게도 마찬가지로 효과가 있다. 일곱째, PRP에 관해 체계적인 훈련을 받은 사람이 개입 활동을 주도할 때 프로그램의 성공 확률이 더욱 높아진다.

4) 성품 강점 개입

일반적으로 강점(strengths)은 웰빙, 긍정 관계, 성공적인 목표 달성을 증진시켜 주는 내재적으로 가치 있는 행동·사고·감정 방식을 의미한다(Shankland & Rosset, 2017, 369). 한편, 성품 강점은 자연적으로 발생하고, 진정성 있는 것이라 느끼며, 내재적인 동기 부여와 활력을 유발하는 기존의 가치 있는 도덕적 특질을 의미한다(Brdar & Kashdan, 2010, 151). 사랑, 희망, 호기심, 열정과 같은 성품 강점은 삶의 만족, 쾌락, 관여와 높은 상관관계를 맺고 있다. 희망, 친절, 사회적 지능, 자기 통제, 관점은 스트레스와 트라우마의 부정적 효과로부터 사람들을 보호한다. 인내, 정직, 신중, 사랑은 공격성, 불안, 우울과 부적인 상관관계를 맺고 있다(Waters, 2011, 81).

미국에서 실행된 스트래쓰 헤이븐 긍정심리학 프로그램(Strath Haven Positive Psychology program)은 학생들에게 긍정 정서를 만들어내는 데 필요한 기술을 가르치고, 학생들이 자신의 성품 강점을 발견하여 활용하도록 고무시켜 주는 데 초점을 맞추었다. 이 프로그램은 9학년 학생 347명을 대상으로 국어 시간에 긍정심리학 교육과정을 적용한 것이다. 긍정심리학 교육과정의 주된 목적은 학생들이 자신의 대표적인 성품 강점을 발견하여 일상생활에서 활용하도록 돕는 동시에 긍정 정서, 회복탄력성, 삶의 의미와 목적의식을 길러주는 데 있었다. 우리에게 널리 알려진 '3가지 좋은 일', '대표 강점을 새로운 방식으로 활용하기'는 연구진이 활용한 대표적인 긍정심리학 교육과정의 일부분이다. 연구진은 20-25회에 걸쳐 80분의 수업 시간에 긍정심리학 교육과정을 적용하였으며, 대부분의 수업은 성품 강점에 관한 토의, 여타의 긍정심리학 개념이나 기술에 관한 토의, 수업 시간 내의 활동, 학생들이 개념과 기술을 자기만의 방식으로 적용하도록 고무시켜주는 실생활 과제 활동, 저널 기록 및 성찰을 포함하였다(Seligman et al, 2009, 301). 긍정심리학 프로그램을 수업 시간에 적용한 결과, 학생들은 학교에서 재미와 참여가 증가하였음을 보고하였고, 학부모와 교사는 학생들의 사회적 기술(공감, 협동, 단호함, 자기 통제)이 증가하였다고 보고하였다.

한편 지롱 그래머 학교(Geelong Grammar School)의 긍정교육 모델은 <그림 1>에서 볼 수 있는 바와 같이, 플로리싱(flourishing)을 핵심으로 삼으면서 성품 강점의 지원을 받는 6개의 영역으로 구성되어 있다. 긍정교육의 6개 영역은 긍정 관계, 긍정 정서, 긍정 건강, 긍정 관여, 긍정 성취, 긍정 목적으로 구성되며, 이것은 셀리그먼의 PERMA 모델에 긍정 건강을 새롭게 추가한 것이다. 여기서 성품 강점은 긍정교육 모델을 뒷받침하는 지지물로서 6개의 영역에 이르는 경로를 지원한다. 성품 강점은 6개 영역 간의 연결을 만들어내어, 학생들을 위한 긍정교육의 접근 지점을 제공한다. 지롱 그래머 학교에서는 학생들이 자신의 대표 강점을 이해하는 것 그리고 타인의 강점을 확인하는 것을 강조한다. 성품 강점을 탐색하는 것은 자기 지식을 축적하고, 확신을 갖게 하여 회복탄력성과 번영에 기여한다(Norrish, 2015, 30-31).

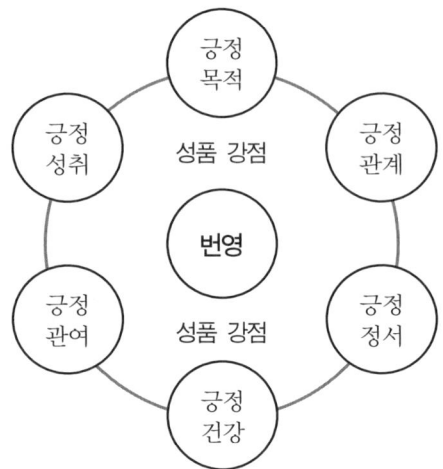

〈그림 1〉 지롱 그래머 학교의 긍정교육 모델(Norrish, 2015, 31)

지롱 그래머 학교에서는 학생들이 자신의 대표 강점(signature strengths)을 의도적으로 활용하여 어려운 문제나 곤란을 해결하는 것 그리고 그것을 새로운 상황에 적용하는 방식에 관하여 브레인스토밍 하는 것을 강조한다. 대표 강점은 옳지 못한 방식으로 활용될 수도 있기 때문에, 지롱 그래머 학교에서는 특정한 대표 강점의 과잉 사용 사례, 오용 사례 그리고 충분히 활용되지 않은 사례에 대한 학생들의 브레인스토밍을 중시한다. 이것은 학생들이 특정한 대표 강점을 유익하고 균형 잡힌 방식으로 활용하는 데 도움을 준다. 또한 지롱 그래머 학교에서는 타인의 강점을 발견하여 그것에 관해 소통하는 것을 장려한다(Norrish, 2015, 94).

5) 평온 개입

평온(serenity)은 우리가 안전하고, 크게 노력할 필요가 없는 상황에서 느낄 수 있는 정적인 감정이다. 평온은 평화로움, 차분함, 고요함의 감정이다. 평온은 우리가 현재 있는 그 자리에 머무르며 현재의 경험을 음미하고 싶게 만든다. 프레드릭슨(Frederickson, 2013, 4)은 평온을 10가지 긍정 정서 가운데 하나로 규정하였다. 평온의 긍정적 효과에 관한 연구는 평온함을 느끼는 것이 통찰력 생성, 주의력 확장, 사고와 감정의 통합, 스트레스 감소, 자비심 증가에 효과적임을 잘 보여 준다(Waters, 2011, 79). 아울러 연구 결과는 많은 학생이 학교에 있을 때 평화로움이나 고요함을 제대로 느끼지 못한다는 것을 보여 준다.

　학교에서 평온을 증진하는 데 사용되는 일반적인 방법은 바로 특정한 대상에 주의를 기울이는 과정인 명상이다(Campion & Rocco, 2009, 47). 오늘날 학교 기반 긍정심리학 개입에서 가장 성행하는 것은 바로 마음 챙김(mindfulness) 명상이다. 마음 챙김은 의도적으로 그리고 비(非)판단적으로 현재 순간에 주의를 기울이는 상태를 의미한다. 마음 챙김 명상은 우리를 산만하게 만드는 사고와 감정을 무시하는 것이 아니라 오히려 그러한 사고와 감정으로부터 초연해지려고 그러한 사고와 감정이 생겼다는 것을 비판단적으로 인식하고 관찰하여 통찰력과 인식력을 얻는 명상의 한 형식이다. 달리 말해, 마음 챙김 명상은 우리의 의식에 떠오르는 다양한 생각·감정·느낌을 비판단적인 방식으로, 있는 그대로, 그리고 바로 지금-여기의 관점에서 알아차리는 것을 의미한다. 지금-여기에서의 즉각적인 경험에 주의를 기울이면서 우리는 마음이 환경에 반응하는 방식에 관한 통찰력을 얻을 수 있다.

　연구자들은 일상생활에서 마음 챙김의 자세를 배양하는 행동과 태도로 다음의 사항을 중시한다(허휴정 외 3인, 2015, 409). ① 비판단적 태도: 성급한 결론을 내리지 않은 채, 자기 자신의 경험을 있는 그대로 알아차리는 것, ② 인내: 모든 것들이 각자 나름의 속도로 진행되어가는 것을 있는 그대로 내버려두는 것, ③ 초심자의 마음: 자신이 가진 선입견과 지식에 매몰되지 않고, 새로운 다양한 가능성을 수용하는 것, ④ 신뢰: 자기 자신에 대해 기본적인 믿음을 가지는 것, ⑤ 애쓰지 않는 것: 어떻게 되어가고 있는지에 상관없이 지금-여기서 자기 자신이 어떻게 하고 있는지에 대해 주의를 기울이는 것, ⑥ 수용: 모든 것을 지금-여기에 있는 그대로 바라보는 것, ⑦ 놓아주기: 모든 것을 있는 그대로 받아들이고, 있는 그대로 내버려두는 것.

브로더릭과 메츠(Broderick & Metz, 2009)는 미국 펜실베이니아 여고생 120명을 대상으로 6회기로 구성된 마음 챙김 명상 교육과정을 운영하였다. 이 프로그램에 참여한 학생은 고요함, 긴장 완화, 자기 수용 증가와 더불어 부정 정서의 감소를 보여 주었다. 특히 마음 챙김 명상에 참여한 학생은 통제 집단 학생에 비해 정서 조절 증가 및 신체 증상 호소의 감소를 현격하게 보여 주었다. 후퍼트와 존슨(Huppert & Johnson, 2010)은 영국의 남자 중학생 173명을 대상으로 종교 수업 시간에 4주 동안 마음 챙김 명상을 실행하였다. 실험 집단의 학생은 4주 동안 총 4회의 마음 챙김 수업을 받았다. 마음 챙김 명상을 4주 실시한 실험 집단과 기존의 종교 수업을 그대로 실시한 통제 집단 사이에 웰빙과 회복탄력성에서 통계적으로 유의미한 차이는 발견되지 않았다. 그러나 실험 집단 내에서 마음 챙김 명상의 빈도와 웰빙 사이에는 통계적으로 유의미한 차이가 발견되었다. 집에서 매일 10분간 꾸준하게 마음 챙김 명상을 실시한 학생은 그렇지 않은 학생보다 웰빙에서 현격한 차이를 보여 주었다.

한편 파커와 그 동료(Parker et al., 2016, 189-190)는 71명의 초등학생을 대상으로 4주 동안 매스터 마인드(Master Mind) 프로그램을 운영하였다. 매스터 마인드는 4회기의 마음 챙김 명상 프로그램으로 구성된다. 첫째, 신체 인식(awareness of the body)은 학생들이 자신의 몸과 감각을 더 잘 인식하게 하는 데 초점을 맞춘다. 이 수업은 학생들이 호흡, 전신, 현재 순간을 인식하는 방법을 학습하게 한다. 둘째, 감정 인식(awareness of the feeling)은 학생들이 자신의 감정을 더욱 잘 인식하게 하는 데 초점을 맞춘다. 이 수업은 학생들이 정서를 적절하게 표현하고 함양하는 방법, 긍정 정서와 부정 정서를 다루는 방법을 학습하게 한다. 셋째, 사고 인식(awareness of the thinking)은 학생들에게 생각이 작동하는 방식을 이해하게 하는 데 초점을 맞춘다. 이 수업은 바쁜 마음을 차분하게 가라앉히기, 모든 생각이 사실이 아님을 이해하기, 생각을 풀어주기를 포함한다. 넷째, 관계 인식(awareness of relationships)은 학생에게 타인의 행동을 이해하는 방법, 타인과 소통하는 방법을 가르치는 데 초점을 맞춘다. 이 수업은 자신과 타인에게 자비를 표현하기, 스트레스와 위험 상황에서 소통하는 방법을 포함한다. 이 연구는 마음 챙김 명상 훈련이 술이나 담배와 같은 물질 남용 예방에 필수적인 자기 조절 능력 함양에 효과적임을 보여 주었다.

학교 기반의 마음 챙김 개입은 학교 상황에 크게 구애받지 않는 가운데 실행이 매우 용이하고 비용이 거의 들지 않아 교사와 학생 모두에게 큰 환영을 받고 있다. 체계적으로 잘 수행된 마음 챙김 명상 훈련은 학생의 정신적·감정적·신체적·사회적 건강에 크게 기여한다. 연구 결과는 마음 챙김 명상 훈련이 스트레스와 불안, 반응도, 나쁜 행동에서의 감소 그리고 수면, 자존감, 고요함, 긴장 완화, 자기 인식, 공감, 행동과 정서 관리 능력의 증가에 효과적임을 보여 준다. 또한, 마음 챙김 명상 훈련은 인지·수행·실행 기능의 발달에 직접 기여할 수 있다. 왜냐하면 마음 챙김 명상은 학생들이 더 많은 주의를 기울이고 더욱 초점을 맞추며, 더욱 혁신적인 방식으로 생각하고, 기존 지식을 더욱 효율적으로 활용하며, 작동 기억을 향상시켜 주고, 계획·문제 해결·추론 기술을 크게 향상시켜 주기 때문이다.

3. 도덕교육에의 시사점

지금까지 해외에서 실행된 학교 기반 긍정심리학 개입 사례를 살펴보았다. 특히 긍정교육은 웰빙 기술과 학업 기술 둘 모두를 가르치는 데 학교가

진력해야만 한다는 사실을 잘 보여 준다. 21세기의 교육이 사회적·정서적·도덕적·지적 발달을 통한 전인으로서의 학생을 육성해야 한다는 사실을 고려할 때, 긍정교육은 이러한 사명을 가장 잘 수행할 수 있는 교육 패러다임이자 모델이라고 평가할 수 있다. 여기서는 학교 기반 긍정심리학 개입 사례가 우리의 도덕교육에 무엇을 시사해 줄 수 있는지를 밝히고자 한다. 아울러 여기서는 학교 기반 긍정심리학 개입 사례를 우리 상황에 적용함에 있어 유의해야 할 사항이 무엇인지를 밝히고자 한다.

1) 시사점

학교 기반 긍정심리학 개입이 우리의 도덕교육에 던지는 함의가 무엇인지에 대해서는 사람마다 관점이 다를 수 있다. 따라서 여기서의 진술은 상당히 주관적일 수밖에 없는 한계를 갖는다. 그럼에도 불구하고, 도덕교육 학자나 교사가 공감할 수 있는 시사점을 찾는 것이 전혀 불가능한 것은 아니다.

첫째, 학교 기반 긍정심리학 개입은 증거 기반 실천(evidence-based practice)의 중요성을 잘 일깨워 준다. 내가 보기에, 현재 우리나라 도덕교육 학계가 안고 있는 가장 심각한 문제는 도덕교육의 지나친 철학화 추세다. 물론 이것은 도덕교육에 관한 철학적 논의의 중요성을 폄하하는 것이 아니다. 문제는 그 무게 중심이 지나치게 한쪽으로 치우쳐 과학화의 측면이 지나치게 과소평가되고 있다는 사실이다. 박사 학위 논문이나 학술지 논문에서 도덕교육의 개선을 위해 명확한 증거를 제시하는 연구나 실천이 턱없이 부족하다는 사실이 우리의 현 상태를 잘 보여 준다. 따라서 우리는 웰빙이 왜 도덕교육에 통합되어야만 하는지에 대한 철학적 논의를 중시하는 가운데 증거 기반의 긍정 심리학 개입 프로그램을 적극적으로 활용해야 한다.

이제 우리는 도덕교육 현장에서 무엇이 문제인지를 분명하게 제기하고, 그 문제를 해결하기 위한 증거와 정보를 찾아내며, 찾아낸 정보와 증거를 비판적으로 평가하고, 평가된 증거나 근거를 자신의 전문 기술과 학생의 요구와 흥미에 맞게 통합하여 실행하며, 실행 결과를 타당하고 신뢰할 수 있게 평가하는 활동을 전개해 나가야 한다. 문제 제기, 탐색, 비판적 평가, 실행, 평가가 도덕교육 현장에서 하나의 지속적인 과정으로 전개되어야만 한다. 이를 위해 나는 교·사대 교사 양성 과정에서 도덕교육 연구 방법론 강좌가 보다 내실 있게 운영될 필요가 있다고 본다.

둘째, 학교 기반 긍정심리학 개입은 강점에 근거한 교육의 중요성을 잘 시사해 준다. 현재 우리나라 초·중학교의 도덕 교과는 긍정심리학이 중시하는 성품 강점 위주로 내용이 편성되어 있다. 도덕 수업은 학생이 자신의 대표 강점을 발휘하여 도덕적 문제 해결 및 번영을 추구할 수 있도록 전개되어야 한다. 또한 학생들은 자신의 대표 강점만이 아니라 타인의 대표 강점도 이해하여 우리 공동의 도덕적 문제 해결 및 번영을 추구할 수 있는 기회를 부여받아야 한다.

도덕적 주체의 행동은 억제적인 형태와 적극적인 형태로 나타날 수 있다. 첫째, 억제적 형태에서 우리는 도덕규범을 위반하는 것에 대한 자기 비난이나 사회적 비난을 피하기 위해 비도덕적으로 행동하는 것을 회피한다. 그러나 이것은 상당히 소극적인 동시에 도덕 이탈(moral disengagement)의 경우에서 볼 수 있듯이 비도덕적 행동으로부터 자기 비난을 피할 수 있는 여러 기제를 선택적으로 활용할 수 있게 한다. 둘째, 적극적 형태에서 우리는 자아 가치감이나 삶의 의미의 원천을 도덕적 신념과 사회적 의무에 두고, 개인적 노력이나 희생이 들더라도 부당하거나 비도덕적인 행동이라 여겨지는 것에 정면으로 대항하여 행동하기도 한다. 특히 우리는 도덕교육에서 학생들이 도덕적 주체로서 적극적 행동에 자신의 성품 강점을 활용할 수 있도록 해 주어야 한다. 지롱 그래머 학교의 사례에서 볼 수 있듯이,

이제 우리는 학생들이 자신의 성품 강점을 말하는 도덕, 토론하는 도덕, 보는 도덕이 아닌 몸으로 실천하는 도덕에 새롭고 효과적으로 활용할 수 있도록 지도해야 한다.

또한 도덕교육자로서 우리는 학생들이 자신의 성품 강점을 적절하고 유익한 방식에서 활용할 수 있는 실천 지혜를 습득할 수 있게 해야 한다. 자신의 정직이 성품 강점이라고 해서 무조건 정직하게 행동하는 것이 항상 옳은 것은 아니다. 경우에 따라서는 나의 정직이 타인의 감정을 해치거나 심지어 갈등을 유발할 수도 있기 때문이다. 따라서 우리는 학생들이 자신의 대표 강점을 발견하여 활용할 때, 자신의 강점은 고정되고 고착된 것이 아니라 얼마든지 계발될 수 있는 것임을 알게 함과 동시에 그 강점을 상황과 대상에 맞게 적절하고 타인에게 이로움을 주는 방식에서 활용해야 한다는 사실을 강조해야 한다.

셋째, 학교 기반 긍정심리학 개입은 교실과 학교가 일종의 긍정 제도가 되어야 함을 강조한다. 도덕교육 이론과 실천에서 공동체로서 교실과 학교의 중요성은 아무리 강조해도 지나치지 않는다. 이제 우리는 한 걸음 더 나아가서 교실과 학교를 하나의 긍정 제도로 만드는 데에 관심과 노력을 기울여야 한다. 긍정 제도로서 교실과 학교는 학생의 번영을 도모하려고 성품 강점, 긍정 정서, 관여, 관계, 성취, 건강, 의미와 목적을 중시한다.

행복과 웰빙을 더 누릴 수 있는 방법을 알지 못하는 가운데 단순히 행복과 웰빙을 가치 있게 여기는 것은 큰 도움이 되지 않는다. 오히려 그것은 더 낮은 수준의 행복과 더 높은 수준의 우울을 유발할 수도 있다. 행복과 웰빙을 추구하는 방법을 모르는 학생은 자신의 목표를 달성하는 효과적인 방법을 알지 못하기에, 목표 달성 경로에서 접하는 좌절과 곤경이 수반하는 부정 정서의 소용돌이에 쉽사리 빠지곤 한다. 하지만 행복과 웰빙을 더 누릴 수 있는 방법을 학생이 제대로 알고 있다면, 행복과 웰빙을 소중히 여기는 것 자체가 그 학생에게 하나의 소중한 자산이 될 수 있다(Parks

& Titova, 2016, 315).

학생들은 모두 행복해지길 바란다. 그러나 그들은 현재 더 행복해지는 방법을 제대로 알지 못한다. 오늘날 도덕 수업이 전개되는 교실과 학교에서 많은 교사와 학생은 번영을 경험하기보다는 소진과 쇠약에 빈번하게 노출되고 있다. 교실과 학교가 교사와 학생 모두에게 흥미진진하고, 활발하게 하며, 환영하는 장소로 변모할 때, 우리의 도덕교육은 더욱 바람직하고 긍정적인 결과를 접할 수 있다. 교실과 학교의 중심에는 학생의 웰빙과 번영이 언제나 굳건하게 자리를 잡고 있어야만 한다는 사실을 우리도 한시도 잊어서는 안 된다. 동시에 우리는 학생들에게 웰빙과 번영을 추구할 수 있는 생활기술을 체계적으로 가르쳐야만 한다.

2) 유의 사항

사실 도덕교육을 포함한 우리 교육의 문제점 가운데 하나는 유행타기(faddism) 현상이다. 이를테면 최근에는 긍정 훈육, 하부루타, 거꾸로 학습 등이 새로운 교육적 유행으로 부상하는 중이다. 학교 기반 긍정심리학 개입은 하나의 교육적 유행이 아닌 도덕교육의 본령이 될 수 있어야만 한다. 이를 위해서는 우리가 유념해야 할 사항도 적지 않다.

첫째, 학교 기반 긍정심리학 개입 프로그램의 적용에서 우리는 문화적 고려에 충실해야만 한다. 사실 문화적 차이는 행복과 웰빙에서 중요한 역할을 수행한다. 예를 들어, 미국인은 행복을 목표 달성과 개인적 성장의 측면에서 규정하여 쾌락주의적이고 물질적인 가치를 중시하지만, 중국인은 그러한 가치를 중시하지 않는다(Parks & Titova, 2016, 315). 웰빙에 관한 상이한 개념화는 웰빙을 추구하는 방법과도 연결되기 때문에, 우리가 도덕교육에서 효과적인 긍정심리학 개입을 설계하고 적용할 때 매우 신중할 필요가 있다. 또한 문화적 마인드세트가 웰빙 증진을 위해 설계된 전략의 효율성에서 중요한 역할을 수행한다. 이를테면 한국 학생들은 감사 개입에서 미국 학생들보다 그 개입 효과가 현저하게 낮게 나타남을 볼 수 있다(Parks & Titova, 2016, 316). 이것은 우리 사회에서 남의 도움을 받는 것이 감사라는 긍정 정서보다는 부채감이나 죄책감과 같은 부정 정서와 더 많이 결합되기 때문이다. 따라서 우리는 긍정심리학 개입 프로그램의 적용에서 문화적 차이를 잘 고려할 수 있어야 한다.

둘째, 학교 기반 긍정심리학 개입 프로그램에서 우리는 '증거'의 중요성과 가치를 더욱 냉정하게 그리고 비판적으로 평가할 수 있어야 한다. 사실 대부분의 개입 프로그램 효과에 관한 연구 보고는 상관성만을 잘 보여 줄 뿐 인과성을 정확하게 보여 주지 않으며, 아직 장기간에 걸친 종단연구의 차원에는 미치지 못한다. 또한 연구 결과가 상반되는 경우도 얼마든지 있을 수 있다. 이를테면 긍정심리학 개입에서 긍정 정서의 음미는 매우 중요한 웰빙 기술이다. 긍정 정서는 지적 자원을 확장하여 문제 해결 기술이나 창의적 사고를 가능하게 해 준다. 따라서 긍정 정서의 유발은 학생의 도덕적 상상력이나 문제 해결 기술을 상당히 촉진할 가능성이 크다. 그러나 긍정 정서가 도덕 이탈을 증가시킬 가능성은 전혀 없는가? 이를테면 긍정 정서가 행위자에게 인지적 유연성을 제공하여 부정직한 행동을 합리화하거나 재구조화하도록 부추겨 부정직한 행동의 증가에 기여할 수도 있을 것이다. 혐오와 청결에 관한 이전의 연구에 따르면, 혐오는 별 것 아닌 것에 대해 더욱 가혹하고 거센 도덕적 판단을 유도하는 반면에, 청결은 도덕적으로 중요한 이슈에 대해 덜 가혹한 도덕적 판단을 유도한다는 연구 결과를 고려할 때(Tobia, 2014, 559-560), 이러한 가설 설정은 얼마든지 가능하다. 물론 이에 대한 학계의 공식적인 연구 보고가 아직 부재하며, 사실 그것은 상당한 연구를 필요로 한다. 긍정 정서가 지적·심리적·사회적·신체적 자원을 확장하고 축적할 수 있음에도 불구하고, 우리는 확장되고 축적된 인지적 자원이 도덕 이탈을 촉진하는 경로로 얼마든지 오용될 수도 있음에 상당히 유념해야 할 것이다.

셋째, 학교 기반 긍정심리학 개입 프로그램을 일종의 만병통치약으로 여겨서는 안 된다. 그 프로그램은 기존에 우리가 해 왔던 프로그램을 전격적으로 대체하는 것이 아니라 그것에 덧붙여져서 실행되어야 할 것이다. 긍정심리학이 이전의 심리학을 전격적으로 대체하는 것이 아니듯, 긍정심리학 개입 역시 이전의 도덕교육 프로그램을 대체하는 것이 아니라 그것을 보완하고 그것에 덧붙여지는 프로그램이 되어야 할 것이다. 학교와 교실의 제한된 자원, 이미 초만원 상태의 다양한 교육과정 및 활동, 정보의 가용성, 교사의 자질과 역량은 사실 개입 프로그램의 효과를 좌우하는 중요한 요인이 될 수도 있다. 따라서 우리는 학교 기반 개입 프로그램의 효과적 실행을 저해하는 요인을 제거하기 위한 관심과 노력을 절대 멈추지 말아야 한다.

■ 참고 문헌

추병완(2017a),『도덕교육 탐구』, 서울: 한국문화사.
추병완(2017b),『회복탄력성: 학교, 가정, 군대에서의 실천 전략』, 서울: 하우.
허휴정·한상빈·박예나·채정호(2015), "정신과 임상에서 명상의 활용: 마음챙김 명상을 중심으로",『신경정신의학』, 54(4), 406-417.
Bolier, L., Haverman, M., Westerhof, G. J., Riper, H., Smit, F. & Bohlmeijer, E. (2013), "Positive psychology interventions: A meta-analysis of randomized controlled studies", *BMC Public Health*, 13, 119.
Brdar, I. & Kashdan, T. (2010), "Character strength and well-being in Croatia: An empirical investigation of structure and correlates", *Journal of Research in Personality*, 44, 151-154.
Broderick, P. & Metz, S. (2009), "Learning to BREATHE: A pilot trial of a mindfulness curriculum for adolescents", *Advances in School Mental Health Promotion*, 2, 35-46.
Campion, J. & Rocco, S. (2009), "Minding the mind: The effects and potential of a school-based meditation programme for mental health promotion", *Advances in School Mental Health Promotion*, 2, 47-55.
Chodkiewicz, A. R. & Boyle, C. (2017), "Positive psychology school-based interventions: A reflection on current success and future directions", *Review of Education*, 5(1), 60-86.
Fredrickson, B. L. (2013), "Positive emotions broaden and build", In P. Devine & A. Plant (Eds.), *Advances in experimental social psychology* (pp. 1-53), Burlington: Academic Press.
Froh, J. J., Bono, G., Fan, J., Emmons, R. A., Henderson, K., Harris, C., Leggio, H. & Wood, A. M. (2014), "Nice thinking! An educational intervention that teaches children to think gratefully", *School Psychology Review*, 43(2), 132-152.
Huppert, F. & Johnson, D. (2010), "A controlled trial of mindfulness training in schools: The importance of practice for an impacton well-being", *The Journal of Positive psychology*, 5, 264-274.

Lomas, T., Froh, J. J., Emmons, R. A., Mishra, A. & Bono, G. (2014), "Gratitude interventions: A review and future agenda", In A. C. Parks & S. M. Schueller (Eds.), *The Wiley Blackwell handbook of positive psychological interventions* (pp. 3-19), Chichester: John Wiley & Sons.

Lopez, S. J., Rose, S., Robinson, C., Marques, S. C. & Pais-Ribeiro, J. (2009), "Measuring and promoting hope in school children", In R. Gillman, E. S. Huebner & M. J. Furlong, (Eds.), *Handbook of psychology in schools* (pp. 37-50), New York: Routledge.

Lyubomirsky, L., Sheldon, K. M. & Schkade, D. (2005), "Pursuing happiness: The architecture of sustainable change", *Review of General Psychology*, 9(2), 111-131.

Marques, S. C. & Lopez, S. J. (2014), "The promotion of hope in children and youth", In G. A. Fava & C. Ruini (Eds.), *Increasing psychological well-being in clinical and educational settings* (pp. 187-197), New York: Springer.

Masten A. S., Cutuli, J. J., Herbers, J. E. et al. (2009), "Resilience in development", In C. R. Snyder & S. J. Lopez (Eds.), *Oxford Handbook of Positive Psychology* (pp. 117-131), Oxford: Oxford University Press.

Norrish, J. M. (2015), *Positive education: The Geelong Grammar School journey*, Oxford: Oxford University Press.

Parker, A. E., Kupersmidt, J. B., Mathis, E. T., Scull, T. M. & Sims, C. (2014), "The impact of mindfulness education on elementary school students: Evaluation of the Master Mind Program", *Advances in School Mental Health Promotion*, 7(3): 184-204.

Parks, A. C. & Biswas-Diener, R. (2013), "Positive interventions: Past, present and future", In T. Kashdan & J. Ciarrochi (Eds.), *Mindfulness, acceptance, and positive psychology: The seven foundations of well-being* (pp. 140-165), Oakland: Context Press.

Parks, A. C. & Titova, L. (2016), "Positive psychological interventions: An overview", In A. M. Wood & J. Johnson (Eds.), *The Wiley handbook of positive clinical psychology* (pp. 307-320), Chichester: John Wiley & Sons.

Peterson, C. (2006), *A primer in positive psychology*, Oxford: Oxford University Press.

Pluskota, A. (2014), "The application of positive psychology in the practice of education", *SpringerPlus*, 3(147), 1-7.

Renshaw, T. L. & Steeves, R. M. O. (2016), "What good is gratitude in youth and schools? A systematic review and meta-analysis of correlates and intervention outcomes", *Psychology in the Schools*, 53(3), 286-305.

Seligman, M. E. P. & Csikszentmihalyi, M. (2000), "Positive psychology: An introduction", *American Psychologists*, 55(1), 3-14.

Seligman, M. E. P., Ernst, R. M., Gillham, J., Reivich, K. & Linkins, M. (2009), "Positive education: Positive psychology and classroom interventions", *Oxford Review of Education*, 35(3), 293-311.

Seligman, M. E. P., Steen, T. A., Park, N. & Peterson, C. (2005), "Positive psychology progess: Empirical validation of interventions", *American Psychologists*, 60(5), 410-421.

Shankland, R. & Rosset, E. (2017), "Review of brief school-based positive psychological interventions: A taster for teachers and educators", *Educational Psychology Review*, 29, 363-392.

Sheldon, K. M. & Lyubomirsky, L. (2012), "The challenge of staying happier: Testing the hedonic adaptation prevention model", *Personality and Social Psychology Bulletin*, 38(5), 670-680.

Sin, N. L. & Lyubomirsky, S. (2009), "Enhancing well-being and alleviating depressive symptoms with positive psychology interventions: A practice-friendly meta-analysis", *Journal of Clinical Psychology: In Session*, 65, 467-487.

Snyder, C. R. (1995), "Conceptualizing, measuring and nurturing hope", *Journal of Counseling and Development*, 73, 355-360.

Springer, C., Misurell, J., Kranzler, A., Liotta, L. & Gillham, J. (2014), "Resilience interventions for youth", In A. C. Parks & S. M. Schueller (Eds.), *The Wiley Blackwell handbook of positive psychological interventions* (pp. 310-326), Chichester: John Wiley & Sons.

Tobia, K. P. (2015), "The effects of cleanliness and disgust on moral judgment", *Philosophical Psychology*, 28(4), 556-568.

Waters, L. (2011), "A review of school-based positive psychology interventions", *The Australian Educational and Developmental Psychologist*, 28(2), 75-90.

3장
긍정교육과 인성교육

　오늘날 전 세계적으로 학교교육에서 인성교육을 더욱 강화해야 한다는 요구의 물결이 매우 거세게 일고 있다. 특히 우울증이나 불안과 같은 내재화 문제 그리고 학교 폭력, 사이버 불링, 자해·자살과 같은 외현화 문제를 드러내는 학생의 숫자가 날로 증가하면서 인성교육의 강화 필요성은 더욱 커지는 경향을 보인다. 그 결과, 국내에서 인성교육은 다문화교육과 더불어 단기간에 가장 많은 연구가 수행된 대표적인 학문 분야에 속한다. 동시에 인성교육을 마치 교육 분야에서 발생하는 모든 문제를 치유·해결할 수 있는 만병통치약처럼 여기는 사람의 숫자도 날로 증가 추세를 보인다.
　하지만 인성교육은 결코 만병통치약이 아니며, 교육자로서 우리는 절대 그런 생각을 가져서도 안 된다. 그 이유는 우리의 경우처럼 인성교육의 법제화를 시도한 국가에서는 인성교육이 정치적으로 이용될 가능성이 매우 크기 때문이다. 사회의 병폐와 구조적 모순을 마치 개인의 인성 문제나 자기 계발의 부족으로 귀인 하면서 정책적·제도적 실패와 책임을 회피하려는 정치적 책략과 시도가 언제든 창궐할 수 있음에 우리는 유념해야 한다. 이를테면 근면(industry)이나 충성(loyalty)의 경우처럼, 특정한 정권이나 체제 유지에 도움이 되는 인성 특질(character traits)만을 배타적으로 강조하는 현상이 인성교육의 탈을 쓰고 얼마든지 발생할 수 있기 때문이다.

동시에 우리는 과학적으로 검증되지 않은 인성교육 프로그램의 상업화 현상에도 주의해야 한다. 최근 신경과학 또는 뇌과학 연구 결과로 그럴듯하게 포장된 무분별한 인성교육 프로그램이 학교 현장을 호시탐탐 노리고 있기 때문이다. 이를테면 뇌 체조(brain gyms)는 신경신화(neuromyths)의 전형적인 사례임에도, 마치 인성교육에 탁월한 효과가 있는 듯 부풀린 연구 결과나 상업용 교육 프로그램이 학교 현장을 위협하고 있다(Park, Chu & Chu, 2017, 12). 인성교육의 상업화 결과는 교사의 역할과 위상에도 적잖은 영향을 준다. 이를테면 사설 기관에서 단기간에 양성된 강사들이 마치 인성교육의 전문가인 양 행세하면서 인성교육의 실질적 주체인 현장 교사의 역할과 위상을 심각하게 위협한다.

그러므로 우리는 인성교육이 정치화·상업화 논리에 휩쓸리지 않는 가운데 학교교육의 모든 부문에 용해되고 스며들어 학생의 인성 함양에 실제적으로 기여할 수 있도록 각고의 노력을 기울여야 한다. 동시에 우리는 인성교육이 학생의 웰빙(well-being)과 플로리싱(flourishing)에 기여할 수 있는 실제적인 방안을 모색해야 한다. 달리 말해, 지금 우리는 인성교육을 통해 학업 성취에만 배타적으로 경도된 학교교육을 바로잡음과 동시에 학교교육이 학생의 웰빙과 플로리싱을 지향하도록 해야만 한다. '피사(PISA) 2015 학생 웰빙 보고서'에서 드러났듯이, 한국 학생의 삶의 만족도는 OECD 국가 중 여전히 최하위에 속하기 때문이다. 이 보고서에 따르면, 자신의 삶에 만족한다고 응답한 한국 학생은 18.6%로서 OECD 평균인 34.1%보다 현저하게 낮았으며, 자신의 삶에 만족하지 않는다고 응답한 한국 학생은 21.6%로서 OECD 평균인 11.8%보다 훨씬 높다. 한국 학생의 주관적인 삶의 만족도는 10점 만점에 6.36점으로 OECD 평균인 7.31점에 미치지 못한다(OECD, 2017, 39).

    이러한 상황에서 긍정심리학의 교육적 응용인 긍정교육은 우리의 인성교육에 많은 시사점을 줄 수 있다. 긍정교육은 우리나라의 인성교육에서 강조하는 핵심 가치·덕목이나 역량에 해당하는 성품 강점(character strengths)을 기반으로 하는 가운데 학생의 웰빙과 학업 기능 발달 모두를 목표로 삼는 교육이기 때문이다. 셀리그먼(Seligman, 2011, 79)이 지적한 바와 같이, 긍정교육은 웰빙과 정신건강의 증진이라는 새로운 학교교육 패러다임 도입을 통해 학업 기능 발달에 초점을 맞추었던 전통적인 학교교육을 보완해 준다. 따라서 긍정교육은 학생의 웰빙 증진을 목표로 삼는 가운데 학업 기능과 인성 발달을 동시에 도모하려는 교육 접근법에서의 패러다임 이동을 함의한다(White, 2016, 2). 이에 이 장에서는 2008년 이후로 오스트레일리아의 지롱 그래머 학교(Geelong Grammar School)에서 실행하고 있는 긍정교육의 이론 체계와 실제적 개입 현황을 살펴보고, 그것이 한국의 인성교육에 주는 시사점이 무엇인지를 구체적으로 밝히고자 한다.

1. 긍정교육의 이론 체계

1) 긍정교육의 개념 정의

    병리와 질병의 부재에 덧붙여 정신적·신체적 건강을 유지하는 것이 인간의 웰빙 증진에 매우 중요하다는 학문적 인식이 최근 크게 증가하고 있다. 이런 점에서 볼 때, 긍정심리학 운동의 출현은 최적의 인간 기능 수행을 과학적으로 탐구하는 시도에서 새로운 방향 전환을 가능하게 하였다. 긍정심리학 연구는 인간의 웰빙과 플로리싱 증진을 위한 많은 지식을 창출하였으며, 대부분의 긍정심리학자는 그 새로운 지식을 실제적인 상황과 맥락에 적용하려는 다양한 시도를 하였다. 엄밀한 의미에서 볼 때, 긍정교육은 그러한 시도의 한 부분이므로, 긍정교육은 긍정심리학을 교육적 맥락에 적용·응용하는 것에 해당한다(Norrish et al., 2013, 148).

셀리그먼과 그 동료는 긍정교육을 전통적인 학업 기능과 행복 둘 모두를 위한 교육이라고 정의하였다(Seligman et al., 2009, 293). 그들은 학교가 행복을 위한 기술을 학생들에게 분명하게 가르칠 필요가 있다고 생각했다. 동시에 그들은 부(wealth)를 번영과 동일시하는 전통적인 관점에서 벗어나, 부(wealth)와 웰빙을 결합한 새로운 번영이 필요함을 강조하면서, 긍정교육이 바로 그 새로운 번영을 북돋울 수 있음을 강조하였다(Seligman et al., 2009, 308). 그러나 이때까지만 해도 긍정교육은 긍정심리학의 연구 결과를 학교라는 맥락에 적용·응용하는 것을 의미하는 것에 불과했다.

오늘날 오스트레일리아에서 긍정교육은 학교와 학생의 웰빙을 권면·지원하려고 긍정심리학의 연구 결과와 교육에서의 모범 실무 교수 활동(best-practice teaching)을 결합한 것을 의미한다(Norrish et al., 2013, 148). 왜냐하면 긍정심리학의 원리를 학교교육에 적용·응용하는 데에는 모범 실무 교수 활동과 교육 이론의 도움이 필요하기 때문이다. 따라서 긍정교육은 학생의 웰빙 증진을 위해 긍정심리학의 원리를 학교 공동체의 맥락에 최적으로 적용하려는 교육적 시도를 의미한다. 그런데 여기서 중요한 사실은 긍정교육이 학교교육에 새롭게 덧붙여지는 요소 또는 기존의 구조와 과정을 단순히 지지하는 것이 아니라는 것이다. 긍정교육은 웰빙에 대한 총체적인 학교의 헌신인 동시에 학교의 장기적인 비전 그 자체임을 인식하는 것이 매우 중요하다. 긍정교육은 긍정심리학이 학교 공동체 안에 어떻게 총체적·효율적으로 용해되어 학업 기능 향상과 웰빙 증진이라는 학교교육의 기본 목표를 달성할 수 있는지를 보여 주는 새로운 교육 패러다임이다.

2) 긍정교육 모델

오스트레일리아의 빅토리아 주에 소재한 지롱 그래머 학교는 1855년 14명의 남학생 학교로 개교한 이래 비약적인 발전을 거듭하였다. 1914년에 현재 소재지인 코리오(Corio)로 이전하였고, 1953년에는 팀버탑 캠퍼스(Timbertop campus)를 설립하였으며, 1976년부터 남녀공학 학교로 변모하였다(Norrish, 2015, 3). 현재 지롱 그래머 학교는 1,550여 명의 학생과 400명 이상의 교직원으로 구성되어 있다. 지롱 그래머 학교는 4개의 캠퍼스를 가지고 있으며, 개별 캠퍼스는 각기 독특하고 고유한 분위기를 자랑한다. 보스톡 하우스(Bostok House)는 작은 시골학교 면모를 갖추고 있으며 유치원부터 4학년 학생을 수용한다. 투락 캠퍼스(Toorak campus)는 역사적인 건물과 현대식 건물이 공존하며 유치원부터 6학년 학생을 수용한다. 팀버탑 캠퍼스(Timbertop campus)는 아름답고 도전적인 기숙사형 캠퍼스로서 9학년 학생만을 수용한다. 가장 큰 캠퍼스에 해당하는 코리오(Corio)는 기숙사형과 통학형이 혼합되어 있으며, 5~8학년과 10~12학년 학생을 수용한다. 코리오 캠퍼스에는 900명 이상의 학생이 다니고 있으며, 그 가운데 600명 이상이 기숙사에 거주한다. 코리오 캠퍼스에는 250명 이상의 교직원이 근무하고 있으며, 그중 100명 이상은 캠퍼스에서 학생들과 함께 거주한다(Norrish, 2015, 10-11).

지롱 그래머 학교는 2008년부터 셀리그먼을 비롯한 긍정심리학 전문가 집단의 도움으로 긍정교육의 실행에 착수하였다. 처음에는 셀리그먼이 제시한 웰빙의 5가지 요소인 PERMA 모델을 긍정교육의 모델로 사용하였다. 그러나 오스트레일리아의 대학 교수들로 구성된 연구진의 도움을 받아 자체적으로 긍정교육 모델을 개발하려는 시도를 하였다. 2010년에 지롱 그래머 학교는 20명의 긍정심리학과 교육학 전문가를 초청하여 연구진이 개발한 긍정교육 모델에 관한 자문을 받았다. 2011년에 연구진은 전문가 집단의 자문 결과를 바탕으로 긍정교육 모델을 더욱 정교화하였으며, 2012년 3월 제3차 오스트레일리아 긍정심리학과 웰빙 학회에서 긍정교육 모델을 공식적으로 제시하였다(Norrish, 2015, 30).

지롱 그래머 학교의 긍정교육 모델

지롱 그래머 학교의 긍정교육 모델은 이 책의 54쪽에서 볼 수 있는 바와 같이, 플로리싱(flourishing)을 핵심으로 삼으면서 성품 강점의 지원을 받는 6개의 영역으로 구성되어 있다. 긍정교육의 6개 영역은 긍정 관계, 긍정 정서, 긍정 건강, 긍정 관여, 긍정 성취, 긍정 목적으로 구성되며, 이것은 셀리그먼의 PERMA 모델에 긍정 건강을 새롭게 추가한 것이다. 여기서 성품 강점은 긍정교육 모델을 뒷받침하는 지지물로서 6개의 영역에 이르는 경로를 지원한다. 이 모델에 관하여 좀 더 자세하게 살펴보면 다음과 같다.

첫째, 도덕적으로 가치 있는 특질을 의미하는 성품 강점은 긍정교육 모델의 토대가 되는 것이며, 우리는 성품 강점의 활용을 통해 실현감과 진실성을 얻을 수 있다. 성품 강점은 6개 영역 간의 연결을 만들어내어, 학생들을 위한 긍정교육의 접근 지점을 제공한다. 지롱 그래머 학교에서는 학생들이 자신의 대표 강점을 이해하는 것 그리고 타인의 강점을 확인하는 것을 강조한다. 성품 강점을 탐색하는 것은 자기 지식을 축적하고, 확신을 갖게 하여 회복탄력성과 플로리싱에 기여한다(Norrish, 2015, 30-31).

둘째, 긍정 관계 영역은 타인과 연결되고 지지적인 관계를 맺는 것이 번영하는 삶에 중요한 역할을 수행한다는 기본적 중요성을 인정한다. 이 영역의 초점은 학생들이 자신 및 타인과의 관계를 풍부하게 하는 사회 정서 기능(social emotional skills)을 발달시키는 것이다. 지롱 그래머 학교에서 이 영역은 강한 학교 공동체 그리고 연민과 존중의 문화에 토대를 둔다. 친절과 용서는 학교의 보호적인 배려 구조와 행동 관리 정책을 지지하는 데 사용되는 중요한 2개의 가치다. 학교의 배려 문화는 학생들의 관계를 심화하고 강화하는 데 도움이 되는 기능을 직접 가르치는 활동을 통해 지원을 받는다. 예를 들어, 적극적이고 건설적인 반응과 마음 챙김의 경청은 학교에서 진실성 있게 주의를 기울이며 존중하는 대인 관계적 의사소통의 통로가 된다(Norrish, 2015, 32).

셋째, 긍정 정서 영역은 교직원과 학생들이 느끼는 방식이 그들의 학습과 학교에서의 경험에 절대적으로 중요한 것임을 인정한다. 그 목표는 학교 공동체의 모든 구성원이 자신과 타인의 정서에 관한 깊은 이해력을 계발하는 것이다. 정서적 웰빙의 중요한 측면은 슬픔, 노염, 불안과 같은 강하고 불유쾌한 정서가 정상적인 삶의 일부임을 수용하는 것이다. 또한 이 영역은 '긍정 정서의 확장 및 축적 이론'에 따라서 사랑, 기쁨, 만족, 감사, 희망과 같은 긍정 정서를 일상생활에서 빈번하게 경험하는 것을 강조한다. 그러므로 지롱 그래머 학교에서는 학생들이 긍정 정서를 자주 느끼고, 필요할 경우에는 도움과 지지를 요청하는 것을 강조한다(Norrish, 2015, 32).

넷째, 긍정 건강 영역은 건전한 지식 기지로부터 발달한 최적의 신체적·심리적 건강을 유지하려는 지속 가능한 습관을 형성하는 것에 초점을 맞춘다. 이 영역에 핵심적인 것은 정신과 신체의 관계에 관한 이해 그리고 신체적 건강과 심리적 건강 간의 분리 불가능한 연결을 이해하는 것이다. 덧붙여 긍정 건강 영역은 마음 챙김과 회복탄력성의 2가지 핵심 기술을 포함한다. 마음 챙김 또는 개방적이고 호기심이 가득한 인식을 가진 채 현재의 순간에 주의를 기울이는 것은 건강과 웰빙 그리고 학생의 학습에 유익한 도움을 준다. 회복탄력성은 도전을 포용하고 역경에서 회복하며 여러 기회를 더욱 완벽하게 활용하는 것을 의미한다. 이러한 기술은 운동, 좋은 영양, 건강한 수면 습관처럼 긍정 건강에 필수적이다. 지롱 그래머 학교는 건강 유지를 위해 필요한 기본적인 사항이 최적의 웰빙과 번영이 양육되는 본질적인 토대임을 강조한다(Norrish, 2015, 33).

다섯째, 긍정 관여 영역은 관여의 본질 이해, 관여에 이르는 경로 이해, 개인적 웰빙을 위한 관여의 중요성에 관한 이해를 통해 모든 교직원과 학생이 특정한 활동에 완전히 몰입하는 것을 강조한다. 관여는 특히 교실에서 적절성을 갖는다. 그것은 학생들의 동기화와 학습을 극대화한다. 긍정 관여는 교실 밖에서 번영하는 삶에 중심적인 여러 활동에도 몰입하게 한다. 삶의 여러 분야에 대한 열정과 흥미를 갖게 하는 것도 이 영역의 중요한 목표이다(Norrish, 2015, 33).

여섯째, 긍정 성취 영역은 의미 있는 결과를 성취하려는 추구 활동을 통해 개인의 잠재력을 발달시키는 것을 목표로 한다. 이 영역은 학생들이 학구적으로 배우고 성취하는 것을 돕기 위한 학교의 기본적인 임무이다. 그러나 이 영역은 학업 역량 그 이상을 포함한다. 지롱 그래머 학교는 학생들이 자신과 타인 그리고 공동체에 많은 보상을 가져다주는 더 큰 목표를 설정하여 추구할 것을 권면한다. 경험으로부터 학습하는 것에 대한 개방성, 희망, 그릿을 가지고 도전을 포용하게 한다. 학교 문화의 근본은 학생들이 독립적이고 호기심이 많은 생애 학습자가 되도록 돕는 것이다. 긍정 성취 영역은 학생들이 학교를 떠난 후에도 오랜 시간 가치 있는 목표를 설정하여 성취하게 하는 기능과 마인드세트를 갖추도록 하는 것이다(Norrish, 2015, 33-34).

일곱째, 긍정 목적 영역은 자신보다 더 큰 무언가를 이해하고, 믿고, 그것을 추구하는 것이다. 그것은 타인에게 도움이 되는 활동에 의식적으로 참여하는 것을 강조한다. 의미와 관계된 개념은 사람들이 세계를 어떻게 이해하고 그 안에서 자신의 위상을 어떻게 이해하는지의 문제이다. 긍정 목적 영역의 특정한 초점은 이타성이다. 지롱 그래머 학교에서는 학생들이 자신의 성품 강점을 타인을 위해 어떻게 사용했는지에 관해 지속적으로 성찰하게 한다. 이 영역은 친밀한 학교 공동체에 소속되는 것이 유목적적이고 의미 있는 삶의 축이 되는 보호 요인임을 인정한다. 이렇듯 지롱 그래머 학교의 근간은 공동체에 대한 헌신과 타인에 대한 봉사이다(Norrish, 2015, 34).

한편 지롱 그래머 학교의 긍정교육 모델은 <그림 2>에서 볼 수 있는 바와 같이, 4가지 수준을 강조한다. 4가지 수준은 바로 긍정교육을 학습하기(learn), 생활화하기(live), 가르치기(teach), 내장하기(embed)이다. 흔히 이것을 일컬어 긍정교육의 응용 모델이라고 부른다. 4가지 수준은 서로에게 지속적으로 영향을 주고 정보를 제공한다는 점에서 누적적·종합적·역동적이다(Norrish, 2015, 34).

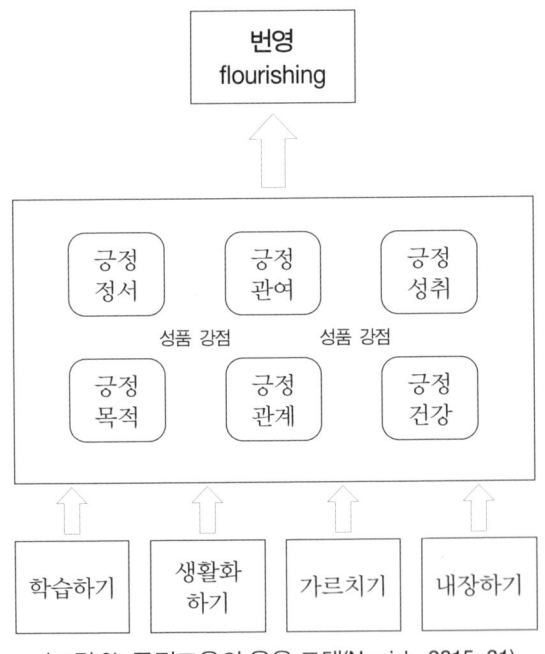

<그림 2> 긍정교육의 응용 모델(Norrish, 2015, 31)

첫째, 긍정교육을 학습하기는 교직원과 부모 훈련의 중요성을 강조한다. 지롱 그래머 학교는 교직원 훈련의 양과 질이 긍정교육의 효과에 핵심적이라는 믿음을 갖고 있다. 연구 결과에 의하면, 학교 기반 웰빙 개입의 효과는 교직원 훈련과 지지가 최소일 때 현격하게 감소한다는 것을 보여준다. 이에 지롱 그래머 학교에서는 긍정교육에 관한 교직원 훈련에 지속적으로 우선순위를 부여하였다. 아울러 모든 교직원이 긍정심리학과 긍정교육을 잘 이해할 수 있도록 준비시켰다. 2014년 현재, 지롱 그래머 학교에서는 450명 이상의 교직원이 긍정교육 훈련 코스에 참여하였으며, 2012년 이후로는 신규 채용 교직원의 의무 사항으로 규정하였다. 2014년에 신임 교직원을 위한 3일간의 긍정심리학 코스는 <표 1>과 같은 내용을 포함하였다(Norrish, 2015, 35).

<표 1> '긍정심리학 발견하기' 코스 개요

① 긍정심리학 개론, ② 긍정 성취: 마인드세트, ③ 긍정 정서: 긍정성, ④ 긍정 관여: 플로우(flow), ⑤ 긍정 관계: 적극적이고 건설적인 반응, ⑥ 긍정 건강: 회복탄력성, ⑦ 긍정 목적: 차이를 만들기, ⑧ 성품 강점, ⑨ 발견에서 생활로, ⑩ 황금을 가려내기

둘째, 긍정교육을 생활화하기는 긍정교육을 단순히 가르치는 것만으로는 충분하지 않다는 사실에서 비롯한다. 이것은 교직원과 부모들이 긍정교육을 실천하는 것이 필요하다는 사실을 강조한다. 지롱 그래머 학교는 긍정교육 훈련을 받은 교직원들이 자신의 웰빙을 증진하는 규칙적인 행동을 하도록 권면하고 지지를 해 주었다. 그 목적은 교직원들이 더욱 많은 긍정 정서, 관여, 성취, 목표를 갖고 자신의 삶을 영위하게 하는 것이었다. 왜냐하면, 자신의 웰빙 증진에 전념하는 성인은 학생을 위한 진정한 역할 모델이 될 수 있기 때문이다. 긍정교육을 타인과 가장 잘 공유하기 위해서

는 성인 스스로가 긍정교육에 따라서 의미 있는 삶을 영위해야 한다. 이것은 부모나 여타의 가족 성원에게도 그대로 해당한다. 가족들도 긍정심리학 개념을 개인·직업·가정생활에 충실하게 적용해야만 한다(Norrish, 2015, 36).

셋째, 긍정교육을 가르치기는 명시적 학습과 암묵적 학습으로 구분된다. 명시적 학습은 긍정교육을 위해 특별하게 지정된 수업에서 웰빙을 직접 가르치는 것을 언급한다. 암묵적 학습은 웰빙 과학을 교육과정에 광범위하게 통합하는 것을 의미한다. 지롱 그래머 학교에서는 웰빙을 직접 가르쳤던 펜실베이니아 회복탄력성 프로그램(Penn Resiliency Program)과 스트래쓰 헤이븐 긍정심리학 코스(Strath Haven Positive Psychology Course)를 오스트레일리아의 맥락에 맞추어 내용을 수정하였다. 2014년 현재 지롱 그래머 학교에서는 유치원부터 10학년 학생을 대상으로 매주 1회 혹은 2주에 1회씩 긍정교육 수업을 하고 있다. <표 2>는 지롱 그래머 학교에서 학년 수준에 따른 긍정교육의 명시적인 교수 활동을 잘 보여 준다(Norrish, 2015, 37).

〈표 2〉 지롱 그래머 학교에서 긍정교육의 명시적인 교수 활동

캠퍼스	학년 수준	담당 교직원	시간 할당
보스톡 하우스	유치원~4	담임 교사, 캠퍼스 소장, 캠퍼스 부소장	2주 1시간
투락	유치원~6	담임 교사, 캠퍼스 소장, 캠퍼스 부소장	2주 1시간
중학교, 코리오	5~6	담임 교사	2주 1시간
중학교, 코리오	7~8	중학교 교장, 중학교 교감, 하우스 소장	2주 1시간
팀버탑	9	캠퍼스 소장, 캠퍼스 부소장, 팀버탑 긍정교육 조정자	2주 1시간
고등학교, 코리오	10	20명의 핵심 교사 팀(교감,	매주 2시간

	교무부장, 학습부장, 학생 복지 부장, 하우스 소장, 하우스 부소장, 학부장, 긍정교육 연구소 직원 포함)	

이에 덧붙여 중학교와 고등학교의 튜터는 기숙사 목회 시스템의 일환으로 특정한 긍정교육 주제를 가르치기도 한다. 긍정교육 수업을 담당하는 교직원은 정기적인 모임을 통해 성공담을 공유하고, 개선해야 할 분야에 관해 논의하며, 이후의 수업과 활동에 대해 토의한다. 지롱 그래머 학교는 이러한 동료 지원 프로그램을 긍정교육의 성공적 수행에 필수적인 것이라고 여긴다. 한편 '긍정교육 초점의 날'은 명시적인 긍정교육 수업을 보완하는 행사이다. '긍정교육 초점의 날' 행사는 7~12학년 학생들을 대상으로 매년 1회 학년별로 실시된다. 각 학년별 초점의 날 행사는 팀 구축, 공동체, 성품 강점 등과 같은 주제로 열린다. 이 행사는 일종의 체험학습이며, 학생들을 다양한 웰빙 활동에 몰입시키는 것을 목표로 한다. '긍정교육 초점의 날' 행사에는 수업을 하지 않으므로, 학생들은 관계·웰빙·관여·건강을 증진하는 다양한 활동에 하루 종일 참여할 수 있다(Norrish, 2015, 38).

긍정교육의 암묵적 교수 활동은 웰빙을 교육과정 전반에 통합하는 것을 목표로 한다. 모든 교과의 교사는 긍정교육 개념과 핵심적인 학습 목표 간의 연결을 만들어낼 기회를 모색한다. 모든 교사는 기존의 교육과정을 웰빙 증진이라는 새로운 목표 달성에 적합하도록 재구조화한다. 예를 들어, 미술 교사는 자화상 그리기를 통해 학생들의 자기 인식을 도우며, 영어 교사는 이야기 속의 여러 주인공이 보여 주는 대표 강점이 무엇인지를 찾아보게 한다. 지리 교사는 상이한 물리적 환경이 어떻게 웰빙을 증진하거나 또는 저해하는지를 학생들이 찾아보게 한다. 긍정교육은 모든 교사가 교수·학습에 접근하는 방식에도 영향을 준다. 지롱 그래머 학교의 교사들은 수업을 시작하기 전에 5분 동안 학생들이 마음 챙김(mindfulness) 활동에 관여하게 한다. 이것은 학생들이 성장 마인드세트를 갖게 하고, 자신의 성품 강점에 더욱 초점을 맞출 수 있게 도와준다(Norrish, 2015, 38-39).

넷째, 긍정교육을 내장하기는 긍정교육이 교직원 훈련이나 학생 대상의 수업에 국한되는 것이 아니라, 학교에서의 생활방식이 되어야 한다는 것을 의미한다. 지롱 그래머 학교에서는 이것을 '긍정교육이 여기 물속에 있다.'는 은유적 표현으로 대변한다(Norrish, 2015, 42). 팀버탑 캠퍼스에서 교직원 회의는 '좋았던 일'(what went well)을 서로 공유하면서 시작한다. 모든 교직원은 성공적인 교수 사례, 내세울 만한 성취, 가정생활에서의 특별했던 순간 등에 관한 이야기를 서로 공유한다. 코리오 캠퍼스에서는 도서관 프로그램의 일환으로 학생들에게 웰빙과 관련한 명사들의 강연 영상을 시청하게 한다. 모든 캠퍼스에서는 종종 조례나 예배 시간에서도 성품 강점이나 여타의 긍정교육 개념을 강조한다. 긍정교육 실천을 학교의 일상생활에 스며들게 하는 것은 회복탄력성과 번영의 문화를 창달하는 것을 목표로 삼는다.

긍정교육을 지롱 그래머 학교에 내장하는 실질적인 구성 요소는 2010년부터 시작된 긍정 기관 프로젝트(Positive Institution Project)이다. 이것은 학교의 교직원을 위한 긍정적인 문화 환경과 근무 환경을 만들어내는 것을 목표로 삼는다. 그 가운데 탁월한 효과가 있는 것으로 밝혀진 것은 여러 캠퍼스에서 80명 이상의 교직원이 참여하고 있는 건강과 웰빙 관련 프로젝트이다. 교직원들은 팀을 이루어 하루에 최소한 만 보 이상을 걸으며 세계 각지를 여행한다. 이 프로그램에 참여한 교직원들은 개인적 변혁의 기회를 가짐과 동시에 건강, 동기, 관계에서 많은 혜택과 이득을 누릴 수 있었다고 응답하였다. 지롱 그래머 학교에서는 긍정 기관 프로젝트의 일환으로 긍정 리더십 계발 프로그램도 운영하고 있다(Norrish, 2015, 42).

긍정교육을 학교에 내장하는 것은 웰빙을 위한 기술과 마인드세트를 조직의 실천, 과정, 문화 규범에 스며들게 하는 것을 포함한다. 지롱 그래머 학교에서는 긍정교육을 내장하기 위해 웰빙과 플로리싱을 학교교육 목적으로 문서화하고 있다. 학생의 행동 관리 정책은 용서와 친절의 가치를 토대로 마련되었으며, 학교 공동체의 전역에서 성장과 존중을 지원하고 있다. 지롱 그래머 학교에서는 교직원 간의 갈등 또는 교직원으로서 역할 수행에서 곤란을 경험할 때, 회복탄력성을 발휘하거나 성품 강점을 활용하는 것이 중요하다는 인식이 교직원 사이에 만연해 있다(Norrish, 2015, 43).

2. 긍정교육의 적용과 평가

이제 지롱 그래머 학교에서 긍정교육 모델을 구체적으로 어떻게 적용했는지 그리고 그 결과를 어떻게 평가했는지에 관하여 살펴보기로 하자. 긍정교육의 적용과 평가는 특히 우리의 인성교육에 많은 시사점을 줄 수 있으므로, 여기서는 지롱 그래머 학교의 경험 사례를 문헌에 근거하여 객관적으로 서술하는 데 초점을 맞출 것이다.

1) 플로리싱

앞에서 설명한 바와 같이 긍정교육의 목표는 플로리싱이다. 지롱 그래머 학교에서는 플로리싱을 누구나 이해하기 쉬운 단순 개념으로 정의하였다. 이에 지롱 그래머 학교에서 플로리싱은 '기분이 좋은 것'(feeling good) 그리고 '남에게 도움이 되는 것'(doing good)을 의미한다. 여기서 기분이 좋은 것은 과거에 만족하는 것, 현재 순간에서 행복한 것, 미래에 대해 희망적인 것과 같은 광범위한 정서 경험을 포함한다. 기분이 좋은 것은 인간의 다양한 정서와 경험을 건전하게 수용하는 것을 의미하기도 한다(Norrish, 2015, 60-61). 그것은 수용 그리고 성장과 학습의 의지를 바탕으로 부정적이거나 불유쾌한 정서에 반응하는 것을 강조한다. 기분이 좋은 것은 몰입(flow)과 관여의 힘 그리고 진실로 의미 있는 도전에 몰두한 결과로 생기는 감정을 포함한다. 그것은 학교 공동체의 모든 구성원이 회복탄력성을 발달시키도록 돕는 행동의 중요성 그리고 그들이 도전적인 목표를 포용하여 어려운 경험으로부터 성장하도록 지지해 주는 마인드세트와 행동을 포괄한다. 이렇듯 기분이 좋은 것은 개인의 웰빙과 기능 수행에 초점을 맞춘다.

한편 남에게 도움이 되는 것은 옳은 것을 실행하려는, 관계에서 친절·연민·용서를 함양하려는 그리고 사회에 의미 있게 기여하려는 열망과 동기를 뜻한다. 그것은 남을 이롭게 하려는 의지와 열정을 계발하는 것에 초점을 맞춘다. 남에게 도움이 되는 것을 플로리싱의 핵심 요인으로 설정한 것은 지롱 그래머 학교의 오랜 역사적 전통에서 유래한다. 지롱 그래머 학교는 자신을 생각하는 것을 넘어서서 타인의 삶을 풍부하게 만들 수 있는 방법을 생각할 때, 학교 공동체가 번영할 수 있음을 강조한다. 인간은 고립되어 번영할 수 없는 존재이고, 진정한 웰빙은 관계와 연결에서 비롯되는 것이기 때문에, 지롱 그래머 학교는 자신의 웰빙 증진만이 아니라 타인의 웰빙 증진에 기여하는 것을 중시한다.

지롱 그래머 학교는 학생들에게 플로리싱을 설명할 때 <그림 3>과 같은 5개의 오크나무 그림을 활용한다(Norrish, 2015, 68). 첫 번째는 무색의 황량하며 허우적거림이 역력해 보이는 나무다. 이것은 쇠약해지고 있는 사람, 정신건강이 좋지 않은 사람, 관계가 도전을 받고 있는 사람, 의미와 목적을 찾기 위해 발버둥을 치고 있는 사람에 상응한다. 두 번째는 첫 번째 나무보다 약간 건강해 보이지만, 헐벗고 갈증이 심해 보인다. 세 번째 나무는 푸른 잎이 조금 있어 그렇게 나쁘지는 않지만, 번창한 상태는 아니다.

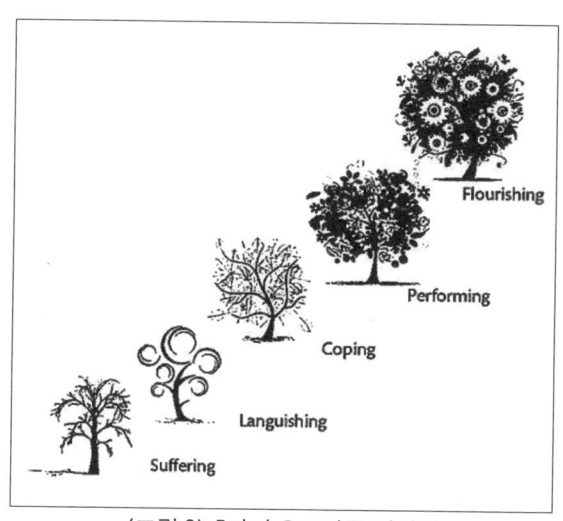

〈그림 3〉 5가지 오크나무 이미지

이 나무는 정신적 건강이 중간 정도지만, 반드시 만족하거나 실현된 상태가 아니다. 네 번째는 활기가 있고, 나뭇잎은 선명한 녹색이다. 마지막 나무는 생명과 색채가 가득하고, 새와 동물을 위한 먹이와 피난처를 제공하며, 태양에 닿을 듯 무성한 나뭇가지를 갖고 있다. 이 나무는 번영하는 사람, 즉 삶을 포용하고, 타인과 깊은 관계를 맺으며, 어려움으로부터 성장하는 사람을 나타낸다. 번영을 향해 건강 스펙트럼을 이동하는 것은 개인적인 웰빙에 대한 주의집중을 필요로 한다. 이에 지롱 그래머 학교에서는 교직원과 학생 모두 자신을 아는 것, 마음 챙김이나 운동처럼 매일 같이 웰빙에 도움을 주는 행동을 실천하는 것, 도움이 필요할 때 지지와 지원을 요청할 용기를 내는 것을 강조한다.

2) 성품 강점

성품 강점은 학생의 긍정적인 발달에서 중요한 역할을 수행한다. 왜냐하면 성품 강점은 정신 병리와 문제를 예방하거나 감소시키는 보호 요인뿐만 아니라 번영을 이루게 하는 가능 조건으로 작용하기 때문이다. 지롱 그래머 학교에서는 성품 강점이라는 어휘가 학교 문화에 폭넓게 스며들어 있다. 모든 캠퍼스에서 학교 공동체의 모든 구성원은 성품 강점을 발견하고, 논의하며, 탐색한다. 보스톡 하우스의 교직원들은 24개의 성품 강점을 5년 동안 학생들에게 가르친다. 학생들은 매년 4~5개의 성품 강점을 이해하는 기회를 갖는다. 이를테면, 유치원은 친절, 1학년은 정직, 2학년은 공정, 3학년은 유머, 4학년은 리더십에 관해 집중적으로 배운다. 모든 교사는 각 학년에 지정된 성품 강점을 탐색하는 데 시간을 할애하여, 성품 강점에 관한 학생의 지식과 이해를 증진시킨다. 학생들이 자신의 성품 강점을 이해하도록 돕는 활동은 그들의 사회 정서 학습 기능을 발달시키는 데 매우 중요한 것이다. 학생들은 타인과 상호작용을 하는 맥락에서 자신의 강점에 관해 말할 수 있고, 타인의 강점을 발견하는 어휘를 풍부하게 습득한다(Norrish, 2015, 83).

지롱 그래머 학교에서는 학생들이 자신의 대표 강점(signature strengths)을 의도적으로 활용하여 어려운 문제나 곤란을 해결하는 것 그리고 그것을 새로운 상황에 적용하는 방식에 관하여 브레인스토밍 하는 것을 강조한다. 대표 강점은 옳지 못한 방식으로 활용될 수도 있기 때문에, 지롱 그래머 학교에서는 특정한 대표 강점의 과잉 사용 사례, 오용 사례 그리고 충분히 활용되지 않은 사례에 대한 학생들의 브레인스토밍을 중시한다. 이것은 학생들이 특정한 대표 강점을 유익하고 균형 잡힌 방식으로 활용하는 데 도움을 준다. 또한 지롱 그래머 학교에서는 타인의 강점을 발견하여 그것에 관해 소통하는 것을 장려한다(Norrish, 2015, 94).

학교 공동체를 구성하는 모든 성원이 자신의 성품 강점을 확인·탐색·활용·계발하도록 권면하는 것은 플로리싱의 구현을 위한 강력한 지지 전략이다. 그것의 기본 전제는 모든 사람은 최상의 수행을 가능하게 해 주는 고유한 능력과 역량을 갖고 있다는 사실이다. 겉보기에는 성품 강점이 개인을 찬양하고 기리는 방식인 것처럼 보일 수도 있지만, 성품 강점 접근법의 실제적인 핵심은 타인을 찬양하고 의미감과 공동체 의식을 형성·구축하는 것이다. 각자가 다양하고 보완적인 방식으로 공동체에 기여함으로써 각 개인의 성품 강점은 서로 연결되고 혼합된다(Norrish, 2015, 96).

3) 긍정 관계

플로리싱에서 긍정 관계의 역할은 아무리 강조해도 지나치지 않는다. 다른 사람과 연결되어 있다는 느낌은 인간의 기본적 욕구 가운데 하나다. 그리고 사회적 관계는 신체적 건강, 웰빙, 삶의 의미, 회복탄력성에 필수적이라는 많은 연구 결과가 이미 존재한다. 지롱 그래머 학교는 학생들이 연령·젠더·인종·민족·외모·능력에 상관없이 사랑과 배려를 받고 있다고 느끼는 안전한 환경을 조성하는 것을 중시한다. 지롱 그래머 학교의 근본 토대는 바로 긍정 관계이다(Norrish, 2015, 106). 친밀하고 지지적인 공동체로서 지롱 그래머 학교는 '타인이 중요하다.'(Other people matter.)는 사실을 중시한다.

지롱 그래머 학교에서 긍정 관계 영역의 목표는 학생들이 자신과 타인 사이의 강력하고 지지적인 관계를 맺기 위한 사회 정서 기능을 발달시키도록 돕는 것이다. 학생들이 사회 정서 기능을 갖고 있을 때 그리고 학생들이 자신의 행동이 타인에게 영향을 미치는 방식에 대해 잘 알고 있을 때 갈등은 극소화된다. 유치원 학생의 경우 그 기능은 운동장에서 함께 노는 것 그리고 자신의 장난감을 친구들과 공유하는 것을 포함한다. 초등학생을 포함한 더 나이든 학생의 경우 그 기술은 타인의 말을 주의 깊게 듣는 것, 갈등에 단호하게 반응하는 것, 어려운 시기에 도움을 주고받는 것을 포함한다. 지롱 그래머 학교는 협력학습과 팀 기반 활동, 학교 버디 활동

등을 통해 학생들이 좋은 관계 형성 기능을 연습할 기회를 제공한다. 지롱 그래머 학교는 친절과 용서의 가치에 기반을 둔 학교 문화를 창달하여 학생들이 그런 기능을 습득하게 한다.

　지롱 그래머 학교는 학교에서 발생하는 실수나 갈등을 다룰 때 처벌과 응징보다는 용서와 공감을 중시한다(Norrish, 2015, 116). 이러한 관계 회복 접근법은 잘못을 저지른 학생을 처벌하는 방식으로부터 모든 당사자가 경험으로부터 학습하는 방식 그리고 장차 해로운 행동을 극소화하는 방식으로 패러다임이 이동함을 뜻한다. 지롱 그래머 학교는 학생들의 실수에 대해 동정심과 존엄으로 반응하는 학교 문화를 창달하는 데 진력한다. 이것은 적극적이고 건설적인 반응과 자기 자비의 계발을 통해 이루어진다. 타인과의 관계 영역에서 적극적이고 건설적인 반응(active constructive responding)은 상대방의 말에 주의를 기울이며 진실하게 소통하는 방법을 강조한다. 한편, 자신과의 관계 영역에서 자기 자비(self-compassion)는 학생들이 자신에 대한 최악의 비판자가 될 수도 있다는 사실에 근거하여, 자신을 향한 온정과 동정심을 함양하도록 돕는다. 자기 자비는 실수 자체도 삶의 일부임을 인정하고, 긍정 정서와 부정 정서가 균형을 이룰 수 있도록 자신에게 친절해질 것을 강조한다(Norrish, 2015, 121). 자기 자비를 통해 학생들은 타인을 대하는 방식과 마찬가지로 자신을 대하는 방법을 학습한다.

4) 긍정 정서

　모든 정서가 긍정교육 모델에서 중요하지만, 긍정 정서는 특별한 위상을 확보한다. 지롱 그래머 학교는 프레드릭슨(Fredrickson)이 제시한 긍정 정서의 확장 및 축적 이론에 근거하여 긍정 정서 경험의 예상·유발·경험·지속·축적을 강조한다. 긍정 정서는 신체적·지적·심리적·사회적 자원을 확장하고 축적하며, 부정 정서의 효과를 상쇄하는 역할을 수행한다(추병완, 2017b, 66-68). 이에 따라 지롱 그래머 학교는 학생들의 정서 리터러시, 즉 자신의 감정을 표현하고 소통하는 언어를 발달시키는 데 주력한다. 초등학생은 그림, 장난감, 서적을 통해 다양한 정서에 관해 학습한다. 학생들은 이야기를 읽고 이야기에 등장하는 여러 주인공이 보여 주는 감정을 파악하고, 그 감정이 주인공의 행동에 어떤 영향을 주었는지를 이해한다. 중학생과 고등학생은 수업 시간에 인간 정서의 범위에 관하여 명시적으로 배운다. 정서 단서 카드를 활용한 역할놀이는 대표적인 수업 활동 가운데 하나다. 이를 통해 학생들은 감정과 행동 간의 의미 있는 연결을 만들어낸다. 정서에 관한 수업은 암묵적인 형태로도 이루어진다. 예를 들어 과학 시간에는 상이한 정서에 대해 몸이 반응하는 방식을 조사하고, 음악 시간에는 노래가 감정에 미치는 영향을 탐색한다(Norrish, 2015, 135).

긍정 정서 함양을 위해 지롱 그래머 학교가 가장 역점을 둔 것은 바로 감사(gratitude)와 음미(savoring)다. 지롱 그래머 학교는 모든 구성원이 일상의 작은 일에서 잘되고 있는 것 또는 좋은 것을 발견하게 하였다. 학생과 교직원은 감사 일기를 쓰거나 '365일 프로젝트'에 참여하였다. 365일 프로젝트는 감사해야 할 대상을 매일 1장의 사진으로 남기는 활동이다. 한편 지롱 그래머 학교는 감사 개입의 일환으로 학생들 간의 감사 소통을 중시하였다. 예를 들어 '감사 편지 쓰기'와 '칭찬 쿠키 전달하기'는 지롱 그래머 학교에서 감사를 표현하는 대표적인 활동이다. 음미 활동은 모든 캠퍼스에서 강조되지만, 특히 9학년 학생들이 1년 동안 머무는 팀버탑 캠퍼스에서 매우 중요한 위상을 차지한다. 학생들은 정기적인 저널 쓰기나 가족에게 편지 쓰기를 통해 잠시 멈추어 자신의 삶을 돌아보는 시간을 갖는다. 이를 통해 학생과 학부모들은 팀버탑 캠퍼스에서 생활을 음미하고 소중하게 여길 추억을 만든다(Norrish, 2015, 146).

한 가지 유념해야 할 사항은 지롱 그래머 학교가 긍정 정서를 중시한다고 해서 학생들이 항상 기뻐하거나 행복해할 것을 바라지 않는다는 것이다. 지롱 그래머 학교의 긍정교육은 우리가 긍정적이지 않은, 유쾌하지 않은, 편안하지 않은 경우가 있다는 것을 인정하면서, 긍정 정서를 축적하기 위한 방식을 적극적으로 찾을 수 있음을 강조한다. 왜냐하면 학생들이 자신의 정서 경험의 범위에 대한 호기심, 자기 인식, 통찰을 계발하는 것이 매우 중요하기 때문이다. 이에 따라 지롱 그래머 학교에서는 하루 중 3가지 좋았던 일만이 아니라 3가지 나쁜 일 또는 유쾌한 것인지 아니면 불쾌한 것인지 아리송한 3가지 감정이나 경험을 기록하게 하였다. 이렇듯 상이한 정서를 경험했던 순간에 대해 성찰하는 것은 자기 지식, 지혜, 이해력을 증가시켜 주어 회복탄력성의 중요한 토대를 마련한다(Norrish, 2015, 147).

5) 긍정 건강과 회복탄력성

지롱 그래머 학교에서 긍정 건강 영역의 초점은 회복탄력성과 마음 챙김에 맞추어져 있다. 지롱 그래머 학교는 회복탄력성 기술을 학생들에게 명시적으로 가르친다. 7학년 학생들은 펜실베이니아 회복탄력성 프로그램을 오스트레일리아의 상황에 맞게 변형한 프로그램을 통해 회복탄력성 기술을 배운다. 그리고 9학년 학생들은 팀버탑 캠퍼스에서 생활하면서 종합적인 회복탄력성 훈련을 받는다. 7학년 학생들은 사건·사고·결과 간의 관계를 이해하기, 사고의 덫을 탐지하기, 에너지를 관리하기, 문제를 해결하기, 실시간 회복탄력성을 발휘하기 등과 같은 핵심적인 회복탄력성 기술에 대해 배운다. 1953년 이래로 팀버탑 캠퍼스에서는 회복탄력성 함양을 중시하였다. 산악 지대에 위치한 캠퍼스에서 생활하면서 학생들은 야생의 요구에 대처하는 실시간 회복탄력성 기술을 익혀야만 한다. 예를 들어 팀버탑 캠퍼스에서는 온수로 샤워를 하려면 학생들 스스로 땔감을 마련해야 한다. 팀버탑 캠퍼스에서 학생들은 디지털 디톡스를 경험한다. 그곳에서 학생들은 TV, 휴대전화, 전자우편, 페이스북, 개인용 컴퓨터가 없는 가운데 생활해야 한다(Norrish, 2015, 169).

회복탄력성은 모든 캠퍼스의 교육 활동에 스며들어 있다. 이를테면, 8학년 학생들은 12명씩 팀을 이루어 패들링(paddling)과 하이킹(hiking)을 하면서 회복탄력성을 훈련한다. 3학년 학생들은 식물과 동물에서 회복탄력성의 사례를 찾아 연구하는 활동을 수행한다. 한편, 지롱 그래머 학교에서는 학부모를 위한 긍정교육 훈련 코스에서 회복탄력성을 강조한다. 이것은 학교에서와 마찬가지로 가정에서도 부모들이 아이들에게 회복탄력적인 사고와 행동이 중요함을 일깨워주기 위한 것이다.

지롱 그래머 학교 교사들은 풍부한 탐색과 학습을 지원하는 인식 상태와 호기심 있는 주의력을 학생들이 계발할 수 있도록 교실에서 마음 챙김 기법을 다양하게 활용한다(Norrish, 2015, 192). 하지만 이것은 마음 챙김이 단순한 교수 활동의 도구로만 활용됨을 의미하지는 않는다. 마음 챙김은 성찰과 내성을 위한 멈춤이 일상생활에서 소중하게 여겨지는 학교 문화를 만들어내는 데에도 기여한다. 마음 챙김은 스트레스를 감소시키는 데 탁월한 효과가 있는 것으로 검증되었으며, 신체적·정신적 건강을 도모하기 위한 치유의 속성도 갖고 있는 것으로 밝혀졌다. 마음 챙김은 학생들이 자신의 목적에 연결되도록 돕고, 몰입(flow)의 상태에 이르게 하며, 의식적으로 자신의 목적을 추구하게 함으로써 긍정교육의 다른 영역을 보완해주는 역할을 수행한다. 균형 상태를 유지하는 능력 향상을 통해 학생들은 강한 정서가 유발될 때 평온함을 더욱 잘 유지할 수 있고, 곤란과 역경에 직면할 때 더욱 회복탄력적인 태도를 견지할 수 있다. 마음 챙김 훈련을 통해 학생들은 타인의 감정과 욕구를 더욱 잘 조율하고, 행동을 통해 자신의 성품 강점을 더욱 용이하게 발휘할 수 있다.

6) 긍정 관여

긍정교육의 목표 중 하나는 학교 공동체의 모든 성원이 관여하고, 호기심이 풍부하며, 열정적인 삶을 살게 하는 것이다. 이것을 한마디로 표현하면, 몰입으로 충만한 삶을 살게 하는 것이다. 지롱 그래머 학교에서는 학생들이 의미와 충만함을 가져다주는 다양한 활동에 참여하는 것을 중시한다(Norrish, 2015, 202). 모든 교직원은 학생의 타고난 호기심, 흥미, 내재적 동기가 학습을 촉진하는 가장 소중한 자원이라는 인식을 공유한다. 이에 따라 교직원들은 학생들이 자신의 성품 강점을 발견하여 자신의 고유한 관심과 재능에 부합하는 활동에 몰입하도록 적극적으로 권장한다.

지롱 그래머 학교에서는 음악, 드라마, 스포츠, 캠프, 지역사회 봉사활동 등을 통해 학생들이 자신의 편안하고 익숙한 영역(comfort zone)에서 벗어나 학습과 성장에 도움을 주는 새로운 경험을 시도하게 한다. 이를테면 보스톡 캠퍼스의 4학년 학생들은 매드 프로젝트(Make a Difference Market) 프로젝트를 통해 타인을 돕는 다양한 활동과 프로젝트에 참여한다. 팀버탑 캠퍼스의 9학년 학생들은 새로운 취미 만들기 프로젝트에 도전한다. 팀버탑 캠퍼스에서 생활하는 동안에 학생들은 적어도 1개 이상의 새로운 취미 생활을 하는 데 전념해야 한다(Norrish, 2015, 210-211).

지롱 그래머 학교에서는 학생들의 긍정 관여 경험을 증진하기 위한 마음 챙김 훈련을 중시한다. 왜냐하면 마음 챙김 훈련은 학생들이 현재에 집중하고 주의를 기울이도록 해 주기 때문이다. 또한 지롱 그래머 학교에서는 분명하고 현실적인 목표를 설정하기, 성장 마인드세트를 갖기, 자신의 현재 기술과 도전 과제 수준 간의 균형을 맞추기 등과 같은 관여 기술을 학생들에게 가르친다. 지롱 그래머 학교는 학생들이 자신의 몰입 경험을 증진할 수 있는 주제나 과제를 선택하도록 끊임없이 학생들을 자극하고 권면한다(Norrish, 2015, 215). 특히 학생들의 의욕과 자율성 욕구를 충족하기 위해 학생들에게 선택권을 부여한다. 학생들은 자신의 흥미와 자신이 지각하고 있는 능력에 부합하는 새로운 도전 과제나 주제를 선택한다.

7) 긍정 성취

긍정교육 모델에서 긍정 성취는 의미 있는 목표를 달성하는 능력, 도전과 곤경에도 불구하고 지속하려는 동기와 그릿(grit), 중요한 삶의 영역에서 역량을 구현하거나 성공하는 것을 의미한다(Norrish, 2015, 229). 긍정 성취 영역의 토대는 성공·성취·업적의 진정한 의미를 풍부하게 탐색하는 것이다. 긍정 성취 영역은 자신과 타인을 학구적·신체적·사회적·영적으로 성장하게 하는 성취에 초점을 맞춘다. 지롱 그래머 학교는 내재적 동기에서 비롯한 성취를 중시한다. 지롱 그래머 학교의 모든 교직원은 학생들이 자신의 성품 강점을 계발하여 그것을 개인적으로 호감이 가고 의미 있는 활동에 적용할 것을 권장한다.

지롱 그래머 학교가 긍정 성취 영역에서 강조하는 것은 성장 마인드세트, 의미 있는 목표 추구, 그릿과 인내, 희망 이론이다. 지롱 그래머 학교의 모든 교직원은 지능이 안정되고 고착된 것이 아니라 계발될 수 있는 것이고, 도전을 피하는 것이 아니라 도전을 기꺼이 수용하며 곤란과 장애를 인내할 줄 아는 성장 마인드세트를 중시한다(Norrish, 2015, 234). 또한 모든 교직원은 성장과 성취를 위해서는 노력이 필요하고, 피드백과 비평을 학습을 위한 기회로 삼으며, 타인의 성공에서 영감을 찾는 것이 중요함을 강조한다. 학생들의 성장 마인드세트를 길러주기 위한 구체적인 피드백 방법으로 모든 교직원은 과정 칭찬(process praise)을 중시한다. 과정 칭찬은 학생의 능력에 초점을 맞춘 칭찬과 달리 노력과 인내에 초점을 맞춘다. 과정 칭찬은 학생들에게 자신의 수행이 자신의 통제 하에 있는 요인에 의해 영향을 받는다는 사실을 자각하게 함으로써 성장 마인드세트를 갖게 하는 데 도움을 준다(Norrish, 2015, 238).

의미 있는 목표를 추구하는 것은 긍정 성취 영역에서 중심적인 역할을 수행한다. 지롱 그래머 학교에서는 학생들이 스마트(SMART)한 목표를 추구하게 한다(Norrish, 2015, 238). 즉, 이 학교에서는 구체적이고(specific), 측정 가능하며(measurable), 매력적이고(attractive), 현실적이며(realistic), 시간 제한적인(timely-bound) 목표 설정을 강조한다. 이를테면 5학년 학생들은 부모의 도움을 받아 학기 중에 달성할 수 있는 3가지 목표를 설정한다. 목표와 전략을 수립한 후에 학생들은 학급 게시판에 목표를 시각적으로 표현한다. 한편 학생들은 자신만의 목표를 상징하는 열기구 그리고 목표 달성을 향한 진전을 상징하는 바구니를 갖고 있다. 학생들은 매주 목표 달성에의 진전을 평가하여 진전 상황이 좋을 경우에는 바구니를 열기구 가까운 곳으로 옮기고, 진전이 여의치 않은 경우에는 원래 자리에 그대로 둔다. 한편, 지롱 그래머 학교에서 목표 코칭(goal coaching) 활동을 통해 또래 간의 협력 활동에 의한 목표 설정을 권장한다. 학생들은 개별적으로 목표를 설정하고 난 후에, 두 명씩 짝을 이루어 서로의 목표가 스마트한 것인지를 조언해 준다. 그다음 주에는 다시 새로운 학생과 짝을 이루어 목표 진전에 대해 서로 논의하고 필요한 경우에는 목표를 수정한다(Norrish, 2015, 239).

지롱 그래머 학교는 학생들이 그릿과 인내를 함양할 수 있는 다양한 기회를 제공한다(Norrish, 2015, 240). 보스톡 캠퍼스의 4학년 학생들은 모험 도전(adventure challenge)을 통해 팀을 이루어 보스톡 캠퍼스에서 코리오 캠퍼스까지 12킬로미터를 도보, 대중교통, 선박을 이용하여 여행한다. 11학년 20여 명의 학생이 5킬로미터씩 나누어 달리는 'Lorne 160' 활동은 5만 달러의 자선기금 조성을 위해 지롱 캠퍼스에서 론(Lorne)까지 왕복 160킬로미터를 달리는 것이다. 팀버탑 캠퍼스는 학생들이 그릿과 인내를 기르기 위한 최적의 장소다. 학생들은 학업과 더불어 다양한 허드렛일을 해야 하고, 매주 산악 지형에서 오래달리기와 같은 매우 엄격한 야외 활동 프로그램에 참여해야만 한다.

한편, 희망 이론에서 희망은 목표 달성을 위해 노력하는 의지(주도 사고)를 갖고 있고 목표에 이르는 방법(경로 사고)을 알고 있음을 의미하는 것이기에 긍정 성취 영역에서 중요한 역할을 수행한다. 지롱 그래머 학교는 희망 성향을 높이기 위한 값진 기회를 제공한다(Norrish, 2015, 240). 학생들은 목표 설정을 위한 기술을 배우고, 주도 사고와 경로 사고를 계발하기 위한 기술을 배운다. 희망에 관한 학습은 팀에서 활동하는 것, 더욱 도전적인 목표를 활용하는 것, 그 목표를 달성하기 위한 다양한 경로를 찾아내는 것, 큰 목표를 작은 조처들로 세분화하는 것 등을 포함하기도 한다. 매년 8학년 학생들은 9일간의 자전거 여행과 5일간의 패들링 여행 중 하나를 선택하여 참여해야 한다. 이것은 신체적·정신적으로 매우 힘든 것이기에 상당한 준비를 필요로 한다. 여행에 앞서 학생들은 목표 달성을 위한 주도 사고와 경로 사고 훈련을 통해 희망과 팀워크를 기른다(Norrish, 2015, 242).

8) 긍정 목적

긍정교육 모델에서 긍정 목적은 자아보다 더욱 큰 어떤 것을 믿고 그것을 위해 봉사하는 것 그리고 더욱 커다란 선을 위한 활동에 의도적으로 관여하는 것을 의미한다(Norrish, 2015, 255). 지롱 그래머 학교는 개교 이래로 타인에 대한 봉사의 중요성을 일관되게 강조하였다. 지롱 그래머 학교는 학생들이 자신의 삶의 의미와 목적에 대해 질문하고 탐색할 수 있는 안전하고 지지적인 환경을 제공한다. 지롱 그래머 학교는 다양한 아이디어, 경험, 철학을 고려하고 탐색하는 포럼을 제공하여 학생들이 삶의 목적에 대해 생각해볼 수 있게 한다. 또한 목적의식을 함양하는 것은 타인을 도와주거나 세계를 개선하려는 헌신과 열정과 같은 친사회적이고 이타적인 의도를 포함한다. 이에 지롱 그래머 학교는 이타심과 봉사 활동을 매우 중시한다. 모든 캠퍼스에서는 학생들이 타인에게 기여하는 다양한 활동 기회를 제공한다. 보스톡 캠퍼스의 4학년 학생들은 리더십과 봉사 활동에 초점을 맞춘 MAD 프로젝트에 참여하고, 투락 캠퍼스의 학생들은 인근 소아 병원을 지원하기 위한 기금 마련 행사에 참여한다. 팀버탑 캠퍼스 학생들은 주말마다 지역 농장, 포도밭, 국립공원, 인근 학교에서 자원봉사 활동을 실시한다(Norrish, 2015, 259).

한편 10학년 학생들은 가치 질문 탐색(exploring values questions)을 통해 자신만의 생활철학을 탐색하는 시간을 갖는다. 이때 교사들은 학생들에게 좋은 삶에 관한 통찰과 관점을 제공하는 다양한 시, 이야기, 영상물을 활용한다. 학생들은 '나는 ~ 을 믿는다.'라는 5가지 진술을 생성하면서 자신만의 생활철학을 탐색한다. 이것은 학생들이 개인적 가치를 탐색하게 함으로써 삶의 의미와 목적에 다가설 수 있게 하는 유익한 활동이다. 지롱 그래머 학교는 학생들이 개인적 가치에 부합하는 활동에 참여하여 삶의 의미와 목적을 구현할 것을 권면한다(Norrish, 2015, 264).

삶의 의미와 목적을 위해 지롱 그래머 학교는 학생들의 소속감과 공동체 의식을 강조한다. 지롱 그래머 학교는 오스트레일리아 전 지역에서 15개 이상의 다양한 국적 배경을 학생들로 구성되어 있다. 차이와 다양성을 존중하는 가운데 서로 존중하고 배려하는 지지적인 학교 공동체를 만드는 것은 지롱 그래머 학교의 교육적 이상 가운데 하나다. 끝으로, 지롱 그래머 학교는 성공회 교리에 입각하여 학생들이 신앙과 영성을 가질 것을 강조한다(Norrish, 2015, 266).

9) 긍정교육에 대한 평가

긍정교육이 보여 준 성과는 교직원과 학생들의 보고를 통해 자명한 것임에도, 지롱 그래머 학교는 포괄적인 양적·질적 자료를 수집하여 객관적인 평가 체제를 마련하였다. 긍정교육의 효과에 대한 객관적인 평가는 2013년부터 2015년까지 3년 동안 이루어졌다. 긍정교육이 학생들의 일상적인 기능 수행과 웰빙에 미치는 효과를 알아보기 위해 지롱 그래머 학교는 멜버른 대학교의 전문 연구진에 의한 종단연구를 지원하였다. 그것은 9학년 학생들을 대상으로 지롱 그래머 학교의 긍정교육 효과를 인근의 2학교와 비교하는 방식으로 이루어졌다. 2013년 2월과 12월에 수행된 사전 사후 검사 결과에 따르면, 긍정교육을 이수한 지롱 그래머 학교의 9학년 학생들은 웰빙에서 주목할 만한 향상을 보여 줌과 동시에 우울과 불안 증세에서 현격한 감소를 보여 주었다. 이와는 달리 통제 집단의 9학년 학생들은 웰빙 수준에서의 감소를 보여 주었다(Norrish, 2015, 283).

한편 전문 연구진은 명시적인 교육과정을 통해 긍정교육의 효과를 검증하는 연구도 수행하였다. 연구진은 지롱 그래머 학교와 인근 2개 학교 교사들에게 긍정교육을 훈련시킨 후에 15시간의 명시적인 교육과정을 통해 1학기 동안 10학년 학생들에게 긍정교육을 가르치도록 하였다. 그 결과, 지롱 그래머 학교와 통제집단인 2학교에서 1학기 동안 긍정교육을 가르친 결과 학생들의 웰빙과 정신건강이 크게 향상되었음을 밝혀내었다(Norrish, 2015, 283). 이렇듯 지롱 그래머 학교는 긍정교육에 대한 과학적 평가와 지속적인 연구 프로그램 개발을 통해 얻어진 결과를 긍정심리학과 긍정교육 연구 공동체에 되돌려줌으로써 학교에서의 웰빙 증진에 관한 학문적 대화의 장을 풍부하게 마련해 준다.

하지만 지금까지 대부분의 연구는 개별 학생 수준에서 긍정교육의 효과에 관한 이해에 초점을 맞추다 보니 체계적인 요소를 탐색할 기회가 매우 적었다. 우리가 쉽사리 추정할 수 있는 바와 같이, 그 이유는 총체적인 학교 접근법으로 긍정교육을 채택하고 있는 학교가 매우 드물기 때문이다. 따라서 앞으로의 평가 관련 연구는 긍정 제도로서 학교를 이해하는 데 도움을 주는 방향으로 전개될 필요가 있다. 번영하는 학교의 모습은 어떤 것인지 그리고 긍정 조직으로서 학교의 기능 수행을 증진하려면 어떤 노력이 필요한지에 대한 보다 상세한 연구가 수행될 필요가 있다. 이와 더불어 긍정교육 프로그램이 제도적 수준에서 지속 가능한 프로그램이 되기 위해서는 어떤 노력과 절차가 필요한지에 대한 심층 연구가 수행될 필요가 있다.

3. 인성교육에 대한 시사점

지롱 그래머 학교는 학교 현장에 의미 있고, 통합적이며, 증거에 기반을 두고, 지속 가능한 방식으로 긍정교육을 실천할 수 있는 효과적인 방식이 무엇인지를 잘 보여 준다. 지롱 그래머 학교의 사례에서 볼 수 있듯이 긍정교육의 효과는 매우 명확하다. 많은 교직원과 학생들이 플로리싱을 경험하고 있고, 학생들은 타인을 돕는 일에 전념하며, 학교는 관계성과 응집력이 높은 공동체로 변모하고 있다. 이에 여기서는 지롱 그래머 스쿨의 사례를 통해 살펴본 긍정교육이 우리의 인성교육에 주는 시사점이 무엇인지를 살펴보고자 한다.

1) 교사교육 및 부모교육 실시

교육 프로그램의 효과는 프로그램의 양과 질 못지않게 그 프로그램을 운영하는 교사의 기능 및 역량과 밀접하게 관련된다(Rusnak, 1998, 1). 왜냐하면 교육 프로그램의 효과는 프로그램 자체의 좋음만이 아니라 그 프로그램이 학교라는 맥락에서 어떻게 전개되는지에 달려 있기 때문이다. 이것은 인성교육 프로그램의 경우에도 그대로 해당한다. 지롱 그래머 학교에서는 긍정교육 프로그램의 적용에 앞서 교사 훈련 및 부모 훈련에 상당한 시간과 노력을 할애하였다. 김하연(2016, 151)의 연구에 따르면, 현재 우리나라 교사들은 인성교육 전문성을 함양하기 위한 교육이 충분하지 않다고 느끼고 있다. 많은 교사가 교원 양성 및 교원 연수 기관에서 제공하는 인성교육 프로그램에 대해 만족하지 못하고 있다. 또한 우리의 인성교육에서는 부모 훈련을 통해 가정과의 연계에 기반을 둔 인성교육이 아직 자리를 잡지 못하고 있다.

지롱 그래머 학교는 교직원과 학부모가 먼저 긍정교육에 대해 배우고 그것을 생활화하는 데 초점을 맞추었다. 이것은 우리의 인성교육에 매우 중요한 시사점을 제공한다. 왜냐하면 그것은 학생들이 가정과 학교에서 인성 함양에 관한 동일한 목소리나 메시지를 접할 수 있게 해 주기 때문이다. 교직원과 부모가 인성교육에서 강조하는 성품 특성이나 역량에 관해 잘 알고 그것을 일상적인 삶에서 일관된 방식으로 실천할 때, 학생들은 훌륭한 인성의 역할 모델을 풍부하게 접할 수 있다. 따라서 단위 학교가 특정한 인성교육 프로그램을 운영하고자 할 경우에는 그것에 대한 교사교육 및 부모교육을 먼저 충분하게 실행해야 한다.

2) 인성교육을 내장하기

인성교육이 학교 교육과정에 추가적으로 덧붙여지는 형태로 이루어질 경우에는 그 효과를 장담하기 어렵다. 지롱 그래머 학교의 긍정교육처럼 인성교육이 학교의 모든 생활에 스며들고 내장될 때 그것의 효과는 극대화될 수 있다. 이런 맥락에서 정창우(2016, 205)는 특색 있는 프로그램이 잘 조직된 학교 교육과정 속에 녹아들어 있을 때 인성교육의 효과가 제고될 수 있다고 밝힌 바 있다. 그는 이것을 다음과 같이 표현하였다. "특색 있는 프로그램이 공식적 교육과정과 비공식적 혹은 잠재적 교육과정을 포함한 전체 학교 교육과정 안에 잘 녹아들어야 한다."(정창우, 2016, 204).

지롱 그래머 학교에서는 긍정교육을 학교에 내장하기 위해 긍정 제도 프로젝트를 실행한 바 있다. 이것은 학교 자체를 하나의 긍정 제도로 만들기 위한 프로젝트이며, 교사의 리더십을 매우 중시하였다. 인성교육은 인성 함양과 학생 웰빙에 우선순위를 두는 교직원의 탁월한 리더십에 근거하면서 명시적인 교수 활동 그리고 모든 교과와 잠재적 교육과정을 통한 암묵적인 교수 활동의 형태로 학교 공동체와 학교생활의 모든 측면에 내장될 수 있어야 한다. 외부의 인성교육 전문가를 활용한 일회적이고 산발적인 교육 활동 또는 특정 교사나 교과에만 의존하는 교육 활동이 아니라, 모든 교직원에 의한 그리고 학교의 모든 국면에 스며들고 내장된 통합되고 확산된 형태의 인성교육이 이루어져야 한다.

인성교육진흥법 제정과 시행을 통해 우리는 학업과 인성의 관계에 대한 새로운 인식을 갖게 되었다. 그것은 바로 인성교육에 초점을 맞추어 학력 신장을 추구함으로써 바람직한 인성과 학업 성취도 모두를 향상시키는 방향으로 우리의 교육이 패러다임 전환을 해야 한다는 것이었다(정창우, 2015, 49). 그러나 인성교육을 학교에 내장함에 있어 이제 우리는 한 걸음 더 나아가야 한다. 인성교육이 바람직한 인성과 학업 성취에 덧붙여 개인의 웰빙과 플로리싱에도 기여한다는 것을 강조해야 한다. 이것은 우리 사회에서 바람직한 인성이 함의하고 있는 지나친 공동체 편향 현상을 어느 정도 상쇄하면서 개인의 웰빙과 플로리싱에도 무게 중심을 둘 수 있기 때문이다. 인성교육은 개인적으로 만족스럽고 의미 있는 삶과 사회적으로 건설적인 삶을 영위하는 데 도움을 주는 지식·기능·태도·가치·역량을 길러주는 형태로 학교생활에 내장될 수 있어야 한다. 아쉽게도 지금 우리의 인성교육 정책이 강조하는 인성 회복이나 인성 함양은 청소년 문제나 사회 문제 해결을 위한 인성의 도구적 가치나 사회적 효용성만을 지나치게 강조하면서 개인의 웰빙과 플로리싱을 약화시키는 단점을 드러내고 있기 때문이다.

3) 긍정 관계 구축

학생의 플로리싱 향상이나 인성 함양에서 긍정 관계가 차지하는 중요성은 아무리 강조해도 지나치지 않는다. 그 이유는 긍정 관계가 웰빙과 플로리싱, 회복탄력성, 인성 함양에 필수불가결한 보호 요인이기 때문이다. 부모와의 관계, 또래와의 관계, 교사와의 관계는 바람직한 인성 함양을 위한 모판과 같은 것이다. 특히 학교에서 교사와 학생 간의 긍정 관계는 교사와 학생 모두의 회복탄력성과 웰빙에 매우 중요한 보호 요인이다. 지롱 그래머 학교는 '타인이 중요하다!'는 메시지를 통해 친밀하고 지지적인 학교 공동체를 형성·유지하는 데 많은 노력을 기울였다. 우리의 인성교육은 지롱 그래머 학교의 긍정 관계 실천 사례로부터 많은 것을 배워야 한다.

특히 여기서 나는 현재 우리의 인성교육에서 특히 부족하다고 여겨지는 교사와 학생 간의 긍정 관계 형성에 주목하려 한다. 교사와 학생이 맺는 양질의 긍정 관계는 학생이 자신을 둘러싸고 있는 환경과 자신 있게 상호작용할 수 있도록 학생에게 안전감을 부여하고, 교사가 시범을 보인 행동과 가치를 채택하도록 권면해 준다. 교사와 긍정 관계를 경험한 학생들은 교사의 지시와 조언에 더욱 개방적이고 반응적인 방식으로 행동한다. 학생들이 신뢰하는 교사 또는 학생과의 관계에서 안전 기지를 제공하는 교사의 행동과 가치는 학생들의 인성 함양에 지대한 영향을 준다. 그렇다면, 이를 위해 교사는 어떻게 행동해야 할까?

노블과 맥그래쓰(Noble & McGrath, 2012, 26)는 학생과 긍정 관계를 형성하는 교사의 행동 특성을 다음과 같이 제시하였다. 첫째, 학생들을 인정하고, 학생을 이름을 불러주면서 인사하며, 학생이 부재하는 순간을 쉽게 알아차린다. 둘째, 학생의 그릇된 행동에 대해 처벌이나 강제보다는 설명으로 대응한다. 셋째, 학생들에게 개인적인 관심을 두고 있으며 학생들을 개별적으로 잘 안다. 학교 안에서만이 아닌 학교 밖에서의 삶이 있는 존재로서 학생들을 알고 이해하기 위한 다양한 노력을 경주한다. 넷째, 학생들이 쉽게 접근하고 다가설 수 있는 사람이다. 다섯째, 학생을 공정하게 대우하고 존중해주는 사람이다. 학생들은 공정하고 존중하는 방식으로 자신을 대하는 교사를 가장 좋아한다. 여섯째, 학생들과 재미있고 즐거운 시간을 함께 보내고, 어느 정도의 자기 노출을 통해 학생들이 자신을 알 수 있도록 노력하는 사람이다. 일곱째, 선택 및 의사결정에 참여할 기회를 제공하여 학생들의 자율성 발달을 지지해 준다. 여덟째, 학생들이 근심이나 걱정이 있을 때 귀를 기울여 경청하면서 정서적인 지지를 보내준다.

4) 성품 강점 활용

지롱 그래머 학교에서 성품 강점은 긍정교육의 토대를 이룬다. 우리의 인성교육은 자신의 내면을 바르고 건전하게 가꾸고 타인·공동체·자연과 더불어 살아가는 데 필요한 인간다운 성품과 역량을 기르는 것을 목적으로 한다. 긍정교육도 긍정 관계 영역에서 의사소통이나 갈등해결과 같은 역량을 강조하고 있으므로 사실상 긍정교육과 우리의 인성교육이 지향하는 바는 대동소이하다. 다만 차이가 있다면 긍정교육은 강점에 기반을 둔 교육을 강조한다는 것이다. 따라서 긍정교육은 자신의 대표적인 성품 강점을 발휘하거나 새로운 영역에 적용하여 그것을 더욱 발달시킬 것을 강조한다. 우리의 인성교육이 예(禮), 효(孝), 정직, 책임, 존중, 배려, 소통, 협동을 핵심 가치·덕목으로 규정하여 내면화할 것을 강조하고 있는 반면에, 지롱 그래머 학교의 긍정교육에서는 24가지 성품 목록을 강조한다.

특히 지롱 그래머 학교에서는 학생들이 대표 강점을 활용하여 자신보다 더 큰 무언가에 기여하고 공헌하는 것을 중시한다(추병완, 2017c, 15). 우리의 인성교육은 개인과 공동체의 삶에 필요한 미리 정해진 핵심 가치·덕목과 역량을 중시한다. 이런 점에서 볼 때, 인성교육에서 학습자인 학생들은 특정한 핵심 가치·덕목과 역량을 수용하고 내면화해야 할 다소 수동적인 존재인 셈이다. 그러나 지롱 그래머 학교에서 학생들은 자신의 대표 강점을 발견·확인하고 그것을 새로운 영역에 적용하여 더욱 발달시켜야 할 매우 적극적이고 능동적인 존재로 여겨진다. 또한 긍정교육은 자신에게 부족하거나 약점인 성품 특질을 보완하는 것에 초점을 맞추기보다는 오히려 자신이 잘하고 있거나 강점에 해당하는 성품 특질을 더욱 발달시키는 데에 초점을 맞출 것을 강조한다. 그러므로 긍정교육은 자신의 대표적인 성품 강점을 활용한 관여와 몰입의 즐거움을 통해 플로리싱을 구현하는 것을 강조한다. 우리의 인성교육도 약점을 보완하려는 수동적인 관점에서 벗어나 강점을 계발하는 적극적인 관점으로 변모할 필요가 있다. 따라서 향후 우리의 인성교육은 학생들이 자신의 성품이나 역량 중 지금 잘하고 있는 것을 더욱 잘할 수 있도록 권면·지지해 주는 방향으로 전개될 필요가 있다.

5) 증거 기반 프로그램 활용

지롱 그래머 학교의 긍정교육은 무엇보다도 증거에 근거한 교육적 개입 활동이라는 데에 의의가 있다. 긍정교육은 긍정심리학을 모태로 하는 가운데, 긍정교육의 6가지 영역 모두에서 개입 연구나 실험 연구를 통해 과학적으로 효과가 검증된 프로그램을 지롱 그래머 학교의 상황에 맞게 적용한 것이다. 긍정교육의 이러한 특징은 우리의 인성교육에 시사해 주는 바가 매우 크다. 왜냐하면 현재 우리나라에서는 인성교육의 확산과 더불어 증거에 기반을 두지 않은 수많은 프로그램이 난무하기 때문이다. 비과학적인 프로그램들은 오히려 인성교육 방법에 대한 혼란을 가중함과 더불어 교육의 수혜자인 학생들의 몸과 마음에 심각한 해로움을 유발할 수도 있다. 또한 최근에는 섣부른 신경과학 이해에 근거한 교육 프로그램이 마치 과학적 증거에 기반을 둔 프로그램인 양 둔갑하면서 학교교육 현장에 상당한 혼란을 유발하는 중이다.

예를 들어, 뇌 체조는 최근 인성교육에서 매우 강조되는 활동 가운데 하나다. 뇌 체조의 기본적인 이론적 가정은 간단한 운동과 신체 움직임이 좌뇌와 우뇌의 통합을 촉진하여 학습 문제를 교정하고, 심리적·정서적 스트레스 감소에 기여한다는 것이다. 신재한(2016, 371)은 뇌 체조가 정서를 안정시키고 편안한 마음을 갖게 하므로 인성교육을 위한 필수 선행 요건이라고 주장한다. 뇌 체조를 강조하는 일부 사람은 뇌 체조가 양쪽 뇌의 균형 있는 발달에 도움을 준다고 주장한다. 그러나 뇌 체조를 비롯한 신체 활동이 뇌를 깨워 인성교육을 실시할 준비 조건을 마련한다는 것은 매우 비과학적인 사실에 불과하다. 그것은 우리의 뇌 가운데 사용되지 않는 부위는 없으며, 뇌는 좌뇌와 우뇌의 협응을 통해 항상 활동 중에 있다는 과학적 사실을 오도한 것에 불과하다. 신체 활동이 뇌를 비롯한 우리의 건강에 유익한 것은 틀림이 없지만, 뇌의 구조와 작용에 관한 비과학적인 설명에 근거한 뇌 체조는 인성교육의 효과적인 방법이라 할 수 없다. 뇌 체조가 영국의 초등학교 현장에서 무분별하게 행해지자, 2008년에 'Sense About Science'는 뇌 체조 옹호론자의 주장 내용을 반박하는 신경과학적인 증거 13가지를 전문가의 목소리를 빌려 매우 구체적으로 제시한 바 있다(http://archive.senseaboutscience.org). 그러므로 우리는 명백하게 과학적 증거에 근거한 인성교육 방법을 학교 현장에 적용하는 일에 더 많은 관심과 노력을 기울여야 할 것이다.

지금까지 살펴본 바와 같이, 긍정교육은 무엇보다도 학업 성취를 우선시하는 현행 교육 패러다임에 도전을 하면서, 교육의 DNA가 각기 동등한 중요성을 가진 학업과 성품·웰빙의 이중 나선으로 서로 얽혀 있음을 강조한다(http://www.ipositive-education.net/). 오늘날 긍정교육은 국제 긍정교육 네트워크(International Positive Education Network)를 갖출 정도로 전 세계적인 새로운 교육 트렌드로 부상하는 중이다. 그중에서도 지롱 그래머 학교는 긍정교육의 이론과 실천을 선도하는 대표적인 교육 기관이라는 명성을 얻고 있다. 이에 이 장에서는 지롱 그래머 학교의 긍정교육 현황을 분석하고, 그것이 우리의 인성교육에 주는 시사점이 무엇인지를 밝히고자 하였다.

지롱 그래머 학교의 긍정교육은 플로리싱을 핵심으로 삼으면서 성품 강점의 지원을 받는 6개의 영역으로 구성되어 있다. 긍정교육의 6개 영역은 긍정 관계, 긍정 정서, 긍정 건강, 긍정 관여, 긍정 성취, 긍정 목적으로 구성되며, 이것은 셀리그먼의 PERMA 모델에 긍정 건강을 새롭게 추가한 것이다. 앞에서 상세하게 살펴본 바와 같이, 지롱 그래머 학교의 긍정교육은 총체적인 학교 접근법(whole-school approach), 전인으로서의 학생에 초점을 맞춘 접근법, 문제점이나 약점보다는 긍정적인 것과 강점에 초점을 맞춘 접근법, 모든 학생을 대상으로 하는 보편적 접근법, 학부모와 지역 사회를 포함한 통합적 접근법, 예방을 목표로 하는 전향적 접근법을 특징으로 한다.

긍정교육의 이러한 특징은 향후 우리의 인성교육에서 교사교육과 부모교육 실시, 인성교육을 내장하기, 긍정적인 관계 구축, 성품 강점 활용, 증거 기반 프로그램 활용에 더 많은 노력을 기울여야 함을 명확하게 고지한다. 지롱 그래머 학교는 긍정심리학의 연구 결과를 모범 실무 교수 활동과 접목하여 긍정교육이라는 새로운 이론적 틀로 발전시켰다. 특히 그 학교는 매우 포괄적이고 확산적인 긍정교육 프로그램의 적용을 통해 학업 성취와 인성 발달, 웰빙과 플로리싱 제고에 기여함으로써 얻어진 과학적인 연구 성과를 긍정심리학에 되돌려줌으로써 이론과 실천 간의 충실한 가교 역할을 수행하고 있다. 사회 제도로서 학교는 학생들의 웰빙과 플로리싱을 증진할 도덕적 책무를 갖고 있다. 이제 우리는 개인의 인성을 사회 문제 해결을 위한 도구적 가치만이 아닌 학생 자신의 웰빙과 플로리싱을 위한 본래적 가치의 측면에서도 접근함으로써, 바람직한 인성이 모든 학생의 삶에 더욱 총체적이고 감응적인 것이 될 수 있도록 해야 할 것이다. 동시에 우리는 인성, 웰빙, 플로리싱, 학업이 별개의 것이 아니라 서로 얽혀 있고 서로 영향을 주는 교육 목표라는 사실을 분명하게 인식해야 한다.

■ 참고 문헌

김하연(2016), 『교사의 인성교육 전문성에 관한 연구』, 서울: 서울대학교 대학원 박사학위청구논문.

신재한(2016), "뇌과학적 고찰을 통한 뇌교육 기반 인성교육 방향 탐색", 『아동교육』, 25(2), 365-381.

정창우(2015), 『인성교육의 이해와 실천』, 서울: 교육과학사.

추병완(2017a), 『도덕교육 탐구』, 서울: 한국문화사.

추병완(2017b), 『회복탄력성』, 서울: 도서출판 하우.

추병완(2017c), "도덕 정체성의 발달 조건 탐색", 『교육논총』, 37(1), 1-26.

Noble, T. & McGrath, H. (2012), "Wellbeing and resilience in young people and the role of positive relationships", In S. Roffey (Ed.), *Positive relationships: Evidence based practice across the world* (pp. 17-33), New York: Springer.

Norrish, J. M., Williams, P., O'Connor, M., & Robinson, J. (2013), "An applied framework for positive education", *International Journal of Wellbeing*, 3(2), 147-161.

Norrish, J. M. (2015), *Positive education: The Geelong Grammar School journey*, Oxford: Oxford University Press.

OECD (2017), *PISA 2015 results: Students' well-being*, Vol. 3, Paris: PISA, OECD Publishing.

Park, B., Chu, G. & Chu, B. (2017), "The neuromyths of pre-service teachers in Korea", *Journal of Ethics*, 113, 1-23.

Rusnak, T. (1998), "Introduction: The six principles of integrated character education", In T. Rusnak (Ed.), *An integrated approach to character education* (pp. 1-6), Thousand Oaks: Corwin Press.

Seligman, M., Ernst, R., Gillham, J., Reivich, K., & Linkins, M. (2009), "Positive education: Positive psychology and classroom interventions", *Oxford Review of Education*, 35(3), 293-311.

Seligman, M. (2011), *Flourish*, London: Nicholas Brealey Publishing.

White, M. A. (2016), "Why won't it stick? Positive psychology and positive education", *Psychology of Well-being*, 6(2), 1-16.

http://archive.senseaboutscience.org(검색일 2017년 6월 22일).
http://www.ipositive-education.net(검색일 2017년 6월 22일).

2부
긍정 도덕교육의 실제

여기서는 긍정교육의 핵심 구인 중 도덕교육에 많은 시사점을 주는 동시에 도덕교육의 실효성을 제고하는 데 많은 도움을 줄 수 있는 아이디어를 이론적으로 규명하고, 도덕교육에서 그것의 적용 방법을 제시하는 데 초점을 맞춘다. 4장은 삶의 목적(purpose in life) 구인을 다룬다. 4장에서 나는 삶의 목적의 개념을 정의하고, 최적의 아동 및 청소년 발달에서 삶의 목적이 수행하는 기능을 분석하며, 아동기와 청소년기에 삶의 목적이 발달하는 과정과 그 효과를 규명하고, 삶의 목적을 함양하기 위한 적절한 지도 방법을 제시한다. 5장은 삶의 의미(meaning in life)를 다룬다. 여기서 나는 철학과 심리학에서 삶의 의미에 관한 최근의 연구 동향을 개관하고, 아동과 청소년의 삶의 의미 발달을 위한 토대를 확인하며, 삶의 의미 의식 증진에 도움을 주는 증거 기반의 교수 전략을 제시한다. 6장은 자기 자비의 개념 및 구성 요소에 관해 살펴보고, 자기 자비의 심리적 기능과 효과를 분석하며, 도덕 교과에서 자기 자비의 함양을 위한 효과적인 교수 방법을 제안한다. 7장은 스나이더가 제시한 희망 이론의 개요와 학교 기반 희망 개입의 사례를 살펴보고, 그것을 초등 도덕교육에 활용할 때 교사가 유의할 사항을 제시한다. 8장은 긍정 정서 조절로서 음미(savoring)에 관한 이론적 근거를 살펴보고, 도덕 수업에서 긍정 정서의 음미 전략을 활용하는 효과적인 방법을 제시한다. 9장은 덕 윤리학과 긍정심리학에서 감사의 개념 정의를 고찰하고, 아동과 청소년의 감사 성향을 제고하기 위한 교육적 개입 방안을 분석하며, 감사 연습이 도덕교육에서 갖는 의의를 규명한다. 10장은 회복탄력성의 개념 정의와 교육적 중요성에 대해 살펴보고, 학생들의 회복탄력성을 증진하기 위한 싱가포르, 미국, 호주의 성공적인 교육적 개입 사례들을 분석한다. 또한 아동과 청소년의 감사 성향을 높이기 위해 우리가 주목해야 할 교육 방안은 축복 헤아리기, 감사 방문, 도식적 도움 평가를 학습하기임을 강조한다.

이 책에서 4장의 내용은 2018년 6월 『초등도덕교육』 제60집에 게재한 '삶의 목적의 도덕교육적 함의'에 근거한다. 5장의 내용은 2019년 3월 『윤리연구』에 게재한 '삶의 의미 의식 증진을 위한 지도 방법'에 근거한다. 6장의 내용은 2018년 3월 『초등도덕교육』에 게재한 '삶의 목적의 도덕교육적 함의'에 근거한다. 7장의 내용은 최윤정 선생님과 함께 2018년 9월 『초등도덕교육』에 게재한 '학교 기반 희망 개입에 관한 비판적 고찰'에 근거한다. 8장의 내용은 2019년 3월 『초등도덕교육』에 게재한 '초등도덕교육에서 음미 전략의 활용 방안'에 근거한다. 9장의 내용은 2015년 3월 『초등도덕교육』에 게재한 '감사 연습의 도덕교육적 의의'에 근거한다. 10장의 내용은 2014년 8월 『윤리교육연구』에 게재한 '청소년의 회복탄력성(resilience) 증진을 위한 도덕과 지도 방법'에 근거한다.

4장
삶의 목적과 도덕교육

　자원봉사 활동, 사회적 지지, 애완동물 키우기, 종교 활동 참석이 지닌 공통점은 무엇일까? 최근의 연구는 이러한 활동에 참여하는 사람이 그렇지 않은 사람보다 더 오래 산다는 것을 보여 준다. 자원봉사 활동에 참여하는 사람은 그렇지 않은 사람보다 사망률이 60%나 더 낮다. 가족, 친구, 이웃에게 사회적 지지를 제공하는 사람은 사회적 지지를 받지 못하거나 사회적 지지를 제공하지 않은 사람보다 사망률이 50% 더 낮다. 애완동물을 키우는 고혈압 환자는 애완동물을 키우지 않는 고혈압 환자보다 혈압이 더욱 낮고, 더 오래 산다. 종교 예배에 자주 참석하는 사람은 전혀 참여하지 않는 사람이나 가끔 참여하는 사람보다 더 오래 산다. 얼핏 보면, 이러한 연구 결과의 공통점은 바로 수명인 것처럼 보인다. 그러나 우리는 삶의 목적이 이러한 활동을 연결하고 있음에 주목할 필요가 있다. 삶의 목적은 더욱 긴 수명, 더욱 적은 건강 문제, 더 많은 삶의 만족에 기여한다(McNight & Kashdan, 2009, 242).

　인간의 번영(flourishing)에 초점을 맞춘 긍정심리학의 등장 이후 도덕교육 관점에서 가장 주목받는 개념 가운데 하나는 바로 삶의 목적이다.

긍정심리학에서 목적은 친사회적이고 생성적인 행위에 헌신하고 관여하도록 동기를 부여하는 자기 초월적인 목표를 의미하기에(Bundick, 2011, 91), 우리나라 도덕교육이 지향하는 바와 공통점이 많다. 삶의 목적은 자신의 향상뿐만 아니라 타인과의 상호작용을 통한 사회의 향상을 지향한다. 또한, 삶의 목적은 인간이 지녀야 할 필수적인 성품 강점이기에(Malin, Liauw & Damon, 2017, 1202), 가치·덕목을 중시하는 우리의 도덕교육과 친화성이 매우 높은 개념이자 구인이다. 삶의 목적은 자신을 넘어선 어떤 것에 기여하려는 열망 그리고 그 열망에 따라 행동하려는 헌신과 결단을 의미하기 때문에 대표적인 성품 강점이라고 볼 수 있다.

삶의 목적은 최근 우리나라 도덕교육에서도 매우 중요한 교육 내용으로 설정되어 있다. 이를테면 새 교육과정의 초등학교 도덕에서는 자신과의 관계 영역에서 삶의 목적을 달성하는 데 필요한 시간 관리와 절약, 인내, 충동 조절, 자주, 자율을 구체적인 학습 내용으로 설정하고 있다(교육부, 2015, 6). 또한 삶의 목적과 관련한 구체적인 학습 내용으로 중학교 도덕에서는 자신과의 관계 영역에서 '삶의 목적은 무엇인가?', '행복을 위해 어떻게 살아야 하는가?'를 아주 명확하게 적시하고 있다(교육부, 2015, 7).

삶의 목적은 대부분의 철학과 종교에서 핵심적인 주제로 다루어져 왔었다. 심리학자들 역시 삶의 목적과 행복하고 건강한 삶의 관계를 규명하는 데 많은 노력을 기울였다. 하지만 대부분의 심리학 연구는 성인에 초점을 맞추었기에 상대적으로 아동과 청소년의 삶의 목적에 대해서는 크게 알려진 바가 없었다. 이를테면 성인 이전의 아동과 청소년 시기에 삶의 목적의식이 어떻게 발달하는지 그리고 그것이 아동과 청소년의 웰빙에 어떤 영향을 주는지에 대해 심리학자들은 충분한 관심을 기울이지 않았다. 긍정심리학의 등장 이후 심리학자들은 전체 생애 관점을 채택하면서 아동과 청소년이 삶의 목적을 발견하는 발달 단계를 확인하여 연령에 적합한 교육적 개입을 시도하는 중이다(Yuen, Lee, Kam & Lau, 2015, 55).

또한 그들은 삶의 목적이 청소년의 방향이 없는 표류(directionless drift)를 예방하고 웰빙과 건강을 증진하는 데 매우 중요함을 역설하였다(Damon, 2008, 5).

　이러한 시도는 삶의 목적과 관련하여 도덕교육에서 학생의 삶의 목적의식 발달을 고무하는 데 필요한 연령에 적합한 교수 방법을 모색하여 적용하는 데 많은 시사점을 줄 수 있다. 삶의 목적이 도덕 교과의 중요한 학습목표이자 내용임에도 불구하고, 우리는 도덕적인 삶을 살아야 한다는 당위성만을 강조했을 뿐, 정작 학생들이 자신에게 적합한 삶의 목적을 탐색·발견하여 추구하려는 자발적인 동기와 의욕을 증진시켜 주는 데에는 다소 소홀하였다. 또한 우리는 삶의 목적의식을 발달시키는 데 도움을 주는 적절한 교수 방법을 모색하는 데에도 매우 소홀하였다. 삶의 목적을 도덕교육 관점에서 체계적으로 다룬 연구가 거의 없다는 사실이 이를 잘 입증한다. 이에 여기서는 삶의 목적에 관한 최근의 심리학적 연구 결과를 개관하고, 그것이 도덕교육에 주는 시사점을 규명하고자 한다. 이를 위해 이 장에서는 삶의 목적의 개념을 정의하고, 최적의 아동 및 청소년 발달에서 삶의 목적이 수행하는 기능을 분석하며, 아동기와 청소년기에 삶의 목적이 발달하는 과정과 그 효과를 규명하고, 삶의 목적을 함양하기 위한 적절한 지도 방법을 제안하고자 한다.

1. 삶의 목적의 의미와 기능

1) 삶의 목적의 개념 정의

　인간의 관심사로서 삶의 목적은 적어도 인류의 역사와 궤적을 같이 한다고 볼 수 있다. 시공을 초월하여 인간이 '내가 지금 무얼 하고 있는 것일까?', '내가 지금 왜 여기에 존재할까?', '나는 앞으로 어떻게 살아야 할까?', '나에게 삶이란 무엇인가?', '지상에서 내게 주어진 시간을 가장 잘 사용하는 방법은 무엇일까?' 등과 같은 깊이 있는 질문을 던질 때는 언제나 삶의 목적이라는 개념이 우리의 머릿속에 떠오르기 마련이다. 삶의 목적을 발견하여 추구하는 것은 모든 역사적 시대, 사회 문화적 배경, 경제적 상황, 지리적 장소의 사람들을 연결하는 공통된 활동이기에, 그것은 인간 경험의 보편적이면서도 불변하는 특성이다.

학문적 개념으로서 삶의 목적에 대한 개념 정의는 매우 다양하므로 삶의 목적을 한마디로 정의하는 것은 매우 어렵다. 데이먼과 그 동료(Damon et al., 2003, 121)는 '자신에게 의미가 있고 자신을 넘어선 세상에 기여하는 어떤 것을 달성하려는 안정되고 일반화가 가능한 의도'를 일컬어 목적이라고 규정하였다. 달리 말해, 목적은 '자신에게 의미가 있고 자신을 넘어선 세상에 매우 중요한 목표를 달성하려는 장기적이고 미래 지향적인 의도'를 뜻한다(Damon, 2008, 33; Malin, Liauw & Damon, 2017, 1201).

이러한 관점에 근거하여 삶의 목적을 체계적으로 분석했었던 브랑크(Bronk, 2014, 109)는 목적을 '의미 있는 방식으로 자신을 넘어선 세계에 관여하려는 일반화된 헌신'이라고 규정하였다. 브랑크는 삶의 목적이 헌신(commitment), 목표 지향성(goal-directedness), 개인적 유의미성(personal meaningfulness), 자신을 넘어섬(beyond the self)이라는 4가지 구성 요소로 이루어져 있음을 강조하였다. 첫째, 우리는 시간, 자원, 정신적 에너지를 기꺼이 헌신할 모종의 목표를 발견할 수 있어야만 한다. 이러한 헌신이 없다면 매우 지속적인 삶의 목적을 설정할 수 없다(Bronk, 2014, 4). 둘째, 삶의 목적은 모종의 목표를 추구하는 것이다. 목적은 행동 유형에 영향을 주고, 단기적인 목표를 관장하는 매우 커다란 동기를 부여하는 목표로 작용한다(Bronk, 2014, 5). 이런 맥락에서 맥나이트와 캐시던(McNight & Kashdan, 2009, 242)은 '목표를 조직화하여 자극하고, 행동을 관리하며,

의미감을 부여하는 핵심적이고 자기 조직적인 생활 목표'를 일컬어 목적이라고 규정하였다. 셋째, 목적은 개인에게 중심적인 위상을 차지하고, 개인적으로 의미가 있는 것이다(Bronk, 2014, 5). 넷째, 목적은 개인적으로 의미있는 목표인 동시에 우리를 더욱 커다란 세계에 관여하게 한다. 삶의 목적은 자신에 대한 협소한 관심을 넘어서는 것이다. 자신의 가족, 자신이 믿는 신, 지역사회나 국가를 위해 무언가를 하는 것은 자신을 넘어선 세계에 적극적으로 관여하는 방식이다(Bronk, 2014, 6-7).

이와 비슷한 맥락에서 퀸(Quinn, 2016, 605-607)은 삶의 목적은 의도(intention), 개인적 의미(personal meaning), 자신을 넘어선 기여(beyond-the-self contribution), 관여(engagement)의 4차원으로 구성됨을 강조하였다. 첫째, 의도는 목적의 '내용'을 언급한다. 의도는 목적의식이 있을 뿐만 아니라 그 목적이 무엇인지를 알고 있음을 뜻한다. 달리 말해, 삶의 목적이 분명한 사람, 삶의 목적의식이 있는 사람은 자신의 삶의 목적을 통해 무엇을 하려는지 분명히 알고 있다. 둘째, 삶의 목적이 분명한 사람은 자신의 목적의 의도가 개인적으로 상당히 의미 있는 것이다. 개인적 의미 차원은 삶의 목적 추구에서 기쁨과 만족을 느끼는 내재적인 동기 유발자로서 작용한다. 셋째, 삶의 목적은 자신의 의도를 실현하려는 노력을 통해 자신을 넘어선 세상에 기여하는 것을 포함한다. 넷째, 관여는 개인적으로 의미가 있고 세상에 긍정적으로 기여하는 장기적인 의도를 정교하게 연결하여 그 목적을 달성하고자 일관된 행동을 취하는 것을 의미한다.

삶의 목적의 개념 규정에서 우리가 유념할 사항은 바로 삶의 목적과 목표, 삶의 목적과 의미의 관계를 더 명확하게 인식할 필요가 있다는 것이다. 먼저 목적과 목표는 동의어가 아니다. 목표는 개인의 근접 행동 영향력에서 더욱 정밀하고 정확하다. 목표는 특수하게 인지적으로 표상된 종착점에 초점을 맞추고, 개인의 행동이 그 종착점을 향하거나 또는 벗어나게끔 유도한다(Elliot, 2006, 113). 목적은 단순한 삶의 목표보다 더욱 추상적이고 장기적이다. 목적은 목표를 자극하고 행동에 영향을 주는 더욱 폭넓은 동기적인 구성 요소다. 목적은 달성하기 위해 지정된 결과를 필요로 하지는 않지만, 개인이 목표를 지향하도록 동기를 부여한다(McNight & Kashdan, 2009, 243). 합당한 목표에는 최종 결과가 따르지만, 가치의 경우와 마찬가지로 목적에는 필요한 최종 결과가 없다. 삶의 목적이 분명한 사람은 목표에서 목표로 이음새 없이 이동하거나 또는 다양한 목표를 동시에 효과적으로 관리한다. 역으로 목적이 없거나 불분명한 사람은 하나의 목표를 성취할 수 있으나 그 성취 이후에는 다른 목표를 쉽게 발견하는 것이 매우 어렵다. 목적은 개인이 더 많은 노력을 하도록 동기를 부여할 수 있는 생애에 걸친 자기 조절의 원천이다. 목표는 목적에 중심적인 것이고, 목적으로부터 생기는 것이다(McNight & Kashdan, 2009, 243). 이렇듯 목적은 개인의 삶의 목표가 출현하기 위한 맥락과 토대를 제공하는 고차원적인 속성이다.

한편 삶의 목적과 삶의 의미 역시 서로 다르다. 프랭클(Frankl)은 삶의 목적과 의미를 구별하지 않은 채 상호 교환적으로 사용하였지만, 오늘날의 학자들은 둘을 명확하게 구별한다. 의미는 개인의 삶을 더욱 중요하게 만드는 어떤 것을 언급하지만, 목적은 자신을 넘어선 세계에 생산적으로 관여하도록 이끄는 의미를 생성하는 일군의 원천을 언급한다. 의미는 자신의 삶을 더욱 큰 맥락에 적합하게 만들고 그 속에서 중요성을 발견하는 것으로 삶을 지각하는 주관적인 경험이다. 의미를 경험하는 사람은 자신의 삶에 대한 이해력과 자신의 삶이 지닌 중요성을 느낄 수 있다. 그들은 전체로서의 자신의 삶을 이해 가능한 것으로 파악한다. 이와는 다르게, 목적은 삶의 방향성을 제공하는 중요한 목표 체계를 갖고 있다는 주관적인 경험을 뜻한다. 목적의식이 풍부한 사람은 미래에 대해 열광과 흥분의 감정을 특징으로 하는 태도를 보여 준다. 그들은 미래를 유망한 것으로 바라보고, 자신의 현재 행동이 그러한 미래의 긍정적인 상태에 이르게 하는 것으로 파악한다(George & Park, 2013, 366).

브랑크(Bronk, 2014, 7)는 "목적이 개인의 인생에서 사적으로 의미가 있고 장기적인 목표를 언급하지만, 의미에 관한 대부분의 개념 규정은 목표를 언급하지 않는다. 대신에 삶의 의미는 상황적인 의미와 실존적인 의미를 포괄한다. 상황적 의미는 개인이 자신을 둘러싼 세계를 이해하는 방식을 뜻하고, 실존적 의미는 개인의 존재 이유를 언급한다. 의미는 우리 주위의 세계와 사건을 이해하는 것을 뜻한다. 그것은 우리의 주변 환경과 장소를 이해하는 방식이다."라고 주장한다.

데이먼과 그 동료(Damon et al., 2003, 121)는 목적과 의미 간의 위계적인 관계에 주목한다. 여기서 의미는 목적에 선행하고, 목적은 의미의 부분 집합이다. 따라서 의미가 결여된 삶에서는 삶의 목적을 공식화하는 것이 불가능하다. 의미와는 달리 목적은 항상 개인이 진보를 이룰 수 있는 성취를 지향한다. 이때의 성취는 물질적인 것 또는 비물질적인 것, 외재적인 것 또는 내재적인 것, 닿을 수 있는 것 또는 닿을 수 없는 것일 수 있다. 성취의 필수적인 특징은 그것의 구체성이 아니라 그것이 목적을 위한 목표를 창조하는 데 제공하는 방향 감각이다.

한편 맥나이트와 캐시던(McNight & Kashdan, 2009, 243)은 "의미가 항상 목적을 추동하지는 않는다. 오히려 의미는 목적의 발현을 추동한다. 일단 목적이 발현하면 목적이 의미를 추동한다. 간단히 말해, 목적과 의미는 일시적인 양방향 관계에 놓여 있다."라고 주장한다. 이렇듯 의미와 목적은 서로 구별되는 구인이지만, 둘은 분명히 관계가 있다. 우리 주위에서 우리가 만들어내는 의미는 우리를 무언가에 지향하도록 돕고, 세계에서 우리의 위상을 찾게 해 준다. 그리고 우리 주위의 세계에서 우리가 만든 의미는 우리의 자아 인식과 목적의식을 형성한다. 간단히 말해, 우리의 실존에서 우리가 발견하는 의미는 목적의 본질에 영향을 준다.

2) 삶의 목적의 차원과 기능

우리는 흔히 삶의 목적이 있는 사람과 그렇지 않은 사람으로 양분된다고 생각하기 쉬우나, 사실 삶의 목적은 범위, 강도, 인식이라는 3차원의 연속선에 놓여 있다. 이 3차원은 기억, 정서, 행동에 의해 모두 상호 연결되어 있다(McNight & Kashdan, 2006, 243). 먼저 범위는 목적의식이 개인의 삶에서 얼마나 협소한지 또는 모든 것을 포섭하는지를 언급한다. 따라서 개인의 삶에 중심을 차지하고 있어 모든 행동·사고·정서에 영향을 주는 목적은 폭넓은 범위를 가진 것이라 간주된다. 범위는 상이한 맥락과 조건에서 목적이 행동에 영향을 주는 정도를 지시한다. 범위는 어느 정도까지 조직화와 맥락 민감성을 지시한다. 폭넓은 범위를 가진 목적은 덜 조직화되어 있지만, 넓은 맥락을 가로질러 더 많은 행동에 영향을 미친다.

강도는 목적의 범위와 관련된 영역에서 사고, 행동, 정서에 영향을 미치는 목적의 경향성을 의미한다(McNight & Kashdan, 2006, 243). 강한 목적은 목적과 관련된 행동에 강력하게 영향을 준다. 범위와 강도는 목적이 수명, 건강, 웰빙에 영향을 주는 정도를 지시한다. 폭넓은 범위와 큰 강도는 그러한 결과에 더욱 명확한 영향을 준다. 목적이 개인의 삶에서 중심을 차지할수록 그리고 목적이 행동, 사고, 정서에 더 많이 영향을 미칠수록 개인은 목적이 가져다주는 이득을 더 많이 얻을 수 있다. 폭넓고 강한 목적은 역경에 대한 회복탄력성을 유발한다. 이와는 반대로 목표를 통합하고 조직화하는 구조적인 틀이 없는 사람은 낮은 수준의 건강과 웰빙을 보여준다.

끝으로 인식, 즉 의식의 내용은 개인이 자신의 목적을 알고 있고 그것을 분명히 표현할 수 있는 정도를 반영한다(McNight & Kashdan, 2006, 243). 인식은 개인이 자신의 삶의 목적이 무엇인지를 알고 있는 정도 그리고 삶의 목적이 자신의 행동에 영향을 주는 정도를 반영한다. 개인이 목적에 대해 잘 알고 있을 때에는 수많은 환경적 우발성에 의해 목적이 촉발되므로 그가 목적을 추구하는 것은 매우 적은 인지적 부담과 노력을 필요로 한다. 이렇듯 인식은 행동 유연성과 효과적인 자원 할당에 영향을 준다. 인식은 건강, 웰빙과 같은 목적과 긍정적 결과 간의 강도를 증가시켜 준다. 목적을 인식하는 것은 개인에게 방향을 제시하고, 정신적·정서적 웰빙을 유지하게 한다. 덧붙여 범위와 강도는 인식에 영향을 준다. 간단하게 중력에 비유하여 생각해 보자. 지구에 대한 중력의 힘은 범위에 있어서 포괄적이지만 힘은 약하다. 우리는 중력의 힘에 대해 거의 주의를 기울이지 않는 가운데 일상생활을 영위한다. 그러나 우리가 지구 중력의 2배를 가진 목성으로 갑자기 이동한다면, 중력에 대한 우리의 인식은 상당히 증가한다. 달리 말해, 범위에서 폭넓고 영향력이 강한 목적은 개인에게 가용한 것이어야만 한다. 그래야만 목적과 일관된 행동이 활성화될 수 있고, 의식적인 인식이 없이도 행동의 동기를 제공할 수 있다.

한편 삶의 목적은 여러 가지 기능을 수행한다. 삶의 목적은 우리가 자신의 삶에서 우선순위를 설정하게 하고, 자신이 추구해야 할 단기적·장기적인 목표를 설정하게 하며, 상황이 변화할 때 중시해야 할 것이 무엇인지를 식별하게 하고, 도전이나 장애에 더욱 회복탄력적인 방식으로 대처할 수 있게 한다. 자신이 믿는 것 또는 소중하게 여기는 것을 통해 형성된 개인의 삶의 목적은 계획을 세우고, 시련과 역경에도 불구하고 그 계획을 달성하려는 강력한 동기를 우리에게 부여한다.

이에 맥나이트와 캐시던은 삶의 목적이 다음과 같은 5가지의 본질적인 기능을 수행한다고 주장한다(McNight & Kashdan, 2006, 248). 첫째, 목적은 행동 일관성을 자극한다. 목적은 장애를 극복하고, 대안적 수단을 모색하며, 변화하는 환경 조건에도 불구하고 목표에 초점을 맞추기 위한 동기부여적인 힘으로 기능한다. 목적이 있는 사람은 공적인 그리고 사적인 행동에서 더욱 일관되게 행동하며, 변화하는 환경 조건이나 장애에 맞서 회복탄력적인 행동을 보여 준다. 둘째, 목적은 접근 지향적으로 또는 욕구에 의해 동기 부여된 행동을 만들어낸다. 더 많은 욕구 동기는 더 강력한 목적을 암시한다. 셋째, 목적은 심리적 유연성을 자극한다. 목적은 변화하는 요구, 장애, 기회에서 더욱 유연성을 발휘할 수 있게 한다. 외상 후 성장과 회복탄력성에 관한 연구는 이 점을 분명하게 보여 준다. 사람들은 자신의 환경을 유연하게 관리함으로써 역경을 피하려는 방도를 찾는다. 이러한 역경을 회피하면서 사람들은 목적이 없는 사람들이 처할 수 있는 심리적·신체적 문제를 덜 경험하게 된다. 넷째, 목적은 효율적인 자원 할당을 촉진하여 더욱 생산적인 인지적·행동적·심리적 활동이 가능하게 한다. 다섯째, 목적은 고수준의 인지적 처리를 가능하게 한다. 목적은 대뇌 피질에 의한 고수준의 인지적 처리를 포함한다. 중뇌와 소뇌에서의 저수준의 인지적 처리와는 다르다. 따라서 음식, 안전, 쾌락과 같은 일차적인 동기와 삶의 목적은 인지적 처리에서 명확하게 구별된다.

2. 삶의 목적의 발달 과정 및 효과

삶의 목적은 신체적·심리적 건강을 증진하고 스트레스에 대한 대처 능력을 향상시킴으로써 긍정적인 발달 결과를 초래하는 것으로 알려져 있다. 이에 여기서는 삶의 목적의 발달 과정을 살펴보고, 아동과 청소년의 최적의 기능 수행에 영향을 미치는 삶의 목적의 효과에 관한 기존의 연구 결과를 분석하고자 한다.

1) 삶의 목적의 발달 과정

역사적으로 볼 때 삶의 목적은 주로 성인기의 특징으로 여겨져 왔으나,

최근에는 청소년도 종종 의미 있는 삶의 목적을 헌신적으로 추구한다는 연구 결과가 늘고 있다. 목적의 발견과 정체성 형성 간의 밀접한 관계를 고려할 때, 삶의 목적 발견은 청소년과 성인 초기에 주로 관련된 발달 과업임을 쉽게 짐작할 수 있다. 연구 결과는 목적의식이 있는 활동이 종종 아동기 동안에 시작하여 청소년기와 성인 초기에 의도적이고 의미 있는 것이 되고, 중년기와 성인 후기에 걸쳐서 더욱 진화한다는 것을 보여 준다.

사실 아동은 인지적 한계 때문에 삶의 목적을 제대로 발달시키기 어렵다. 자신의 삶의 목적을 발견하고 그것에 헌신하는 데 필요한 계획 수립 및 가설 연역적 추론 활동에서 아동은 분명한 한계가 있기 때문에, 아동은 개인적으로 의미가 있고 장기적인 포부를 심각하게 고려할 수가 없다. 그러나 아동기의 경험은 이후의 목적 발달을 위한 무대를 얼마든지 마련할 수 있다. 예를 들어, 연구 결과는 아동기에 부모, 형제, 중요한 타인과 긍정적인 경험을 더욱 많이 보고한 사람일수록 성인 초기에 삶의 목적을 더 많이 보고한다는 사실을 보여 준다(Mariano & Vaillant, 2012, 290).

이러한 맥락에서 여러 목적을 달성하려고 강렬한 헌신몰입을 보여 주는 작은 표본의 젊은이를 대상으로 했던 종단연구는 모든 참가자가 청소년기 이전에는 목적에 대한 헌신을 보이지 않았지만, 아동기 동안에 잠재적으로 목적이 있는 활동에 관여했었다는 결론을 내렸다(Bronk, 2014, 70). 이 연구는 청소년 후기부터 성인 초기까지 5년에 걸쳐 자신의 포부에 대해 3회의 심층면접에 참여했던 12명의 젊은이를 대상으로 수행되었다. 인터뷰에서 참가자들은 초등학교 시절에 나중에 목적으로 진화한 활동에 처음으로 관여했다고 보고하였다. 예를 들어, 많은 청중과 재즈 음악을 공유하는 데 헌신했던 20대의 한 젊은 남성은 그가 피아노를 치기 시작할 때인 초등학교 시기에서 그러한 헌신의 뿌리를 추적하였다. 이와 비슷하게 도움을 필요로 하는 사람들에게 깨끗한 마실 물을 공급하기 위해 모금 활동을 하는 데 헌신했던 한 젊은 남성은 선생님이 개발 도상 국가에서 안전한 식수원의 필요성에 관해 수업 시간에 말했던 초등학교 1학년 때에 그러한 대의명분에 관해 배우고 적극적으로 참여하게 되었다고 보고하였다.

아동이 잠재적으로 목적이 있는 활동에 관여할 수는 있지만, 목적을 심각하게 고려하고 목적에 의도적으로 헌신하는 것은 청소년기와 성인 초기에나 가능하다. 사춘기는 정체성과 삶의 목적을 확립하는 중요한 시기다. 사춘기에 이르러 대부분의 청소년은 자신의 주변에서 볼 수 있는 다양한 존재 방식 가운데서 자신의 정체성을 추구한다. 청소년기는 삶의 목적과 정체성 발견이 이루어지는 중요한 시기다. 목적과 정체성은 거의 동일한 시점에서 발달할 뿐만 아니라 개인적으로 의미 있는 가치와 신념에 초점을 맞추고 있다는 사실을 공유한다. 그러나 생애주기에서 동일한 시점에서의 출현과 공유된 초점에도 불구하고, 둘은 각기 다른 구인이다. 정체성은 자신이 될 것 같은 사람을 언급하지만, 목적은 자신이 실현하길 바라는 것을 지칭한다(Bronk, 2014, 72).

청소년기에 삶의 목적과 정체성은 양방향으로 서로의 발달을 강화시켜 준다. 삶의 목적을 발견하는 것은 정체성 형성을 촉진하고, 정체성의 발견은 삶의 목적 발달을 촉진한다. 목적 발달과 정체성 발견 간의 상관성을 강조하는 대표적인 이론은 다음의 두 가지이다. 정체성 형성 이론(identity formation theory)에 따르면, 청소년이 자신의 정체성을 적극적으로 추구하는 것은 개인적으로 의미가 있는 것을 탐색하고 헌신 몰입할 수 있는 의미 있는 목표를 추구하기 위한 맥락을 제공함을 강조한다. 청소년기에 목적의식의 발달은 정체성 위기의 해결을 촉진한다. 따라서 청소년기는 성인기로의 성공적인 이행에 핵심이 되는 삶의 목적의식을 함양하기 위한 형성적인 시기다(Yuen et al., 2017, 62). 한편, 정체성 자본 모델(identity capital model)에 따르면, 안정된 자아의식은 발달 전이를 성공리에 헤쳐 나갈 수 있는 개인을 능력을 키워준다. 자신의 강점과 약점 그리고 목표를 인식한 청소년은 일상의 경험에 대처하고, 잠재적인 장애와 기회를 인식할 수 있다. 따라서 삶의 목적은 개인이 성장을 위해 의지할 수 있는 소중한 자본의 한 형태로 간주된다. 삶의 목적은 자신의 경험을 정체성의 의미 있는 국면에 안착시키고, 자신의 개인적 목표를 달성할 수 있는 신념을 만들어낸다. 목적을 발견하는 것은 자신의 시간, 에너지, 노력을 집중할 수 있는 의미 있는 목표를 제공해 줌으로써 정체성 위기를 해결하도록 돕는다. 이렇듯 삶의 목적과 정체성은 서로 뒤섞여 있는 가운데, 자신의 웰빙을 유지하고 증진하기 위해 자신의 한정된 자원을 할당하는 방식에 영향을 준다(Yuen et al., 2017, 62).

삶의 목적 발달이 정체성 형성과 밀접한 관계가 있음에도 불구하고, 오늘날 소수의 청소년만이 개인적으로 의미가 있는 포부를 발견하여 그것에 헌신한다. 이에 연구자들은 청소년기에 목적 발달을 위한 외적인 지지 조건을 탐색하였다. 특히 연구자들은 청소년의 사회적 관계(예: 가정, 또래, 멘토)와 그것의 발달적 맥락(예: 과외 활동, 학업 활동, 종교)이 목적 발달을 촉진하는 방식을 조사하였다(Bronk, 2014, 73). 이러한 연구를 통해 밝혀진 결과는 다음과 같다.

첫째, 가족을 비롯한 중요한 타인과의 강력한 사회적 유대 관계는 목적의 가장 중요한 예측 인자다(Bronk, 2014, 73). 연구 결과는 생산성(generativity)이 풍부한 청소년은 권위 있는(authoritative) 부모 슬하에서 성장하였고, 그 부모들은 자신이 속한 공동체에 친사회적으로 관여하고 있음을 보여 주었다(Malin, Reilly, Quinn & Moram, 2013, 195). 또한 목적의식이 분명한 청소년은 자신의 목적을 발견하고 추구하는 데 도움을 준 멘토와 매우 친밀하고 장기적인 관계를 맺고 있었다. 둘째, 교육적인 성취는 최소한 어떤 형태의 목적 추구를 위한 모종의 문지기 기능을 수행할 수 있다(Bronk, 2014, 75-76). 자신이 꿈꾸는 명확한 목표를 갖고 있고, 그 목표와 교육과의 연관성을 잘 인식하는 학생은 교실에서 더욱 풍부하고 왕성한 학습 동기를 갖는다. 목적의식이 분명한 학생은 동기 유발이 훨씬 원활하고 더 헌신적이다. 셋째, 지역사회 봉사활동, 예술, 종교 활동에 관여하는 것은 목적의 발달 및 유지와 정적으로 관련되어 있다. 지역사회 봉사활동, 예술, 종교 맥락은 그 분야에서 목적을 발견하도록 개인을 이끌어줄 뿐만 아니라 목적 발달을 위한 중요한 통로를 제공한다. 이런 활동에 관여하면서 아동과 청소년은 잠재적으로 의미 있는 능력을 발휘하여 행동하는 데 자신의 재능을 적합하게 만드는 방법을 발견할 기회를 갖게 된다(Bronk, 2014, 77).

이렇듯 아동기로부터 청소년기를 거쳐 성인기로 이행하는 동안에 대부분의 경우 연령이 증가하면서 자신의 삶의 목적에 대한 인식이 분명해진다. 그러나 삶의 목적의 구성 요소 중 '자신을 넘어섬'은 가장 마지막으로 발달한다. 그 이유는 청소년기에 이르러서야 비로소 자신을 넘어서서 사고할 수 있는 능력이 잘 발달하기 때문이다. 자신을 넘어서서 사고할 수 있는 능력은 청소년이 스스로를 성찰함과 동시에 타인과 세상에 대한 관심을 증가시킨다. 청소년기 동안의 인지 발달은 도덕적 추론 능력과 자기 발견 능력의 증가를 수반하여 개인적 책임감을 발달시키고, 그 결과 쾌락주의적인 사고의 저하 및 가치 지향적인 도덕적 추론 능력의 증가를 가져온다(Yuen et al., 2017, 61).

2) 삶의 목적의 효과

삶의 목적이 아동과 청소년의 긍정적인 발달에 미치는 효과는 무엇일까? 앞에서 부분적으로 살펴본 바와 같이, 삶의 목적에 헌신하는 것은 행복, 희망, 삶의 만족, 플로리싱, 회복탄력성, 친사회적 행동을 예측한다(Hughes, 2017, 23). 삶의 목적은 청소년에게 중요한 발달 자산인 동시에 심리적 웰빙의 핵심적인 구성 요소다. 나아가 목적을 추구하는 것은 더욱 의미 있는 학업 경험에 기여할 수 있고, 청소년을 같은 생각을 하고 있는 동료 및 지지적인 멘토와 연결시켜 줄 수 있다. 특히 아동과 청소년이 삶의 목적을 발견하여 그것을 학업 경험에 연결할 때 학교생활은 타당성과 개인적 의미를 갖게 되어, 삶의 목적은 성취동기의 중요한 원천이 된다(Bronk, Finch & Talib, 2010, 133). 삶의 목적을 추구하는 것은 청소년의 정체성 발달에도 매우 효과적이다. 여기서는 삶의 목적이 아동과 청소년의 긍정적인 발달에 미치는 효과를 스트레스 대처와 신체적·심리적 건강에 초점을 맞추어 살펴보고자 한다. 그 이유는 현재 우리나라의 많은 학생이 학업 스트레스로 말미암아 매우 낮은 웰빙 수준을 보여 주고 있기 때문이다.

스트레스 대처

삶의 목적과 스트레스와의 관계에 대한 전통적인 관점은 삶의 목적을 추구하고자 노력하는 것이 단기적으로는 스트레스 수준을 높일 수 있다는 것이었다. 개인이 자신의 목표가 위협을 받고 있다고 느낄 경우에는 목적을 추구하는 것 자체가 스트레스 수준을 높일 수 있다. 목적이 있는 삶을 영위하고, 목적이 있는 활동에 관여하는 행동 그 자체가 스트레스를 가져다주어 더욱 부정적인 정서를 유발할 수도 있다. 예를 들어, 현재 우리 사회에서 자녀를 양육하고 보살피는 것은 부모에게 많은 스트레스를 가져다주는 것이 분명한 동시에 상당히 의미 있는 행동을 나타낸다.

하지만 오늘날 연구자들은 삶의 목적을 추구하는 것이 새로운 스트레스 원천에 노출되게 하지만, 목적의식이 강한 사람은 강인하고 회복탄력적이기 때문에 잠재적으로 스트레스를 유발하는 도전과 곤경으로부터 회복할 준비가 더 잘 되어 있다고 주장한다. 목적의식이 강한 사람은 자신이 믿는 어떤 것을 위해 열심히 노력하는 사람으로 스스로를 규정하기에, 도전적인 상황을 스트레스 상황으로 전혀 해석하지 않는다. 그런 사람은 장기적인 초점을 유지하고, 더욱 크고 개인적으로 의미 있는 목적을 추구하려면 사실상 도전을 자신이 피할 수는 없지만, 매우 가치 있는 것으로 평가한다(Bronk, 2014, 51). 그런 사람은 목적을 추구하는 가운데 흥미와 헌신을 공유하는 타인을 접촉할 가능성이 매우 크고, 이것은 정보와 자원의 제공을 통해 목적의 성장을 직접적으로 촉진할 뿐만 아니라 간접적으로는 목적이 있는 삶을 영위하는 데 관련된 잠재적인 스트레스를 효과적으로 관리하도록 도와주는 긍정적인 발달 맥락과 지지적인 사회적 네트워크의 형성에 기여할 수 있다.

이러한 맥락에서 청소년 목적 연구의 대가인 데이먼은 청소년이 목적을 추구하는 활동을 스트레스로 경험하지 않을 수도 있다고 주장했다. 오히려 삶의 목적을 추구하는 청소년은 열심히 노력할 수 있고, 자신들이 애쓰는 바가 무엇인지를 알고 있는 한 자신을 채찍질할 수 있다고 그는 주장했다. 목적의식이 강한 청소년은 강한 동기를 갖고 있고, 에너지가 넘치며, 낙관적이고 자신의 포부를 실현할 현실적인 계획을 갖고 있다(Damon, 2008, 2). 이러한 주장은 자신이 믿는 것을 위해 열심히 노력하는 것은 다른 사람이 보기에는 그것이 상당히 스트레스를 주는 것이라고 여겨질지라도 정작 본인에게는 전혀 스트레스로 여겨지지 않음을 함의한다. 오히려 그런 경험은 시도와 성취에 에너지, 창의성, 흥분과 깊은 만족감을 부여한다. 이런 식으로 목적에 대한 헌신이 깊은 사람은 스트레스를 담은 도전을 스트레스 유발 상황으로 경험하지 않는다. 오히려 그런 사람은 스트레스를 더 큰 목표를 추구하는 데서 극복해야 할 의미 있는 도전으로 간주한다.

목적을 추구하는 사람이 스트레스를 효과적으로 관리하는 또 다른 방식은 그가 활용하는 대처 기제와 관련되어 있다. 목적의식이 희박한 사람과 비교할 때, 목적의식이 확고한 사람은 문제 자체를 무시하면서 그저 잘 해결되기를 희망하는 것을 뜻하는 회피 대처를 덜 사용하고, 스트레스 유발 요인에 대한 자신의 정서적 반응을 변화시키는 것을 의미하는 정서 초점 대처를 더 많이 활용하는 것으로 밝혀졌다. 삶의 목적은 약물과 알코올 남용, 자살 생각과 부적인 상관관계를 맺고 있다. 삶의 목적은 회복탄력성, 강인성, 효과적인 대처 기제와 정적인 상관관계를 맺고 있고, 권태와 불안 그리고 우울과 같은 부정적인 상태로부터 완충 역할을 해 준다(Bronk, 2014, 53).

신체적 · 심리적 웰빙

삶의 목적을 추구하는 것은 신체적·심리적 웰빙 수준을 높다. 긍정심리학 연구는 긍정적인 심리적 웰빙과 생리적 기능 간의 상호작용을 분명하게 보여 주었다(Turner, Smith & Ong, 2017, 2). 삶의 목적이 긍정심리학에서 말하는 웰빙의 중요한 구성 요소임을 고려할 때, 삶의 목적이 긍정적인 건강 결과 및 건강 행동과 밀접하게 관련되어 있음을 우리는 쉽게 추론할 수 있다. 리프와 그 동료(Ryff, Singer, Love, 2004, 1390)는 삶의 목적이 낮은 수준의 코르티솔(cortisol), 낮은 수준의 염증 반응, 양호한 심혈관 및 신진대사 지표, 숙면, 장수 등과 같은 신체적 건강 지표와 관련되어 있음을 입증하였다. 한편 보일과 그 동료(Boyle et al., 2010, 304)는 삶의 목적의식이 확고한 사람일수록 알츠하이머 질병과 가벼운 인지적 손상 비율로부터 매우 자유롭다는 사실을 발견하였다. 이 연구들은 심리적 웰빙이 신체적 웰빙과 밀접하게 관련되어 있음을 명확하게 보여 준다. 동시에 이 연구들은 삶의 목적이 신체적 이득에 상당히 기여한다는 것을 분명하게 보여 준다.

삶의 목적은 리프의 자아실현 웰빙(eudaimonic well-being)과 셀리그먼(Seligman)의 플로리싱에서 매우 중요한 구성 요소이므로 삶의 목적이 심리적 웰빙에 기여함은 매우 명확한 사실이다. 삶의 목적은 자신의 삶이 의미가 있다는 인식을 가능하게 해 주므로 심리적 정신건강에 많은 이득을 가져다준다. 실제로 삶의 목적은 주관적 웰빙, 자존감, 실존의 질을 포함한 여러 긍정 심리 상태와 밀접하게 관련된다. 청소년을 대상으로 한 연구는 삶의 목적이 삶의 만족, 목표 지향적인 사고, 정서적 웰빙, 심리사회적 적응과 정적인 상관관계를 그리고 위험 감수 행동, 십대 임신, 자살 생각, 불안과 우울과는 부적인 상관관계를 맺고 있음을 잘 보여 준다(Bronk, 2014, 55; Yuen et al., 2017, 61).

삶의 목적은 단지 긍정적인 신체적·심리적 건강과 관련되어 있는 것이 아니다. 최근의 새로운 연구는 삶의 목적이 웰빙의 다른 국면과도 관련되어 있다는 사실을 발견했다. 예를 들어, 삶의 목적을 갖는 것은 학업 성취를 증진한다. 최근의 한 연구는 저소득 계층 청소년의 경우 목적 수준과 내적 통제 소재가 증가할수록 학업 성취도(GPA) 역시 증가한다는 것을 보여 주었다(Pizzolato et al., 2011, 75). 삶의 목적이 성공적인 교육 경험과 관련되는 이유 가운데 하나는 자신이 무엇을 위해 공부하는지에 관해 분명한 비전을 갖고 있는 학생은 동기 부여가 잘 되어 있을 뿐만 아니라 학교에서 열심히 공부하는 것에 연루된 도전을 즐기기 때문이다. 실제로 치커링과 라이저(Chickering & Reisser, 1993, 209)는 삶의 목적 설정이 성공적인 대학 생활 경험의 중요한 부분임을 입증하였다.

삶의 목적이 학업 성취와 관련될 수 있는 또 다른 방식은 목적과 그릿(grit)과의 관계를 통해서이다. 그릿은 장기적인 목표를 달성하기 위한 인내와 열정을 의미한다. 그릿을 지닌 학생 또는 숙달될 때까지 어떤 것에 매달리는 경향이 있는 학생은 학교에서의 수행에서 더 탁월하다(Duckworth et al., 2007, 1087). 힐과 그 동료(Hill, Burrow & Bronk, 2016, 258-259)는 삶의 목적에 대한 헌신과 긍정 정서가 그릿을 높이는 데 중요한 요소임을 입증하였다. 이렇듯 그릿은 삶의 목적과 밀접하게 관련되어 있으며, 목적의식이 확고한 사람은 목적의식이 없는 사람보다 높은 그릿 점수를 보여 준다. 목적이 없는 그릿은 방향성을 결여하고 있음을 고려할 때, 목적을 갖는다는 것은 개인적으로 의미 있고 장기적인 목표를 필요로 하는 학업 목표에 대한 헌신을 증진시켜 준다.

3. 삶의 목적의식 함양을 위한 지도 방법

지금까지 살펴본 바와 같이 아동과 청소년의 삶의 목적의식을 함양하는 것은 매우 긍정적인 발달 결과를 수반한다. 그렇다면 교사는 아동과 청소년의 삶의 목적의식을 발달시키기 위해 무엇을 어떻게 해야 할까? 연구 결과는 경험, 기회, 생태적·사회적 지원이 삶의 목적 발달에 도움이 준다는 것을 분명하게 보여 준다. 여기서는 도덕 수업 장면을 통해 교사가 아동과 청소년의 삶의 목적 설정에 도움을 주는 효과적인 방법이 무엇인지를 제안하고자 한다.

1) 삶의 목적 발견 기술을 가르치기

삶의 목적을 발달시키기 위한 개입 연구는 삶의 목적을 고려하는 기회가 학생의 목적에 대한 헌신 수준을 증가시켰다는 결론을 내렸다. 삶의 목적 발달과 관련된 문제를 직접적으로 다루는 프로그램에 참가한 학생은 그 프로그램에 참여하지 않은 학생과 비교할 때, 자신의 진로 선택에서 강한 방향의식, 자신의 흥미·강점·약점에 관한 명확한 인식, 미래를 위한 높은 수준의 준비 태세를 보고하였다(Dik et al., 2011, 59). 이 연구는 삶의 목적을 표현·논의·성찰하는 것이 장기적으로 목적에 대한 헌신을 발달·성장하게 하는 데 매우 긍정적인 영향을 준다는 사실을 강조한다.

교사는 도덕 수업 시간에 삶의 목적을 발견하는 기술을 학생에게 직접 가르칠 필요가 있다. 돌레잘(Dolezal)은 삶의 목적을 발견하기 위한 여러 가지 기법을 제시한다(http://vladdolezal.com/blog/life-purpose/). 그 가운데 학생의 삶의 목적 탐색·발견을 돕기 위해 도덕과 수업에서 교사가 쉽게 활용할 수 있는 방법의 대표적인 사례는 바로 벤다이어그램이다. 벤다이어그램은 <그림 1>에서 볼 수 있는 바와 같이 아주 간단한 생각에 근거한 기법이다.

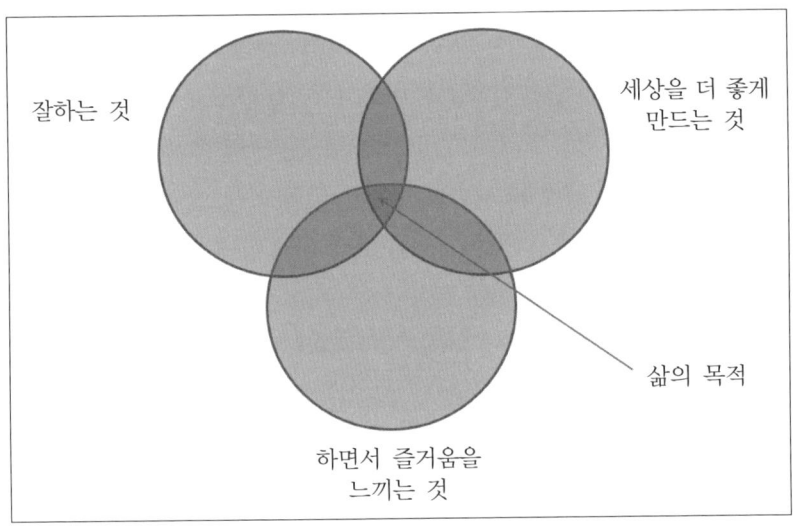

〈그림 1〉 삶의 목적 발견을 위한 벤다이어그램

대개의 경우 삶의 목적은 자신이 하면서 즐거움을 느끼는 것, 자신이 잘하는 것, 다른 사람의 삶에 도움을 주어 세상을 더 좋게 만드는 것과 관련되어 있다. 따라서 이 세 가지 분야가 모두 교차하는 내용을 찾는 것은 삶의 목적을 발견하는 데 많은 도움을 준다. 교사는 먼저 학생에게 자신이 잘하는 것과 하면서 즐거움을 많이 느끼는 것의 목록을 백지에 작성하게 한다. 그다음에는 잘하는 것 중에서 다른 사람에게 도움을 주어 세상을 더 좋게 만드는 것 그리고 자신이 하면서 즐거움을 많이 느끼는 것 중에서 다른 사람에게 도움을 주어 세상을 더 좋게 만드는 것이 무엇인지를 생각하게 한다. 끝으로 세 가지 사항이 교차하는 부분에 있는 것이 무엇인지를 확인하게 한다. 이 기법은 목적 탐색의 기반이 되는 자기 이해에 큰 도움을 줄 수 있다. 자기 이해는 자신이 누구이고 자신이 어떤 사람이 되고자 하는지를 성찰하는 중요한 속성이다. 자기 이해의 발달은 자아, 목적, 행동의 국면들을 통합시켜 전인적인 발달 및 생산적인 사회 성원이 될 수 있게 해 준다(Yuen et al., 2017, 63).

추도문(eulogy) 기법도 학생이 삶의 목적을 발견하는 데 도움을 준다. 이를 위해 교사는 학생에게 오랜 시간 매우 행복하게 살다가 이제 죽음을 눈앞에 둔 채 침대에 누워 있는 자신의 모습을 상상하게 한다. 그리고 학생에게 다음과 같이 질문을 한다. "지금 네 곁에 누가 서 있기를 원하니? 그 사람들에게 무슨 말을 해 주고 싶니? 그 사람들로부터 네 삶에 대해 어떤 소리를 듣고 싶니?" 학생들은 이러한 질문에 대한 자신의 답변을 종이에 기록한다. 이것은 장기적인 삶의 관점에서 자신에게 중요한 것과 중요하지 않은 것을 구별하게 하여 삶의 목적을 발견하는 데 도움을 준다(http://vladdolezal.com/blog/life-purpose).

한편 교사는 학생이 삶의 목적의 구성 요소 중 '자신을 넘어섬'에 초점을 맞추도록 돕기 위해 지혜의 상처(wound of wisdom) 기법을 활용할 수도 있다. 일부 원시 부족은 상처를 통해 지혜가 몸에 깃든다고 생각하여 자신의 몸에 칼로 깊은 상처를 낸 후에 재를 발라 지혜의 표식으로서 커다란 흉터를 만들어내는 의식을 거행하였다. 물론 이 기법은 모든 학생에게 통용될 수는 없으나 어려움을 겪었던 일부 학생에게는 큰 도움을 줄 수 있다. 만약 학생이 자신의 삶에서 커다란 역경에 접해 그것을 극복하려 했다면, 그 학생은 그 경험에서 많은 것을 배웠을 것이며, 그 배움은 유사한 처지에 있는 다른 사람들에게 많은 도움을 줄 수 있을 것이다. 이 기법을 적용하기 위해 교사는 학생에게 다음의 2가지 질문에 대해 생각해 보게 한다. "지금까지 살면서 내가 겪었던 가장 큰 어려움이나 역경은 무엇인가?" "다른 사람들이 나처럼 그런 어려움을 극복하도록 내가 도울 수 있는 방법은 무엇일까?" 이 기법은 학생이 자신의 삶에서 지금 다른 사람도 힘겨워하는 그 무엇을 어떻게 극복해 왔는지를 올바르게 인식하게 함으로써 학생이 자신의 삶의 목적에 더 다가설 수 있게 한다(http://vladdolezal. com/blog/life-purpose).

2) 목적 중심 프로젝트와 토론

브랑크(Bronk, 2014, 99)는 교사가 목적 중심의 프로젝트와 토론에 학생을 참여시키는 것이 삶의 목적의식 발달에 유용함을 역설한다. 이것은 교실에서 목적의식이 분명한 활동에 관해 논의하고 성찰하는 기회가 학생의 목적 발달에 도움이 준다는 사실을 강조한다. 이를테면 초등 교사는 교육과정 수정과 통합을 통해 학생에게 목적 중심의 프로젝트와 토론에 참여하는 학습 경험을 제공할 수 있다. 이를테면 교사는 도덕 시간이나 사회 시간에 학생들이 역사적으로 유명한 지도자 자리에 자신을 두고, 가능한 한 당시의 상황을 많이 고려하면서 그 동일한 상황을 자신이 어떻게 처리했는지 상상해 보도록 학생들을 권면할 수 있다. 이러한 유형의 활동은 목적의 발달에 중요한 '자신을 넘어선 기여'를 분명하게 촉진시켜 준다. 교사는 과학 시간에 과학 분야에서 연구(예; 핵에너지, 복제 기술 등)가 지닌 도덕적·윤리적 차원을 강조할 수 있다. 이러한 토의는 목적의 토대로서 기능하는 학생의 신념과 가치를 강조할 수 있다. 그리고 교사는 국어 시간에 학생들이 목적 탐색을 강조하는 글을 읽도록 텍스트를 선택하여, 자신의 포부에 대해 성찰하도록 고무시켜주는 작문 과제를 부여할 수도 있다.

한편 중등학교 도덕 및 윤리 시간에 교사는 '삶의 목적 발견'에 관한 개별 및 집단 프로젝트를 수행하고 그 결과를 함께 공유하는 시간을 마련할 수 있다. 학생들은 자신에게 의미가 있고 자신을 넘어선 세계에 기여하는 장기적인 목표를 설정하고 그것을 달성하는 과정을 일목요연하게 제시하는 개별 및 집단 프로젝트를 수행하고 그 결과를 공유하는 토론 활동을 전개할 수 있다. 상이한 삶의 목적에 관한 토론은 학생들이 동료 학생의 삶의 목적을 귀담아듣는 기회를 제공함으로써 자신의 삶의 목적에 대한 더욱 깊은 이해를 촉진할 수 있다(Yuen et al., 2017, 63). 또한, 교사는 학생들이 특정한 윤리 이론가를 선정하여 그가 삶의 목적을 설정하게 된 계기가 무엇인지 그러한 목적 달성을 위해 구체적으로 어떤 노력을 기울였고, 목표 달성에서 직면한 어려움이나 난관을 어떻게 극복해 냈는지를 조사하여 발표하는 프로젝트를 수행하게 할 수도 있다. 이러한 활동은 학생들이 삶의 목적의 중요한 구성 요소나 차원을 이해하게 하는 데 많은 도움을 준다.

3) 구성주의적 교수 전략

교실에서 목적을 촉진하는 것에 관련된 접근법은 구성주의적인 교수 전략을 활용하는 것에 초점을 맞춘다(Bronk, 2014, 99-100). 주지하는 바와 같이 구성주의는 교수·학습을 대화적, 내러티브적, 맥락적, 발달적, 개인적, 사회·문화적으로 창조되는 것으로 바라보는 지식에 대한 새로운 접근법을 의미한다(Nash, 2008, 19). 구성주의적 접근은 교실에서 학습을 교실 밖에서의 학생의 개인적 경험과 포부와 연결시켜 준다. 구성주의적 교수 전략을 포용하는 한 방법으로 교사는 학생들에게 그들이 자주 열정을 갖고 있는 것이 무엇인지 질문하고, 학생의 대답에 대해 어떤 판단을 미리 내리지 않는 방식으로 경청해야 한다. 교사는 학생들이 자신의 열정에 관해 대화하는 것에 참여하게 할 수 있다. 그렇게 함으로써 교사는 학생들이 가장 관심을 두고 있는 것을 추구하는 것에 내재한 도전을 인식하도록 도울 수 있고, 그것은 학생들이 필연적으로 발생하는 장애나 도전에 맞설 수 있는 준비 태세를 사전에 갖추게 한다. 구성주의적인 교수 관행에 따라 교사는 학생들이 자신의 목소리를 내고 자신의 목소리에 자부심을 가지며, 자신의 포부를 추구하는 데서 생기는 위험에 대처할 수 있도록 고무시켜 주어야만 한다(Nash, 2008, 20). 또한, 교사는 학생들과 삶의 의미와 목적에 관해 이야기를 나눌 때 개별 학생이 가진 최상의 동기와 의도로 그것을 귀인 하는 것이 중요하다(Nash, 2008, 23). 일찍이 나딩스(Noddings, 1984, 193)가 강조했던 확증(confirmation)은 삶의 목적 발달을 위한 구성주의적 교수 전략의 핵심을 이룬다.

이러한 맥락에서 교사는 데이먼(Damon, 2009, 84)이 강조했던 '왜 질문'(the why question)을 적극적으로 활용할 필요가 있다. 왜 우리는 도덕을 배워야만 하는가? 사람들은 왜 수학과 영어를 공부하는 것이 중요하다고 생각하는가? 국어를 배우는 것이 왜 중요한가? 이렇듯 학생들이 배우는 과목의 중요성에 초점을 맞추도록 권면하는 것은 그들이 열심히 노력하려는 동기를 높일 뿐만 아니라 전반적으로 학습과 교육의 목적 이면에 놓인 이유에 초점을 맞추도록 도와준다. 왜 많은 나라는 학생들이 거의 20년 동안 학교에서 시간을 보내도록 하고 있는가? 그 요점이 무엇인가? 그 목적이 무엇인가? 이러한 질문을 제기하는 것은 학생들이 자신이 장차 이루고자 하는 목표를 지금 그들이 씨름하고 있는 학교 공부와 연결시킬 수 있도록 도와주므로, 교과 학습을 더욱 의미 있고 적절한 것으로 만들어 준다. 시험부정행위를 하는 것은 왜 그릇된 것인가? 누가 피해를 보는가? 이것은 정직, 공정, 진실성과 같은 도덕적 기준을 학생들에게 전달하는 매우 중요한 기회가 된다. 또한, 교사는 교사가 되려 했던 자신의 동기를 학생들과 공유할 수도 있다. 대개의 경우 학생들은 교직을 천직으로 선택한 교사의 이타적인 동기를 잘 이해하지 못한다. 그러한 공유의 기회는 학생들이 삶의 목적이 지닌 '자신을 넘어선 기여' 측면을 잘 이해하도록 돕는다. 교사가 수업을 통해 이런 유형의 질문을 제기하는 것은 학생들이 교육의 목적을 더 잘 이해하도록 도와줌과 동시에 의미 있는 일을 추구하고 있는 존경받는 성인으로서의 교사와 직접적으로 접촉할 수 있게 해 준다.

4) 관여 및 성찰의 기회 제공

학생들의 목적의식 함양을 촉진하는 핵심적인 방법 중 하나는 잠재적으로 목적이 있는 활동에 그들이 관여할 수 있는 다양한 기회를 제공하는 것이다. 여기서 잠재적으로 목적이 있는 활동은 가정에서 가사 일을 돕는 것, 지역사회에서 자원봉사 활동을 하는 것, 신앙 관련 활동에 참여하는 것, 예술 활동이나 체육 활동에 관여하는 것을 포함할 수 있다. 경험연구는 이러한 유형의 추구에 관여하는 것이 전형적으로 목적의 발달에 선행함을 발견했다(Bronk, 2014, 94).

이러한 활동에 관여한 모든 학생이 계속해서 목적을 발달시키는 것은 아니지만, 목적을 발달시킨 대부분의 청소년과 성인들은 이른 나이에 그런 유형의 활동에 참여했다고 보고한다. 학교에서 학생들에게 책임감을 갖게 하고 의사결정에 참여할 기회를 제공하는 직업 관련 활동과 시민 행동은 그런 활동을 통해 학생들이 세상에 중요한 기여를 할 수 있는 자신의 잠재력을 인식하게 해 주므로 목적의 발달을 촉진한다.

교사는 학창 시절에 잠재적으로 목적이 있는 활동에 관여하는 것이 모든 학생에게 반드시 목적의 발달로 이어지지는 않는다는 사실에 주목해야 한다. 아마도 어떤 학생은 그 활동을 개인적으로 의미 없는 것이라 여길 수도 있고, 또 어떤 학생은 그 분야에 특별한 기술이나 재능을 갖고 있지 않을 수도 있다. 어떤 학생은 그 활동에 관여하는 것이 만들어낼 수 있는 차이에 대해 성찰하도록 고무되지 않기 때문에 그 활동에서 목적을 발견하지 않을 수도 있다. 그러므로 성찰은 목적의 발달에서 또 다른 중요한 요인인 셈이다. 학생들은 자신의 관여가 타인에게 미치는 영향에 대해 깊이 성찰해야 한다. 그런 성찰은 자신이 얼마나 유용할 수 있는지 그리고 어떻게 기여할 수 있는지를 인식하게 하는 데 도움을 준다. 마찬가지로 수많은 활동에 관여하는 것이 반드시 좋은 결과를 가져올 수 있는 경험을 수반하지는 않는다. 따라서 교사는 학생들을 여러 가지 많은 활동에 참여하도록 권면하기보다는 소수의 활동에 참여하여 각각의 활동에서 유래하는 의미에 대해 더 많이 성찰하도록 고무시켜 주는 것이 더 바람직한 처사다(Bronk, 2014, 95).

삶의 목적의식은 도덕적으로 성숙한 사람이 갖춰야 할 구성요소 중의 하나다. 일찍이 매티슨(Mathieson, 2003, 1)은 도덕적으로 성숙한 사람의 이미지를 구성하는 일곱 가지 요소로 도덕적 주도성과 자아감, 인지 능력 구비, 정서 자원 구비, 사회적 기술 활용, 원리(원칙) 활용, 타인 존중, 삶의 목적의식을 강조한 바 있다. 그는 삶의 목적의식이 자신의 삶을 더욱 가치 있게 만들고, 죽음에 더욱 잘 견딜 수 있게 해 준다고 주장하였다.

학문적 관점에서 삶의 목적은 자신에게 의미가 있는 동시에 자신을 넘어선 세상에 생산적으로 관여하게 이끄는 어떤 것을 실현하려는 안정되고 일반화된 의도를 나타낸다. 행복과 삶의 목적은 호혜적인 관계를 맺고 있다. 삶의 목적을 갖는 것은 우리를 행복하게 한다. 삶의 목적의식이 강한 사람은 높은 수준의 삶의 만족, 목표 지향적 사고, 정서적 웰빙을 경험한다. 반대로 행복해지는 것은 우리의 목적을 더욱 강화시킬 수 있다. 강한 자아 강도(self-strength)와 긍정적인 자기 이미지를 갖고 있는 사람일수록 삶의 목적을 더욱 잘 인식한다. 긍정적인 마인드세트를 가진 채 의미 있는 인생의 목표를 추구하는 사람은 더욱 친사회적인 방식으로 행동한다. 삶의 목적을 탐색하고 발견하는 것은 아동기와 청소년기의 중요한 발달 이정표이므로, 삶의 목적은 도덕교육에서도 매우 중요한 개념이다. 자신에게 가장 중요한 인생의 목표가 무엇이고, 그 목표를 달성하기 위해 어떻게 해야 하는지를 파악하는 과정에 놓인 학생들에게 학교가 도덕교육을 통해 제공하는 지지와 지원은 아주 중요한 것이다.

  삶의 목적 탐색과 발견은 전형적으로 청소년기와 성인 초기의 발달 과업이지만, 그렇다고 해서 초등학교 시절이 삶의 목적과 무관한 것은 결코 아니다. 아동기에서의 다양한 기회와 경험은 장차 삶의 목적으로 발전하는 불씨나 씨앗이 될 수 있기 때문이다. 목적의 귀감이 되는 사람을 대상으로 한 종단연구는 목적이 있는 삶을 영위하는 일부 젊은 사람은 아동 중기와 후기에 그 분야에 매우 적극적이었음을 보여 주었다. 목적에 관한 여타의 회상연구는 아동기의 긍정적 경험을 보고한 사람들이 이후의 삶에서 삶의 목적을 더 많이 발견했다는 사실을 분명하게 보여 주었다(Mariano & Vaillant, 2012, 291). 이런 연구 결과는 아동기와 관련된 맥락적인 요인이 아동기 이후의 삶에서 목적을 발달시킬 가능성에 영향을 준다는 것을 암시한다.

  하지만 어느 누구도 타인에게 목적을 강제로 떠맡길 수 없으며, 특정한 개인이 목적을 발달시킬 것이라고 보장하는 확실하게 절대적인 방법은 존재하지 않는다. 개인이 자신에게 의미 있는 목표를 발견하여 추구하고자 할 때만 삶의 목적이 생성된다. 삶의 목적 발달에 관한 경험연구는 학생들을 어떤 활동에 참여하게 하는 것, 적절한 안내를 제공하는 것, 성찰에 관여하도록 고무시키는 것이 그러한 포부를 발견할 기회를 증가시켜 준다는 사실을 보여 준다. 이에 이 장에서는 삶의 목적에 관한 문헌 분석을 통해 초·중등 도덕 수업에서 삶의 목적을 발달시키는 데 효과적인 지도 방법을 제시하였다. 교사는 도덕 수업을 통해 삶의 목적을 탐색하고 발견하는 기술을 가르치고, 목적 중심의 프로젝트 기반 수업을 전개하며, 구성주의적 교수 전략과 '왜?' 질문을 활용하고, 잠재적인 목적이 있는 소수의 활동에 관여하고 성찰하는 다양한 기회를 제공해 주어야 한다.

■ 참고 문헌

교육부(2015), 『도덕과 교육과정』, 세종: 교육부.
Boyle, P. A., Barnes, L. L., Buchman, A. S., & Bennett, D. A. (2010), "Effect of a purpose in life on risk of incident Alzheimer disease and mild cognitive impairment in community-dwelling older persons", *Archives of General Psychiatry*, 67(3), 304-310.
Bronk, K. C., Finch, W. H. & Talib, T. L. (2010), "Purpose in life among high ability adolescents", *High Ability Studies*, 21(2), 133-145.
Bronk, K. C. (2014), *Purpose in life: A critical component of optimal youth development*, New York: Springer.
Bundick, M. J. (2011), "The benefits of reflecting on and discussing purpose in life in emerging adulthood", *New Directions for Youth Development*, 132, 89-103.
Chickering, A. W., & Reisser, L. (1993), *Education and identity*, 2nd ed., San Francisco: Jossey-Bass.
Damon, W., Menon, J. L. & Bronk, K. C. (2003), "The development of purpose during adolescence", *Journal of Applied Developmental Science*, 7(3), 119-128.
Damon, W. (2008), *The path to purpose: How young people find their calling in life*, New York: The Free Press.
Damon, W. (2009), "The why question: Teachers can instill a sense of purpose", *Education Next*, 9(3), 84.
Dik, B. J., Steger, M. F., Gibson, A., & Peisner, W. (2011), "Make your work matter: Development and pilot evaluations of a purpose-centered career education intervention", *New Directions for Youth Development*, 132, 59-73.
Dolezal, V., *How to find your life purpose*. available at http://vladdolezal.com/blog/life-purpose(검색일 2018. 3. 11).
Duckworth, A. L., Peterson, C., Matthews, M. D., & Kelly, D. R. (2007), "Grit: Perseverance and passion for long-term goals", *Journal of Personality and Social Psychology*, 92(6), 1087-1101.

Elliot, A. (2006), "The hierarchical model of approach-avoidance motivation", *Motivation and Emotion*, 30, 111-116.

George, L. S. & Park, C. L. (2013), "Are meaning and purpose distinct? An examination of correlates and predictors", *Journal of Positive Psychology*, 8(5), 365-375.

Hill, P. L., Burrow, A. L. & Bronk, K. C. (2016), ""Persevering with positivity and purpose: An examination of purpose commitment and positive affect as predictors of grit, *Journal of Happiness Studies*, 17, 257-269.

Hughes, P. (2017), *Educating for a purposeful life*, Nunawading: Christian Research Association.

Malin, H., Liauw, I. & Damon, W. (2017), "Purpose and character development in early adolescence", *Journal of Youth and Adolescence*, 46(6), 1200-1215.

Malin, H., Reilly, T. S., Quinn, B. & Moran, S. (2013), "Adolescent purpose development: Exploring empathy, discovering roles, shifting priorities, and creating pathways", *Journal of Research on Adolescence*, 24(1), 186-199.

Mariano, J. M. & Vaillant, G. E. (2012), "Youth purpose among the 'greatest generation'", *The Journal of Positive Psychology*, 7(4), 281-293.

Mathieson, K. (2003), "Elements of moral maturity", *Journal of College and Character*, 4(5), 1-9.

McNight, P. E. & Kashdan, T. B. (2009), "Purpose in life as a system that creates and sustains health and well-being: An integrative, testable theory", *Review of General Psychology*, 13(3), 242-251.

Nash, R. J. (2008), "A personal reflection on educating for meaning", *About Campus*, 13(2), 17-24.

Noddings, N. (1984), *Caring: A feminine approach to ethics and moral education*, Berkeley: University of California Press.

Pizzolato, J. E., Brown, E. L., & Kanny, M. A. (2011), "Purpose plus: Supporting youth purpose, control, and academic achievement", *New Directions for Youth Development*, 132, 75-88.

Ryff, C. D., Singer, B., & Love, G. D. (2004), "Positive health: Connecting well-being with biology", *Philosophical Transactions: Biological Sciences*, 359, 1383-1394.

Quinn, B. P. (2016), "Learning from the wisdom of practice: Teachers' educational purposes as pathways to supporting adolescent purpose in secondary classrooms", *Journal of Education for Teaching*, 42(5), 602-623.

Turner, A. D., Smith, C. E. & Ong, J. C. (2017), "Is purpose in life associated with less sleep disturbance in older adults?", *Sleep Science and Practice*, 1(1), 1-14.

Yuen, M., Lee, Q. A. Y., Kam, J. & Lau, P. S. Y. (2015), "Purpose in life: A brief review of the literature and its implications for school guidance programs", *Journal of Psychologists and Counsellors in Schools*, 27(1), 55-69.

5장
삶의 의미와 도덕교육

　인간은 의미를 만들기 위해 인생에서의 사건과 경험을 결합하려는 동기를 갖고 있는 유일한 존재다. 삶의 의미를 추구하고자 하는 욕망은 인간의 기본적인 경향성이기에, 비록 삶의 의미에 접근하는 방식에서 다소의 개인차가 있다 할지라도, 그것은 누구나 삶의 경로에서 경험해야 하는 일종의 보편적인 과정이다. 이렇듯 의미를 추구하려는 경향성은 끝없이 변화하는 세계에서 나름의 안정감을 유지하려고 인간이 시도하는 적극적인 삶의 적응 기제다. 삶의 의미는 내재적인 인간의 동기일 뿐만 아니라 질병을 예방하고, 변화하는 삶의 상황에서 웰빙과 성공적인 적응을 증진하는 데 매우 중요한 구인(construct)이다.

　오늘날 학교교육에서 삶의 의미에 대한 관심이 증폭된 이유는 크게 보아 두 가지다(Das, 1998, 199). 하나는 오늘날 많은 학생이 공허감, 무의미함, 소외, 권태와 같은 실존적 신경증(existential neurosis)에 시달리고 있다는 것이다. 다른 하나는 삶의 의미가 신체적·정신적 건강과 웰빙에서 중요한 역할을 수행한다는 사실을 입증하는 연구 결과가 봇물 터지듯 쏟아져 나오고 있다는 사실이다. 좋은 대학에 들어가는 것 그리고 공무원이 되어 저녁이 있는 삶을 즐기는 것이 젊은 세대에게 삶의 목적 그 자체이자 의미로 전락한 한국 사회의 현실은 일종의 실존적 공허나 허무주의를 연상케 한다. 우리에겐 내일이 없다는 식으로 표현되고 있는 인간의 삶에 대한 임시적 태도, 스스로가 원하는 것을 제대로 알지 못한 채 단순히 다른 사람이 하는 것에 동조하는 태도, 자신의 삶을 통제할 수 없다는 식의 운명론적 태도, 수단과 방법을 가리지 않고 오직 진학과 취직에만 전적인 가치와 의미를 부여하는 젊은 세대의 현재 모습은 인간 존재 및 세계와 관련하여 인류가 중시해 왔었던 중요한 가치들이 너무나 쉽게 탈(脫)가치화되거나 평가 절하되고 있다는 느낌을 갖게 한다. 더구나 학생들이 오랜 시간을 머무는 학교 역시 학생들의 의미 있는 삶과 플로리싱(flourishing)에 기여하기보다는 상급학교 진학을 위해 치열한 경쟁 속에 누구나 거쳐야 할 단순한 임시 정거장으로 변모하고 있다.

사실 도덕 교과는 인간의 도덕적 삶에 필요한 가치·덕목을 핵심 내용으로 삼고 있으므로, 전통적으로 삶의 의미는 도덕 교과에서 매우 중요한 비중을 차지하였다. 특히 2015년에 고시된 새 교육과정에서 삶의 의미는 도덕과의 총괄 목표를 구성하는 핵심 개념으로 등장하였다. 새 교육과정에 따르면, "도덕과는 기본적으로 성실, 배려, 정의, 책임 등 21세기 한국인으로서 갖추고 있어야 하는 인성의 기본 요소를 핵심 가치로 설정하여 내면화하는 것을 일차적 목표로 삼는다. 이를 토대로 자신의 삶의 의미를 자율적으로 찾아갈 수 있는 도덕적 탐구 및 윤리적 성찰, 실천 과정으로 이어지는 도덕함의 능력을 길러 도덕적인 인간과 정의로운 시민으로 살아갈 수 있도록 돕는 것을 목표로 한다."고 되어 있다(교육부, 2015, 4).

그러나 도덕 교과에서 삶의 의미에 관한 내용은 학습 위계에서 적잖은 문제점을 드러낸다. 실제로 새 교육과정에서 삶의 의미를 직접적으로 다루고 있는 내용은 중학교 도덕의 '자신과의 관계' 영역에만 국한되고 있다. 이를테면 '왜 도덕적으로 살아야 하는가? (도덕적인 삶)', '나는 어떤 사람이 되고자 하는가? (자아 정체성)', '삶의 목적은 무엇인가? (삶의 목적)', '행복을 위해 어떻게 살아야 하는가? (행복한 삶)'와 같은 학습 내용이 삶의 의미와 직접적으로 연관되고 있으나, 삶의 의미에 관한 자율적인 탐색이 주로 청소년기와 성인 초기에 이루어짐을 감안할 때, 이런 내용이 중학교에 갓 입학한 1학년 학생들을 대상으로 3월부터 다루어진다는 것은 다소 문제가 있다. 삶의 의미가 초등학교 도덕 교과 그리고 고등학교 일반 선택 과목에서는 직접적으로 다루어지지 않는다는 것도 또 하나의 문제이다. 이에 덧붙여, 도덕 교과에서는 삶의 의미를 구성하는 데 도움을 주는 여러 가치·덕목에 대한 학습을 전반적으로 강조할 뿐, 삶의 의미를 경험하고 추구하는 구체적인 방법에 관한 교수·학습 방법에 대해서는 지나치게 소홀했다는 비판을 면하기 어려운 것도 사실이다. 이를테면 도덕과의 교수·학습 방법에 관한 수많은 연구 중 삶의 의미나 또는 삶의 의미 증진 방법을 다룬 논문이 거의 없다는 것이 이를 잘 입증한다. 사실 이것은 비단 우리나라만의 문제가 아니다. 삶의 의미에 관한 이론이나 연구의 주된 대상은 성인이었기에, 아동과 청소년을 대상으로 한 개입 연구는 전 세계적으로 극소수에 불과하다.

　이에 여기서는 도덕 교과에서 삶의 의미 증진을 위한 교수 전략을 모색하고자 한다. 이러한 목적 달성을 위해 여기서는 철학과 심리학에서 삶의 의미에 관한 최근 연구 동향을 개관하고, 청소년기에 삶의 의미의 발달 토대를 확인하며, 최근 실존심리학과 긍정심리학에서 삶의 의미에 관한 연구 결과에 근거하여 삶의 의미를 증진하는 데 도움을 줄 수 있는 증거 기반의 교수 전략을 제안하고자 한다.

1. 철학과 심리학에서 삶의 의미

1) 철학에서의 삶의 의미

'인간의 삶을 의미 있게 만드는 것은 과연 무엇인가?'라는 질문은 역사를 통해 대부분의 철학자들이 진지하게 다루었던 사항이다. 물론 그들이 삶의 의미라는 구체적인 표현을 쓰지 않았다고 할지라도, 대부분의 철학자들은 인간의 삶을 의미 있게 만드는 것이 무엇인지에 관한 자기 나름을 대답을 찾고자 노력하였다. 아리스토텔레스(Aristotle)의 인간의 기능에 관한 설명 그리고 칸트(Kant)의 최고선 개념을 예로 들어보자. 이 두 개념은 행복과 도덕에 관한 의미를 담고 있지만, 인간이 의미 있는 삶을 영위하기 위해 실현해야 할 궁극 목적을 담고 있음에는 틀림이 없다. 삶의 의미가 철학의 독자적인 연구 분야로 자리를 잡은 것은 철학의 긴 역사에 비추어 볼 때 상대적으로 아주 최근의 일이다. 삶의 의미는 19세기와 20세기 초반까지 생 철학자와 실존주의 철학자들에게 매우 매력적인 주제였다. 그러나 실증주의의 등장과 더불어 실존주의 철학은 쇠퇴하기 시작했으며, 그에 따라 삶의 의미에 관한 탐구도 빛을 잃기 시작했다.

하지만 2차 대전 이후에 실증주의와 공리주의 경향이 다소 퇴조함과 더불어 삶의 의미를 포함한 가치의 비(非)쾌락주의적 개념에 관한 분석적 탐색이 활력을 얻게 되었다. 특히 영미 분석 철학자들은 웰빙, 유덕한 인격, 올바른 행동과 같은 낯익은 윤리적 개념에 못지않게 삶의 의미가 합리적 탐구를 필요로 하는 독자적인 영역임을 인식하게 되었다. 분석 철학자들은 직관과 비합리적인 방법에 의한 삶의 의미 탐구를 합리적 탐구로 바꾸어 놓았다. 특히 메츠는 근본 이론(fundamental theory)이라는 독창적인 자신의 관점을 통해 인간 존재의 조건을 향해 우리의 합리적 본성을 긍정적으로 지향하는 방식으로 이성을 더 많이 활용할수록 우리의 삶은 더욱 의미가 있다고 주장한다. 여기서 인간 존재의 관련된 조건은 개별 인간으로서의 삶, 하나의 전체로서의 인간의 삶 그리고 인간이 살고 있는 환경을 의미한다(Metz, 2013, 226).

메츠(Metz, 2013, 20)는 20세기 이후 영미철학에서 삶의 의미 이론을 초자연주의(supernaturalism)와 자연주의(naturalism)로 크게 구분한다. 일반적으로 초자연주의는 존재하는 유일한 세계가 물리학에 의해 알려진 세계라면 우리의 삶은 의미가 없다고 주장한다. 이 관점에 따르면, 삶의 의미는 인간이 적절한 방식으로 관계하는 영적인 영역으로부터 나오는 것이어야만 한다. 초자연주의는 신 중심적 관점과 영혼 중심적인 관점으로 분류된다(Metz, 2007, 196). 신 중심 관점은 인간이 의미심장해지려면 신을 필요로 한다는 입장을 견지하는 반면에, 영혼 중심 입장은 인간이 의미심장해지려면 영혼을 필요로 한다는 입장을 고수한다. 신 중심 이론은 삶의 의미가 신의 계획을 실현하도록 돕는 것 또는 신이 부여한 목적을 달성하는 것으로부터 나온다고 규정하며, 여기서 신은 그 자체로 선하고 전지전능한 영적인 인물이다(Metz, 2007, 197). 영혼 중심 이론은 삶의 의미는 육체의 죽음을 뛰어넘어 영원히 존재하는 영적인 실체를 갖는 것에 달려 있다고 믿는다(Metz, 2007, 1999).

자연주의는 순수하게 물리적인 우주 혹은 과학에 의해 알려진 것으로서의 세계에서 의미심장한 실존이 가능하다고 믿는다. 자연주의는 신이나 영혼이 없다면 삶은 무의미하다는 초자연주의 입장을 거부한다. 자연주의는 신이나 영혼과 관계하는 것이 삶에 모종의 의미를 부여할 수 있음을 원칙적으로 인정하지만, 그러한 관계가 삶의 의미를 갖는 것의 필수조건이라는 사실은 인정하지 않는다(Metz, 2013, 19). 자연주의는 크게 보아 주관적 자연주의(subjective naturalism)와 객관적 자연주의(objective naturalism)로 구분된다.

주관적 자연주의는 의미 있는 조건은 주체에 따라 다르다는 입장을 취한다. 주관적 자연주의는 의미란 욕망이나 목표와 같은 인간의 가변적인 정신 상태에 전적으로 상대적인 것이라는 관점을 취한다. 객관적 자연주의와 마찬가지로, 주관적 자연주의는 의미 있는 삶이 초자연주의가 말하는 신이나 영혼을 제외하고도 얼마든지 가능하다고 여기지만, 삶에 의미를 부여하는 것이 무엇인지에 대해서는 객관적 자연주의와 입장을 달리한다. 주관적 자연주의에 따르면, 의미 있는 삶을 구성하는 것은 사람마다 다르다(Smuts, 2013, 543). 의미 있는 삶은 자신이 강렬하게 원하는 것을 얻는 기능, 스스로 설정한 목표를 달성하는 일, 자신이 실제로 중요하다고 믿는 것을 실현함으로써 얼마든지 가능한 것이다. 의미는 주관적인 것이기에, 어떤 것을 깊이 염려하거나 사랑하는 것은 삶에 의미를 부여할 수 있다.

    객관적 자연주의는 의미를 본질상 자연적이고 정신과 독립적인 사실에 의해 구성된다고 규정한다. 객관적 자연주의는 의미 있는 삶이 전적으로 자연적인 정신-독립적인(mind-independent) 실체와 적절하게 관계하는 기능이라고 본다. 객관적 자연주의는 정신-독립성을 강조한다는 점에서 주관적 자연주의와 구분된다. 객관적 자연주의에서 원하는 것 또는 선택하는 것은 의미 있는 삶을 위해 불충분한 것이다. 예를 들어, 깨어 있는 시간에 풀의 잎을 세고 다시 또 세는 데에 시간을 보내기로 선택한 것은 객관적 자연주의에서는 의미를 위해 불충분한 것이다. 오히려 의미는 진, 선, 미처럼 내재적으로 가치 있고 정신-독립적인 조건, 즉 그 자체가 우리가 강하게 원하거나 선택하는 것의 산물이 아닌 것과 우리의 삶을 연결하는 기능이다(Metz, 2013, 181). 이러한 입장에 따르면, 우리가 선을 증진하는 삶을 영위하는 한, 우리의 삶은 의미가 있는 것이다(Smuts, 2013, 548). 우리는 본래적으로 가치 있는 활동에 관여함으로써 삶의 의미를 발견할 수 있다. 객관적 자연주의에 따르면, 가치가 없는 프로젝트를 믿거나, 그것에 만족하거나 또는 그것에 대해 신경을 쓴다면, 삶의 의미는 발생하지 않는다. 또한 가치 있는 프로젝트를 선택했지만, 그것을 중요한 것으로 판정하는 데 실패하거나, 그것에 만족하지 않거나, 또는 그것에 신경을 쓰지 않을 경우에도 의미는 발생하지 않는다.

한편 허무주의(nihilism)는 의미 있는 실존이 가능하다는 모든 견해를 부정한다. 허무주의는 어떤 가치를 가진 것은 아무것도 없기에 의미 있는 삶은 불가능한 것이다. 허무주의를 이해하기 위한 하나의 방법은 초자연주의와 자연주의로부터 나오는 주제와 가정을 융합한 것으로서 보는 것이다. 말하자면, 허무주의는 가치 및 의미 있는 실존을 위해서는 신 혹은 초자연적인 영역이 분명히 필요한데, 그러한 영역은 존재하지 않으므로, 궁극적인 가치를 가진 것은 아무것도 없다는 논리이다.

2) 심리학에서 삶의 의미

삶의 의미와 목적을 지각할 때 인간은 잘 기능할 수 있다는 프랭클(Frankl)의 주장 이후에(Steger, 2012, 381), 삶의 의미에 관한 궁극적인 질문은 심리학에서도 이론적·경험적 탐구의 대상이 되었다. 특히 지난 20여 년 동안 긍정심리학과 실험적 실존심리학 운동은 개인적인 삶의 의미 경험을 확장하거나 방해하는 변인을 이해하는 데 초점을 맞추면서, 이른바 심리학에서 '의미 혁명'을 주도하였다. 실험적 실존심리학자들은 삶이 무의미(meaningless)하다는 의식에 기여하는 변인을 찾는데, 그리고 긍정심리학자들은 자신의 삶이 의미 있다는 신념을 높이는 변인을 찾는 데 주력하였다(Kim et al., 2014, 221). 연구 결과는 개인적 자율성과 충분한 사회적 유대가 부족할 때 그리고 개인이 자기로부터 소외될 때 삶이 무의미하다는 의식을 갖게 됨을 보여 준다. 동시에 연구 결과는 삶의 중요한 목표를 추구하는 것은 삶의 의미 인식 제고에 크게 기여함을 잘 보여 준다(Kim et al., 2014, 229).

심리학자들은 삶의 의미를 경험하는 것이 건강과 웰빙에 중요한 역할을 수행한다는 사실에 주목하였다. 그들은 자신의 삶이 의미 있다는 신념이 우울증, 자살 생각, 활력, 전반적인 삶의 만족, 수명과 밀접하게 관련되어 있음을 경험적으로 입증하였다. 또한 그들은 인간이 자신의 삶을 의미 있는 것으로 파악하는 전반적인 경향성을 갖고 있으며, 의미에 대한 위협에 반응하여 의미를 회복하려는 동기를 갖고 있음에 주목하였다.

심리학자들은 사람들이 자신의 삶이 사소하고 순간적인 것을 넘어서는 모종의 중요성을 갖고 있다고 느낄 때, 삶의 목적을 갖고 있을 때, 혼돈을 초월하는 일관성을 갖고 있다고 느낄 때, 자신들의 삶을 의미가 있는 것으로 경험한다는 사실을 밝혀내었다(King et al., 2006, 180). 스테거(Steger, 2009, 682)는 사람들이 삶에서 목적, 사명 또는 중요한 목표를 갖고 있다고 지각하는 정도와 더불어 자신의 삶을 파악하고 이해하며 자신의 삶에서 중요성을 보는 정도를 삶의 의미로 규정하면서 이를 간단히 목적과 이해로 규정하였다. 레커와 웡(Reker & Wong, 2012, 434)은 개인적 의미의 3가지 구성 요소를 제시하였다. 삶에서 자신의 경험을 이해하는 것에 관한 인지적 구성 요소, 가치 있는 목표의 추구와 성취에 관한 동기적 구성 요소, 그리고 목표 달성이 수반하는 만족감, 성취감, 행복감에 관한 정서적 구성 요소가 바로 그것이다. 한편, 웡은 PURE 모델을 통해 삶의 의미에 관한 자신만의 독특한 개념 정의를 시도하였다. PURE 모델은 삶의 의미가 네 가지 근본적인 구성 요소인 목적(purpose), 이해(understanding), 책임 있는 행동(responsible action), 향유/평가(enjoyment/evaluation)로 이루어진다는 것을 강조한다. 기능적으로 볼 때 이 네 가지 구성 요소는 좋은 삶을 영위하기 위한 네 가지 심리 과정인 동기(목적, 삶의 목표, 욕구), 인지(이해, 삶을 이해하기), 사회/도덕(책임, 책무, 헌신), 정서(향유/평가, 긍정 정서)를 수반한다(Wong, 2014, 10-11). 이렇듯 삶의 의미에 관한 논의는 학자마다 다소 상이하지만, 심리학에서 삶의 의미의 개념 규정은 크게 보아 세 차원을 통해 이루어져 왔다고 볼 수 있다(Martela & Steger, 2016, 1-2).

첫째, 삶의 의미로서의 일관성(coherence)이다. 삶의 의미는 사람들이 세계를 이해하는 것, 즉 사람들이 삶을 이해할 수 있고 일관된 것으로 만드는 것과 관련된다. 일관성은 삶에서 자신의 경험을 이해하는 것에 관한 것이기에, 삶의 의미의 인지적 구성 요소에 해당한다. 개인이 자신의 전반적인 삶에서 분명하게 이해할 수 있는 어떤 유형을 발견할 수 있을 때 그 삶은 일관된 것이다. 달리 말해, 일관성으로서 삶의 의미는 자신의 경험이나 삶 자체를 제대로 이해하는 것에 관한 것이다(Heintzelman & King, 2014, 154). 둘째, 삶의 의미로서의 목적(purpose)이다. 사람들이 삶에서 명확한 목적을 가질 때 의미가 발생한다. 여기서 목적은 삶에서 방향과 미래 지향적인 목표를 갖는 것을 의미한다. 목적은 삶에 방향성을 제공하는 미래 지향적인 목표를 언급하는 것이고, 이 중요한 목표는 개인의 현재 행동에 중요성을 부여한다. 목적은 삶의 동기적 구성 요소에 해당한다. 셋째, 삶의 의미로서 중요성(significance)이다. 삶의 의미로서 중요성은 자신의 삶의 가치에 관한 것이다. 이것은 자신의 삶이 내재적인 가치를 갖고 있기에 살 만한 충분한 가치가 있는 있다는 인식이다. 달리 말해, 이것은 자신의 존재가 가치와 중요성을 갖고 있다는 인식을 의미하기에, 삶의 의미의 평가적인 구성 요소에 해당한다.

그렇다면 우리는 어디에서 삶의 의미를 찾는 것일까? 이 질문에 답하기 위해 심리학자들은 삶의 원천을 탐구하였다. 여기서 의미의 원천이란 사람들이 자신의 삶을 의미 있다고 느끼게 만드는 어떤 특정한 것을 일컫는다. 쉬넬(Schnell, 2010, 353-354)에 따르면, 의미의 원천은 자신의 삶을 향한 일반적인 그리고 상대적으로 안정된 지향을 표상한다. 의미의 원천은 헌신하도록 동기를 부여하고, 삶에 방향성을 부여하며, 삶의 중요성 인식을 높여 준다. 개인마다 자신의 삶을 의미 있게 만드는 것에서 차이가 있는 것은 사실이지만, 그럼에도 심리학자들은 공통적인 원천을 찾는 데 주력하였다. 삶의 의미의 원천을 탐색한 연구자들은 자아라는 내적 차원만이 아니라 외적인 삶의 상황과 영역을 포함하였다.

일찍이 프랭클은 인간이 삶의 의미를 발견하는 데 도움을 줄 수 있는 3가지의 중요한 가치 유형을 제시하였다. 창조적인 행동에서 실현되는 창조적 가치, 세계를 향한 감수성에서 실현되는 체험적 가치, 자신의 잠재력을 억압하는 것에 대한 개인의 반응을 뜻하는 태도적 가치가 바로 그것이다(Das, 1998, 201). 창조적 가치는 개인이 세계에 부여하는 것을 언급하며, 이것은 자신의 일이나 가정에서 타인을 위해 이룩한 것과 같은 개인의 일상 경험에서 드러난다. 체험적 가치는 개인이 세상으로부터 받은 것을 언급하며, 이것은 개인이 음악이나 미술 작품에 의해, 자연과 하나가 되는 느낌을 통해, 또는 자신이 열정적으로 관여하는 순수한 기쁨에 의해 마음이 움직일 때 경험하는 아름다움, 경외, 감탄, 감화를 포괄한다. 태도적 가치는 죽음, 고통, 상실의 경험과 같이 자신이 변화시킬 수 없는 상황을 다루는 방식을 언급한다. 희망, 목적, 존엄성, 회복탄력성은 태도적 가치에 핵심적인 개념이다(Wong, 2014, 169-170).

바우마이스터(Baumeister, 1991, 32)는 의미의 4가지 원천으로 목적(purpose), 가치(value), 효능감(efficacy), 자기 가치(self-worth)를 제시하였다. 그는 이러한 의미의 원천을 의미에 대한 4가지 욕구라고 불렀다. 의미에 대한 4가지 욕구는 사람들이 자신의 삶을 이해하는 체제를 제공하며, 삶의 의미는 그에 따라 분석될 수 있다. 여기서 목적은 현재의 활동을 미래 또는 가능한 상태와 관련하여 해석하는 것을 의미한다. 가치 또는 정당화는 자신의 행동을 바르고 좋은 것으로 간주하는 것이다. 효능감은 강하고 차이를 만들어내며 세계에 어떤 영향을 미칠 수 있다는 의식을 뜻한다. 자기 가치는 자신이 타인보다 우월하다는 느낌에 기반을 둔다. 이와는 달리 목적의 상실, 가치와 정당화의 결핍, 효능감의 상실, 자기 가치의 결핍은 불쾌, 불만, 불안정 등의 좌절감을 드러낸다. 그는 이러한 4가지 욕구를 모두 충족한 사람은 자신의 삶을 의미 있는 것으로 여기는 반면에, 어느 하나라도 충복하지 못한 사람은 삶의 의미를 충분하게 느끼지 못한다고 주장하였다(Baumeister & Vohs, 2001, 610).

레커와 웡(Reker & Wong, 1988, 225)은 사람들이 삶의 의미를 느끼는 중요한 원천으로 음식·주택·안전과 같은 기본 욕구를 충족하는 것, 여가 활동이나 취미, 창의적인 일, 개인적인 관계(가족이나 친구), 개인적 성취(교육이나 경력), 개인적 성장(지혜나 성숙), 사회·정치적 활동주의(평화운동, 환경보전 캠페인), 이타성, 지속적인 가치와 이상(진, 선, 미, 성), 전통과 문화, 유산(후손을 위한 표식을 남기는 것), 종교를 제시하였다. 이 원천들은 기본적인 생물학적 욕구로부터 초월적이고 영적인 욕구에 이르기까지 상이한 수준을 포괄한다.

베스터호프와 그 동료들(Westerhof, Bohlmeijer & Valenkamp, 2004, 752-753)에 의하면, 인간은 개인 내부(성품 특질, 개인적 성장과 성취, 자기 수용, 쾌락, 실현, 평온), 관계(관계성 인식, 친밀감, 양질의 관계, 이타성, 봉사, 공동체 의식), 신체적 충실성(기능 수행, 건강, 외모), 활동(일, 여가, 쾌락적인 활동), 물질적 욕구(소유, 재정적 안정, 기본 욕구 충족)의 5가지 원천으로부터 삶의 의미를 찾는다. 그리고 이 5가지 일반적인 의미의 원천을 넘어선 것으로 가치와 신념, 이상, 인도주의적 관심, 종교, 문화, 실존적인 주제로 구성된 전체적이고 철학적인 관점을 향한 욕구가 존재한다고 한다.

이렇듯 삶의 의미의 원천을 범주화하는 방식에서 연구들마다 다소 차이점을 보이지만, 그럼에도 많은 연구 결과에서 공통적으로 찾을 수 있는 하나의 발견은 바로 타인과 맺는 관계가 삶의 의미를 찾는 데 있어 가장 빈번하게 언급되고 있다는 사실이다(Grouden & Jose, 2014, 30). 많은 사람은 사회적 유대감이 자신의 삶을 의미 있게 평가하는데 본질적인 것이라고 믿고 있다.

　심리학 연구에서 의미는 인간이 자신을 둘러싼 세계를 구성하거나 그것에 부여하는 관계나 연합에 대한 기대라고 할 수 있다. 동시에 우리 인간은 의미를 적극적으로 추구하고 만들며 유지하는 존재다. 달리 말해, 우리 인간은 외부 세계, 자신 그리고 자신과 외부 세계 사이에서 일관된 관계를 추구한다. 일반적으로 인간이 추구하는 가장 중요한 관계는 자신과 외부 세계와의 관계이고, 그러한 관계에 대한 정신적 표상이 파괴될 경우 우리는 의미 있는 연합을 만들어내려는 강렬한 시도를 한다.

2. 삶의 의미의 발달 토대

　삶에서 일관된 의미를 찾고자 하는 것은 청소년 발달의 중요한 보호 요인이다. 청소년이 삶의 의미를 탐색하려면, 어떤 발달적인 토대가 필요한가? 일찍이 케건(Kegan, 1982)은 의미 만들기 과정에 중요한 능력으로 인지 발달, 정체성 발달, 사회적 관계를 언급한 바 있다(Steger, Bundick & Yeager, 2018, 2249에서 재인용). 한편 백스터 머골다(Baxter Magolda, 2007, 69)는 청소년 후기 발달에서 중요한 개념으로 자기 저자(self-authorship)를 언급하였다. 자기 저자는 자신의 신념과 가치, 정체성, 타인과의 관계를 규정하는 개인의 내적 능력을 언급한다. 그는 자기 저자 능력이 성인기를 살아가는 데 매우 중요하므로, 부모나 교육자는 청소년이 권위에 대한 의존에서 자기 저자로 이동하는 것을 잘 도와주어야 한다고 주장했다. 그가 말하는 자기 저자 능력 역시 청소년의 의미 만들기 과정에서 매우 중요한 역할을 수행한다. 이를 토대로, 오늘날 청소년기에서 삶의 의미를 연구하는 학자들은 안전 애착, 인지 발달, 정체성과 자기 이해 발달, 사회적 학습과 모델링, 사회적 유대감을 삶의 의미 발달을 위한 핵심 토대로 여긴다. 이에 여기서는 청소년기에 삶의 의미 발달에 도움을 주는 발달 토대에 관해 더욱 상세하게 살펴보고자 한다.

1) 안전 애착

애착(attachment)은 시공을 가로질러 한 개인을 타인과 연결시켜 주는 심층적이고 지속적인 정서적 유대를 의미한다. 인간은 필요할 때 지지적인 타인인 애착 인물과의 근접성을 확보하기 위해 진화에 의해 설계된 애착 행동 레퍼토리(예: 경계, 울음, 안기기)를 갖고 태어난다. 이러한 심리적·행동적 반응은 신체적·심리적 위협으로부터 보호를 받을 기회를 높여 줌과 동시에 감정 조절, 대인 관계에서의 의사소통 및 물리적·사회적 환경의 건강한 탐색과 관련된 대처 기술을 발달시키도록 돕는다.

특히 안전 애착(secure attachment)은 여러 유형의 긍정 정서(예: 타인으로부터 중시되고 있다는 감정, 여러 영역에서의 유능감)와 관련되어 있고, 긍정 정서는 의미로 직접 이어지기 때문에, 삶의 의미와도 밀접한 관련을 맺는다. 안전 애착은 만족스러운 친밀한 관계의 형성과 유지에 기여하고, 그러한 관계는 삶의 의미를 인식하는 데 도움을 주기 때문에, 안전 애착은 삶의 의미와 정적인 상관관계를 맺는다. 반면에, 반응과 지지가 없는 애착 인물 및 그가 유발하는 불안은 삶의 의미에 대한 우려와 걱정 그리고 미래의 발달과 경험에 대한 비관주의에 매우 취약하게 만든다(Mikulincer & Shaver, 2013, 290). 불안하게 애착된 사람은 목표 설정, 목표에의 헌신, 목표 위계의 조직화, 목표 지향 활동, 목표 추구와 달성에서 문제점을 드러내기에 삶의 의미를 느끼는 데 불리하다(Mikulincer & Shaver, 2013, 295).

애착은 유아기에만 국한된 것이 아니라 일생을 통해 중요하다. 유아의 애착은 그들이 1차적인 애착 인물과의 분리에 저항하고자 할 때 분명하게 드러난다. 안전하게 애착된 아동은 애착 인물과의 분리를 견뎌낼 수 있고 자유롭게 주변을 탐색할 수 있다. 왜냐하면 그들은 애착 인물과의 항시적인 신체적 근접성을 필요로 하지 않기 때문이다. 그러나 아동은 여전히 안전감을 경험할 필요가 있다. 아동 중기와 청소년기에도 애착 인물의 가용성은 여전히 중요하다. 여기서 가용성은 신체적 현존, 의사소통에의 개방성, 도움을 요구하는 아동에 대한 반응성, 아동의 욕구 인식을 의미한다. 청소년은 가족으로부터 모종의 독립성과 자율성을 형성해야 할 시기이다. 상당수 사람은 애착과 의존을 혼동하기 때문에, 청소년기에 애착이 적어진다고 가정하는 오해를 한다. 그러나 청소년기에 두드러지는 자기 의존과 독립성은 오히려 안전 애착의 결과임에 유념해야 한다. 청소년기에 건전한 성격의 기반은 애착 인물의 가용성에 대한 믿음에서 생기는 것이다.

이러한 사실은 교실에서 애착의 중요성을 잘 설명해 준다. 교실에서 자신과 타인을 긍정적으로 바라보는 안전 애착의 형성은 학생에게 안전감을 제공하여 자유로이 교실 환경을 탐색할 수 있게 해 준다(Bodner, Bergman & Cohen-Fridel, 2014, 1043). 교실에서 교사와 학생이 조화롭게 상호작용할 때, 학생은 교사의 행동과 가치를 채택할 가능성이 더욱 크다. 따라서 교실에서의 안전 애착은 학생을 사회화하기 위한 바람직한 토대를 제공하며, 이것은 삶의 의미 추구에도 긍정적인 영향을 준다. 따라서 민감한 배려 제공자로서 교사는 교실에서 학생의 신호에 주의를 기울이고, 그 신호를 정확하게 해석하며, 학생의 관점을 이해하고, 학생의 욕구에 신속하게 그리고 적절하게 반응해야 한다. 교사와 학생의 안전 애착 관계는 교사가 학생과 더욱 빈번한 긍정적인 상호작용을 하고, 학생에게 민감하며, 학생과 연관될 때 생긴다.

교사가 수업 준비를 잘하고, 자신의 실제 자아를 학생에게 보여 주며, 학생에게 현실적이고 높은 기대를 갖고 소통하며, 진실로 학생을 배려하는 것은 교실에서 안전 애착 관계 형성의 전제 조건이다(Bergin & Bergin, 2009, 154). 학생을 배려하는 교사는 교실 과제에서 학생에게 더 많은 자율성을 부여한다. 학생들은 통제 지향 교사보다는 자율성 지지 지향의 교사와 더 많은 래포를 형성한다. 자율성 지지는 학생의 의제에 대한 민감성 그리고 학생에게 선택권을 부여하는 것을 포함한다. 학생에게 독립적으로 활동하도록 허용하는 것, 격려해 주는 것, '해야만 한다.'와 같은 당위적인 진술을 피하는 것은 학생의 자율성에 대한 지각과 밀접하게 관련되어 있다. 이렇듯 교실에서의 자율성 지지 접근법은 아이가 안전하게 애착되어 있는 부모에게서 발견되는 민감하고 강제적이지 않은 배려와 거의 유사하다.

2) 인지 발달

삶의 의미의 중요한 요소 가운데 하나는 자신의 존재를 파악하고, 세상에서 자신의 위상에 대한 정확하고 유연하며 긍정적인 정신 모델을 만드는 것이다. 이를 위해서는 다른 종과 구별되는 인간만의 특수한 인지 능력을 발휘해야 한다. 아동기와 청소년 초기의 인지 발달은 청소년기에 본격화되는 의미 추구 및 의미 만들기 능력의 중요한 토대를 이룬다. 아이들은 자신을 둘러싼 세상에 관해 이해하고 추론하는 것을 통해 인지 능력 체제를 발달시킨다. 그리고 그 능력은 의미를 위한 기본적인 토대를 제공한다. 삶의 경험을 하나의 일관된 틀로 통합하는 능력이 아이에게 생기면서, 그러한 통합을 가능하게 하는 인지 능력은 삶의 이야기 구성을 가능하게 한다. 삶의 이야기는 그들이 여러 생활 사건이 자신 및 자신의 삶의 궤적에 미치는 방식을 이해하도록 도와준다.

특히 청소년은 형식적 조작을 특징으로 하고, 중요한 관계 욕구 및 정체성 발달 욕구를 충족해야 할 중요한 시기이므로, 이 시기에서 삶의 의미 만들기는 매우 현저하게 나타나는 현상이다(Steger, Bundick & Yeager, 2018, 2251). 청소년기의 의미 만들기 과정은 교훈 학습과 통찰력 획득이라는 2가지 기제를 통해 주로 이루어진다. 교훈 학습은 특정 사건에서 얻은 이해에 따라서 발생하며, 그것은 유사한 상황에서의 미래 행동을 지시한다. 반면에 통찰력 획득은 상황을 가로질러 적용되는 사건 이후에 얻는 더욱 일반화된 이해를 의미하며, 더욱 변혁적인 특성을 갖는다(McLean & Thorne, 2003, 636). 의미 만들기는 한 사건으로부터 한 걸음 물러서서 그 사건이 미래의 행동, 목표, 가치, 자기 이해에 주는 함의를 성찰할 것을 요구한다. 이전의 사건에서 커다란 의미를 추단하는 과정은 청소년기에 발달하는 추상적 사고 능력을 통해 가능해진다.

피아제(Piaget)는 인지 발달을 내용, 기능, 구조의 3가지 구성 요소로서 이해하였다. 내용(content)은 아이가 알고 있는 것이다. 기능은 인지 발달을 통해 안정되고 지속적인 지적 활동(동화와 조절)의 특징을 의미한다. 구조는 특정 행동의 발생을 설명하는 조직화된 특성(도식)이다(Wadsworth, 1996, 21). 피아제에게 지적 성장은 본질상 능동적인 것이며, 아이는 정보의 수동적인 수혜자가 절대 아니다. 또한 발달은 동화와 조절의 상호작용을 통해 모든 연령에서 가능하다(Cooney, Cross & Trunk, 1993, 246). 피아제에 따르면, 아이가 학습하면서 새로운 것에 접하게 되면 아이는 자신의 현재 이해와 새로운 정보 간의 긴장을 경험하고, 그것은 아이의 이해에 도전을 제기한다. 아이는 기존 도식에 새로운 것을 통합하거나 또는 기존 도식을 바꾸든지 아니면 새로운 도식을 만들어내는 일을 해야만 한다(Hersh, Paolitto & Reimer, 1979, 21). 이렇듯 인지 발달을 촉진하여 고수준의 적응을 가능하게 하는 것은 바로 동화와 조절 간의 평형의 부재 상태다. 고수준의 적응은 사고와 추론의 유연성 및 일반화의 증가를 수반한다. 의미 만들기 과정의 전제가 되는 이러한 유형의 심의적·의식적 사고와 정신 모델의 형성은 인지 과정으로부터 발달한 것이다.

워너(Werner)의 계통발생학 원리(orthogenetic principle) 그리고 분화와 재통합 개념은 의미의 기저를 이루는 인지 발달 측면에서 핵심적인 열쇠가 된다. 그에 따르면(Werner, 1957, 126), "발달이 일어나는 경우에는 언제나 상대적인 총체성 및 분화의 부재 상태로부터 분화의 증가, 정교화 그리고 위계적인 통합으로 발달이 이루어진다." 아이는 발달하면서 구체적이고 즉각적인 환경의 자극에 구속을 덜 받고, 자신의 자아와 자신을 둘러싼 환경에 대한 이해를 가능하게 해 주는 모종의 추상적인 사고와 자신의 자아를 미래에 투사할 수 있는 능력을 갖게 된다. 그 결과 아이는 자신의 이상적인 자아를 자신의 현재 환경에 의미 있고 목적이 분명한 방식으로 조화롭게 맞춰 나간다.

해비거스트(Havighurst)의 발달 과업 이론도 의미의 토대로서 인지 발달, 정체성 발달 및 사회적 상호작용의 역할을 잘 보여 준다. 이 이론은 아동기와 초기 청소년기의 발달 과업으로 사회적 역할 이해, 자기 지식과 도덕적 양심의 발달을 강조하는데, 이것은 자신의 자아 및 세상에서 자신의 위상을 이해하는 데 필요한 인지 능력의 토대를 이룬다. 특히 청소년기의 중요한 도덕적 발달 과업은 행위의 지침이 되는 일군의 가치와 윤리 체계를 갖추는 것이다. 이 과업은 자신이 실현할 수 있는 일련의 가치를 조직적으로 형성하는 것 그리고 그 가치를 실현하려는 노력을 의도적으로 경주하는 것을 포함한다. 동시에 그것은 자신이 중시하는 가치들이 자신의 세계관과 조화를 이루도록 하는 것을 포함한다(추병완, 1999, 81). 행위의 이유를 설명하고 정당화하는 일련의 가치 체계를 확립하는 것은 삶의 의미를 추구하고 유지하는 데 매우 중요한 토대가 된다.

3) 정체성과 자기 이해

지금까지 삶의 의미에 관한 이론과 연구는 개인을 의미의 핵심에 자리를 잡게 하면서 각자의 주관적 경험을 매우 중시하였다. 이것은 많은 연구자가 삶의 의미에서 이해(comprehension)의 중요성을 강조한다는 것을 보여 준다. 삶의 의미를 느끼려면, 우리는 먼저 자신을 제대로 이해할 필요가 있다. 또한 우리는 타인을 이해할 필요가 있는데, 그 이유는 그것이 우리가 세상에서 각자의 고유한 위상을 발견하는 데 도움을 주기 때문이다. 따라서 적어도 이론적인 관점에서, 정체성 발달은 삶의 의미의 핵심을 이룬다.

우리 인간은 자신이 누구인지 그리고 어떤 사람인지를 명확하게 알고 있는 상태에서 태어나지 않는다. 에릭슨(Erikson)은 인간이 점차 성숙하면서 거쳐야 하는 일련의 단계와 과업을 명시하였다. 에릭슨의 이론 체계에서 청소년에게 부여된 중요한 과업은 정체성과 자기 이해를 확립하는 것이다(추병완, 1999, 87). 달리 말해, 청소년은 자신에 관한 지식과 세상에서의 주관적 경험을 질서 있게 정비하기 위한 토대를 마련할 필요가 있다. 에릭슨은 청소년에게 부여된 인지적 선물인 형식적 조작이 그러한 토대를 만드는 데 중요한 도구가 된다고 주장하였다(Erikson, 1968/1994, 245). 자기 이해는 자아개념을 위한 인지적 기반이다. 하지만 자아 개념은 개인적 이해 그 이상을 각자에게 부여한다. 자아 개념은 실재에 관한 일관된 이해를 가능하게 해 주는 핵심 수단이다.

청소년기는 단지 정체성 확립을 위한 중요한 시기에 국한되지 않는다. 청소년기는 앞으로 자신이 헌신할 추상적인 신념과 삶의 목적에 관한 진지한 탐색을 시작하는 중요한 시기다. 청소년기에 삶의 목적을 탐색하는 것은 정체성 발달을 촉진하고, 청소년의 삶에 방향성을 제공하여 학업 성취를 비롯한 긍정적인 청소년 발달에 유익한 결과를 가져온다(Bronk & Mangan, 2016, 411). 그러므로 삶의 의미와 관련지어 생각해 볼 때, 청소년기는 정체성 확립과 더불어 자신이 헌신할 지속적인 신념과 목적에 대한 모종의 이해가 확고하게 자리를 잡는 시기라고 말할 수 있다.

삶의 의미의 발달 토대로서 우리는 특히 도덕 정체성 확립에 주목할 필요가 있다. 일부 청소년은 정체성 발견과 확립 과정에서 자신을 도덕적인 용어로 정의하려 한다. 이 과정에서 그들은 더욱 크고 고상한 신념 체계에 의거하여 자신을 규정하려는 시도를 하게 된다. 이때 고상한 삶의 목적은 그들의 도덕적 탐색에서 중요한 역할을 수행한다(Damon, Menon & Bronk, 2003, 120). 최근의 한 연구는 고교 졸업반 학생의 도덕 정체성이 2년 후의 삶의 의미 현존에 영향을 미친다는 사실을 발견하였다(Han, Liauw & Kuntz, 2018, 1). 이것은 도덕 정체성의 발달이 삶의 의미의 현존을 분명하게 예측한다는 것을 보여 준 최초의 연구에 해당한다. 이 연구는 우리가 도덕교육을 통해 인간의 삶에서 도덕적 덕, 도덕적 추론, 도덕적 가치의 중요성을 강조하는 것은 청소년의 삶의 의미와 플로리싱 증진에 기여한다는 중요한 사실을 다시 한번 일깨워 주었다.

4) 사회 학습

안전 애착의 애착 인물에 대한 논의에서 부분적으로 암시한 바와 같이, 중요한 타인은 삶의 의미를 발견하는 게 매우 중요하다. 달리 말해, 인지 능력과 자아를 포괄하는 정신 내부 기제와 더불어, 외적 영향 요인으로서 중요한 타인은 삶의 의미의 중요한 발달 토대가 된다. 밴두라(Bandura)는 우리가 사회적 세계를 학습할 때 내적 인지 과정의 역할을 잘 보여 주었다(추병완, 1999, 62). 우리에게 낯익은 자기 효능감, 사회 학습, 모델링과 같은 개념은 우리가 어떤 행동을 취할 경우 무슨 일이 생길 것인지를 상상할 수 있는 인간의 능력에 기반을 두고 있다. 만약 어느 학생이 자신이 성공할 것이라고 상상할 수 있다면, 그 학생은 자신의 목표를 이룰 수 있다는 신념인 긍정적인 자기 효능감을 갖고 있을 것이다.

하지만 우리는 사건을 직접 경험하지 않고서도 배울 수 있는 탁월한 존재다. 우리는 사회 학습(social learning)을 통해 자신의 행동이 보상을 받는지 또는 처벌을 받는지, 그리고 어떤 행동을 시도하는 것에서 자신이 성공할 것인지 아니면 실패할 것인지에 대한 자신의 생각을 알아볼 수도 있다. 다른 사람이 어떤 과업을 수행하는 탁월한 방식을 보여 줄 때, 그것을 모델링하는 것은 관찰자가 그 과업을 성공리에 수행하는 방법에 관한 그의 도식을 형성하는 데 도움을 준다. 이런 식으로, 사회 학습과 모델링은 자신의 삶이 의미 있는 것인지에 관한 청소년의 판단력을 발달시키는 데 크게 기여한다. 프랭클은 수용소 생활을 통해 삶의 의미와 목적을 갖는 것이 얼마나 중요한 것인지를 우리에게 생생하게 보여 주었다. 우리는 역사나 문학 작품, 드라마를 통해서도 삶의 의미와 목적으로 충만했던 사람들을 손쉽게 접할 수 있다. 그러므로 삶의 의미와 목적에 대해 청소년이 보고 배우고 따라 할 수 있는 모범 사례를 풍부하게 제공하는 사회문화적 환경 그 자체가 의미 발달의 중요한 토대가 된다.

5) 사회적 유대감

삶의 의미에 관한 대부분의 연구는 사회적 관계를 삶의 의미의 중요한 원천으로 간주하였다. 사회적 지지 그리고 타인과의 친밀감은 삶의 의미 의식과 정적인 상관관계를 맺는 반면에, 사회적 배제와 외면은 자신의 삶을 무의미한 것으로 지각하게 만든다. 많은 연구는 소속감, 예상되는 사회적 지지, 타인에게서 받는 정서적 지지가 삶의 의미와 정적인 상관관계를 맺고 있음을 보여 준다(Hicks & King, 2009, 471). 사회적 관계의 현존은 자신의 삶이 의미가 있다는 의식을 증가시킨다. 한편, 사회적 배제를 소재로 한 실험연구는 사회적 배제 조건의 참가자가 통제집단의 참가자에 비해 자신의 삶이 의미가 없다고 평정했다는 사실을 분명히 보여 준다(King & Geise, 2011, 696). 지속적인 고독감을 경험하는 사람이나 사회적 배제를 경험하는 사람은 자신의 삶의 의미를 거의 발견하지 못한다(Stillman & Lambert, 2013, 311). 배우자나 연인과 같은 친밀한 유대, 가족 성원이나 친구와 같은 관계적인 유대, 그리고 공동체나 사회 집단에의 소속감을 특징으로 하는 집단적 유대는 우리가 삶의 의미를 발견하는 데 매우 중요하다.

그런데 사회적 유대감과 삶의 의미의 관계는 양방향적인 것이다. 달리 말해, 삶의 의미는 소속감이나 사회적 유대감에도 긍정적인 영향을 준다. 우리는 삶의 의미나 목적의식이 강한 사람에게 쉽게 이끌리기 마련이다. 달리 표현하면, 삶의 의미나 목적을 발견한 사람은 타인들이 자신에게 쉽게 이끌리기 때문에, 타인과 관계를 맺는 것이 훨씬 용이한 위치에 놓여 있다. 이것은 프랭클의 '의미에의 의지' 개념을 통해 추론할 수 있다. 프랭클은 우리가 삶의 의미를 발견하려는 강한 동기를 갖고 있다고 보았다. 그의 주장대로, 우리가 삶의 의미를 발견하고자 한다면, 우리는 '의미에의 의지'를 충족하기 위해 삶의 의미 의식이 약한 사람보다는 강한 사람과 어울려 지내기를 바랄 것이다(Stillman & Lambert, 2013, 311). 삶의 의미 의식이 일상생활의 행동과 선택에 미치는 영향을 조사한 연구에 따르면, 삶의 의미는 자신이 속한 공동체에 대한 주관적인 소속감뿐만 아니라 자발적 결사체에 능동적인 참여를 통해 자신의 공동체에 기여하려는 강한 의욕을 예측한다는 것을 보여 준다(Stavrova & Luhmann, 2016, 476). 이렇듯 사회적 유대감은 삶의 의미 의식이 발달하는 토대를 마련해 줌과 동시에 삶의 의미는 더 많은 소속감과 사회적 유대감을 가질 기회를 부여함으로써 인간의 플로리싱에 기여한다.

3. 삶의 의미 증진을 위한 지도 방법

인간은 자신의 존재에 관한 정신 모델을 만들기 위해 수많은 정보를 통합하는 능력을 가진 존재이고, 이것은 의미 만들기 과정의 핵심을 이룸과 동시에 생존에 필요한 거대한 이득을 우리에게 부여하였다. 우리가 도덕교육을 통해 학생의 삶의 의미를 증진하는 것은 두 가지 측면에서 중요성을 갖는다. 하나는 삶의 의미 증진이 학생의 도덕성 발달을 비롯한 전반적인 긍정적인 발달 및 플로리싱에 많은 도움을 주기 때문이다. 다른 하나는 우리가 학생들에게 의미 추구를 권장하고 그러한 활동을 위한 체계적인 지원을 하는 것은 인간의 자연스럽고 건전한 의미 추구 활동이 고통스러운 실존적 반추로 변형될 위험성을 예방하기 때문이다. 하지만, 청소년을 대상으로 삶의 의미를 증진하려는 개입 연구가 거의 없기 때문에, 삶의 의미 증진을 위한 도덕 교과에서의 지도 방법을 모색하는 것은 생각처럼 쉬운 일이 아니다. 하지만 최근 실존심리학과 긍정심리학에서 삶의 의미에 관한 일부 연구는 도덕 수업을 통해 삶의 의미 의식을 증진하는 방법에 관한 중요한 시사점을 제공한다. 여기서는 엄격한 연구 결과에 근거한 증거 기반의 교수 전략을 제시하고자 한다. 따라서 교사는 앞 장에서 언급한 삶의 의미의 발달 토대를 염두에 두는 가운데, 여기서 제시하는 교수 전략을 도덕 수업 시간에 효과적으로 활용할 필요가 있다.

1) 인생 내러티브 활용하기

일찍이 베어드(Baird, 1984, 123)는 "완전한 인간이 된다는 것은 심층적인 관계 설정에 의해, 우리 시대에 질서와 목적을 부여하는 프로젝트에 헌신적으로 참여하는 것에 의해, 그리고 우리의 삶을 의미를 생성하는 이야기의 맥락에 설정하는 것에 의해 가능하다."고 주장하였다. 그의 지적처럼, 세계 속에서 우리의 삶은 우리가 자신의 삶을 해석하는 이야기에 의해 결정된다. 우리의 삶은 이야기의 형태로 창조되고 조직화되고 저장된다. 따라서 이야기는 삶의 의미 충동과 욕구를 이해하는 중요한 수단으로 활용된다(McLean & Thorne, 2003, 635). 그러므로 삶의 이야기 혹은 인생 내러티브는 개인적 의미에 관한 풍부한 정보의 원천인 동시에 의미를 향한 인간의 욕구와 충동을 이해하는 가치 있는 도구인 셈이다(Beike &

Crone, 2009, 315).

학생들의 삶의 의미 구성을 촉진하기 위해 교사는 도덕 수업에서 인생 내러티브를 활용할 수 있다. 신과 스테거(Shin & Steger, 2014, 96-100)는 삶의 의미를 이해하기 위한 인생 내러티브의 활용 사례로 성장 지향 내러티브, 이전 연령으로부터 의미를 함양하기, 의미 증진을 위한 사회인지적 접근, 특정한 주제에 초점을 맞추기, 특정한 삶의 영역에 초점을 맞추기, 자신에게 의미 있는 것을 이해하도록 도와주기로 구성된 6가지 방식을 제안한다.

첫째, 성장 지향 내러티브는 과거(자서전적 기억)와 미래(개인적 목표) 모두에서 진보적이고 친사회적인 발달을 포함하는 것으로서 자신의 삶을 해석하는 것을 언급한다. 성장(growth)의 주제를 갖고 있는 삶의 이야기는 성장 지향적인 정체성의 형성을 촉진하여, 의미 만들기와 적응에서의 증가를 선도한다. 그러므로 수업을 통해 학생들이 성장 지향적인 내러티브를 만들어보도록 도와주는 것은 의미 발달을 증진할 수 있다. 이를 위해 교사는 학생들이 자신의 과거에서 성장을 가능하게 했었던 두 영역(사건, 분야)에 대해 성찰해 보게 해야 한다. 새롭고, 더욱 적응적이고, 성숙한 자기 인식, 통찰, 긍정적인 자기 변환을 이룩했던 사건이나 영역에 대해 학생들이 생각해 보게 한다. 그 후에, 그것들을 구체적인 생활 사례에 초점을 맞추어 설명하고, 미래의 성장을 예시해주는 장면을 상상해 보거나 제안해 보게 한다.

둘째, 이전 연령으로부터 의미를 함양하기는 자신의 과거 삶에서 의미를 찾게 하는 방법이다. 이를 위해 교사는 학생들이 유치원이나 초등학교 때의 2가지 의미 있는 경험들에 대해 기록하게 한다. 이때 학생들은 그 경험으로부터의 교훈이 현재의 삶에 어떤 영향을 주었는지 그리고 그러한 교훈이 자신 및 자신을 둘러싼 세계에 대한 이해를 하는 데 어떤 영향을 주었는지에 초점을 맞추어 기록해야 한다.

셋째, 의미 증진을 위한 사회인지적 접근은 의미 발달의 사회적 측면을 고려하여 사회 학습과 모델링의 중요성에 초점을 맞춘 것이다. 이를 위해 교사는 학생들에게 자신의 삶에서 의미 추구를 향한 생각과 태도에 대해 성찰해 보게 한다. 이러한 활동의 일환으로 교사는 학생들에게 '여러분은 의미 있는 삶을 어떻게 규정하고 있는가?', '여러분은 의미 추구에 대해 어떻게 느끼고 있는가?'와 같은 질문을 할 수 있다. 그 후에 교사는 학생들에게 다음과 같은 질문을 통하여 의미 있는 삶을 개념화하는 데 영향을 미친 중요한 인물들을 찾아보게 한다. '여러분에게 그러한 메시지를 준 사람은 누구인가? 자신의 삶을 통해 그러한 메시지를 몸소 보여 주고 있는 사람은 누구인가? 여러분의 의미 추구를 지지하거나 방해하는 사람은 누구인가?'

넷째, 특정한 주제에 초점을 맞추기는 인간의 4가지 의미 욕구에 대해 학습하는 것에 초점을 맞춘다. 교사는 먼저 학생들에게 4가지 기본적인 의미 욕구(목적, 효능감, 가치와 정당화, 자아 가치감)를 제시하고, 4가지 욕구가 각기 충족되었을 때 의미 있는 삶을 영위할 수 있다는 사실을 강조한다. 그 후에 교사는 학생들이 자신의 삶에서 이 4가지 욕구가 어떻게 충족되었는지에 대해 살펴보게 한다. 이를 위해 교사는 학생들이 4가지 욕구 가운데 어느 욕구에서 좌절감을 맛보거나 또는 더 많은 만족을 느꼈었는지에 대해 기록하게 한다. 이때 교사는 학생들이 특정한 욕구를 충족시켜 준 활동의 목록을 만들어보게 할 수도 있다.

다섯째, 특정한 삶의 영역에 초점을 맞추기는 의미와 목적 구인을 통합한 진로 탐색에 초점을 맞춘 것이다. 이를 위해 교사는 학생들이 자신의 성품 강점과 긍정적인 속성을 발견하여 그것을 실천해 보게 할 수 있다. 왜냐하면, 의미는 자신의 대표 강점이나 재능을 자신을 넘어선 어떤 실체에 헌신하는 것으로부터 나오는 것이기 때문이다. 또한 교사는 다음과 같은 질문을 활용하여 학생들이 현재 자신의 일에 대한 사고를 촉진하여 줄 수도 있다. '여러분의 학교공부가 여러분의 삶에 어떤 의미가 있는가? 여러분의 학교공부가 앞으로 여러분의 직업 선택에 어떤 의미가 있는가? 여러분의 직업을 더욱 의미 있게 하는 방법은 무엇인가? 여러분의 직업 생활을 통해 공동선이나 사회에 기여할 수 있는 방법은 무엇인가? 사람들은 어떤 유형의 일을 하고 있고, 왜 그렇게 하고 있다고 생각하는가? 여러분의 고유한 기능, 흥미, 가치는 무엇인가? 그리고 여러분은 개인적으로 의미 있는 일에 그것을 어떻게 활용할 수 있는가?'

끝으로, 자신에게 의미 있는 것을 이해하도록 도와주기는 학생들이 의미의 원천을 발견하여 표현해 보게 하는 데 초점을 맞춘다. 이를 위해 교사는 학생들에게 자신의 삶을 의미 있게 느끼게 하는 사진을 찍게 하고, 그것을 중요도에 따라서 평정하며, 그 사진에 대한 간단한 설명을 하게 한다. 이것은 의미의 원천을 발견하고 표현하는 과정을 권면하는 아주 유용한 방법이다. 예를 들어, 교사는 학생들에게 그들의 삶을 의미 있게 만든다고 생각하는 사진을 5~10장 찍게 한다. 학생들은 사진을 출력한 후에 각각의 사진이 자신이 삶에 얼마나 중요한지에 대해 간단한 설명을 포스트잇을 사용하여 기록한다. 그 후에 학생들은 다른 학생들에게 각각의 사진에 대해서 간략하게 설명한다.

2) 친사회적 행동에 관여하기

스테거와 그 동료(Steger et al., 2006, 80)의 지적처럼, 삶의 의미는 자신보다 더 큰 어떤 것에 대한 애착을 의미하는 자기 초월을 포함하기 마련이다. 우리는 자신의 삶이 자신을 넘어서는 연결과 중요성을 가질 때, 의미를 느낀다. 예를 들어, 세상을 개선하려는 의도를 가진 자기 초월적인 행동은 개인적으로 의미 있는 삶에 매우 중요하다. 도서관 신축을 위한 기부금을 내는 행동의 경우처럼 오래 기억되는 친사회적 행동은 우리의 삶에 의미를 부여한다. 이렇듯 삶의 의미는 부분적으로 자기를 초월하여 자신보다 더 큰 어떤 것에 대한 애착으로부터 나오는 것이기에(Duckworth, Steen & Seligman, 2005, 639), 이타적인 동기를 가진 친사회적 행동은 삶의 의미를 느끼게 하는 중요한 통로 중의 하나다. 최근의 연구는 친사회적 행동이 관계 만족을 통해 삶의 의미에 기여함을 잘 보여 준다(Van Tongeren, 2016, 232). 이 연구는 자기 보고식의 친사회적 행동과 삶의 의미 간의 상관성을 입증했을 뿐만 아니라, 감사 노트를 기록하는 행동과 같은 친사회적 행동을 직접 수행하는 것은 직접적으로 삶의 의미를 느끼게 한다는 사실을 밝혀냈다. 그러므로 우리가 도덕교육을 통해 강조했던 봉사활동과 같은 친사회적 활동에 학생들의 관여를 촉진하는 것은 도덕 정체성 형성 및 삶의 의미 증진에 매우 유용하다고 평가할 수 있다(추병완, 2017, 18).

3) 성품 강점을 활용하기

성품 강점(character strengths)은 우리에게 충족감과 의미감을 부여하는 가운데 우리의 사고·감정·행동에 영향을 주는 긍정적인 인간의 특질을 의미한다. VIA(Values in Action) 조사에서 상위 5개 이내에 들면서 개인의 정체성의 본질을 이루는 성품 강점을 일컬어 대표 강점(signature strengths)이라고 한다. 대표 강점을 새롭고 상이한 방식으로 1주일 동안 매일 활용하는 것은 행복의 증가와 우울증의 감소에 기여하는 것으로 밝혀졌다(Seligman et al., 2005, 879). 자신의 성품 강점을 확인하여 활용하는 것은 삶의 만족, 긍정 정서, 자기 수용, 삶의 목적의식, 환경 지배, 신체적·정신적 건강, 일상 스트레스에 대한 대처, 스트레스와 트라우마(trauma)로부터의 회복탄력성과 같은 일군의 긍정적인 심리적 결과를 가져온다(Littman-Ovadia & Niemiec, 2016, 387). 그런데 성품 강점의 효과는 개인의 웰빙에만 국한되지 않는다. 성품 강점은 개인의 사회적 환경에서 타인의 복지를 향상시킨다. 이것은 특히 낭만적인 관계와 부부에게 매우 효과적인 것으로 밝혀졌다. 청소년의 낭만적인 관계에서 여성의 용서 그리고 남성의 인내, 사회적 지능, 신중과 같은 성품 강점은 상대방의 삶의 만족에 큰 영향을 주는 것으로 밝혀졌다(Weber & Ruch, 2012, 1537). 결혼한 부부 사이에서 성품 강점을 확인하여 활용하는 것은 서로의 삶의 만족에 매우 중요한 것으로 밝혀졌다(Lavy, Littman-Ovadia & Bareli, 2016, 1730).

성품 강점과 삶의 의미 간의 관계를 조사한 상당수 연구는 모든 성품 강점이 삶의 의미 및 의미를 향한 지향과 관련되어 있음을 보여 주었다. 그중에서도 종교성, 희망, 감사, 사랑, 인내, 열정은 다른 성품 강점에 비해 삶의 의미를 더욱 높게 예측하고 있었다. 대표 강점을 활용하는 것 역시 삶의 의미와 밀접한 관계가 있는 것으로 밝혀졌다. 이를테면, 자발적인 활동이나 보수를 받는 활동에 대표 강점을 활용하는 것은 삶의 만족 및 삶의 의미와 긍정적인 상관관계를 맺고 있다(Littman-Ovadia & Steger, 2010, 419).

도덕 수업에서 학생의 삶의 의미 의식 증진을 위한 교육 활동으로 성품 강점을 활용할 때 교사가 유념해야 할 사항이 있다. 대표 강점을 활용하는 것은 삶의 의미 증진에 매우 효과적인 것으로 밝혀졌으므로 큰 문제가 되지 않는다. 그러나 대표 강점이 아닌 여타의 성품 강점을 활용하는 데서는 약간의 주의가 필요하다. 긍정심리학 이론 틀에서 24가지 성품 강점은 상호 의존적인 것이기에 의미 있고 충만한 삶을 영위하기 위해서는 성품 강점 간의 조화와 균형이 필수적이다. 연구 결과에 따르면, 삶의 의미를 최적화하려면 활용하고자 하는 하나의 성품 강점이 다른 것보다 너무 높거나 또는 둘 모두 너무 낮은 것이어서는 안 된다. 이를 테면 VIA에서 6번째에 해당하는 강점과 23번째에 해당하는 성품 강점을 결합하여 활용하는 것 또는 21번째에 해당하는 강점과 22번째에 해당하는 강점을 결합하여 활용하는 것은 오히려 삶의 의미를 떨어뜨린다는 연구 결과가 존재한다(Allan, 2014, 1258). 따라서 교사는 어느 정도 비슷하게 높은 순서에 있는 성품 강점을 결합하여 학생들이 활용하게 해야 한다.

4) 최상의 가능한 자아 탐색하기

삶의 의미는 전반적인 삶의 만족과 관련되어 있으므로, 긍정 정서가 삶의 의미와 밀접한 관련을 맺고 있다는 것은 너무나도 자명하다(Datu, 2016, 459; Tang et al., 2013, 120). 많은 연구는 긍정 정서가 지닌 확장·축적·취소 효과는 긍정 정서가 신체적·정신적 건강, 삶의 만족, 심리적 회복탄력성에 효과적임을 잘 보여 준다. 특히 스트레스에 직면하여 긍정 정서를 활용하는 것은 긍정적인 의미 만들기를 촉진하여 심리적 회복탄력성을 높여준다(Tugade, Devlin & Fredrickson, 2014, 38). 최상의 가능한 자아 탐색하기는 학생의 긍정 정서를 유발하여 삶의 의미 의식을 증진하는 데 효과적인 방법이다. 지금보다 행복한 미래를 마음속에 그려보는 것은 일상생활의 행동에서 의미를 발견하도록 돕는 효과가 있다(van Tilburg, & Igou, 2018, 4).

최상의 가능한 자아(the best possible selves)는 원래 킹(King)이 개발한 글쓰기 기반의 트라우마 치료 활동이다. 그는 자신의 최상의 가능한 자아, 즉 자신의 목표를 드러내는 것이 전반적인 웰빙 수준 향상에 기여함을 보여 주었다. 이 활동은 긍정 정서, 낙관성, 효능감, 희망, 삶의 목적, 건강과 웰빙에 효과적이기에(Loveday, Lovell & Jones, 2018, 619), 삶의 의미 증진에 매우 유용하다. 대학생을 대상으로 매주 1회 총 4주간 최상의 가능한 자아에 대한 글쓰기에 참여했던 대학생은 통제 집단 학생에 비해 삶의 의미와 불가분의 관계인 긍정 정서, 플로우(flow), 유대감에서 통계적으로 매우 유의한 차이를 보여 주었다(Layous, Nelson & Lyubomirsky, 2013, 647).

도덕 수업에서 이를 활용할 때 교사는 학생들에게 다음과 같이 말하면 된다. "여러분의 미래의 삶의 모습에 대해 생각해 보세요. 모든 것이 가능한 한 잘 되었다고 상상해 보세요. 여러분은 열심히 일했고 마침내 여러분의 인생 목표를 성취하는 데 성공했습니다. 이것을 여러분의 삶에서 모든 꿈이 실현된 것이라 생각하세요. 이제 여러분이 상상한 것에 대해 글을 써 보세요."(King, 2001, 801). 교사는 학생들이 상상한 것을 간단한 마인드맵이나 그림으로 그려보게 할 수도 있고, 눈을 감고 상상한 결과를 그냥 발표하게 할 수도 있다.

5) 자기 일치적인 목표를 추구하기

삶의 목적은 삶의 의미의 동기적인(motivational) 구성 요소를 이루며, 개인이 매우 헌신적으로 매달리고 적극적으로 관여하는 장기적인 그리고 대단히 중요한 목표나 소명을 뜻한다. 목적은 목표를 자극하는 더욱 커다란 동기적인 요소를 제공하여 전반적인 행동에 영향을 미치는 반면에, 엄밀하게 평가할 때 목표는 그와 관련된 인접 행동에만 영향력을 행사한다. 목적은 구체적인 의미에서 달성하지 못할 수도 있는 이상적인 미래 상태에 초점을 맞추고 있는 반면에, 목표는 최종 결과에 초점을 맞춘다. 그런데 모든 목표 추구가 삶의 목적으로부터 파생하는 것은 아니다. 오직 자기 일치적인 목표만이 삶의 목적의식에 기여한다. 여기서 자기 일치(self-concordance)는 자신이 진술한 목표가 자기만의 지속적인 흥미와 관심을 표현하는 자아와 잘 통합되어 있는 정도를 의미한다(Shin & Steger, 2014, 101). 어떤 학생이 좋은 성적을 받기 위해 공부를 열심히 하는 것을 목표로 정했고, 그 학생이 공부를 개인적으로 중요하고 즐거운 것이라고 여겨서 그런 목표를 설정했다면, 그것은 자기 일치적인 목표에 해당한다. 그러나 그 학생이 부모로부터 용돈을 더 많이 받기 위해 또는 시험 점수가 낮은 것에 대한 불안이나 죄책감을 피하기 위해 그런 목표를 설정했다면 그것은 자기 일치적인 목표가 아니다.

오늘날 긍정교육의 선도적 모델이 되고 있는 오스트레일리아의 지롱 그래머 학교(Geelong Grammar School)는 학생들이 개인적 가치에 부합하는 다양한 활동에 참여하여 삶의 의미와 목적을 구현할 것을 권면한다(Norrish, 2015, 264). 도덕 수업을 통해 교사는 삶의 의미 증진을 위한 프로젝트를 활용할 수 있다(추병완, 2018, 22). 이를 위해 교사는 학생들이 1개월 정도 헌신적으로 매달릴 수 있는 자기 일치적인 삶의 목표를 설정하고, 목표와 관련된 자원·기술·내적 그리고 외적인 장애 요인을 확인하며, 목표 달성을 위한 구체적인 경로를 선택하여 실천해 보게 권면할 수 있다. 특히 목표 설정에서 교사는 '그 목표가 내재적으로 가치 있고, 자율적으로 선택한 것인가? 자신의 능력에 비추어 실행 가능한 것인가? 1개월 이내에 달성할 수 있는 것인가? 달성 여부를 객관적으로 측정 가능한 것인가?' 등을 충분히 고려하면서 학생들이 자신의 목표를 설정하도록 지도해야 한다. 1개월이 지난 후에, 교사는 학생들에게 자신이 설정한 목표를 추구한 활동이 자신의 삶에 어떠한 의미가 있었는지를 자신과 세계와의 관련성 속에서 하나의 이야기로 만들어 발표하게 한다.

삶을 의미 있게 경험하는 것은 웰빙의 중요한 구성 요소이고, 인간의 행동을 위한 동기의 중요한 원천이다. 삶의 의미는 신체적 건강, 삶의 만족, 자존감, 긍정 정서, 행복, 낙관성과 같은 신체·정신건강의 여러 지표와 정적인 상관관계를 맺고 있다. 이에 많은 연구자는 삶의 의미가 건강 위험 행동과 취약한 심리적 건강으로부터 아동과 청소년을 지켜주는 보호 요인이라고 주장한다(Brassai, Piko & Steger, 2011, 44). 그러므로 교육자로서 우리는 청소년기의 학생들이 의미 있는 삶의 경로를 따를 수 있도록 지속적인 권면과 체계적인 지원 활동을 해 주어야만 한다. 특히 도덕 수업에서 우리는 삶의 의미의 원천이 비록 개인마다 상대적일 수 있지만, 그 원천이 도덕적 덕목과 가치라는 객관적 기준에 부합할 때 더욱 의미가 있는 것이라는 사실을 학생들에게 강조해야 한다. 이를테면, 히틀러가 의미 있는 삶을 살았다고 볼 수 없는 것은 그가 도덕의 기준에 위배된 행동을 했기 때문임을 학생들에게 분명하게 인식시켜 주어야 한다. 케케스(Kekes, 2000, 32)의 지적처럼, 도덕적인 가치를 결여하거나 그릇된 방향의 행동 또는 그 목적이 파괴적인 행동은 결코 의미를 가질 수 없기 때문이다.

이 장에서는 철학과 심리학에서 삶의 의미에 관한 최근의 연구 동향을 개관하고, 청소년의 삶의 의미 발달을 위한 토대를 확인하며, 삶의 의미 의식 증진에 도움을 주는 증거 기반의 교수 전략을 제시하였다. 도덕교육자로서 우리는 학생들이 자신의 둘러싼 세상에 관한 인지적·도덕적 지도를 작성할 수 있는 쉽고 유리한 방법을 배울 기회를 제공하고, 자신의 정체성을 충분하게 탐색하고 자기에 관한 더욱 풍부한 지식을 가질 수 있는 방법을 안내해 주어야 한다. 우리는 학생들의 단기적·장기적인 행동의 결과가 자신의 삶의 의미 발견과 구성에 도움을 주는지의 여부에 대해 진지하게 생각하도록 끊임없이 자극해야 한다. 동시에 우리는 학생들이 자신의 삶의 의미를 발견·유지하는 데 도움을 줄 수 있는 다양한 역할 모델에 접할 수 있게 해 주어야 한다.

■ 참고 문헌

교육부(2015), 『도덕과 교육과정』, 서울: 세종.
추병완(2017), "도덕 정체성의 발달 조건 탐색", 『교육논총』, 37(1), 1-26.
추병완(2018), "삶의 목적(purpose in life)의 도덕교육적 함의", 『초등도덕교육』, 60, 1-32.
Allan, B. A. (2015), "Balance among character strengths and meaning in life", *Journal of Happiness Studies: An Interdisciplinary Forum on Subjective Well-Being*, 16(5), 1247-1261.
Baird, R. M. (1985), "Meaning in life: discovered or created?", *Journal of Religion and Health*, 24(2), 117-124.
Baumeister, R. F. & Vohs, K. D. (2001), "The pursuit of meaningfulness in life", In C. R. Snyder, S. J. Lopez (Eds.), *Handbook of positive psychology* (pp. 608-618), Oxford: Oxford University Press.
Baumesiter, R. F. (1991), Meanings of life, New York: Guilford.
Baxter Magolda, M. B. (2007), "Self-authorship: The foundation for Twenty first century education", *New Directions for Teaching and Learning*, 109, 69-83.
Beike, D. R., & Crone, T. S. (2009). "Autobiographical memory and personal meaning: Stable versus flexible meanings of remembered life experiences", In P. T. P. Wong & P. S. Fry (Eds.), *The human quest for meaning* (pp. 315-334), New York: Routledge.
Bergin, C. & Bergin, D. (2009), "Attachment in the classroom", *Educational Psychology Review*, 21(2), 141-170.
Bodner, E., Bergman, Y. S. & Cohen-Fridel, S. (2014), "Do attachment styles affect the presence and search for meaning in life?", *Journal of Happiness Studies*, 15, 1041-1059.
Brassai, L., Piko, B. F. & Steger, M. F. (2011), "Meaning in life: Is it a protective factor for adolescents'psychological health?, *International Journal of Behavior Medicine*, 18, 44-51.
Bronk, K. C. & Mangan, S. (2016), "Strategies for cultivating purpose among adolescents in clinical settings", In P. Russo-Netzer et al. (Eds.),

Clinical perspectives on meaning (pp. 407-420), New York: Springer.

Cooney, W., Cross, C. & Trunk, B. (1993), *From Plato to Piaget*, Lanham: University Press of America.

Damon, W., Menon, J. & Bronk, K. C. (2003), "The development of purpose during adolescence", *Applied Developmental Science*, 7(3), 119-128.

Das, A. K. (1998), "Frankl and the Realm of Meaning", Journal of *Humanistic Education and Development*, 36, 199-211.

Datu, J. A. D. (2016), "The synergistic interplay between positive emotions and maximization enhances meaning in life: A study in a collectivist context", *Current Psychology*, 35(3), 459-466.

Duckworth, A. L., Steen, T. A., & Seligman, M. E. P. (2005), "Positive psychology in clinical practice", *Annual Review of Clinical Psychology*, 1, 629-651.

Erikson, E. H. (1968/1994), *Identity and youth crisis*, New York: W. W. Norton & Company.

Grouden, M. E. & Jose, P. E. (2014), "How do sources of meaning in ife vary according to demographic factors?", *New Zealand Journal of Psychology*, 43(3), 29-37.

Han, H., Liauw, I. & Kuntz, A. F. (2018.3), "Moral identity predicts the development of presence of meaning during emerging adulthood", *Emerging Adulthood*, available at https://doi.org/10.1177%2F21676968 18758735.

Heintzelman, S. J. & King, L. A. (2014), "The feeling of meaning as information", *Personality and Social Psychology Review*, 18(2), 153-167.

Hersh, R. H., Paolitto, D. P. & Reimer, J. (1979), *Promoting moral growth: From Piaget to Kohlberg*, New York: Longman.

Hicks, J. A., & King, L. A. (2009), "Positive mood and social relatedness as information about meaning in life", *The Journal of Positive Psychology*, 4, 471-482.

Kekes, J. (2000), "The meaning of life", In P. A. French & H. K. Wettstein (Eds.), *Midwest studies in philosophy 24: Life and death* (pp. 17-34),

Malden: Blackwell.
Kim, J., Seto, E., Davis, W. E. & Hicks, J. A. (2014), "Positive and existential psychological approaches to the experience of meaning in life", In A. Batthyany & P. Russo-Netzer (Eds.), *Meaning in positive and existential psychology* (pp. 221-233), New York: Springer.
King, L. A. (2001), "The health benefits of writing about life goals," *Personality and Social Psychology Bulletin*, 27(7), 798-807.
King, L. A., & Geise, A. C. (2011), "Being forgotten: Implications for the experience of meaning in life", *The Journal of Social Psychology*, 151, 696-709.
Lambert, N. M., Stillman, T. F., Hicks, J. A., Kamble, S., Baumeister, R. F., & Fincham, F. D. (2013), "To belong is to matter: Sense of belonging enhances meaning in life", *Personality and Social Psychology Bulletin*, 39(11), 1418-1427.
Lavy, S., Littman-Ovadia, H., & Bareli, Y. (2016), "My better half: Strengths endorsement and deployment in married couples", *Journal of Family Issues*, 37(12), 1730-1745.
Layous, K., Nelson, S. K. & Lyubomirsky, S. (2013), "What is the optimal way to deliver a positive activity intervention? The case of writing about one's best possible selves", *Journal of Happiness Studies*, 14, 635-654.
Littman-Ovadia, H. & Niemiec, R. M. (2016), "Character strengths and mindfulness as core pathways to meaning in life", In P. Russo-Netzer et al. (Eds.), *Clinical perspectives on meaning* (pp. 383-405), New York: Springer.
Littman-Ovadia, H., & Steger, M. (2010), "Character strengths and well-being among volunteers and employees: Toward an integrative model", *The Journal of Positive Psychology*, 5(6), 419-430.
Loveday, P. M., Lovell, G. P. & Jones, C. M. (2018), "The Best possible selves intervention: A review of the literature to evaluate efficacy and guide future research", *Journal of Happiness Studies*, 19, 607-628.
Martela, F., & Steger, M. F. (2016), "The three meanings of meaning in life:

Distinguishing coherence, purpose, and significance", *The Journal of Positive Psychology*, 11(5), 531-545.

McLean, K. C. & Thorne, A. (2003), "Late adolescents' self-defining memories about relationships", *Developmental Psychology*, 39(4), 635-645.

Metz, T. (2007), "New developments in the meaning of life", *Philosophy Compass*, 2(2), 196-217.

Metz, T. (2013), *Meaning in life: An analytic study*, Oxford: Oxford University Press.

Mikulincer, M. & Shaver, P. R. (2013), "Attachment orientations and meaning in life", In J. A. Hicks & C. Routledge (Eds.), *The experience of meaning in life: Classical perspectives, emerging themes, and controversies* (pp. 287-303), New York: Springer.

Norrish, J. M. (2015), *Positive education: The Geelong Grammar School journey*, Oxford: Oxford University Press.

Peterson, C., & Park, N. (2014), "Meaning and positive psychology", *International Journal of Existential Psychology & Psychotherapy*, 5(1), 1-8.

Reker, G. T., & Wong, P. T. P. (2012), "Personal meaning in life and psychosocial adaptation in the later years", In P. T. P. Wong (Ed.), *Personality and clinical psychology series. The human quest for meaning: Theories, research, and applications*, New York: Routledge.

Rich, J. M. & DeVitis, J. L. (1994), *Theories of moral development*, 추병완 역(1999), 『도덕 발달 이론』, 서울: 백의.

Schnell, T. (2010), "Existential indifference: Another quality of meaning in life", *Journal of Humanistic Psychology*, 50(3), 351-373.

Seligman, M. E. P., Steen, T., Park, N., & Peterson, C. (2005), "Positive psychology progress: Empirical validation of interventions," *American Psychologist*, 60, 410-421.

Shin, J. Y. & Steger, M. F. (2014), "Promoting meaning and purpose in life", In A. C. Parks & S. M. Schueller (Eds.), *The Wiley Blackwell handbook of positive psychological interventions* (pp. 90-110),

Hoboken: John Wiley & Sons.

Smuts, A. (2013), "The good cause account of the meaning of life", *The Southern Journal of Philosophy*, 51(4), 536-562.

Stavrova, O. & Luhmann, M. (2016), "Social connectedness as a source and consequence of meaning in life", *The Journal of Positive Psychology*, 11(5), 470-479.

Steger M. F., Bundick M. J., Yeager D. (2018), "Meaning in Life", In R. J. R. Levesque (Eds.), *Encyclopedia of Adolescence* (pp. 2247-2259), New York: Springer,

Steger, M. F. (2009), "Meaning in life", In S. J. Lopez & C. R. Snyder (Eds), *The Oxford handbook of positive psychology* (pp. 679-687), Oxford: Oxford University Press.

Steger, M. F. (2012), "Making meaning in life", *Psychological Inquiry*, 23, 381-385.

Steger, M. F., Frazier, P., Oishi, S., & Kaler, M. (2006), "The meaning in life questionnaire: Assessing the presence of and search for meaning in life", *Journal of Counseling Psychology*, 53, 80-93.

Stillman, T. F. & Lambert, N. M. (2013), "The bidirectional relationship of meaning and belonging", In J. A. Hicks & C. Routledge (Eds.), *The experience of meaning in life: Classical perspectives, emerging themes, and controversies* (pp. 305-315), New York: Springer.

Tang, D., Kelley, N. J., Hicks, J. A. & Harmon-Jones, E. (2013), " Emotions and meaning in life: A motivational perspective", In J. A. Hicks and C. Routledge (Eds.), *The experience of meaning in life: Classical perspectives, emerging themes, and controversies* (pp. 117-128), New York: Springer.

Tugade, M. M., Devlin, H. C. & Fredrickson, B. L. (2014), "Infusing positive emotions into life: The broaden-and-build theory and a dual-process model", In M. M. Tugade, M. N. Shiota & L. D. Kirby (Eds.), *Handbook of positive emotions* (pp. 28-43), New York: The Guilford Press.

van Tilburg, W. A. P. & Igou, E. R. (2018), "Dreaming of a brighter future:

anticipating happiness Instills meaning in life", *Journal of Happiness Studies*, 1-19, available at https://doi.org/10.1007/s10902-018-9960-8

Van Tongeren, D. R., Green, J. D., Davis, D. E., Hook, J. N. & Hulsey, T. L. (2016), "Prosociality enhances meaning in life", *The Journal of Positive Psychology*, 11(3), 225-236.

Wadsworth, B. J. (1996), *Piaget's theory of cognitive and affective development*, White Plains: Longman Publishers.

Weber, M., & Ruch, W. (2012), "The role of character strengths in adolescent romantic relationships: An initial study on partner selection and mates' life satisfaction", *Journal of Adolescence*, 35(6), 1537-1546.

Werner, H. (1957), "The concept of development from a comparative and organismic point of view", In D. B. Harris (Eds.), *The concept of development: An issue in the study of human behavior* (pp. 125-148), Minneapolis: University of Minnesota Press.

Westerhof, G. J., Bohlmeijer, E., & Valenkamp, M. W. (2004), "In search of meaning: A reminiscence program for older persons", *Educational Gerontology*, 30(9), 751-766.

Wong, P. T. P. (2014), "Viktor Frankl's meaning-seeking model and positive psychology", In A. Batthyany & P. Russo-Netzer (Eds.), *Meaning in positive and existential psychology* (pp. 149-184), New York: Springer.

6장
자기 자비와 도덕교육

오늘날 우리 사회의 교육열은 세계 최고 수준이지만, 정작 그 교육의 대상인 아이들은 가장 낮은 삶의 만족도를 보여 준다. 우리의 아이들은 초등학교 시절부터 높은 학업 스트레스와 낮은 학교생활 만족도를 보이는 가운데 매우 낮은 심리적 웰빙에 내몰리고 있다. 표준화된 교육과정과 평가 체제에 근거한 치열한 시험 경쟁에서 살아남기 위해 아이들이 겪고 있는 생활 스트레스는 우리의 아이들에게 수많은 좌절과 불안을 조성한다. 경쟁 체제에 제대로 적응하지 못한 일부 아이들은 아주 어린 나이에 우울과 불안 증세, 자살 생각, 자해 및 자살 시도, 아동 및 청소년 범죄 관여 등 심각한 병리와 일탈 현상을 보이기도 한다.

자신의 소질과 적성에 맞는 진로 탐색이나 정체성 추구는 입시 경쟁에 내몰린 아이들에겐 한낱 사치스러운 용어에 불과하다. 조금이라도 더 나은 대학에 진학하는 것은 그야말로 개인과 가족의 최고선으로 여겨진다. 그러다 보니 우리의 아이들은 자신의 삶에 대한 명확하고 뚜렷한 목적의식(sense of purpose)을 결여한 채, 오직 시험에서 더 높은 점수를 받는 것에만 골몰하고 있다. 상당수 아이들은 시험에서의 실패는 곧 인생에서의 실패라는 식의 잘못된 생각에 사로잡혀 자신을 비난하거나 부정하는 행동을 일삼곤 한다. 일부 아이들은 자신의 외모나 행동, 사회적 상호작용이나 대인관계에 대해서도 지나칠 정도로 너무 비판적이다. 자신과 긍정적인 관계를 맺는 것은 긍정적인 발달에 필수적인 것임에도 불구하고, 우리의 아이들은 자신과 긍정적이고 건전한 관계를 맺는 데에 실패하고 있다.

도덕교육을 통해 우리는 아이들이 타인과 긍정적인 관계를 맺는 것만을 배타적으로 강조했을 뿐, 자신과 긍정적인 관계를 맺는 것의 중요성에 대해서는 다소 소홀하였다. 긍정교육(positive education)을 통해 학생의 플로리싱(flourishing) 증진에 주력하고 있는 오스트레일리아의 지롱 그래머 학교(Geelong Grammar School)에서는 자신과의 건강한 관계 형성을 위한 구체적 시도로 자기 자비(self-compassion)에 주목한다. 지롱 그래머 학교에서는 아이들이 친구나 지인보다 자신에게 상당히 덜 친절하다는 판단아래, 아이들이 자신과 긍정적인 관계를 맺을 것을 강조한다. 이 학교에서 아이들이 자기 자비를 추구하고 실천하는 것은 자신을 향해 온정적이고 배려하는 자세를 발달시키기 위한 하나의 통로로 여겨진다. 이 학교에서 자기 자비는 자신에게 친절한 것, 실수하는 것을 삶의 일부로 인식하는 것, 긍정·부정 정서 둘 모두에 대해 균형 잡히고 유념하는 관점을 갖는 것을 포함한다. 또한 이 학교에서 아이들은 자기 자비의 한 측면이 남으로부터 도움과 지지를 적극적으로 찾고 수용하는 것임을 배운다. 달리 말해, 아이들은 타인의 지지를 수용하는 것을 자신에 대한 친절의 일부로 학습한다(Norrish, 2015, 121-122).

자기 자비는 스트레스와 역경으로부터 심리적 회복탄력성을 발휘하도록 돕는 매우 중요한 구인이기에 도덕교육에서도 상당한 의미와 중요성을 가질 수 있다. 자기 자비는 웰빙과 정신건강에 매우 중요한 보호 요인이기에 도덕교육이 지향해야 할 중요한 목표 가운데 하나다. 이에 여기서는 자기 자비라는 심리학 구인이 초등 도덕교육에서 갖는 의미와 중요성을 밝히고자 한다. 이러한 목적 달성을 위해 이 장에서는 자기 자비의 개념 및 구성 요소에 관해 살펴보고, 자기 자비의 심리적 기능과 효과를 도덕교육적 관점에서 분석하며, 초등 도덕 수업과 연계하여 자기 자비 기술을 가르치는 효과적인 교수 방법을 제안하고자 한다.

1. 자기 자비 구인의 등장 개념

자기 자비는 자존감(self-esteem) 구인의 한계 및 문제점에 대한 인식으로부터 비롯되었다. 본래 자존감은 개인으로서 우리의 가치 있음에 대한 평가, 즉 우리가 좋고 소중한 가치를 지닌 사람이라는 판단을 의미한다(Neff, 2011, 1). 자존감은 객체로서의 자신에 관한 개인의 사고와 감정의 통합물인 셈이다. 오늘날 자존감은 삶의 기본적인 도전에 대처할 수 있는 힘을 지니고, 행복할 가치를 충분히 갖춘 존재로서 자신을 경험하는 성향을 뜻한다(Hewitt, 2009, 880). 한마디로 말해, 자존감은 자기 지식(self-knowledge)의 평가적인 구성 요소다. 높은 자존감은 자신에 대한 매우 우호적인 총체적인 평가를 뜻하며, 낮은 자존감은 자신에 대해 매우 우호적이지 않은 규정을 의미한다(Baumeister et al., 2003, 2).

1890년에 제임스(James)가 '중요성의 영역에서 지각된 역량을 의미하는 자존감은 정신건강의 중요한 측면'이라고 역설한 이후로(Neff, 2011, 1에서 재인용), 자존감은 정신건강의 대표적인 지표로 여겨져 왔다(심우엽, 2013, 20). 이에 상당수 심리학자들은 자존감이 심리적 웰빙에서 중요한 역할을 수행한다는 사실을 밝혀내려는 시도를 하였고, 교육학자들은 학생의 자존감을 높이려는 교육적 시도를 매우 중시하였다. 그 이유는 자존감이 높은 사람은 성공이 예견되는 상황에서 보다 큰 인내심을 발휘하고, 높은 수준의 낙관성, 지능, 동기, 행복감을 보고하기 때문이다. 특히 공포 관리 이론은 자존감이 불안을 완충하는 기능을 수행함을 강조한다(Pyszczynski et al., 2004, 438). 그 이론에 따르면, 자존감은 죽음 현출성의 효과를 감소시켜 줌으로써 우리의 불안을 완충하는 기능을 수행한다. 반대로 낮은 자존감은 낮은 스트레스 상황에서의 우울, 외모 불만, 완벽주의, 약물과 알코올의 시도 경향성, 공격성 등과 같은 부정적인 적응 결과와 상관성을 보여 준다.

그러나 오래지 않아 일부 연구자들은 자존감이 높다는 것이 항상 좋은 것만은 아니라는 사실에 주목하였다. 그 이유는 다음과 같다. 첫째, 자존감을 변화시키는 것이 상당히 어렵고, 자존감을 향상시키려는 의도로 기획된 대부분의 프로그램이 실패했기 때문이다. 또한 자존감은 주로 잘하는 것의 결과이지, 잘하는 것의 원인은 아니라는 사실이다. 예를 들어, 자존감은 향상된 학업 수행의 동인이라기보다는 결과와 관련되어 있다(Baumeister et al., 2003, 9).

둘째, 높은 자존감을 유지하는 것은 자신을 높이고 타인을 깎아내리는 것과 관련되기 때문이다. 높은 자존감을 가지려는 욕망은 자기 향상 편향(self-enhancement bias), 즉 자신을 실제보다 더욱 좋고 나은 사람으로 보려는 것과 관련되어 있다. 긍정적인 환상이 심리적 웰빙을 가져올 수도 있지만, 그러한 편향은 실제로 개선이나 향상이 필요한 영역을 무색하게 만들 수도 있다. 일반적으로 자존감은 평균 이상 효과(better-than-average effect)와 관련되어 있기에, 대부분의 사람은 자신이 타인보다 더욱 논리적이고, 인기가 많으며, 잘 생겼고, 멋지며, 신뢰할 수 있고, 현명하며, 지성적이라고 생각한다. 이것은 필연적으로 자신을 높이고 남을 낮추는 결과를 초래하기 마련이다(Neff, 2011, 2). 이것은 간혹 부정적인 적응 결과와 연합된다. 이를테면, 자존감이 높은 사람은 타인으로부터의 부정적인 피드백을 비현실적이고 편향된 것으로 치부하거나 자신의 낮은 수행을 남의 탓으로 돌리기도 한다. 그 결과 자존감이 높은 사람은 자신의 행동에 대한 책임감이 낮을 수 있고, 개인적 성장을 저해하는 부정확한 자아개념을 발달시키기도 한다. 자존감이 높은 사람은 자신이 받을만하다고 생각하는 존중을 받지 못할 때 타인에게 화를 내거나 공격적인 언행을 취하기도 한다.

셋째, 자존감을 강조하는 사회 풍토가 나르시시즘(narcissism)과 같은 우려할 만한 추세를 만들어냈기 때문이다(Neff, 2011, 3). 상당수 학자들은 자신을 평가하는 것 그리고 자신을 좋아하는 것에 관한 지나친 강조 현상이 나르시시즘, 자기 탐닉, 자기중심주의, 타인에 대한 관심의 결핍을 이끌 수 있다고 주장했다. 나르시시스트는 극단적으로 매우 높은 자존감을 갖고 있기에 대부분 매우 행복해하지만, 자신의 매력, 능력, 지능 그리고 자신이 특별대우를 받아야 한다는 느낌에 대해 과장되고 비현실적인 생각을 하는 경우가 많다. 또한 높은 자존감을 추구하는 것은 자신에 대해 부풀려진 생각과 관련되어 있을 뿐만 아니라 특정한 결과에 좌우될 때에는 심각한 문제를 야기할 수도 있다. 총체적 자존감은 종종 외모, 학업 수행, 직무 수행, 사회적 승인과 같은 영역에서 자신의 가치에 주로 근거한다. 이것은 간혹 높은 자존감을 유지하려고 인생의 성공에 중요한 기술이나 기능을 간과하는 현상을 초래할 수 있다. 예를 들어 프로야구 선수가 되고자 하는 아이는 야구에만 골몰할 뿐 학업에는 매우 소홀할 수 있는데, 그 이유는 프로야구 선수가 되는 것이 그의 자존감 향상과 연관되어 있기 때문이다. 이렇듯 결과에 좌우되는 자존감은 가장 최근의 성공이나 실패에 따라 불안정하거나 요동을 칠 수 있다. 이렇듯 결과에 좌우되는 우발적인 자존감(contingent self-esteem)은 사람들로 하여금 자기 가치에 대한 부정적인 사건의 함의에 지나치게 집착하게 하여 우울증에 더욱 취약하게 하고, 자아개념의 명확성을 감소시킨다(Neff, 2011, 3).

이러한 이유 때문에 연구자들은 자신을 긍정적으로 또는 부정적으로 판정하거나 평가하지 않는 가운데 자신에 대해 좋게 느끼는 새로운 방법을 모색하게 되었다. 달리 말해, 연구자들은 자존감과 유사한 이득을 우리에게 가져다주면서도 자존감보다는 부정적인 폐해가 적은 새로운 심리학구인을 찾는 시도를 하였다. 자기 자비는 바로 그러한 시도의 산물로 등장하였다.

2. 자기 자비의 개념 및 구성 요소

자기 자비는 본래 불교 심리학에서 유래한 것이지만, 이를 엄격한 학문적 문헌에서 세속적으로 개념화한 사람은 바로 미국의 심리학자인 네프(Neff, 2003)다. 하지만 네프는 자기 자비의 기원이 동양적인 것임에도 불구하고, 서구 심리학의 연구 결과와 일맥상통함을 강조하였다. 이를테면 자기 자비는 관계 속의 자아개념, 인본주의 심리학, 정서 조절과 밀접한 상관성을 갖는다. 자기 자비는 조던(Jordan)의 자기 공감(self-empathy)과 매우 유사한데, 자기 공감은 개인이 자신에 대해 비(非)판단과 개방성의 태도를 유지함을 뜻한다. 자기 자비는 머슬로우(Maslow)가 강조한 B-인지(B-cognition) 그리고 로저스(Rogers)가 강조했던 무조건적 지지 및 관심과도 유사하다. 또한 자기 자비는 자신의 정서에 대해 마음을 챙기는 인식을 필요로 한다는 점에서 매우 유용한 정서 접근 대처 전략이다. 자기 자비는 고통스러운 감정을 회피하는 것이 아니라 친절, 이해, 공유된 인간성의 의식으로 접근한다(Neff, 2003, 90-92).

자존감을 대체하는 심리학 구인으로서 자기 자비의 의미는 자비에 관한 더욱 일반적인 개념 규정과 관련된다. 자비는 타인의 고통에 마음을 쏟는 것, 즉 자신의 인식을 타인의 고통에 열어둔 채 타인의 고통을 회피하거나 그것으로부터 단절되지 않는 것이기에, 타인을 향한 친절의 감정과 타인의 고통을 경감하려는 욕망을 생성한다. 또한 자비는 실패하거나 잘못한 사람에 대해 비(非)판단적으로 이해하는 것을 함의하고 있으므로, 자신의 행동과 행위를 인간이 공유하고 있는 오류 가능성의 맥락에서 바라볼 수 있게 한다. 그러므로 자기 자비는 자신의 고통에 마음을 쓰고 자신의 고통에 열려 있는 것, 자신의 고통을 회피하거나 그로부터 단절되지 않는 것, 자신의 고통을 줄이고 친절하게 자신을 치료하려는 욕망을 갖는 것을 뜻한다. 자기 자비는 자신의 고통, 부족함과 실패에 대하여 비판단적으로 이해하는 것을 포함하고 있기에 자신의 경험을 더욱 커다란 인간 경험의 일부분으로 파악할 수 있게 한다(Neff, 2003, 86-87).

자기 자비는 서로 영향을 미치는 자기 친절, 공통의 인간성, 마음 챙김이라는 세 가지 구성 요소로 이루어져 있으며, 각각은 자기비판, 고립, 과잉 동일시라는 반대 개념과 짝을 이룬다. 첫째, 자기 친절은 자기 효능감이 부족한 상황이나 고통스러운 상황에서 자신에게 가혹한 형벌을 내리지 않는 가운데 자신을 이해하는 상태를 의미한다. 예를 들어, 자기 자비가 풍부한 사람은 자신을 불완전한 존재로 간주하고, 자신이 목표를 달성하는 데 실패할 수도 있다는 사실을 이해한다. 따라서 그 사람은 고통스러운 경험에 직면할 때 자신에게 친절하며, 그것은 그 사람이 어떤 과장된 정서를 경험하지 않는 가운데 부정적인 경험을 효과적으로 다룰 수 있도록 도와준다(Neff & Vonk, 2009, 23). 자기 친절의 반대어인 자기 판단이나 자기 비판은 개인이 어려운 상황을 겪을 때 자신을 거친 방식으로 대하려는 마음 상태를 뜻한다.

둘째, 공통의 인간성은 자신의 경험을 분리되고 고립된 것이 아니라 더욱 커다란 인간 경험의 일부로 바라보는 것을 의미한다. 이것은 인간의 조건이 불완전한 것이고, 자신만이 고통을 겪는 것이 아님을 인정하는 것이다(Germer & Neff, 2013, 857). 따라서 이것은 자신의 경험을 인간 공통의 경험 관점에서 보는 것을 수반한다. 달리 말해, 이것은 고통, 실패, 부족함이 인간 조건의 일부분임을 인식하는 것이다. 공통의 인간성은 인간의 불완전함 자체를 인간의 공통된 속성으로 인정하여 수용하는 것이다. 이와 상반된 개념인 고립은 자신의 실수에 관해 생각하는 동안 개인이 철저하게 고독감을 느끼는 정신 상태를 의미한다(Ozdemir & Seef, 2017, 20). 따라서 고립은 타인과의 연결을 단절한 채, 고통이나 역경이 오직 자신에게만 생긴 것으로 파악하게 한다.

셋째, 마음 챙김은 불편한 정서 상태에 직면하여 개인이 자신의 감정을 균형 있게 조절하려고 노력하는 것을 의미한다(Ozdemir & Seef, 2017, 21). 또한 마음 챙김은 자신의 고통스러운 생각과 감정을 억압하거나 회피하지 않는 가운데 있는 그대로 바라보는 비판단적이고 수용적인 정신 상태를 뜻한다. 마음 챙김은 부정적인 생각이나 감정을 지나치게 동일시하여 혐오적인 반응에 사로잡히지 않는 것을 의미하기도 한다(Germer & Neff, 2013, 857). 마음 챙김은 부정적인 생각이나 감정에 지나치게 고착되는 것을 예방하고, 분명한 정신 상태를 유지하게 하는 데 도움을 준다. 따라서 마음 챙김은 경험의 과잉 동일시 및 경험으로부터의 분리라는 극단을 피하려는 일종의 균형 잡힌 인식 상태를 뜻한다. 그것은 잘 되고 있는 것과 잘 안 되고 있는 것에 대해 균형 있는 관점을 유지하는 것이다(Muris, 2016, 1462). 이와는 다르게 과잉 동일시는 개인의 마음을 제어하는 정신 상태로서, 좌절감을 느낄 때 모든 것이 곤경이라고 생각하도록 만든다. 과잉 동일시는 개인적인 실패나 문제에 지나치게 사로잡히거나 또는 그것을 아예 회피하려는 반응을 유발한다. 과잉 동일시는 부정적인 사고나 감정에 관해 반추하게 하여 우리의 초점을 축소하고, 지나치게 부정적인 자아개념을 갖도록 만든다(Germer & Neff, 2013, 857). 또한 과잉 동일시는 자기의식(self-consciousness)을 확장하고, 모든 인간은 고통과 실망을 경험한다는 인식을 무색하게 하므로, 단절감과 고립감을 더욱 증폭하기 마련이다(Neff, 2003, 89).

한편 네프는 자기 자비가 아닌 것을 명료하게 설명하면서 자기 자비에 대한 오해를 불식시킨다. 먼저 자기 자비는 방종(self-indulgence)과는 다른 것이다. 대부분의 사람은 타인보다는 자신에게 더욱 엄격한 경향을 보이는데, 그 이유는 자신에게 너무 친절하여 자칫 방자해지는 것을 우려하기 때문이다. 하지만 우리가 항상 자신을 비난한다면, 우리는 자신의 좋은 면을 볼 수 없거나 또는 결과를 너무 두려워한 나머지 자신에게서 변화시켜야 할 부분이 어디인지를 살피는 것을 꺼리게 된다. 이와는 달리, 자기 자비는 자신을 분명하게 바라보는 데 필요한 정서적 안전장치를 제공한다. 그 결과 우리는 변화와 성장이 필요한 분야를 더욱 잘 식별할 수 있다. 이 경우에 자신의 동기는 혹독한 자기 비난을 피하려는 욕구에서 나오는 것이 아니라 자신을 위한 건강과 웰빙 수준을 증진하려는 자비로운 욕망에서 나온다(Neff, 2004, 30).

또한 자기 자비는 자기 동정(self-pity)과도 구별된다. 자기 동정의 경우 개인은 자신만의 문제에 몰입하여 타인도 유사한 문제를 겪는다는 사실을 망각한다. 자기 동정은 타인으로부터의 고립을 강조하는 '불쌍한 나'(poor me)의 태도라고 할 수 있다(Neff, 2004, 31). 자기 동정의 경우 개인은 자신의 현재 정서 반응에 파묻혀서 대안적인 정서 반응이나 정신적 해석에 접근하는 것이 불가능하다. 개인의 인식은 전적으로 주관적인 반응에 의해 소모되므로 개인은 상황으로부터 물러나서 더욱 객관적인 반응을 채택할 수 없다. 그러나 자기 자비는 개인이 자신의 정서를 과잉 동일시하는 것을 필요로 하지 않기에, 자신에게 친절을 확대할 정신적 공간이 존재하고, 자신의 경험을 더욱 커다란 인간 경험의 맥락에서 인식할 수 있다. 동시에 자기 자비는 개인이 자신의 고통스러운 감정을 회피하거나 억누르게 하지 않는다(Neff, 2003, 88).

요약하면, 자기 자비의 중요한 구성 요소는 고통이나 실패에 직면하여 혹독한 판단이나 자기 비난보다는 친절과 이해를 자신에게 확장하는 것,

자신의 경험을 분리하거나 고립시키는 것이 아니라 더욱 커다란 인간 경험의 일부분으로 파악하는 것, 자신의 고통스러운 생각과 감정을 과잉 동일시하기보다는 마음 챙김의 상태를 유지하는 것이다. 자기 자비는 심리적으로 건강한 자기 태도(self-attitudes)의 전형인 셈이다.

한편, 자기 자비의 세 가지 구성 요소는 개념적으로 구분되고 현상적 수준에서 상이하게 경험되지만, 서로를 향상시키고 유발하기 위해 서로 상호작용을 할 수도 있다(Neff, 2003, 89). 이것은 자기 자비가 상호작용을 하는 세 가지 구성 요소로 이루어진 단일의 경험이라는 것을 강조한다. 이를테면, 자기 친절의 감정과 공통의 인간성이 생기게 할 수 있도록 개인의 부정적인 경험에서 충분하게 거리를 두는 것이 가능하려면 어느 정도의 마음 챙김이 필요하다. 하지만 마음 챙김은 다른 두 구성 요소에 더욱 직접적으로 기여하기도 한다. 마음 챙김의 특징인 비판단적이고 초연한 자세는 자기비판을 감소시키고 자기 이해를 제고하여 직접적으로 자기 친절을 향상시켜 준다. 또한 마음 챙김의 균형 잡힌 관점 채택은 인간성의 여분으로부터 고립과 단절감을 유발하는 자기중심성을 직접적으로 막아 주어, 상호연관성에 대한 의식을 제고하여 준다.

자기 친절과 연결성의 감정은 마음 챙김을 증진시켜 줄 수 있다. 예를 들어, 자신을 판단하고 평가하는 것을 중지하여 어느 정도의 자기 수용을 충분하게 경험하면, 정서적 경험의 부정적 영향이 감소하여 자신의 사고와 감정에 대해 균형 잡힌 인식을 하는 것이 가능해진다. 즉, 자신의 감정으로부터 달아나거나 감정을 가진 채 도망치는 것이 불가능해진다. 마찬가지로 고통과 개인적 실패가 모든 사람에게 발생한다는 것을 기억하는 것은 자신의 경험을 균형 있게 파악하는 데 도움을 주고, 자신의 사고와 감정에 대한 마음 챙김 능력을 향상시켜주며, 병적인 과잉 동일시를 피할 수 있게 해 준다. 끝으로 자기 친절과 공통의 인간성 감정은 서로를 향상시켜 주기도 한다. 개인이 자신을 혹독하게 판단하거나 비난할 때, 자기의식은 강화되고 이렇게 강화된 자기의식은 고립감을 더욱 증가시킨다. 그러나 자신을 향한 친절은 그러한 자기의식을 완화하여 상호 연결성 감정을 더욱 높여 준다. 역으로 고통과 개인적 실패가 타인과 공유된 것이라는 사실을 깨닫는 것은 자신에게 향하는 비난과 판단의 정도를 부분적으로 감소시켜 준다(Neff, 2003, 89-90).

3. 자기 자비의 심리적 기능 및 효과

자기 자비에 관한 연구 문헌은 자기 자비가 개인의 번영을 도움과 동시에 고통을 덜 느끼게 한다는 사실을 강조한다. 자기 자비는 자존감보다 건강한 기능 수행을 훨씬 강력하게 예측함과 동시에 자존감의 부정적인 측면을 명백하게 감소시켜 준다. 자기 자비는 자신을 향한 자비의 감정에 초점을 맞추고, 자기 판단이나 자기 비난을 하는 것보다는 오히려 공통의 인간성에 대한 인식에 초점을 맞춘다. 그러므로 자기 자비는 나르시시즘이나 자기중심주의를 향한 인간의 경향성을 막아준다. 또한 자기 자신의 경험에 대해 자비를 베푸는 사람은 타인에 대해 자비심을 가질 확률이 더욱 크다. 이에 여기서는 자기 자비의 심리적 기능 및 효과를 연구 결과에 근거하여 정서적 웰빙, 동기, 대처, 대인관계, 도덕적 판단의 측면에서 살펴보고자 한다.

1) 자기 자비와 정신적 웰빙

자기 자비는 심리적 웰빙과 관련되어 있으며, 심리적 회복탄력성을 증진하는 잠재적으로 중요한 보호 요인이다(Raes, 2010, 757). 자기 자비에 관한 연구 문헌에서 일관된 결론은 높은 자기 자비가 낮은 불안 및 우울과

정적인 상관관계를 맺고 있다는 사실이다. 주지하는 바와 같이, 자기 비난이나 자기비판을 하지 않는 것은 자기 자비의 중요한 특성 중의 하나다. 자기 비난이나 자기비판은 불안과 우울의 중요한 예측 인자임을 고려할 때, 높은 자기 자비가 낮은 불안 및 우울과 관련된다는 것은 어찌 보면 너무나도 당연한 일이다. 연구 결과는 자기비판, 자기 증오, 자기 판단, 완벽주의의 경우처럼 자기 친절에 반대되는 구인이 심리 질환과 고전적 개념의 우울증의 징표와 강력하게 연관되어 있음을 보여 준다(Neff & McGehee, 2010, 225).

하지만 자기 비난을 엄격하게 통제한 경우에서도, 자기 자비는 우울과 불안으로부터 개인을 보호하는 효과가 있음이 밝혀졌다. 네프와 그 동료는 모의 취업 인터뷰 실험에서 참가자들에게 자신의 가장 큰 약점을 기술하도록 하였다. 자기 자비가 풍부한 사람은 자신의 약점을 기술할 때 자기 자비가 부족한 사람만큼 많은 부정적인 자기 기술을 하였음에도 불구하고, 그러한 실험 과제의 결과로 생기는 불안감을 크게 경험하지 않았다. 자기 자비가 풍부한 사람은 자신의 약점에 관해 기술할 때 더욱 관련되고 덜 고립된 언어를 사용하였다. 이를테면 자기 자비가 풍부한 사람은 '나'라는 표현보다는 '우리'라는 표현을 더 많이 사용했고, 친구와 가족 그리고 여타의 중요한 사람을 더 많이 언급하였다(Neff, Kirkpatrick & Rude, 2007, 139). 우리가 약점을 '인간이 공유하고 있는 경험'의 관점에서 고려할 때는 그 약점이 덜 위협적인 것으로 느껴질 수 있기 때문에, 이 실험은 자기 자비가 자기 평가적인 불안을 감소시킨다는 것을 잘 보여 준다.

반추, 자기 비난, 고립감은 우울과 같은 부적응 결과와 높은 상관성을 갖는다(Neff, 2003, 89). 연구 결과는 반추가 자기 자비와 우울/불안 간의 관계를 매개한다는 사실을 입증한다(Raes, 2010, 760). 자기 자비가 풍부한 사람은 자기 자비가 부족한 사람보다 반추하는 경향이 매우 드물다. 왜냐하면 자기 자비가 풍부한 사람은 자기 친절로 인간의 불완전함을 수용함으로써 부정성의 사슬을 끊을 수 있기 때문이다. 자기 자비가 풍부한 사람은 반추하는 경향이 매우 적으므로 불안이나 우울 증세에 결코 취약하지 않다.

자기 자비는 부정적인 생활 사건이 정서적 기능 수행에 미치는 효과를 감소시켜 준다. 지난 20일 동안 겪은 어려움을 보고하는 실험 연구에서 자기 자비가 풍부한 사람은 자신의 곤란에 대해 더욱 균형 있는 관점을 취했으며, 그 곤란으로부터 고립감을 경험하지 않는 것으로 밝혀졌다. 달리 말해, 자기 자비가 풍부한 사람은 자신이 겪은 어려운 일이 수많은 다른 사람이 겪는 어려운 일과 별반 다를 바 없다고 느끼고 있었다(Leary, Tate, Adams, Allen & Hancock, 2007, 890).

자기 자비는 부정적인 사건의 효과를 완충하고, 삶이 나빠질 때 긍정적인 자기감정(self-feelings)을 유발한다. 자기 자비가 스트레스 사건으로부터 우리를 보호하는 과정은 자존감의 경우와는 사뭇 다르다. 자존감이 자신에 대한 긍정적인 감정 그리고 타인이 자신을 가치 있게 여긴다는 믿음과 관련되어 있는 반면, 자기 자비는 자신을 돌보고 배려하기 위한 하나의 지향이다. 자기 자비가 풍부한 사람은 대개의 경우 높은 자존감을 갖고 있다. 그 이유는 자신을 향한 비판을 멈추고 매우 친절하게 자신에게 반응하는 것은 긍정적인 자기감정을 증진시켜 주기 때문이다. 그러나 자기 자비가 풍부한 사람이 경험하는 긍정적인 자기감정은 높은 자존감을 지닌 많은 사람에게 나타나는 자만심, 나르시시즘, 자기 향상 환상을 포함하지 않는다(Leary, Tate, Adams, Allen & Hancock, 2007, 887).

자기 자비는 부정적인 효과를 줄이는 데 도움을 주지만, 자기 자비가 부정적인 감정을 혐오스럽게 밀어내지 않는다는 사실에 우리는 주목할 필요가 있다. 자기 자비가 풍부한 사람은 원하지 않는 생각과 감정을 억지로 억누르려 하지 않는다. 오히려 그들은 자신의 감정이 타당하고 중요한 것임을 기꺼이 용인한다. 자기 자비가 풍부한 사람은 부정적인 감정을 긍정적인 감정으로 대체하는 것이 아니라 부정적인 감정을 포용하면서 긍정적인 감정이 솟아나도록 하는 것이다. 자기 자비의 따뜻한 포옹으로 자신의 고통을 감싸는 행동을 통해 부정적인 감정을 균형 잡게 하는 데 도움을 주는 긍정적인 감정이 유발되어 더욱 즐거운 마음의 상태가 조성된다. 연구 결과는 자기 자비가 의미 있는 삶의 중요한 요소인 정서 지능, 지혜, 삶의 만족, 사회적 유대감과 관련되어 있음을 분명하게 보여 준다(Neff, Pisitsungkagarn & Hseih, 2008, 268). 자기 자비가 풍부한 사람은 자기 비판적인 사람에 비해 더 많은 행복, 낙관성, 호기심, 창의성, 긍정 정서를 경험한다(Hollis-Walker & Colosimo, 2011, 226; Neff, Kilpatrick & Rude, 2007, 150). 자기 자비가 풍부한 학생은 학업 스트레스로 생기는 부정 정서를 통제하고, 학교생활에 잘 적응한다(오영미·허일범, 2016, 59). 또한 자기 자비가 풍부한 사람은 실패나 당황한 상태에서 슬픔과 치욕과 같은 부정적인 정서를 덜 경험하면서 정서적 평온을 유지한다(Leary, Tate, Adams, Allen & Hancock, 2007, 891).

2) 자기 자비와 동기

많은 사람은 자신을 비난하는 것이 목표 달성의 동기를 부여한다고 믿는다. 자기 비난이 동기 부여 역할을 수행하는 이유는 실패했을 경우의 자기 판단을 피하기 위해 어떻게든 성공하라고 우리를 부추기기 때문이다. 하지만 실패가 자기비판의 세례와 마주할 것이라는 사실을 우리가 알고 있다면, 때로는 시도하는 것 자체가 우리에게 너무나 무섭게 느껴질 수도 있다. 자기 자비는 이와는 다른 이유로 우리에게 동기를 부여한다. 그것은 바로 자기 자비가 자신을 돌보고 배려하는 태도이기 때문이다. 우리가 자신에게 친절하고, 고통을 겪지 않기를 바란다면, 도전적인 새로운 프로젝트를 시도하는 것 그리고 새로운 것을 배우는 것처럼 우리를 행복하게 하는 데 도움을 주는 어떤 것에 착수할 것이다. 자기 자비는 자신의 약점을 용인하는 데 필요한 안전감을 우리에게 부여해주기 때문에, 우리는 더 나은 것을 위해 자신을 변화시키기 위한 더 좋은 입지를 마련할 수 있다.

연구 결과는 이런 생각을 분명하게 입증해 주었다. 연구자들은 개인적 약점, 실패, 이전의 도덕적 위반 행동에 대한 자기 자비 감정을 유발하려고 기분 유도(mood induction)를 실험에 활용하였다(예: 자비롭고 이해심이 풍부한 관점에서 자신의 약점에 대해 자신에게 말한다고 상상해 보세요. 당신은 뭐라고 말하겠습니까?). 자존감 유도(예: 자신의 긍정적인 속성에 대해 생각해 보세요.) 또는 긍정적인 기분 유도(자신이 즐기는 취미에 대해 생각해 보세요.) 상황과 비교할 때, 자기 자비 유도 상황은 더 나은 것을 위해 자신을 변화시키고, 배우기 위해 더 열심히 노력하며, 이전 실수의 반복을 피하려는 더 많은 동기를 갖게 하였다(Breines & Chen, 2012, 1135-1136). 자기 자비는 자기 비난이나 방어적인 자기 향상이 없는 가운데 자신의 실수와 약점에 직면하도록 권면하기 때문에 자기 개선 동기를 증가시켜 준다. 자기 자비가 풍부한 사람은 실패에 대한 두려움을 더욱 적게 느끼고, 설령 실패했을 경우에도 다시 시도하는 강한 의욕을 보여 준다.

자기 자비는 개인적 주도성, 지각된 자기 효능감, 내재적 동기와도 관련을 맺고 있다. 그 이유는 자기 자비가 숙달 목표와 정적인 상관관계를 그리고 수행 목표와 부적인 상관관계를 맺고 있기 때문이다(Neff, Hseih & Dejitthirat, 2005, 267). 교육심리학에서는 숙달 기반 학업 목표와 수행 기반 학업 목표를 비교한다. 학생들이 학습에 대해 숙달 지향 관점을 갖고 있을 때는 새로운 기술을 계발하려는 욕망, 호기심 그리고 그 자체로서 학습의 즐거움에 의해 내재적으로 동기화된다. 하지만 수행 기반 학업 목표를 가진 학생은 자신의 자존감을 높이려는 욕망에서 성공하려는 동기를 갖거나 또는 실패를 피하여 자신의 자존감을 방어하려는 동기를 갖는다.

자기 자비가 풍부한 학생은 수행에 근거한 평가에 수반되지 않는 긍정적인 자기 태도를 갖고 있으므로 학습 상황에서 수행 목표보다는 숙달 목표를 더욱 선호한다(Neff, 2003, 93).

3) 자기 자비와 대처

자기 자비는 다루기 힘든 정서적 경험에 대처하는 효과적인 방식이다. 연구자들은 자기 자비가 이혼 후의 적응에서 매우 핵심적인 역할을 수행한다는 사실을 밝혀냈다(Sbarra, Smith & Mehl, 2012, 261). 또한 자기 자비는 어린 시절의 트라우마 그리고 만성적인 신체적 고통에 효과적으로 대처하도록 돕는 것으로 밝혀졌다(Vettese, Dyer, Li & Wekerle, 2011, 480; Costa & Pinto-Gouveia, 2011, 292). 이것은 자기 자비가 스트레스에 대처하는 관점에서의 자기 조절과도 관련이 있음을 여실히 보여 준다. 일반적으로 대처 전략은 정서 초점 대 문제 초점으로 구분된다. 문제 초점 대처는 개인이 스트레스 요인을 확인하고 당면한 문제와 맞서거나 그 문제를 다루려고 능동적인 조치를 취하는 경우다. 정서 초점 대처는 개인이 상황을 변화시키거나 처리하려고 시도하기보다는 상황을 둘러싸고 있는 정서를 다루는 데 초점을 맞추는 경향이 있는 경우다. 이 대처 유형은 회피를 포함하는데, 개인이 당면한 상황을 무시하고 그 문제를 해결하려는 어떤 상호작용도 회피하는 경우다(Carver, 2011, 223).

심리적으로 적응적인 방식에서 정서를 식별·이해·표현하는 것은 정서 접근의 전향적인 형태다. 그러므로 자기 자비는 정서 회피 대처가 아닌 높은 수준의 정서 접근 대처와 관련이 있다. 자기 자비가 풍부한 사람은 더 나은 자기 명료성을 갖고 있기에 자신의 행동이 스트레스 상황을 유지 혹은 악화시킬 수도 있는 방식을 식별할 수 있고, 그것은 스트레스에 맞서 더욱 문제 초점적인 조치를 취할 수 있게 한다(Neff, 2003, 94).

4) 자기 자비와 대인관계

자기 자비는 개인 내적인 이득 못지않게 대인관계 기능의 제고에도 효과적이다. 자기 자비는 심리적 회복탄력성을 제공하므로 관계적 웰빙 증진에 도움을 준다. 이것은 연인들에게 자기 자비가 풍부한 사람을 기술하게 한 연구 결과를 통해 입증된다. 실험에 참여한 연인들은 자기 자비가 풍부한 사람을 정서적으로 더욱 관련되고, 수용적이며, 자율성 지지적인 사람으로 묘사하였다. 자기 자비가 풍부한 사람은 자기 자비가 부족한 사람에 비해 연인에게 덜 무심하고 통제적이지 않으며 언어적·신체적으로 공격적이지 않은 사람으로 지각된다(Neff & Beretvas, 2012, 91). 이 연구는 자기 자비가 연인 사이에 더욱 낭만적인 관계를 유지하는 데 큰 도움을 준다는 사실을 입증한다. 한편 대학생 룸메이트 간의 관계를 다룬 연구는 자기 자비가 풍부한 학생이 룸메이트에게 더 많은 사회적 지지를 제공하고, 대인관계적인 신뢰를 권면한다는 사실을 밝혀냈다(Crocker & Canevello, 2008, 555). 이러한 맥락에서 거머(Germer, 2009, 3)는 자기 자비가 타인을 향한 자비의 토대를 이룬다고 주장한다.

뇌 영상을 활용한 연구는 자기 자비가 전반적인 자비와 관련된 뇌 부위를 자극한다는 것을 보여 준다. 자기 비난은 외측 전전두피질(lateral prefrontal cortex) 부위와 배측 전대상 피질(dorsal anterior cingulate cortex)의 활성화와 관계되어 있어, 자기 비판적인 생각을 오류 처리와 해결 그리고 행동 억제와 연결한다. 이와는 달리 자기 자비는 좌측두부 극(left temporal pole)과 섬엽의 활성화와 연관되어 있다. 이 부위는 주로 타인을 향한 자비와 공감을 표현할 때 활성화된다(Longe et al., 2010, 1849). 이것은 배려적인 관심을 갖고 고통에 반응하는 경향성이 자신과 타인 양자 모두에 적용되는 폭넓은 처리 과정임을 암시한다. 달리 말해, 이것은 자기 자비가 풍부한 사람은 타인을 향한 자비 역시 풍부할 수 있음을 말해 준다. 하지만 자기 자비와 타인 자비 간의 관계를 다룬 연구 결과는 아직 이를 신뢰성 있게 입증하지 못하고 있다. 자기 자비와 타인 자비, 공감적 관심, 이타성, 개인적 고통, 용서의 관계를 다룬 연구는 자기 자비가 풍부한 사람이 고통을 덜 경험하고, 용서를 잘하는 것으로 밝혀졌다. 자기 자비는 타인 자비, 공감적 관심, 이타성과 의미 있는 관계를 맺고 있으나 그 관계는 약한 것으로 나타났다(Neff & Pommier, 2013, 160). 하지만 이 연구에서 밝혀진 중요한 사실은 불교식 명상을 실천하는 사람들은 지역주민이나 대학생 집단에 비해 상당히 높은 수준의 자기 자비, 타인 자비, 공감적 관심, 관점 채택, 용서 그리고 매우 적은 개인적 고통을 보여 주었다는 것이다(Neff & Pommier, 2013, 170).

5) 자기 자비와 도덕적 판단

자기 자비는 자신의 도덕적 위반 행동을 덜 용인하고 수용하는 것과도 관련된다. 연구자들은 가상적인 도덕적 위반 행동과 실제적인 비도덕적 행동에 관한 중국인과 미국인의 도덕적 판단과 자기 자비와의 관련성을 조사하였다. 연구 결과는 자기 자비가 풍부한 사람이 자기 자비가 부족한 사람보다 자신의 도덕적 위반 행동을 덜 수용하고 묵인하는 것으로 나타났다(Wang et al., 2017, 332). 이 연구는 자기 자비와 도덕적 판단의 관계를 이해하는 데 많은 도움을 준다.

자기 자비는 높은 자기 수용과 낮은 자기 비난을 함의하기에 자신의 도덕적 위반 행동에 대한 용인을 증가시킨다고 생각할 수 있다. 하지만 자기 자비가 풍부한 사람은 자신의 도덕적 위반에 대해 관용과 아량을 베풀지 않는다. 왜 그럴까? 이를 이해하려면, 건전한 자기 태도로서의 자기 자비가 낮은 자기 위주 편향과 자존감 동요를 예측한다는 사실에 주목해야만 한다. 자기 자비가 풍부한 사람은 자기 향상 동기를 갖고 있기에 자신의 실수를 기꺼이 인정하고 고칠 뿐만 아니라 현실적인 자기 평가와 안정된 자존감을 갖고 있다(Breines & Chen, 2012, 1134). 자기 자비가 풍부한 사람은 타인의 중립적인 피드백을 부정적인 피드백으로 받아들이지 않으므로 진실에 가까운 자기 평가를 할 수 있다. 자기 자비가 풍부한 사람은 자존감 위협에도 취약하지 않다.

자기 자비가 풍부한 사람은 사실을 거부하기보다는 자신의 부정적인 행동을 신중하게 다루고, 그 행동을 적극적으로 교정한다. 자기 자비가 풍부한 사람은 자존감을 보호하기 위한 방어 전략으로서 자신의 비도덕적 행동을 애써 부정하려는 시도를 하지 않는다. 이렇듯 자기 자비가 풍부한 사람은 더욱 안정된 자기감정과 쉽게 동요되지 않는 자존감을 갖고 있으므로, 자신의 자존감을 보호하기 위한 책략으로서 비도덕적 행동을 묵인하거나 용인하려 하지 않는다. 그러므로 자기 자비는 심리적 건강에 기여할 뿐만 아니라 자신의 도덕적 허물의 내성을 약화시킬 수 있다.

4. 자기 자비의 함양을 위한 교수 방법

지금까지 자기 자비의 의미와 중요성 그리고 자기 자비가 수행하는 심리적 기능에 대해 살펴보았다. 이제 남은 중요한 것은 바로 우리가 학생들에게 어떻게 자기 자비를 가르칠 수 있는지의 문제다. 성향 혹은 특질로서의 자기 자비는 어린 시절의 안전한 애착 경험에서 비롯하는 것이지만(Gilbert, 2014, 21), 연구자들은 우리가 얼마든지 자기 자비의 기술을 가르칠 수 있음을 보여 주었다. 이를테면 길버트는 자비 초점 치료(compassion focused therapy)를 개발하여 환자들의 우울, 열등감, 자기 비난을 현격하게 감소시켰다. 자비 초점 치료에서는 다양한 자비 심상 훈련, 안전한 공간 만들기, 자비로운 의자 작업, 자비로운 자기 상상을 통한 자비로운 자기 계발하기, 기억을 활용한 자신에게 자비 보내기, 자비로운 편지 쓰기 등의 구체적인 훈련 방법을 제시한다(이수민·양난미, 2016, 100). 거머와 네프(Germer & Neff, 2012, 859)는 마음 챙김 자기 자비(Mindful Self-Compassion)라 불리는 일반인 대상의 자기 자비 훈련 프로그램을 개발하였다. 이 프로그램의 참가자는 8주 동안 매주 1회 2시간 30분 동안 명상 훈련을 받는다. 여기서는 자기 자비의 기술을 가르치기 위한 국내외 프로그램에서 널리 활용된 방법(노상선·조용래, 2015; 김유진·장문선, 2016; 박세란·이훈진, 2015; Gilbert, 2014; Germer & Neff, 2012) 가운데 도덕 수업과 연계하여 교사가 유용하게 활용할 수 있는 자기 자비의 교수 방법을 제안하고자 한다.

1) 편지 쓰기

편지 쓰기는 자기 자비 기술을 함양하는 데 매우 효과적이다(Neff & Dahm, 2015, 128). 편지 쓰기는 3단계를 거쳐 이루어지는 것이 바람직하다. 첫째 단계는 어떤 불완전함으로 인해 자신이 불충분하다고 느끼는 경우에 대해 글을 써 보는 것이다. 교사는 학생들에게 자신에 대해 불충분하거나 좋지 않게 느끼게 하는 것(예: 외모, 공부, 친구 관계 등)을 편지로 자유롭게 써보게 할 수 있다. 교사는 학생들이 자신의 불완전한 측면을 떠올릴 때 즉각적으로 생기는 감정이 무엇인지를 있는 그대로 써 보게 한다. 이때 교사는 학생들이 자신의 감정에 솔직해야 하며, 불완전한 측면을 떠올리면서 생기는 감정을 일부러 억누르는 시도를 하지 않도록 지도해야 한다. 이를 통해 교사는 불완전함은 인간의 기본 조건이므로 실패감과 부족함은 인간 경험의 자연스러운 부분임을 학생들이 수용하도록 해야 한다.

둘째 단계는 상상 속의 이상적인 친구의 관점에서 편지를 써 보게 한다

(Neff & Germer, 2013, 33). 교사는 학생들에게 자신을 무조건적으로 사랑하고, 수용하며, 친절하고, 자비심이 풍부한 상상 속의 이상적인 친구를 떠올게 보게 한다. 그 친구는 자신의 과거와 현재에 대해 모두 알고 있고, 자신에게 매우 친절하고 언제든 용서해주는 그런 친구다. 이제 이 상상 속의 친구 입장이 되어 첫째 단계에서 써 보았던 자신의 부족함에 초점을 맞추어 편지를 써 보게 한다. 그 친구는 나를 향한 무조건적인 사랑과 자비의 관점에서 나의 흠결에 대해 뭐라고 말할까? 그 친구는 나의 불완전함으로 인해 지금 내가 느끼는 어려움을 위로하려고 나에게 어떤 말을 해 줄까? 그 친구는 모든 인간은 강점과 약점을 가진 존재라는 사실을 내가 알 수 있도록 나에게 무슨 말을 해 줄까? 그 친구는 무조건적인 자비와 이해심에 근거하여 내가 달라져야 할 부분에 대해 어떻게 조언을 할까? 교사는 학생들이 이러한 사항에 초점을 맞추어 자신에게 편지를 쓰게 한다.

셋째 단계는 학생들이 자비를 느껴보게 하는 데 초점을 맞춘다. 교사는 학생들이 편지 쓰기를 마친 후에는 잠시 그것을 책상 위에 내려놓게 한다. 그리고 5분 후에 학생들이 다시 편지를 들어 조용히 읽어보게 한다. 그러면서 자비심이 학생들 각자에게 흘러 들어가는 것을 느껴보게 한다. 이때 교사는 사랑, 유대감, 수용은 각자가 태어나면서부터 갖게 된 특권임을 강조한다. 그리고 그 권리를 제대로 행사하려면 먼저 자신을 안심시키고 위로하는 것이 필요함을 말해 준다.

2) 역할놀이

자기 자비 역할놀이는 자아의 부분들이 서로 갈등을 일으키는 것을 경험하여 각 부분이 현재 순간에서 어떻게 느끼는지를 학생들이 몸소 경험하게 하는 것이다. 게스탈트 치료 방법인 2개의 의자를 차용하여 네프는

3개의 의자를 활용한 역할놀이를 다음과 같이 구체화하였다(http://self-compassion.org/exercise-4-criticizer-criticized-compassionate-observer). 교사는 먼저 3개의 의자를 삼각형 모양으로 배치한다. 그다음에 교사는 학생들에게 자신을 종종 괴롭히며, 혹독한 자기 비난을 하게 만드는 문제에 관해 깊이 생각해 보게 한다. 한 의자를 내면의 자기 비난 목소리로, 다른 하나는 판정하여 비판의 대상이 되는 부분의 목소리로, 나머지는 현명하고 자비심이 있는 관찰자의 목소리로 지정한다. 그리고 학생들이 자신의 3가지 모든 부분에 대한 역할놀이를 수행하게 한다.

역할놀이에 참여하는 학생은 먼저 자기 비난 의자에 앉는다. 의자에 앉은 후에 학생은 자기 비판적인 부분을 자신에게 큰소리로 이야기한다. 예를 들어, 학생은 '나는 네가 변덕이 심하고 자기주장이 너무 강한 것을 싫어해!'라고 말한다. 이렇게 말하면서 학생은 자기 비난 부분 목소리의 톤과 단어 그리고 그때의 감정에 주의를 기울인다. 그런 연후에 학생은 그런 비난을 받는 입장에 해당하는 두 번째 의자에 앉는다. 학생은 그런 비판을 받을 때 어떤 느낌이 드는지를 체험한다. 그리고 자신의 내면의 비난에 직접적으로 반응하면서 느낀 바를 이야기한다. 예를 들어, 학생은 '나는 너 때문에 상처를 많이 받았다.'라고 말한다. 이때도 학생은 자기 목소리의 톤과 단어, 감정에 주의를 기울인다. 학생은 잠시 동안 자신의 두 부분 간의 대화를 시도한다. 학생은 비판하는 부분과 비판받는 부분의 의자를 왔다 갔다 하면서 잠시 동안 대화를 시도한다. 이때 학생은 자아의 각 부분을 충분하게 경험하도록 노력하여 상대방인 다른 부분이 어떻게 느끼는지를 명확하게 알 수 있게 해야 한다. 달리 말해, 자아의 각 부분이 자신의 견해를 완전하게 표현하여 상이한 자아의 두 부분이 서로 귀담아 들을 수 있게 해야 한다. 끝으로 학생은 자비로운 관찰자의 의자에 앉는다. 학생은 자비심이 풍부한 관찰자 입장에서 자기 비난을 하는 부분과 비난을 받는 부분에 대해 위로해 줄 수 있는 말을 이야기한다.

교사는 학생이 모든 대화를 마친 다음에 방금 일어난 일에 대해 생각해 보게 한다. 이때 교사는 '지금까지 자신을 어떻게 다루어 왔는지에 대한 새로운 통찰을 얻었는지? 자신에 대해 더욱 생산적이고 긍정적으로 생각하는 사고방식은 어디에서 온 것인지?'에 대해 학생이 깊이 생각한 후에 말해 보게 한다. 아울러 교사는 불필요한 자기 비난을 일삼기보다는 현명하고 자비심이 풍부한 자아의 부분이 말하는 목소리를 귀담아듣는 것이 중요함을 강조해야 한다.

3) 저널 쓰기

저널을 쓰는 것은 감정을 표현하는 효과적인 방법이며, 정신적·신체적 웰빙을 향상시켜 주는 것으로 널리 알려져 있다. 저널 쓰기를 통해 자신의 감정을 외재화하는 것은 스트레스를 감소시켜 주고, 웰빙 수준을 높여 준다(Adams, 1996, 32; Adams, 1999, 3). 교사는 학생들에게 1주일간 매일 자기 배려 저널을 쓰도록 지도한다. 학생들은 잠들기 전의 아주 조용한 순간에 하루의 사건을 돌이켜 본다. 자신의 저널에 기분이 나빴던 것, 자신에게 고통을 준 어려운 경험, 자신을 비난했던 것 등을 자유롭게 기록한다. 그리고 교사는 각 사건에 대해 학생들이 그것을 자기 자비의 방식으로 처리하도록 마음 챙김, 공통의 인간성, 친절을 활용하여 기록하도록 지도한다.

학생들은 마음 챙김의 연습을 위해 자기 비난이나 어려운 상황 때문에 발생한 고통스러운 감정을 있는 그대로 기록해야 한다. '나는 화가 났다. 나는 과잉 반응했다. 나중에 바보같이 느꼈다.'라는 식으로 느꼈던 감정을 있는 그대로 기록해야 한다. 학생들은 공통의 인간성 연습을 위해 자신의 경험이 더욱 커다란 인간의 경험과 연결되는 방식을 기록해야 한다. 이를테면 학생은 '모든 사람은 때때로 과잉 반응한다. 그게 바로 인간이다.'라는 식으로 기록해야 한다. 끝으로 학생들은 자기 친절을 연습하기 위해 자신에게 향하는 친절, 이해, 위로의 단어를 기록해야 한다. 예를 들어, 학생들은 '괜찮아. 나는 오늘 망쳤지만, 그렇다고 세상이 끝난 것이 절대 아니야. 나는 오늘 내가 얼마나 좌절했는지 그래서 나 자신을 얼마나 쉽게 잃어버렸는지를 이해할 수 있어. 아마도 다음번에는 더 많은 인내심과 친절로 나 자신을 대할 수 있을 거야.'라는 식으로 저널을 써야 한다. 아울러 교사는 이러한 자기 배려의 저널 쓰기 연습을 통해 자기 자비의 세 가지 구성 요소를 연습하는 것이 자신의 생각과 감정을 조직화하는 데 도움을 준다는 사실을 강조해야 한다.

4) 자기 대화

자기 대화는 의식적인 지각과 자기 인식의 중요한 구성 요소다(Gibson & Foster, 2007, 1030). 자기 자비 편지를 쓰거나 저널을 기록하는 것이 불가능하다면, 교사는 비판적인 자기 대화를 변화시키는 방법을 선택하여 활용할 수 있다. 어떤 학생은 편지나 저널을 쓰면서 자신의 내적 비판을 다루는 것이 유용하다고 느낄 것이다. 어떤 학생은 오히려 내적인 자기 대화를 하는 것에 편안함을 느낄 수도 있을 것이다. 내적인 자기 대화는 다른 방법에 비해 장기적으로 실행할 필요가 있다. 왜냐하면 자기 대화는 자신과 관계를 맺는 방식 자체를 변화시키는 시도이기 때문이다.

교사는 학생들에게 비판적인 자기 대화를 변화시키는 방법을 가르칠 수 있다. 자신을 비판적으로 다루는 방식을 변화시키기 위한 첫 번째 조치는 자기 비난을 일삼는 시점을 자기 스스로 정확하게 알아차리는 것이다. 어떤 학생은 자기 비난 목소리가 너무 흔해서 그것이 언제인지를 알아차리지 못할 수도 있다. 교사는 학생들에게 자신이 어떤 것에 대해 좋지 않게 느낄 때는 언제나 방금 자신에게 말한 것에 대해 생각해 보는 것이 중요함을 알려주어야 한다. 자기 비판적일 때 자신이 실제로 사용하는 단어는 무엇인가? 자기 비난의 목소리에서 반복해서 나오는 구절이 무엇인가? 그 목소리의 톤은 어떠한가? 등에 대해 먼저 생각해 보게 한다.

그다음에는 자기 비난 목소리를 부드럽게 만드는 적극적인 노력을 시도해야 한다. 자기 비난이 아닌 자비심을 가지고 자신을 대해야 한다. 이를 위해서는 비난의 목소리를 대체할 수 있는 긍정적인 단어가 무엇인지를 생각해 보는 것이 좋다. 만약 그런 단어가 떠오르지 않는다면 자비심이 풍부한 사람이 지금 나에게 해 줄 수 있는 말이 무엇인지를 상상해볼 수도 있다. 또는 양손을 교차하여 가슴에 얹어 놓으면서 마치 남을 껴안을 때처럼 자기 자신을 껴안는 자세를 취할 수도 있다(Neff & Germer, 2013, 33). 이러한 지지적인 자기 대화는 자기 자비를 함양하는 데 도움을 준다. 교사는 자기 나름의 지지적인 자기 대화의 방식을 학생들에게 소개할 수도 있다. 교사의 역할 모델은 학생들의 자기 자비 함양에서도 역시 중요하기 때문이다.

5) 발문 전략

교사는 학생들이 자기 자비의 세 가지 구성 요소를 함양하는 데 필요한 개방형 질문을 활용할 수 있다(Tesh, Learman & Pulliam, 2015, 198-199). 자기 친절을 위한 개방형 질문의 사례는 다음과 같다. "다른 사람을 대하는 것보다 자기 자신에게 더욱 엄격하게 대한 적이 있는가? 언제 그런 일이 있었는가? 그때 자신에게 무슨 말을 했는가?", "그 사건에 대해 너의 가장 친한 친구는 너에게 무어라고 말해 줄 것 같은가?", "그 사건에 대해 자신에게 더욱 친절한 방식으로 대한다면, 무슨 말을 할 수 있을까?", "너 자신에게 가장 고마워해야 할 것이 있다면, 그것은 무엇인가?" 공통의 인간성을 위한 개방형 질문의 사례는 다음과 같다. "너와 유사한 어려움을 겪고 있는 다른 사람을 본 적이 있는가? 그것에 대해 자세하게 말해 보겠니?", "다른 사람들이 지금 너의 입장에 놓여 있다면, 그 사람들은 자신에게 무어라고 말할 것 같니?", "너와 친하거나 또는 네가 존경하는 사람 가운데 너와 같은 어려움을 겪은 사람이 있니?", "다른 사람과 비슷한 처지에 있다는 것이 네게 어떤 심리적인 이로움을 주고 있니?" 끝으로 마음 챙김을 위한 개방형 질문의 사례는 다음과 같다. "우리의 마음은 늘 요동치기 마련이다. 지금 이 순간 네 머릿속에 떠오르는 것이 무엇이니?", "그런 생각이나 느낌 또는 행동이 들도록 만든 것이 무엇인지를 찾아낼 수 있니?", "네가 도저히 통제하거나 멈출 수 없는 생각이나 감정이 있다면, 그것이 무엇이니?", "앞으로 1년 후에 너는 그 생각이나 감정에 대해 어떤 느낌이 들겠니?", "아주 편안한 상태에서 네가 그 생각이나 감정을 다시 보게 된다면, 어떤 것이 달라질 것 같니? 그렇게 다시 생각해 보는 것이 네게 어떤 좋은 점을 줄 것 같니?"

자기 자비는 건전한 자기 태도를 개념화하는 대안적인 방식으로 등장한 심리학 구인이다. 자기 자비는 심리적 회복탄력성을 발휘하여 웰빙과 정신건강을 제고하는 데 많은 도움을 준다. 자기 자비는 반사회적 행동과 절대 양립할 수 없는 것이기에(Stosny, 1995, 82), 도덕교육 관점에서도 매우 중요한 구인이다. 자기 자비는 충동성, 위험 감수, 자기중심주의, 노염과 부적인 상관관계를 맺고 있어 도덕성 발현의 중요 요소인 자기 통제와도 밀접하게 관련된다.

고통이나 개인적 실패에 직면할 때, 자기 자비는 세 가지 기본적인 구성 요소를 포함한다. 자기 친절은 가혹한 판단과 자기 비난보다는 친절과 이해를 자신에게 확대한다. 공통의 인간성은 자신의 경험을 분리되고 고립된 것이 아니라 더욱 커다란 인간 경험의 일부로 바라보게 한다. 그리고 마음 챙김은 자신의 고통스러운 사고와 감정을 병적으로 과잉 동일시하기

보다는 균형 잡힌 인식에서 자신의 고통스러운 사고와 감정을 인식하는 것이다.

　우리가 도덕교육을 통해 자기 자비를 가르치는 것은 학생들이 파괴적인 자기 비난 경향성을 피하고, 타인과의 상호의존성을 용인하며, 자신의 정서를 명확하고 평온한 상태에서 다룰 수 있게 한다. 그것은 개인은 물론이려니와 전체로서의 사회에도 이로움을 가져다준다. 자기 자비는 우리가 자신 및 타인에게 더욱 친절하고, 자기 탐닉을 피하며, 덜 고립되고, 정서적으로 더욱 기능적인 인간이 될 수 있게 해 주기 때문이다.

■ 참고 문헌

김유진·장문선(2016), "자기 자비 글쓰기가 우울한 대학생의 반추와 정서 조절에 미치는 영향", 『한국심리학회지: 건강』, 21(2), 299-316.
노상선·조용래(2015), "경계선 성격장애 성향자에 대한 자기 자비 함양 프로그램의 적용: 사례연구", 『한국심리학회지: 임상심리 연구와 실제』, 1(1), 65-93.
박세란, 이훈진(2015), "자기 자비 증진 프로그램 개발 및 효과 검증", 『한국심리학회지: 상담 및 심리치료』, 27(3), 83-611.
심우엽(2013), "초등학생의 자기자비 검사의 타당화 연구", 『한국초등교육』, 24(4), 19-36.
오영미·허일범(2016), "초등학생의 학업 스트레스와 학교적응의 관계에서 자기 자비의 매개 효과", 『청소년상담연구』, 24(2), 59-74.
이수민·양난미(2016), "상담에서의 자기 자비에 대한 개념 정의와 개관", 『상담학연구』, 17(5), 85-108.
Adams, K. (1996), "Journal writing as a powerful adjunct to therapy", *Journal of Poetry Therapy*, 10(1), 31-37.
Adams, K. (1999), "Writing as therapy", *Counseling and Human Development*, 31(5), 1-16.
Baumeister, R. F., Campbell, J. D., Krueger, J. I., & Vohs, K. D. (2003), "Does high self-esteem cause better performance, interpersonal success, happiness, or healthier lifestyles?", *Psychological Science in the Public Interest*, 4, 1-44.
Breins, J. G. & Chen, S. (2012), "Self-compassion increases achievement motivation", *Personality and Social Psychology Bulletin*, 38(9), 1133-1143.
Carver, C. S. (2011). Coping. In R. J. Contrada & A. Baum (Eds.), *The handbook of stress science: Biology, psychology, and health* (pp. 221-229), New York: Springer Publishing Company.
Costa, J. & Pinto-Gouveia, J. (2011), "Acceptance of pain, self-compassion and psychopathology: Using the chronic pain acceptance questionnaire to identify patients' subgroups", *Clinical Psychology and Psychotherapy*,

18, 292-302.
Crocker, J. & Canevello, A. (2008), "Creating and undermining social support in communal relationships: The role of compassionate and self-image goals", *Journal of Personality and Social Psychology*, 95, 555-575.
Germer, C. K. & Neff, K. D. (2013), "Self-compassion in clinical practice", *Journal of Clinical Psychology*, 69(8), 856-867.
Germer, C. K. (2009), *The mindful path to self-compassion: Freeing yourself from destructive thoughts and emotions*, New York: The Guilford Press.
Gibson, A. S. C. & Foster, C. (2007), "The role of self-talk in the awareness of physiological state and physical performance", *Sports Medicine*, 37(12), 1029-1044.
Gilbert, P. (2014), The origins and nature of compassion focused therapy, *British Journal of Clinical Psychology*, 53, 6-41.
Hewitt, J. (2009), "Self-esteem", In S. Lopez (Ed.), *The encyclopedia of positive psychology* (pp. 880-886), Chichester: Blackwell Publishing Ltd.
Hollis-Walker, L. & Colosimo, K. (2011), "Mindfulness, self-compassion, & happiness in non-meditators: A theoretical and empirical examination", *Personality and Individual Differences*, 50, 222-227.
Leary, M. R., Tate, E. B., Adams, C. E., Allen, A. B. & Hancock, J. (2007), "Self-compassion and reactions to unpleasant self-relevant events: The implications of treating oneself kindly", *Journal of Personality and Social Psychology*, 92, 887- 904.
Longe, O., Maratos, F. A., Gilbert, P. Evans, G., Volker, F., Rockliff, H. & Rippon, G. (2010), "Having a word with yourself: Neural correlates of self-criticism and self-reassurance", *Neuroimage*, 49(2), 1849-1856.
Muris, P. (2016), "A protective factor against mental health problems in youths? A critical note on the assessment of self-compassion", *Journal of Child and Family Studies*, 25, 1461-1465.
Neff, K. D. & Beretvas, S. N. (2013), "The role of self-compassion in romantic relationships", *Self and Identity*, 12(1), 78-98.

Neff, K. D. & Dahm, K. A. (2015), "Self-compassion: What it is, what it does, and how it relates to mindfulness", In B. D. Ostafin et al. (Eds.), *Handbook of mindfulness and self-regulation* (pp. 121, 137), New York: Springer.

Neff, K. D. & Germer, C. K. (2013), "A pilot study and randomized controlled trial of the mindful self-compassion program", *Journal of Clinical Psychology*, 69(1), 28-44.

Neff, K. D. (2003), "Self-compassion: An alternative conceptualization of a healthy attitude toward oneself", *Self and Identity*, 2(2), 85-101.

Neff, K. D. (2004), "Self-compassion and psychological well-being", *Constructivism in the Human Sciences*, 9(2), 27-37.

Neff, K. D. (2011), "Self-compassion, self-esteem and well-being", *Social and Personality Psychology Compass*, 5(1), 1-12.

Neff, K. D., & Pommier, E. (2013), "The relationship between self-compassion and other-focused concern among college undergraduates, community adults, and practicing meditators", Self and Identity, 12(2), 160-176.

Neff, K. D., Hseih, Y., & Dejitthirat, K. (2005), "Self-compassion, achievement goals, and coping with academic failure", *Self and Identity*, 4, 263-287.

Neff, K. D., Kirkpatrick, K. & Rude, S. S. (2007), "Self-compassion and its link to adaptive psychological functioning", *Journal of Research in Personality*, 41, 139-154.

Neff, K. D., McGhee, P. (2010), "Self-compassion and psychological resilience among adolescents and young adults", *Self and Identity*, 9, 225-240.

Neff, K. D., Pisitsungkagarn, K., & Hseih, Y. (2008), "Self-compassion and self-construal in the United States, Thailand, and Taiwan", *Journal of Cross-Cultural Psychology*, 39, 267-285.

Ozdemir, B. & Seef, N. (2017), "Examining the factors of self-compassion scale with canonical commonality analysis: Syrian sample", *Eurasian Journal of Educational Research*, 70, 19-36.

Pyszczynski, T., Greenberg, J., Solomon, S., Arndt, J., & Schimel, J. (2004),

"Why do people need self-esteem? A theoretical and empirical review", *Psychological Bulletin*, 130, 435-468.

Raes, F. (2010), "Rumination and worry as mediators of the relationship between self-compassion and depression and anxiety", *Personality and Individual Differences*, 48, 757-761.

Sbarra, D. A., Smith, H. L. & Mehl, M. R. (2012), "When leaving your Ex, love yourself: Observational ratings of self-compassion predict the course of emotional recovery following marital separation", *Psychological Science*, 23, 261-269.

Stosny, S. (1995), *Treating attachment abuse: A compassion approach*, New York: Springer.

Tesh, M., Learman, J. & Pulliam, R. M. (2015), "Mindful self-compassion strategies for survivors of intimate partner abuse", *Mindfulness*, 6, 192-201.

Vettese, L. C., Dyer, C. E., Li, W. L. & Wekerle, C. (2011), "Does self-compassion mitigate the association between childhood maltreatment and later emotion regulation difficulties? A preliminary investigation", *International Journal of Mental Health and Addiction*, 9(5), 480-491.

Wang, X., Chen, Z., Poon, Kai-Tak, Teng, F. & Jin, S. (2017), "Self-compassion decreases acceptance of own immoral behaviors", *Personality and Individual Differences*, 106, 329-333.

http://self-compassion.org/exercise-4-criticizer-criticized-compassionate-observer(검색일 2018년 2월 8일).

7장
희망과 도덕교육

　교실은 아이들이 일상 중 많은 시간을 보내는 중요한 공간이다. 아이들이 교실에서 성공하는 데 중요한 요인은 무엇일까? 대부분의 사람은 지능과 능력이 중요하다고 말한다. 하지만 아이를 잘 관찰하면 우리는 간혹 다른 결과에 직면한다. 어떤 아이는 외견상 아주 명석하고 똑똑하지만, 교실과 학교에서 탁월한 성취를 보여 주지 못하거나 또는 자신의 가능성·잠재력을 충분하게 발휘하지 못한다. 그런가 하면 어떤 학생은 재능은 약간 부족해 보이지만 교실생활의 모든 면에서 수월성을 드러내고, 심지어 자신에게 닥친 도전이나 어려움을 슬기롭게 잘 극복한다. 두 학생 간의 근본적인 차이를 설명하는 여러 심리 기제가 가능하지만, 그중에서도 중요한 것은 바로 두 학생의 희망 수준 차이다.

　대부분의 아이는 꿈으로 가득 차 있기에 우리는 아이의 희망 수준이 대부분의 성인보다 더 높다고 생각하기 쉽다. 그래서 우리는 특히 초등학생 시절이 학생의 삶에서 희망 수준이 가장 높을 것이라고 생각하기 마련이다. 물론 이것은 어느 정도 사실이다. 그러나 최근에 수행된 외국의 여러 연구에 따르면, 10~13세부터 아이의 희망 수준은 보통 수준을 보이지만,

14~17세에는 급격하게 낮아진다고 한다. 희망 수준은 청소년기에 더욱 급격하게 감소하여 오직 65세 이상의 노인보다 높을 뿐 다른 연령층보다 현저하게 낮다고 한다(Marques & Lopez, 2014, 187). 이러한 연구 결과는 희망 증진을 목표로 하는 개입 프로그램의 이상적인 표적이 아동과 청소년이 되어야 함을 잘 보여 준다.

긍정심리학의 등장 이후 지난 20년 이상 동안 많은 연구자는 희망과 학생의 삶의 중요한 국면 간의 관계를 분명히 밝혀냈다. 희망 수준이 높은 학생은 학교생활과 일상생활을 더욱 잘 영위한다. 희망은 자신의 역량 지각, 자존감, 삶의 만족, 웰빙과 정적인 상관관계를 맺고 있다(추병완·박병춘, 2014, 166). 그리고 희망은 우울 징후와는 부적인 상관관계를 맺고 있다(추병완·최윤정·이수인, 2016, 148). 희망 수준이 높은 학생은 전형적으로 낙관적이고, 많은 생활 목표를 설정하며, 발생하는 문제를 스스로 해결할 수 있다고 믿는다. 높은 희망 수준은 사회적 능력, 타인과 친교를 맺는 즐거움, 빈번한 대인 관계적 상호작용을 즐김, 타인의 목표 추구에 대한 관심과도 정적인 상관관계를 맺고 있다(Lopez et al., 2009, 39-42). 희망은 천식 환자 가운데 치료를 계속 받는 것의 경우처럼 아동의 신체건강과도 관련이 깊다(Marques & Lopez, 2014, 188). 반대로 자신 및 자신의 미래에 대한 부정적 기대를 의미하는 무망 혹은 절망(hopelessness)은 폭력, 공격 행동, 물질 남용, 성 행동, 사고로 인한 부상의 중요한 예측 인자다(Bolland 2003, 145).

이렇듯 미래를 위한 아이디어와 에너지를 뜻하는 희망은 아동의 성공을 가름하는 가장 유망한 예측 인자 중의 하나다. 긍정심리학에서 희망은 인간이 행복을 추구할 때 지녀야 할 대표적인 도덕적 역량이자 성품 강점으로 분류된다(Park & Peterson, 2006, 894). 정서 심리학자들에 따르면, 희망은 대표적인 긍정 정서 중의 하나이기도 하다. 디스너와 그 동료(Diessner et al., 2006, 301)는 학교에서 학생이 희망을 키우고 유지하도록 도와주는 것은 우리에게 부여된 시대적 의무이자 특권임을 강조한 바 있다. 이것은 우리가 초등 도덕교육을 통해 학생의 희망 수준을 향상하려는 시도를 해야 할 필요성과 당위성을 잘 보여 준다.

　이에 여기서는 현재 국외에서 실행되고 있는 학교 기반 희망 개입을 비판적 관점에서 살펴보려 한다. 여기서 학교 기반 희망 개입은 학생의 희망 수준을 향상하려는 학교에서의 의도적인 교육적 개입 활동을 의미한다. 따라서 학교 기반 희망 개입은 임상적 맥락에서의 치료적 개입과는 다르다. 오늘날 학교 기반 희망 개입은 주로 스나이더의 희망 이론을 학교 맥락에 적용하는 방식으로 추진되고 있다. 이에 이 장에서는 스나이더(Snyder)가 제시한 희망 이론의 개요를 살펴보고, 그것에 근거한 학교에서의 희망 개입 사례를 분석하며, 끝으로 희망 이론의 한계와 문제점을 고려하면서 초등 도덕교육에서 학교 기반 희망 개입을 교사가 실행할 때 유의할 사항이 무엇인지를 구체적으로 규명하고자 한다.

1. 희망 이론의 이해

1) 희망 이론의 구성 요소

　일상적인 의미에서 희망은 성공적인 결과가 생기기를 바라는 모종의 기대나 확신을 의미한다. 스나이더는 희망을 인지 과정으로 파악하면서 나름의 과학적인 개념 규정을 시도하였다. 그는 목표 달성에 관한 인지 기반의 동기 모델을 개발하였는데, 이를 흔히 희망 이론(hope theory)이라고 부른다. 스나이더의 희망 이론에서 희망은 목표를 명확하게 개념화하는 능력(목표 사고), 그 목표에 도달하기 위한 구체적인 전략을 개발하는 능력(경로 사고), 그러한 전략을 사용하기 위한 동기를 유발하여 지속하는 능력(주도 사고)에서 드러나는 인간 강점을 의미한다(Lopez et al., 2009, 37). 간단히 말해, 희망적 사고는 자신이 원하는 목표에 이를 경로를 찾을 수 있고, 그러한 경로를 활용하도록 동기화된 신념을 반영하는 것이다.

희망 이론을 좀 더 명확하게 이해하려면, 이 3가지 능력에 대해 자세히 알아볼 필요가 있다. 먼저 목표에 대해 살펴보자. 스나이더는 인간의 행동을 목표 지향적인 것이라고 가정했다. 목표는 희망 이론의 토대를 이루는 인지적 구성 요소다. 목표는 정신적 행동 계열성의 표적을 제공한다. 즉, 목표는 인간의 정신 행동이 어떤 순서로 무엇을 표적으로 삼는지를 잘 보여 준다. 어떤 사람에게는 정신적 표적이 시각적 이미지일 수 있다. 목표가 시각적인 속성을 가질 수도 있지만, 언어적인 서술 형태가 될 수도 있다. 목표는 단기적인 것일 수도 있고 상당히 장기적인 것일 수도 있다.

희망 이론에서 목표는 2가지로 구분된다(Snyder, 2002, 250). 하나는 긍정적인 목표 혹은 접근 목표다. 긍정적인 목표는 최초로 도달하는 것(예: 난생 처음으로 내 집을 소유하기를 바라는 것), 현재의 목표 결과를 유지하는 것(예: 다이어트를 통해 감량한 현재의 체중을 계속 유지하는 것), 이미 시작한 것을 더 높이는 것(예: 작가로서 처녀작이 잘 팔린 후에 앞으로도 계속 탁월한 작가로 남기를 바라는 것)으로 다시 구분된다. 다른 하나는 부정적인 목표 혹은 회피 목표다. 이것은 강한 형태와 약한 형태로 구분할 수 있다. 강한 형태는 부정적인 결과가 발생하기 전에 그것이 멈추기를 바라는 것이다. 예를 들면, 직장에서 해고되지 않기를 바라는 것이다. 약한 형태는 원하지 않는 것이 지연되기를 바라는 것이다. 예를 들면, 앞으로 1년 동안 직장에서 해고되지 않고 계속 다니기를 바라는 것이다.

목표 달성은 모종의 수단을 필요로 한다. 달리 말해, 우리가 어떤 목표를 달성하려면 그 목표에 이를 수 있는 여러 방법이나 수단을 고안하는 능력이 필요하다. 희망 이론에서는 이 능력을 경로 사고라고 부른다. 경로 사고는 자신이 바라는 목표에 활용 가능한 경로를 생성할 수 있는 지각된 능력을 뜻한다(Snyder, 2002, 251). 이를테면, 경로 사고는 '교통 체증이 극심한 주말에 춘천에서 서울로 가는 가장 빠른 방법은 무엇인가?'에 관해 생각하는 것과 아주 흡사하다. 희망적 사고가 높은 사람은 어떤 목표를 달성하기 위한 하나의 유망한 경로를 찾아내고, 그것이 목표 달성에 효과적이라는 자신감을 보여 준다. 동시에 희망적 사고가 높은 사람은 유망한 대안적인 경로를 생성하는 데에도 매우 탁월하다. 희망적 사고가 높은 사람은 자신을 대안적인 경로를 발견하는 데 능숙한 유연한 사람으로 규정한다. 그러나 희망적 사고가 낮은 사람은 하나의 확실한 경로나 대안적인 경로를 생성하는 데 매우 서툴다.

한편 자신이 바라는 목표에 도달하려고 자신이 생성한 경로를 활용하려는 지각된 능력을 의미하는 주도 사고는 스나이더의 희망 이론에서 동기적 요소에 해당한다(Snyder, 2002, 251). 주도 사고는 한 경로를 따라 움직이기 시작하는 것과 그 경로를 따라 계속해서 진전을 이루는 것에 관한 자기 준거적인 사고를 반영한다. 자기 준거적인 사고는 목표 추구의 모든 단계에서 자신이 선택한 경로의 개시와 유지가 가능하도록 도움을 주는 정신적 에너지를 포함한다. '나는 이것을 해낼 수 있어.', '나는 결코 이것을 중단하거나 포기하지 않을 거야.'와 같은 자기 대화는 주도 사고의 전형적인 표현이다. 일반적으로 주도 사고는 모든 목표 지향적 사고에 중요하지만, 특히 목표 달성 과정에서 모종의 도전이나 곤경에 직면할 때 특히 그 중요성이 빛을 발한다. 도전이나 곤경에 직면하는 경우 주도 사고는 최선의 대안적인 경로를 활용하려는 동기를 부여해 준다.

그러므로 우리가 어떤 목표를 달성하려면 경로 사고와 주도 사고가 모두 필요하다. 어느 하나만으로는 성공적인 목표 달성이 사실상 어렵다. 경로 사고와 주도 사고는 추가적·호혜적·긍정적으로 연결되어 있지만, 결코 동의어는 아니다(Lopez et al., 2009, 37). 목표 달성 과정에서 2가지 사고는 서로에게 도움을 준다. 목표 달성을 위한 계획을 성공리에 마치는 것은 그 계획을 시작하고 유지하려는 동기와 욕구를 유발한다. 마찬가지로 목표에 대한 열정적이고 흥분된 생각은 목표 달성 방법을 계획하고 전략을 수립하는 것과 관련된 생각을 유도한다. 따라서 어떤 하나의 목표를 추구하는 전반적인 과정에서 경로 사고와 주도 사고는 가산적인 동시에 반복적인 모습을 보인다(Snyder, 2002, 252).

2) 희망 발달의 보호 요인과 위험 요인

인간의 성공적인 삶에서 희망이 차지하는 중요성을 이해하려면, 우리는 먼저 희망적인 사고가 발달하는 기제를 명확하게 이해할 필요가 있다. 어떤 아이는 희망적인 사고가 매우 높지만, 어떤 아이는 희망적 사고가 너무 낮다. 왜 이런 차이가 생긴 것일까? 이 질문에 대한 답변의 일환으로 스나이더는 희망적인 사고가 형성되는 방식에 관한 발달 심리적인 이론 틀을 확립하였다. 그는 희망적 사고의 발달에 도움을 주는 보호 요인과 위험 요인을 명료화하였다. 그에 따르면, 희망은 <그림 1>에서 볼 수 있는 것처럼 신생아부터 걸음마 시기에 그 토대가 확립된다. 그는 늦어도 생후 30개월에 희망적인 사고의 발달이 진행된다고 보았다(Snyder, 2000, 26). 신생아의 가장 우선적인 목표 중 하나는 생존에 필요한 환경을 예측하고 통제하는 것이다. 발달 이론가들은 혼미와 혼란의 감정은 개인이 인과적 이해를 향상하도록 동기를 부여한다고 주장했다. 그러한 감정은 유아기에 아직 충족되지 않은 욕구를 반영하는 것이다. 궁극적으로 그것은 희망적 사고의 발달에 의해 충족된다.

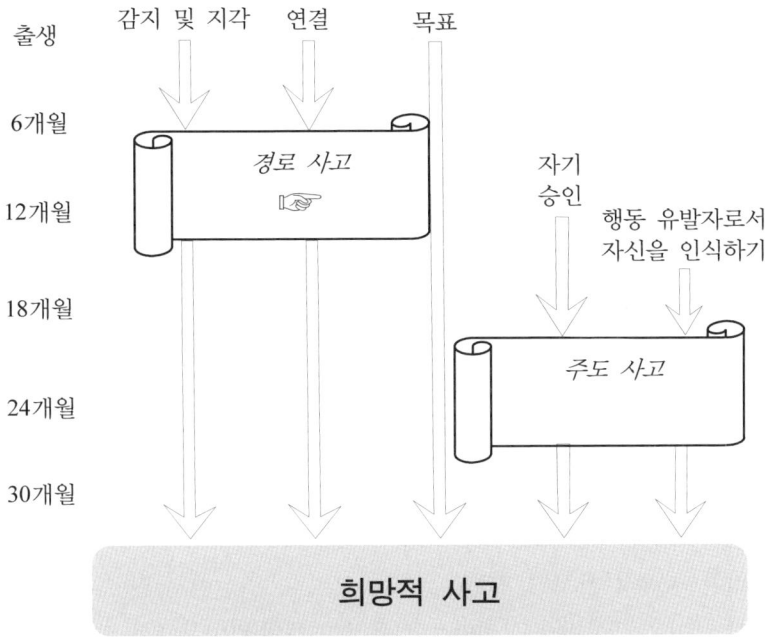

〈그림 1〉 희망적 사고의 발달

경로 사고는 아이가 발달시켜야 할 희망의 첫 번째 구성 요소다. 경로 사고는 3가지 과정, 즉 외적 자극의 감지와 지각, 사건들 간의 잠정적인 연결에 관한 학습, 목표 형성으로 구성된다(Snyder, 2000, 26). 출생과 더불어 아이는 자신을 당황하게 만드는 감각적 투입을 버거워하지만, 시간이 지남에 따라 개별적인 감각은 의미를 갖게 되고, 다른 감각과 일시적으로 연결된다. 이러한 연결은 유아의 마음에서 예상적인 사고로 전환된다. 이러한 예상은 나중에 아이가 경로 사고의 전조에 해당하는 '만약 ~ 하면, ~ 할 것이다.'라는 사고(if-then thinking)를 형성하려고(예: 만약 내가 배고픔에 못 견뎌 소리 내어 울면, 엄마가 바로 해결해 주실 거야.), 인지적으로 사건을 연결할 수 있는 기제에 해당한다(Marques & Lopez, 2017,

273).

주도 사고 역시 아이의 삶에서 매우 일찍 발달한다. 주도 사고는 행동 창시자로서 자신에 대한 지각, 자기 승인, 목표 형성으로 구성된다(Snyder, 2000, 27). 생후 12~21개월 무렵에 아이는 자아의식(sense of self)을 갖게 되고, 더욱 분명하게 자기를 인식하게 된다. 이러한 자기 인식은 자신이 인과적인 행위자로 행동할 수 있다는 사실을 자각하면서 생긴다. 자아의식은 자신이 환경 변화를 일으킬 수 있다는 자기 승인과 결합되어 주도 사고의 토대가 된다(Marques & Lopez, 2017, 273). 그런데 <그림 1>에서 보는 것처럼, 목표 형성은 경로 사고와 주도 사고 모두에 공통된 것이다. 목표를 향한 경로 사고와 주도 사고의 통합이 전반적인 희망의 토대를 형성한다(Snyder, 2000, 27).

이후에 아이가 성장하면서 희망적 사고는 더욱 세련된 형태를 갖춘다. 이러한 희망적 사고의 향상은 어휘, 기억력, 추상성의 발달과 결합하여, 아이가 더욱 생산적으로 희망을 사용하여 개인적인 목표를 성취하도록 돕는다. 이러한 성숙은 학령기와 거의 일치하므로, 희망과 초등학교 시기와의 연결은 더욱 특별한 중요성을 갖게 된다. 희망 이론에 따르면, 높은 수준의 희망을 가지고 있는 학생은 낮은 수준의 학생에 비해 우수한 학업 성취도를 보인다. 구체적인 목표를 세우고, 그 목표를 달성하는 능력과 여러모로 관련된 학교에서의 수행은 적절한 경로 사고와 주도 사고를 활용하는 것을 요구하기 때문이다(Marques & Lopez, 2017, 273).

한편, 스나이더는 아동기에 나타나는 희망의 상실에 대해서도 깊은 관심을 표명하였다. 그에 따르면, 아동기에 희망의 상실은 일반적으로 2가지 모습을 보인다. 하나는 신생아나 유아기 때 희망적인 사고를 학습하는 데 필요한 돌봄이나 관심을 제대로 받지 못했을 경우다. 다른 하나는 희망적인 사고를 배우기는 했지만, 어린 시절의 사건이 그러한 희망을 저해하는 경우다(Snyder, 2002, 263). 신체적으로 방치된 아이는 희망적인 사고를 가르쳐줄 수 있는 사람이 주변에 없다. 우리는 흔히 이런 현상이 매우 가난한 가정에서 발생하는 것으로 생각하지만, 일부 부유한 가정에서조차 제대로 된 돌봄을 경험하지 못하는 아이들이 존재한다. 이러한 방치나 무시의 핵심적인 사항은 아이에게 상당한 시간과 관심을 투자할 적어도 한 명 이상의 돌봄 제공자가 존재하지 않는 것이다.

방치와 무시가 희망적인 사고를 수동적으로 억압하는 것이라면, 신체적 학대는 희망을 감소시키는 더욱 적극적인 힘에 해당한다. 여기서 심각한 역설은 아이에게 목표 지향적 사고에서 양육과 가르침을 제공해야 할 돌봄 제공자가 오히려 공포와 두려움의 원천이라는 사실이다. 돌봄 제공자와의 애착은 목표 지향적 사고를 학습하는 데 있어서 중추적인 것이다. 더구나 목표지향적인 희망적인 행동은 다른 사람과의 맥락에서 발생한다. 하지만 학대를 당하는 아이는 대인관계적인 유대를 신뢰할 수가 없다는 것을 배우고 만다. 학대를 당한 아이는 희망적인 사고의 핵심 부분을 결여하고 있기에, 학습에서 상당한 결함이나 지체를 보이기 마련이다. 특히 성적인 학대는 인간관계에 대한 공포와 혼란을 생성하고, 그것은 이후의 심각한 행동 문제나 우울증을 유발한다(Snyder, 2002, 263).

아동기에 희망적 사고의 발달을 저해하는 또 다른 요인은 부모의 부재다. 그런 아이는 종종 취약함과 무력감을 경험하고, 목표에 도달하는 데 어려움을 겪는다. 부모의 사망이나 이혼 여부에 상관없이 그런 아이는 종종 자신이 중요한 목표를 추구할 수 있다는 것에 대한 불편함과 불확실성을 드러낸다. 특히 그 목표가 대인관계적인 맥락과 관련될 경우에는 더욱 그렇다. 그런 아이는 생애를 통해 타인과 관계를 맺는 것에 어려움을 겪을 수도 있다. 따라서 경계, 일관성, 지지가 결핍된 환경에서 자란 아이는 희망적인 사고를 배우는 데 있어 위험에 처할 수도 있다. 경계와 일관성은 목표 지향적인 행동에 언제 관여하는 것이 또는 관여하지 않는 것이 적절한지를 결정하기 위한 규칙 구조를 표상한다. 그것은 타인들 속에서 살아가면서 개인적 목표를 추구하는 데 결정적인 교훈이 된다. 한편, 지지는 아이가 목표 지향적인 사고와 행동을 시도하는 경우 필요한 애착을 제공하는 사랑과 존중을 반영한다.

끝으로 돌봄 제공자의 이해관계와 포부를 아이에게 강요하는 것은 희망을 잠재울 수 있는데, 그 이유는 아이가 자신의 기질과 재능에 최상으로 부합하는 목표를 추구할 여지가 없기 때문이다. 부모의 복제품이 되도록 강요를 당하는 아이는 자신의 희망 수준에 상한선을 두게 된다. 아이가 부모의 목표와 자신을 비교하도록 강요하는 것은 아이를 의기소침하게 만든다(Snyder, 2002, 263).

이렇듯 아이가 희망적 사고를 발달시키도록 돕기 위해서는 아이의 삶에서 중요한 타인으로 작용하는 부모, 돌봄 제공자, 교사가 아이에게 충분한 배려와 관심을 제공하여 아이가 희망적 사고에 대해 학습할 수 있게 해야 하고, 나아가 아이의 희망을 말살하거나 억압하는 행동을 해서는 안 된다. 아이가 가정에서 부모나 돌봄 제공자와 인과적인 상호작용의 예측 가능성을 신뢰하는 것을 학습하면서 희망을 발달시키는 것과 마찬가지로, 학교에서 아이는 교사와의 상호작용에서 질서 있는 예측 가능성과 일관성을 신뢰하는 것을 학습한 결과로써 희망을 발달시킨다. 따라서 교사는 확고하고 공정하며 일관된 자세를 견지하면서 학생이 희망을 발달시키는 것을 도와주어야 한다. 그러한 질서와 더불어 교사는 학생이 자신의 행동에 책임을 지는 교실 분위기를 조성해야 한다. 이것은 교실에서 권위에 대한 전적인 복종이 필요하거나 바람직하다는 것을 의미하는 것이 아니다. 이것은 학생이 합당하고 적절한 기준의 준거를 마땅히 갖고 있어야 한다는 사실을 강조한다. 교실에 질서와 책임이 자리를 잡고 있어야만 신뢰에 근거한 교실 풍토가 조성될 수 있다(Lopez et al., 2009, 46). 이런 신뢰의 분위기 속에서 학생은 교실 환경을 자유로이 탐색하면서 희망을 발달시킬 수 있다.

2. 학교에서의 희망 개입 사례

스나이더의 희망 이론은 심리치료에서 환자의 희망, 특히 주도 사고와 경로 사고의 중요성을 잘 보여 주기 때문에 치료 요법으로도 각광을 받았다. 특정한 치료 방식이 자신의 삶에 긍정적인 변화를 가져올 것이라는 환자의 기대는 사실 치료의 전반적인 과정에서 매우 중요한데, 스나이더의 희망 이론은 그것을 잘 설명해 주기 때문이다. 희망 치료(hope therapy)는 환자의 문제점이나 과거의 실패보다는 오히려 가능성과 과거의 성공을 탐구하는 데 중점을 두고, 현재 목표에 초점을 맞추는 간략하고 반(半)구조화된 형태의 치료법으로 발전하였다(Magyar-Moe & Lopez, 2015, 485). 하지만 스나이더의 희망 이론은 교육적 맥락에도 적용되었다. 여기서는 학교에서 학생의 희망적 사고 발달을 촉진하기 위해 희망 이론에 근거한 교육적 개입 사례에 대해 살펴보고자 한다. 학교 기반 희망 개입은 개인 기법과 집단 기법으로 구분될 수 있다. 여기서는 초등학생을 대상으로 한 개입 사례에만 국한하여 다루고자 한다.

1) 개인 기법

개인 기법은 초등 교사나 학교 카운슬러가 학생 지도 차원의 개인적인 활동과 상호작용에서 희망 개념을 통합하여 활용하는 것을 의미한다. 이것은 개별 학생에게 희망 이론의 핵심인 목표 사고, 경로 사고, 주도 사고에 대해 가르치는 것을 포함한다. 개인 기법은 교사나 학교 카운슬러를 위한 지침으로 개발되었을 뿐, 이를 구체적으로 적용하여 그 효과를 밝힌 체계적인 연구는 아직 없는 상태다. 그 이유는 연구자들이 스나이더의 희망 이론을 개별 교사가 학생에게 적용하기 위한 상세한 지침 형태로 개발하는 데 초점을 맞추었기 때문이다. 또한 희망 이론의 긍정적인 발달 효과를 검증한 수많은 연구가 이미 이 기법의 타당성을 간접적으로 입증하고 있기에 이에 대한 검증은 소홀할 수밖에 없었다.

스나이더와 그 동료는 학생들을 희망 개념에 접하게 하는 일차적인 조치는 학생들에게 다양한 삶의 영역에서 일군의 목표를 발견하도록 돕는 것이라고 주장했다(Snyder, Feldman, Shorey & Rand, 2002, 303-304; Marques & Lopez, 2014, 192-193). 따라서 교사는 학생이 자신의 가치, 관심, 기술, 능력을 충분하게 고려하여 일군의 목표를 만들고, 그것의 우선순위를 정해 보도록 해야 한다. 모호하지 않고 뚜렷한 종착점이 있는 목표는 학생이 추구하기에 가장 적합한 것이며, 자신의 목표를 향한 경로에서 자신의 진도를 평가할 수 있는 구체적인 측정 지표를 만드는 데 도움을 준다.

그다음에 교사는 학생이 경로 사고와 주도 사고를 발휘하도록 도와주어야 한다. 학생이 목표에 관한 주도성을 발휘하도록 돕는 교사의 개입 활동은 목표의 본질을 검토하도록 요구하는 것 그리고 학생이 목표를 추구하면서 에너지와 동기를 유지하는 데 충분할 정도로 의미 있고 도전적인 것인지를 스스로 결정하도록 권면하는 것을 포함한다. 이때 교사는 학생이 스스로를 좌절시키는 부정적인 자기 대화에 얽매이지 않게 지도해야 한다. 교사는 학생이 '나는 이것을 할 수 있어.'와 같은 긍정적인 자기 진술을 하도록 지속적으로 격려해 주어야 한다. 따라서 자기 대화에 관한 개인적 일지를 지속적으로 작성하는 것은 학생 스스로 자기 진술을 모니터하는 유용한 도구가 된다.

교사는 학생의 경로 사고 발달을 촉진하기 위해 학생에게 자신의 목표 추구 과정에서 생길 수 있는 난관을 고려한 경로를 찾아보도록 지도해야 한다. 경로 사고를 촉진하는 한 가지 유용한 방식은 학생에게 논리적이고 단계적인 순서를 통해 접근하는 하위 목표들을 만들어보게 하는 것이다. 예를 들어, 집안일을 돕는 것을 목표로 설정한 학생의 경우, 교사는 학교

숙제가 많아 그 목표를 추구하는 것이 어려운 상황에서도 그 목표를 수행할 수 있는 방법(예: 형제자매와 당번을 정하는 것)을 찾아보도록 지도해야 한다.

2) 집단 기법

초등학생을 대상으로 한 학교 기반 희망 개입의 최초 사례는 희망 이론에 관해 학습하고, 높은 희망을 가진 아이의 이야기에 관해 토의를 하는 방식으로 진행되었다(McDermott, Callahan, Gingerich, Hastings, & Gariglietti, 1997; Pedrotti, Edwards & Lopez, 2008, 103에서 재인용). 이 프로그램은 1997년에 다문화적 특성이 매우 강한 초등학교 1~6학년 학생을 대상으로 8주간 진행되었다. 학생들은 매주 1회 30분 동안 희망과 목표 설정에 관해 토의하고, 희망 수준이 매우 높은 아이에 관한 이야기를 경청하였다. 매주 30분간 경청과 논의 활동을 통해 아이들은 이야기 속의 주인공이 설정한 삶의 목표를 발견할 기회만이 아니라 희망 개념을 자신의 삶에 적용할 기회도 갖게 되었다. 사전 사후 검사 결과, 학생의 자기 보고와 교사의 학생 희망에 대한 평가에서 아이들은 희망 수준이 약간 증가한 것으로 나타났다. 연구자들은 8주의 개입은 희망적 사고를 향상하는 데 충분한 시간이 되지 못했지만, 그럼에도 연구 결과는 추후 연구를 위해서는 매우 유망한 것이라고 생각했다.

캔사스 대학교(University of Kansas) 연구팀은 문화적으로 다양한 초등학교에서 학생의 희망을 발달시키기 위한 학교 기반 프로그램을 개발하여 운영하였다. 아이를 위한 희망 만들기(Making Hope Happen for Kids) 프로젝트는 2000년에 초등학교 4학년 학생을 대상으로 실행된 개입 프로그램이다. 총 5회기로 구성된 이 프로그램은 초등학생이 희망을 이해하고, 그 구인을 자신의 실제 생활에 적용하도록 돕도록 설계된 활동과 수업에 참여하도록 되어 있었다. 이 프로그램은 몇 개의 교실에서 7~10명의 학생을 한 집단으로 구성하여 총 5주 동안 운영되었고, 2명의 대학원생은 각 집단의 활동을 도와주었다(Pedrotti et al., 2008, 104).

첫 주인 1회기는 희망 모델에 관해 학습하는 것 그리고 소품을 활용하여 그 모델의 각 부분을 실행해 보는 것으로 이루어졌다. 학생들은 의미 있는 목표 추구 활동을 묘사한 짧은 심리극에서 여러 소품(예: 장애물 앞에서의 정지 신호, 경로와 의지력의 방향을 나타내는 화살표 등)을 사용하여 목표, 장애물, 경로 사고 및 주도 사고를 연기하는 활동을 수행하였다. 두 번째 주인 2회기에서 연구진은 학생들에게 학교 연극에 출연하려고 대사를 암기하는 목표를 이루는 과정에서 어려움을 겪는 어린소녀를 묘사하는 이야기를 들려주었다. 세 번째 주인 3회기에서 학생들은 자신들의 연령에 맞추어 제작된 희망 게임에 참여하였다. 학생들은 팀을 이루어 공동의 목표 달성을 위한 장애물을 발견하고, 경로 사고와 주도 사고를 발휘하였다. 네 번째 주인 4회기에서 학생들은 희망적인 언어를 강조하는 희망 카툰을 제작하였다. 끝으로 마지막 5회기에서 학생들은 자신이 현재 추구하는 목표에 관한 희망 이야기를 만들고, 그것을 서로 공유하는 시간을 가졌다.

이 프로그램에 대한 평가는 통제집단이 없는 가운데 사전 사후 검사에만 의존하였는데, 이 프로그램에 참가한 초등학생은 희망 점수에서 이전보다 상당히 향상된 모습을 보여 주었다(Pedrotti et al., 2008, 104). 중학생과 고등학생을 대상으로 한 학교 기반 희망 개입은 그 효과를 자존감, 학업 성취, 정신건강, 삶의 만족 등의 여러 측면에서 드러내고 있는 반면에, 초등학생을 대상으로 한 개입 활동은 사례나 측정 모두에서 아직은 매우 조아하기 이를 데 없다. 사실 이것은 희망 개입에만 국한되는 것이 아니다. 그럼에도 불구하고, 희망을 비롯한 여타의 긍정심리학 개입이 마치 학교 교육이나 학생의 삶에서의 획기적 개선을 가져올 것처럼 연구 성과를 과장하여 홍보하는 일부 연구자나 소망 사고에 근거한 미디어의 과잉 보도 행태에 대해 우리는 상당한 주의를 기울여야만 한다.

3. 초등 도덕교육에서 활용상의 유의점

지금까지 스나이더의 희망 이론의 개요 및 학교 기반 희망 개입 사례에 관해 살펴보았다. 아쉽게도 희망 이론은 주로 성인 대상의 희망 치료에 활용되었기에, 초등학생의 희망적 사고 발달을 위한 개입 사례는 매우 제한적임을 알 수 있었다. 여기서는 학교 기반 희망 개입 사례를 초등 도덕교육에 적용할 때, 교사가 유념해야 할 사항을 중심으로 논의를 전개하고자 한다. 초등 도덕교육에 희망 이론을 적용하는 방식에 대해서는 이미 다른 논문에서 충분하게 밝혔기 때문에, 여기서는 논의의 초점을 활용상의 유의점에 한정하고자 한다. 여기서의 논의를 한마디로 요약하면, 교사는 스나이더가 제시한 희망 이론의 한계를 명확히 인식하는 가운데 초등 도덕교육에 적용하는 방법을 신중하게 모색해야만 한다는 것이다. 이제 이에 대해 자세하게 살펴보자.

1) 가치 지향적인 희망과 관계의 중요성

스나이더의 희망 이론에 대한 공통적인 비판은 그것이 여타의 심리학적 구인과 개념적으로 너무 유사하다는 것이다. 이를테면, 스나이더의 희망 이론은 목표 지향적인 구인인 낙관성이나 자기 효능감과 상당히 중첩된다. 이에 대해 스나이더는 낙관성과 자기 효능감은 희망 이론에서 강조하는 2가지 능력 요소 가운데 어느 하나만을 배타적으로 강조한다고 주장했다. 낙관성은 주도 사고만을, 그리고 자기 효능감은 경로 사고만을 강조한다는 것이다(Snyder, 2002, 256-257).

그러나 도덕교육의 관점에서 볼 때, 더욱 심각한 문제는 다른 곳에 존재한다. 그것은 바로 스나이더의 희망 이론에서 희망은 매우 가치중립적인 개념이라는 사실이다. 스나이더는 희망을 하나의 덕으로 규정하는 것에 명백하게 반대한다. 그의 논지는 다음과 같다. 희망을 덕으로 개념화하는 것은 도덕적 고지를 점하게 되어 오히려 사람들이 일상생활에서 목표를 추구하는 방식을 설명함에 있어서 희망의 유용성을 제한할 심각한 우려가 있기 때문이다(Shorey et al., 2002, 322).

따라서 희망 이론을 지극히 가치 지향적인 초등 도덕교육에 적용할 때 우리는 이 점에 매우 주의를 기울여야 한다. 도덕교육의 관점에서는 자신이 바라고 의도하는 목표가 도덕적 가치나 덕목에 부합해야만 한다. 또한 목표에 이르는 경로 역시 도덕적이어야만 한다. 목적이나 목표가 그것에 이르는 경로와 수단을 결코 정당화할 수 없음을 우리는 초등학생에게 분명하게 인식시켜야만 한다. 또한 우리는 도덕적으로 타당하지 않은 목표나 경로에 에너지와 동기를 투입하는 것 역시 바람직하지 않은 것임을 초등학생이 분명히 알 수 있게 지도해야 한다. 이러한 고려가 수반될 때, 스나이더의 희망 이론에 근거한 학교 기반 희망 개입은 초등 도덕교육에서 의미와 중요성을 가질 수가 있다.

스나이더의 희망 이론은 상당히 자기중심적인(self-centered) 특성을 보여 준다. 그의 이론은 개인적 목표 달성을 위한 개인의 유능함을 배타적으로 강조한다는 점에서 그렇다(Krafft & Walker, 2018, 5). 그의 이론에서 희망적인 사람의 핵심 속성은 자신의 개인적 목표를 향한 끈기와 집념, 적극적 사고와 행동이다. 희망 추구에서 타인과의 관계 역시 매우 중요함에도 불구하고, 앞서 살펴보았듯이 스나이더는 그것을 희망적 사고의 양육 및 지지 조건으로서만 고려하는 한계를 보인다. 그러나 도덕교육 관점에서 볼 때, 개인의 목표를 추구하는 것만이 능사는 아니다. 우리의 목표 추구는 타인의 목표와 관점을 고려하는 가운데 이루어져야만 한다. 이를테면, 자신의 목표 추구를 위해 다른 가족 성원의 목표와 관점을 전적으로 무시하는 것은 결코 바람직하지 않다. 나의 목표 추구가 타인의 목표 추구를 저해하는 활동이 되어서도 안 된다. 우리의 목표 추구는 어디까지나 타인, 공동체, 동물, 지구촌, 생태계 등 관계의 네트워크 속에서 타인이나 타자의 목표와 관점을 중시하고 고려하는 가운데 이루어져야만 도덕적 타당성을 가질 수 있기 때문이다.

2) 긍정 정서로서 희망의 가치와 중요성

스나이더의 희망 이론은 정서보다는 사고와 행동을 강조하고, 정서는 목표의 성공이나 좌절로부터 파생하는 부산물에 불과하다는 입장을 보인다. 따라서 스나이더의 희망 이론을 기계적으로 초등 도덕교육에 적용하는 것은 가뜩이나 인지적 접근에 치우친 초등 도덕교육의 인지주의 편향을 더욱 심화시킬 위험성이 존재한다.

희망 이론이 긍정심리학의 대두와 더불어 더욱 득세하게 된 것은 사실이지만, 인지 과정으로서 희망 개념은 긍정심리학의 이론 체계와 잘 부합하지 않는다. 사실 긍정심리학 이론 틀에서 희망은 초월의 덕에 속한다(Niemiec, 2013, 12). 왜냐하면 희망은 자기 나름의 지식과 대처 능력을 훨씬 넘어서는 것이기 때문이다. 긍정심리학에서 희망은 우리에게 의미, 목적, 기본적인 신념을 제공하는 우리보다 더 큰 무엇과의 유대를 형성해 주기 때문에 초월의 덕으로 분류된다. 성품 강점과 미덕의 분류 체계에서 희망은 낙관성과 미래 지향성을 표상하는 가운데 감사, 심미안, 탁월성, 유머, 영성과 종교적 신앙과 같은 여타의 성품 관점과 긴밀하게 연결되어 있다. 또한 하나의 초월적인 성품 강점으로서 희망은 우리가 선함을 기대하고 추구하는 데 헌신하도록 해 주는 도덕적 틀을 제공하는 여러 가치와 매우 깊게 연결되어 있다.

이것은 우리가 희망을 성품 강점 활용의 맥락에서도 활용할 수 있음을 분명하게 보여 준다. 실제로 개인의 강점과 재능에 기반을 둔 개입 활동은 학생의 희망과 학교에의 관여 및 참여를 증진하는 데 매우 효과적임을 보여 주는 다수의 증거가 존재한다(Marques & Lopez, 2014, 191). 따라서 희망 이론에 근거한 개입 활동을 강점에 근거한 개입 활동과 결합하여 사용하는 것은 학생의 희망적 사고 향상에 더욱 효과적이다.

한편 긍정 정서의 확장 및 축적 이론에 따르면, 긍정 정서로서 희망은 변혁적 속성을 갖는다. 긍정 정서로서 희망의 효과는 마인드세트, 주의력과 사고 행동 레퍼토리의 범위를 확장하여 역경에 대처하는 심리적·인지적·사회적·신체적 자원을 축적하는 것이다. 긍정 정서로서 희망의 또 다른 효과는 더욱 좋은 것을 지향하도록 개인을 변혁하는 것이다. 좋은 기분이나 쾌락과 같은 일부 정서는 쾌락주의적인 행복을 높여주지만, 희망은 개인의 내적인 강점, 삶의 의미, 타인과의 관계와 밀접하게 연결된 자기실현적인 웰빙(eudaemonic well-being)이나 플로리싱(flourishing)의 일부분으로 여겨질 수 있다. 이러한 확장 및 축적 효과 때문에 희망적인 사람은 타인을 돕는 것, 단기적인 욕구 충족보다는 사물에 대해 장기적인 관점을 취하는 것, 도덕적 가치(예: 친교, 감사, 생산성, 사심 없음, 친절, 낯선 사람 포용 및 포함)의 채택 및 중시를 통해 더욱 이타적이고 생산적인 행동을 자주 실천한다(Krafft & Walker, 2018, 7). 이런 관점에서 보면, 희망은 분석·계획·논리와 같은 인지 기술에 의해서만 향상될 수 있는 것이 결코 아니다. 긍정 정서로서 희망은 명상, 기도, 내적 자아와의 심층적인 연결 맺기, 고차적인 영적인 힘을 통해서도 얼마든지 향상될 수 있는 것이다 (Fredrickson, 2002, 129-130; Fredrickson, 2013, 35).

이것은 우리가 학교 기반 희망 개입을 초등 도덕교육에 적용할 때, 긍정 정서로서 희망을 음미(savoring)하는 경험을 추가하여 적용하는 것이 더욱 효과적임을 암시해 준다. 학생들이 매우 긍정적인 정서 상태에서 목표를 설정하고, 경로 사고와 주도 사고를 형성하는 것이 희망 사고의 발달에 더욱 도움을 주기 때문이다. 예를 들어, 교사는 학생들이 최상의 가능한 자아의 모습을 상상하면서 자신의 목표를 설정하도록 유도할 수 있다. 교사는 학생들이 과거에 희망적인 생각을 하여 기분이 좋았던 때를 떠올려 보게 한 후에 목표에 이르는 다양한 경로를 찾게 할 수도 있다. 교사는 학생들이 자신의 희망 사고에서 중요한 역할 모델로 삼고 있는 주인공을 상상하면서 예기치 않은 역경이나 도전에 맞서는 효과적인 주도 사고의 사례를 찾아보도록 권면할 수도 있다. 이렇듯 희망이라는 긍정 정서 유발로 생긴 주의 폭 및 행동 레퍼토리의 확장은 학생들이 목표 발견과 설정, 경로 사고 및 주도 사고를 더욱 효과적으로 발휘하는 데 더욱 유리한 조건을 제공한다.

　지금까지 살펴본 바와 같이, 스나이더의 희망 이론에 근거한 학교 기반 희망 개입은 희망이 심리교육적인(psychoeducational) 시도를 통해 얼마든지 향상될 수 있는 구인임을 분명하게 보여 주었다. 학교 기반 희망 개입은 경로 사고와 주도 사고의 확장을 통해 희망을 배울 수 있고 더욱 강화할 수 있음을 보여 주었다(Cheavens & Ritschel, 2014, 407). 또한 학생의 희망적 사고를 향상시켜 주는 것은 아동의 학업, 신체적·정신건강, 인간관계 등 여러 면에서 긍정적인 이득을 가져다준다는 것을 입증하였다. 최근 학교 기반 긍정심리학 개입의 효과가 알려지면서, 우리의 교육계에서도 이를 앞다투어 수용하려는 움직임이 거세고 일고 있다.

　도덕교육자로서 우리는 교육적 유행타기에 편승한 기계적인 적용보다는 문화적 고려에 근거한 증거 기반의 접근법을 채택해야 하며, 동시에 해당 이론과 그 기법의 한계에 대해서도 명확하게 인식해야만 한다. 이에 이 장에서는 스나이더의 희망 이론에 근거한 학교 기반 희망 개입의 사례를 살펴보고, 이를 초등 도덕교육 관점에 적용할 때 유의점을 밝히는 데 초점을 맞추었다. 희망을 품고 사는 것은 그 자체로 좋은 일임에 틀림없다. 하지만 어떤 희망을 품고 사는가의 문제도 역시 중요하다. 너무 높은 희망은 기대와 현실 간의 괴리에서 오는 불안감과 좌절감을 증폭할 수 있다. 반대로 너무 낮은 희망은 우리에게 권태와 무료감을 수반할 수 있다. 우리는 자신의 능력과 기술에 맞는 현실적이고 합리적이며, 도덕적이고 실현 가능한 희망을 꿈꾸어야만 한다.

우리는 학생들이 저마다 도덕적으로 가치 있는 희망적 사고를 발달시키면서, 자신의 희망 못지않게 타인의 희망과 관점도 고려할 수 있도록 지도해야 한다. 또한 우리는 목표 달성을 위한 사고와 행동을 찾아낼 수 있는 인지적 능력과 더불어 긍정 정서로서 희망을 음미할 줄 아는 학생을 길러내야 한다. 그리고 이것은 도덕교육자로서 우리에게 주어진 시대적 소명이다.

참고 문헌

추병완·박병춘(2014), "희망 이론의 도덕교육적 함의와 적용 방안", 『도덕윤리과교육』, 43, 155-185.

추병완·최윤정·이수인(2016), "초등 도덕교과에서의 희망 성향 함양 방안", 『도덕윤리과교육』, 52, 147-177.

Bolland, J. M. (2003), "Hopelessness and risk behaviour among adolescents living in high-poverty inner-city neighborhoods", *Journal of Adolescence*, 26(2), 145-158.

Cheavens, J. S. & Ritschel, L. A. (2014), "Hope theory", In M. M. Tugade, M. N. Shiota & L. D. Kirby (Eds.), *Handbook of positive emotions* (pp.396-410), New York: The Guilford Press.

Diessner, R., Rust, T., Solom, R. C., Frost, N. & Parsons, L. (2006), "Beauty and hope: A moral beauty intervention", *Journal of Moral Education*, 35(3), 301-317.

Fredrickson, B. L. (2002), "Positive emotions", In C. R. Snyder & S. J. Lopez (Eds.), *Handbook of positive psychology* (pp. 120-134). New York: Oxford University Press.

Fredrickson, B. L. (2013), "Positive emotions broaden and build", *Advances in Experimental Social Psychology*, 47(1), 1-53.

Krafft, A. M. & Walker, A. M. (2018), "Exploring the concept and experience of Hope - Theoretical and methodological foundations", In A. M. Krafft, P. Perrig-Chiello & A. M. Walker (Eds.), *Hope for a good life* (pp. 3-19), New York: Springer.

Lopez, S. J. & Louis, M. C. (2009), "The principles of strengths-based education", *Journal of College and Character*, 10, 1-8.

Lopez, S. J., Rose, S., Robinson, C., Marques, S. C. & Pais-Ribeiro, J. (2009), "Measuring and promoting hope in schoolchildren", In R. Gillman, E. S. Huebner & M. J. Furlong (Eds.), *Handbook of positive psychology in schools* (pp. 37-50), New York: Routledge.

Magyar-Moe, J. L. & Lopez, S. J. (2015), "Strategies for accentuating hope", In S. Joseph (Ed.), *Positive psychology in practice: Promoting human flourishing in work, health, education, and everyday life* (pp. 483-502), Hoboken: John Wiley & Sons Inc.

Marques, S. C. & Lopez, S. J. (2014), "The promotion of hope in children and youth", In G. A. Fava & C. Ruini (Eds.), *Increasing psychological well-being in clinical and educational settings* (pp. 187-196), New York: Springer.

Marques, S. C. & Lopez, S. J. (2017), "The development of hope", In M. L. Wehmeyer, K. Shogren, T. D. Little & S. J. Lopez (Eds.), *Development of self-determination through the life-course* (pp. 271-281), New York: Springer.

Niemiec, R. M. (2013), "VIA character strengths: Research and practice", In H. H. Knoop & A. D. Fave (Eds.), *Well-being and cultures: Perspectives from positive psychology* (pp. 11-29), New York: Springer.

Pedrotti, J. T., Edwards, L. & Lopez, S. J. (2008), "Promoting hope: Suggestions for school counselors", *Professional School Counseling*, 12(2), 100-107.

Peterson, C. & Seligman, M. E. P. (2004), *Character strength and virtues: A handbook and classification*, Oxford: Oxford University Press.

Shorey, H. S., Snyder, C. R., Rand, K. L., Hockemeyer, J. R. & Feldman, D. B. (2002), "Somewhere over the rainbow: Hope theory weathers its first decade", *Psychological Inquiry*, 13(4), 322-331.

Snyder, C. R. (2000), "Genesis: Birth and growth of hope", In C. R. Snyder (Ed.), *Handbook of hope: Theory, measures, and applications* (pp. 25-57), San Diego: Academic Press.

Snyder, C. R. (1994), *The psychology of hope: You can get there from here*, New York: Free Press.

Snyder, C. R. (2002), "Hope theory: Rainbows in the mind", *Psychological Inquiry*, 13(4), 249-275.

Snyder, C. R., Feldman, D. B., Shorey, H. S. & Rand, K. L. (2012), "Hopeful choice: A school counselor's guide to hope theory", *Professional School Counseling*, 5(5), 298-307.

8장
음미와 도덕교육

　초등 교실을 들여다보면 우리는 정서 표현과 관련하여 두 부류의 아이를 쉽게 접할 수 있다. 어떤 아이는 자신의 요구나 욕망 그리고 심지어는 자신의 좌절 상황을 침착한 목소리로 조리 있게 표현한다. 그런가 하면 어떤 아이는 비명을 지르거나 책상을 주먹으로 내려치거나 또는 심한 경우에는 옆의 아이를 때리기도 하면서 자신의 정서를 온몸으로 표현한다. 이 2가지 사례는 아동의 정서 표현의 본질과 현상을 극명하게 잘 보여 준다.

　인간의 정서는 개인 내적인 그리고 개인 간의 삶에서 매우 중요한 위상을 점유한다. 정서 경험은 우리가 긍정적이든 혹은 부정적이든 모종의 기능을 수행하는 데 강력한 영향을 미친다. 이러한 강력한 영향력 때문에 정서 경험은 자유로이 부유해서는 안 된다. 오히려 우리의 정서 경험과 표현은 우리 자신 및 사회의 요구에 부합하도록 어느 정도 조절될 필요가 있다. 수많은 연구는 정서 조절이 우울 위험 감소, 폭력 표현에 대한 통제력 증가, 도덕성 발달을 포함한 심리적 발달에 매우 효과적임을 보여 주었다(Nezlek & Kuppens, 2008, 562).

일반적으로 정서 조절(emotion regulation)은 여러 부류의 정서를 활용하여 환경 자극에 통제된 방식으로 반응하는 개인의 능력을 지칭한다. 정서 조절은 개인이 경험하는 정서의 유형, 그러한 정서를 경험하는 시점, 그러한 정서를 표현하고 경험하는 방식에 영향을 주려는 시도를 의미한다(Tugade & Fredrickson, 2008, 312). 달리 말해, 정서 조절은 주어진 상황에서 정서 반응의 범위와 적절한 수준을 가늠하여 표현할 수 있는 능력을 뜻한다. 주어진 상황이나 환경의 자극 단서에 대해 자신에게 생긴 정서가 무엇인지를 분명하게 알아차리고, 그것을 적절하게 표현하거나 통제하는 방법을 익히는 것은 아동기의 성공적인 발달에 매우 중요하다. 그 이유는 아동의 사회·정서 역량이 심리적·사회적 웰빙과 신체·정신건강의 중핵을 이루고 있기 때문이다(Cefai & Cavioni, 2014, 11).

최근 긍정심리학 및 긍정교육의 확산과 더불어 아동의 웰빙과 삶의 질 향상에서 긍정 정서 조절의 중요성이 더욱 커지는 추세다. 긍정 정서 경험은 단순히 우리를 기분 좋게 만드는 데에 그치지 않는다. 그것은 직업, 대인 관계, 신체건강과 같은 중요한 삶의 영역에서 매우 장기적인 이득을 가져다주기도 한다(Armenta, Fritz & Lyubomirsky, 2017, 183). 우리에게 널리 알려진 긍정 정서의 확장 및 축적 이론(broaden-and-build theory)에 따르면, 긍정 정서는 지적·심리적·사회적·신체적 자원을 확장·축적함과 동시에 부정 정서의 효과를 취소하는 강력한 힘을 발휘한다(Fredrickson, 2001, 220-221). 긍정 정서 경험을 유지하고 강화하는 것은 개인의 심리적 회복탄력성 향상에도 매우 효과적이다(Tugade & Fredrickson, 2008, 320). 실제로 '3가지 좋은 일'(three good things)이나 '축복 헤아리기'(counting blessings)와 같이 긍정 정서에 초점을 맞춘 개입 프로그램은 학생의 우울과 불안을 예방하고, 삶의 만족을 증가시켜 주는 데 탁월한 효과가 있음이 이미 수많은 연구를 통해 입증되었다(Seligman et al., 2009, 294). 도덕 심리학의 최근 연구 결과 역시 감사, 고양, 감탄, 경외와 같은 긍정 도덕 정서가 도덕 판단과 행동에서 중요한 역할을 수행한다는 것을 잘 보여준다(Haidt, 2003, 866; Vélez García & Ostrosky- Solıs, 2006, 352; Algoe & Haidt, 2009, 123; Teper, Zhong & Inzlicht, 2015, 6).

도덕적 삶을 영위하기 위해서는 깊이 있는 성찰을 통해 자신의 도덕적 위반 행동에 대해 죄책감이나 수치심과 같은 부정 도덕 정서를 느끼고 체험하는 것이 중요하다. 하지만 그것 못지않게 자신의 선행이나 타인의 친사회적 행동에 대해 긍정 정서를 느끼고 만끽하는 것도 마찬가지로 매우 중요하다. 특히 우리 사회는 자신에게 생긴 좋은 일을 통해 발생한 긍정 정서를 남에게 터놓고 큰소리로 드러내기보다는 스스로 삼가고 억제하는 것을 암암리에 강조했기에, 아이나 어른 모두 긍정 정서의 유지·강화·표현의 측면에서 서양 사람들보다 비교적 서툴다.

긍정 정서가 가져다주는 혜택과 이득이 분명해진 만큼 이제 우리는 긍정 정서 조절로서 음미(savoring)에 대해서도 깊은 도덕교육적 관심을 드러내야만 한다. 이론적 관점에서 음미는 긍정 정서의 확장 및 축적 이론의 기저를 이루는 잠재적인 기제다(Smith & Bryant, 2016, 5). 긍정 정서를 음미하는 정도는 웰빙 수준과 밀접한 관계가 있고, 특히 긍정 도덕 정서의 음미는 도덕성 발달과도 밀접한 관련을 맺기 때문이다. 우리는 초등학생이 자신의 긍정 정서를 음미하는 방법을 배울 수 있는 기회를 교실 수업을 통해 분명하고 폭넓게 제공해 주어야만 한다. 이에 여기서는 초등 도덕교육에서 긍정 정서 음미 전략을 활용하는 효과적인 방안을 모색하려 한다. 이 장에서는 긍정 정서의 유형과 기능, 긍정 정서 조절로서 음미에 관한 이론적 근거를 살펴보고, 도덕 수업에서 긍정 정서의 음미 전략을 활용하는 효과적인 방법을 제시할 것이다.

1. 긍정 정서의 유형과 기능

1) 정서란 무엇인가?

　우리는 거의 매 순간마다 모종의 정서 경험을 하는 존재지만, 정서를 한마디로 정의하는 것은 생각보다 매우 어렵다. 정서 연구자의 대부분은 정서가 감정과 행동 경향성의 요소를 갖고 있다는 사실에 동의한다. 정서는 개인이 현재 갖고 있는 감정 상태이다. 그리고 정서는 행동 경향성, 즉 생물학적 기반의 행동 반응을 포함한다. 공포에 대한 행동 경향성은 달아나는 것이고, 노염에 대한 행동 경향성은 공격하는 것이다. 하지만 정서의 본질적인 성격 규정에서 학자마다 의견의 차이가 발생한다.
　일부는 정서가 범주적으로 매우 독특한 상태(distinct state)라고 주장한다. 이러한 관점을 따른 학자는 일군의 기본적인 정서(행복, 노염, 공포, 슬픔, 놀람, 혐오)가 존재하고, 개별 정서는 감정, 각성, 문화적으로 보편적인 표현 방식에서 독특한 유형을 갖고 있다고 주장한다. 일부는 정서를 유인가(긍정-부정), 활성화(적극-소극), 강도(약한-강한)와 같은 여러 상이한 교차점에서 가장 잘 설명될 수 있는 유동적인 퍼지 상태(fuzzy conditions)로 규정한다. 또 다른 연구자는 위의 두 관점에서 강조한 요소를 통합한 원형(prototype) 접근법을 제시한다. 이 관점에 따르면 일군의 원형적인 정서가 존재하고, 개별 정서는 몇 가지 독특한 특성(예: 독특한 감정, 인지, 생리적 반응, 표현 행동)으로 구성된다. 각각의 핵심 정서는 하나 이상의 차원에서 서로를 구별시켜주는 관련된 정서 군을 포함한다. 이를테면 기쁨 군은 재미, 만족, 자부심, 열광을 포함한다(Burleson & Rack, 2008, 1-2).
　최근에 일부 학자는 정서를 하나의 증후(syndrome)로 규정한다. 이 관점은 정서를 여러 가지 구성 요소로 이루어진 증후로 파악한다. 이를테면, 완전한 정서 경험은 감정 상태(상대적으로 간결하고 강하게 지각되는 주관적인 경험), 행동 경향성(동기적인 지향), 일군의 인지(환경에 대한 해석), 표현 행동의 집합(비언어적, 준언어적, 언어적 신호와 상징), 생리적 상태(신경 내분비, 심혈관, 호흡기 반응)와 같은 여러 구성 요소를 포함한다. 그러나 그 구성 요소를 무엇으로 파악하는지에 대해서는 학자마다 약간의 이견이 존재한다.

이러한 관점을 대변하는 지배적인 이론에 따르면, 정서는 상황에 대한 평가, 생리적 변화, 그 정서를 타인에게 표현하는 몸짓, 생리적 변화와 표현적인 몸짓에 이름을 붙인 언어적 명칭, 개인이 정서 상태를 해결하거나 계속하는 방법에 인지적으로 초점을 맞추는 시간 동안의 불응 상태(refractory state)라는 5가지 요소로 이루어진 단기간의 심리적·생리적 상태다(Sharp & Kidder, 2013, 342). 이것의 간단한 예를 들어보자. 지금 내가 어떤 논문을 쓰면서 나는 오늘 목표로 한 분량을 완성하지 못한 것(상황적 단서) 때문에 나 자신에게 화가 날 수 있다. 이 상황적 단서는 갑자기 심장 박동이 빨라지거나 근육이 긴장되는 것과 같은 생리적 변화와 더불어 미간을 찌푸리는 몸짓 행동을 유발한다. 이러한 요인의 결합에 대해 통상적으로 우리는 '화' 혹은 '노염'이라는 명칭을 부여한다. 이러한 생리적 변화와 몸짓 행동 동안, 잔뜩 화가 난 상태인 나는 연구실이라는 즉각적인 환경에서 여타 정보를 무시하는 가운데 오직 화를 해결하는 방법에 인지적 관심과 주의를 집중하는 불응 상태를 경험한다.

2) 긍정 정서의 기능과 유형

앞서 살펴보았듯이, 우리는 정서를 그 유인가에 따라 긍정 정서와 부정 정서로 구분한다. 사실 대부분의 정서 연구자는 긍정 정서보다는 부정 정서 연구에 심취했기에, 긍정 정서의 본질과 기능에 관한 연구의 역사는 일천하다. 긍정 정서는 미소나 웃음처럼 명백한 행동을 통해 표현되는 긍정적인 기분 상태의 경험과 표현을 포괄하는 쾌락적·행동적·동기적·생리적인 특성을 포함한다. 일반적으로 긍정 정서는 적응적이고, 접근이나 욕망 동기를 포함하며, 유쾌한 유인가를 갖고 있다(Smith, Tong & Ellsworth, 2014, 15). 부정 정서는 주관적으로 기분을 나쁘게 하고, 자기 보호적인 동기 부여 기능에 기여하지만, 긍정 정서는 주관적으로 기분을 좋게 하고, 욕망 동기 부여 기능을 수행한다(Smith, Tong & Ellsworth, 2014, 16).

프레드릭슨의 확장 및 축적 이론은 긍정 정서의 고유한 적응적 기능을 명쾌하게 설명한다. 이 이론은 기존의 정서 연구에서 제대로 설명하지 않은 긍정 정서의 독특한 효과를 잘 설명한다. 긍정 정서의 확장 및 축적 이론에 따르면, 긍정 정서는 특정한 행동 경향성을 제공하기보다는 오히려 확장된 그리고 확산된 사고-행동 경향성을 활성화한다(Tugade, Devlin & Fredrickson, 2014, 29). 긍정 정서는 우리의 주의력을 확장함과 동시에 유연한 사고, 의사결정, 창의성을 촉진하여 우리의 사고를 확장한다. 이러한 경험은 축적되고 복합되어 심리적(예: 대처와 회복탄력성, 자기 효능감, 수동성 감소, 마음 챙김, 정체성 발달, 목표 지향, 낙관성), 사회적(예: 사회적 지지, 긍정적 평판, 사회적 유대 강화 및 새로운 유대 생성), 지적(예: 마음 챙김 인식, 추론 기술, 특정 지식, 문제 해결 기술, 새로운 정보 학습), 신체적 영역(예: 면역 기능, 신속한 스트레스 조절, 힘 증가 및 심혈관 건강 증진)에서의 성장과 발달을 가능하게 한다(Cohn, 2008, 5; Tugade & Fredrickson, 2007, 317; Fredrickson, 2003, 333). 이렇게 축적된 자원은 다시 확산적 사고와 행동의 폭을 넓혀 주고, 그 결과 새로운 개인적 자원의 축적에 기여한다. 이런 식으로 축적된 새로운 자원은 우리 조상이 신체와 생명을 위협하는 위험을 극복하며 생존할 기회를 높여주었다.

이것을 아동의 놀이에 적용하여 생각해 보자. 아이에게 노는 것은 기쁨이라는 긍정 정서를 수반한다. 놀이는 아이의 신체적 자원을 축적해주고, 사회적 놀이는 지속적인 사회적 유대와 애착을 축적한다. 아동의 놀이는 창의성 수준을 증가시켜 지적 자원을 축적하고, 공감과 감사에 필요한 마음 이론을 만들어내며, 두뇌 발달에 연료를 제공한다. 이렇듯 놀이와 자원 축적 간의 연합은 놀이가 아동 발달에 본질적임을 말해 준다(Fredrickson, 2004, 148).

긍정 정서의 확장 및 축적 이론은 긍정 정서에 기능과 기제를 부여한다. 여기서 긍정 정서의 기능은 진화를 통해 선택된 것으로 오래 지속할 수 있는 개인적 자원을 구축하는 것이다. 그리고 이러한 효과를 가져오는 단기적인 기제는 바로 사고-행동의 레퍼토리가 확장된다는 것이다. 한편 긍정 정서는 취소 기능도 갖는다. 긍정 정서는 부정 정서의 사후 효과를 교정하거나 취소한다(Fredrickson et al., 2000, 239). 취소 기능은 대처 과정에서 긍정 정서의 중요한 역할을 이해하는 데 많은 도움을 준다. 연구 결과는 공포, 노염, 불안과 같은 부정 정서가 경보(alarm) 기능을 갖고 있음을 보여 준다. 부정 정서는 우리의 몸이 맞서 싸우거나 아니면 도망가도록 생리적으로 준비 태세를 갖추게 하는 교감 각성을 산출한다. 이와는 반대로 만족, 기쁨, 관심과 같은 긍정 정서는 누그러뜨리는 진정 기능을 갖고 있다. 긍정 정서는 부정 정서가 생성한 교감 각성을 해체하고, 스트레스를 받기 이전의 수준으로 되돌아가는 생리적 반응을 생성하는 데 많은 도움을 준다(Tugade, Devlin & Fredrickson, 2014, 29).

프레드릭슨이 제시한 확장 및 축적 이론의 초점은 전반적인 긍정 정서의 속성을 밝히는 데 맞추어져 있기 때문에, 상이한 긍정 정서의 독특한 속성과 동기적인 충동을 밝히는 데에는 다소 한계가 있다. 이에 일부 연구자는 긍정 정서 경험의 분화에 관심을 갖게 되었다. 이러한 관점에 따르면, 긍정 정서는 이득 관련 정서(예: 행복, 자부심, 감사)와 기회 관련 정서(예: 희망, 관심, 도전/결정)로 구분될 수 있다(Smith, Tong & Ellsworth, 2014, 18). 일부 연구자는 긍정 정서의 기능적 분석에 심혈을 기울였다. 그들은 자부심, 재미, 양육적인 사랑, 애착 사랑, 만족, 열광, 경외, 성적 욕망의

8가지 정서를 물질, 사회, 정보라는 3가지 기회 유형에 따라 분류하였다. 물질적 기회에 대한 반응으로서 긍정 정서는 열광과 만족을 포함한다. 사회적 영역에서 중요한 기회에 대한 반응으로서 긍정 정서는 성적 욕망, 애착 사랑, 양육적 사랑, 자부심을 포함한다. 학습의 기회에 대한 반응으로서 긍정 정서는 재미와 경외를 포함한다(Shiota et al., 2014, 107).

통(Tong, 2015, 487)은 13가지 긍정 정서를 평가 이론에 근거하여 구분하였다. 그는 동기 적절성 평가(적절성), 동기 합치 평가(유쾌함, 목표 달성), 행위자 평가(자신, 타인, 상황), 통제 평가(자신, 타인, 상황), 난도 평가(문제, 노력), 확실성 평가(확실성, 예측 가능성)의 6가지 평가 기준에 의거하여 13가지의 정서를 평가했다. 유쾌함은 '이 상황이 얼마나 유쾌한가?'를 평가한다. 적절성은 '이 상황에서 자신의 욕구/목표/욕망이 얼마나 중요한가?'를 평가한다. 문제는 '자신이 원하는 것을 얻기 전에 해결해야만 할 문제가 있는가?'를 평가한다. 목표 달성은 '자신이 이루길 바라는 중요한 목표/소망을 이루었는가?'를 평가한다. 행위자-자신은 '자신이 유발한 것인가?'를 평가한다. 행위자-타인은 '타인이 유발한 것인가?'를 평가한다. 행위자-상황은 '자신의 통제를 넘어선 상황이 이 사건을 유발한 것인가?'를 평가한다. 통제-자신은 '발생한 것을 자신이 통제할 수 있다고 느끼는가?'를 평가한다. 통제-타인은 '누군가가 발생한 사건을 통제하고 있다고 느끼는가?'를 평가한다. 통제-상황은 '어느 누군가의 통제를 넘어선 상황이나 힘이 그 사건을 통제하고 있다고 느끼는가?'를 평가한다. 확실성은 '발생한 것을 얼마나 확신했는가?'를 평가한다. 예측 가능성은 '다음에 일어날 것을 얼마나 예측할 수 있는가?'를 평가한다. 끝으로 노력은 '이 상황을 처리하려면 자신이 노력을 해야만 한다고 느끼는가?'를 평가한다(Tong, 2015, 503).

이러한 평가에 따른 13가지 긍정 정서의 차이는 다음과 같다(Tong, 2015, 487). 재미(amusement)는 기대를 깨뜨리는 온화한 사건에 의해 유발되고, 주로 타인의 행동에 의해 활성화된다. 따라서 재미는 유쾌함과 행위자(타인)에서 높지만, 문제와 노력에서는 매우 낮다. 경외(awe)는 주로 외적 유발 인자에 의해 생성되고, 자신은 어떤 더 큰 것의 일부라는 인식을 수반한다. 따라서 재미는 유쾌함, 행위자(타인), 행위자(상황)에서 매우 높고, 적절성과 행위자(자신)에서는 매우 낮다. 도전(challenge)은 곤경을 견뎌내고 문제를 해결할 동기를 부여한다. 도전은 적절성, 문제, 통제(자신), 노력에서 매우 높고, 유쾌함은 매우 낮다. 자비(compassion)는 불행을 겪는 사람에 대한 도움 제공을 동기화한다. 자비는 문제, 행위자(상황), 통제(상황)에서는 매우 높지만, 유쾌함과 목표 달성에서는 매우 낮다. 감사(gratitude)는 유쾌함, 적절성, 목표 달성, 행위자(타인), 통제(타인)에서는 매우 높지만, 행위자(자신)에서는 매우 낮다. 희망(hope)은 유쾌함, 적절성, 문제, 통제(상황), 노력에서는 매우 높지만, 예측 가능성과 확실성 그리고 통제(자신)에서는 매우 낮다. 흥미(interest)는 유쾌함, 적절성, 통제(자신)에서 매우 높다. 기쁨(joy)은 유쾌함, 적절성, 목표 달성, 행위자(자신), 행위자(타인)에서 매우 높고, 문제와 노력에서는 매우 낮다. 자부심(proud)은 유쾌함, 적절성, 목표 달성, 행위자(자신), 통제(자신)에서는 매우 높고, 행위자(타인, 상황)와 통제(타인, 상황)에서는 매우 낮다. 바람직하지 않은 결과를 회피하는 것을 의미하는 안도(relief)는 유쾌함, 적절성, 목표 달성, 문제, 행위자(상황), 통제(상황), 노력에서는 매우 높지만, 통제(자신)에서는 매우 낮다. 낭만적 사랑(romantic love)은 유쾌함, 적절성, 행위자(타인)에서는 매우 높지만, 노력에서는 매우 낮다. 끝으로 평온(serenity)은 유쾌함, 확실성, 예측 가능성에서는 매우 높지만, 문제와 노력에서는 매우 낮다.

사실 모든 긍정 정서가 도덕교육에서 어느 정도 중요성을 차지할 수 있으나, 특히 몇 개의 정서는 도덕교육에서 매우 중요한 위상을 차지한다. 감사의 사고-행동 경향성은 친사회적인 사람이 되려는 창조적인 충동이고,

평온의 사고-행동 경향성은 음미하고 통합하는 것이다. 그리고 희망의 사고-행동 경향성은 더 나은 미래를 위한 계획 수립이고, 감화의 사고-행동 경향성은 더 나은 사람이 되려는 노력이며, 경외의 사고-행동 경향성은 몰입과 조절을 통한 새로운 세계관 정립이고, 사랑의 행동 경향성은 상호 돌봄과 보살핌이다(Fredrickson, 2013, 5). 따라서 이러한 긍정 정서는 도덕적인 사람이 되는 데 매우 유용한 정서라고 말할 수 있다.

특히 하이트(Haidt, 2003, 276)는 도덕 정서는 적어도 행위자 자신 이외의 다른 사람과 사회의 이해관계나 복지와 관련되어야 한다는 사실을 강조했다. 이것은 도덕 정서가 사심이 없음과 동시에 친사회적 행동 경향성을 갖고 있어야 함을 의미한다. 그는 도덕 정서를 타인 비난 정서(예: 경멸, 분노, 혐오), 자기 의식적인 정서(예: 수치심, 당황, 죄책감), 타인 고통 정서(예: 자비), 타인 칭찬 정서(예: 감사, 경외, 고양)로 구분하였다. 이 가운데 자비, 감사, 경외, 고양은 도덕교육에서 중시해야 할 대표적인 긍정 도덕 정서에 속한다. 이러한 긍정 도덕 정서는 친사회적 행동 경향성만이 아니라 자기-타인 중첩을 통한 편견 감소, 긍정 정서 경험을 통한 삶의 의미 발견 및 유지, 회복탄력성 계발을 통한 효과적인 대처 전략 활용에 도움을 주므로 정신건강과 도덕성 발달에 매우 유익하다.

2. 긍정 정서 조절로서의 음미

사실 우리의 일상생활은 매우 복잡한 정서 조절에 의해 지배된다. 이 글을 쓰면서 나는 내 생각대로 글이 잘 써지지 않아 생기는 부정 정서를 나름대로 조절한다. 나는 커피 한 잔을 마시며 기분을 전환하려 하거나, 잠시 밖에 나가 시원한 공기를 마시려 한다. 이렇듯 우리는 부정 정서로 생긴 나쁜 기분을 순간적으로 기분 좋게 끌어 올릴 여러 방도를 찾는다.

그런가 하면 우리는 기분 좋은 일로 긍정 정서가 생성된 경우 그 긍정 정서를 오래 유지하고 지속하는 데에도 많은 노력을 기울인다. 음미는 긍정 정서의 자기 조절을 의미하는 대표적인 용어다. 음미는 긍정 정서 경험을 유지·확장하기 위해 사용되는 정서 조절의 인지적 형태다. 음미는 자신의 쾌락적 경험에 대한 의식적인 인식 혹은 의도적인 주의집중을 포함한다. 대부분의 경우 음미는 과거, 현재 그리고 미래에서 긍정 경험에 주의를 기울여 긍정 정서를 생성·유지·향상하는 것을 목표로 한다(Bryant, Chadwick & Kluwe, 2011, 108).

그렇다면 긍정 정서 경험을 음미한다는 것이 뜻하는 바는 무엇일까? 음미라는 말의 어원은 라틴어의 'sapere'이다. 이 단어는 맛을 보다(taste) 그리고 현명해지다(be wise)는 뜻을 갖고 있었다. 영어의 'savor'는 '맛을 보다.'라는 뜻을 갖고 있기에 즐거움 혹은 쾌락과 동의어로 여겨질 수 있으나 경험을 '맛본다.' 혹은 '음미한다.'라는 것은 단순히 좋은 감정을 갖는 것 이상의 뜻을 내포한다고 보아야 한다. 음미라는 개념은 과거의 긍정 경험 기억(추억을 통해), 현재에서의 지속적인 긍정 경험(순간을 만끽함으로써), 미래의 긍정 경험(예상을 통해)에 주의를 기울임으로써 긍정 정서를 조절하는 과정을 의미한다(Smith et al., 2014, 42). 따라서 음미는 어느 정도의 마음 챙김과 메타 인지를 필요로 한다(Bryant & Veroff, 2007, 5). 음미의 본질을 명확하게 이해하려면 상호 관련된 4가지 개념적인 구성 요소를 식별하는 것이 매우 중요하다.

1) 음미 경험

가장 폭넓은 개념 수준에서 음미 경험(savoring experience)은 어떤 긍정적인 자극에 주의를 기울여 평가하는 순간에 드러나는 자신의 감각·사고·행동·감정으로 구성된다. 음미 경험은 개인의 감각, 지각, 사고, 행동 그리고 정서를 포괄하며 우리가 긍정적인 자극, 결과, 사건 등을 알아차리고 깨닫고 인식할 뿐 아니라 주변의 환경까지 파악하고 있는 것을 말한다. 음미 경험의 전형적인 사례는 음악 거장의 연주를 듣는 것, 맛있는 음식을 먹는 것, 따뜻한 욕조에 몸을 담그는 것, 칭찬을 받는 것, 좋은 친구와 함께 시간을 보내는 것, 상을 받는 것 등을 포함한다.

브라이언트와 베로프(Bryant & Veroff, 2007, 69)는 음미 경험을 개인의 지배적인 주의 초점에 따라 외적인 세계에 관한 음미 경험과 내적인 자아에 관한 음미 경험으로 구분하였다. 이것은 음미 경험 동안에 지배적인 주의 초점이 어디에 맞추어져 있는가에 따른 구분법이다. 세계 초점 음미(world focused savoring)에서 긍정적인 감정의 원천은 주로 자기 외부의 어떤 것이나 어떤 사람에게서 발견된다. 이를테면 장엄한 일몰에 경외감을 느끼는 것이다. 그런 경험에서 음미는 주로 외적인 자극에 대한 비자발적이고 통제 불능의 긍정 정서 반응으로 경험된다. 이와는 반대로, 자기 초점 음미(self-focused savoring)에서 긍정적인 감정은 주로 자기 내부에서 기원하는 것으로 지각된다. 자기 초점 음미는 자신을 전경에 놓고 외부 세계를 배경에 두는 것을 의미한다. 자기 초점 음미는 개인적 생각(행복한 기억, 창조적인 통찰, 개인적 독특성), 감정(자부심, 즐거움, 기쁨), 신체 감각(오한, 뛰는 심장, 닭살), 행동적 충동(미소, 웃음, 환호)에 초점을 맞춘다.

브라이언트와 베로프는 음미 경험을 인지적 성찰(자신의 주관적 경험에 대해 내관하는 것)과 체험적 몰두(지각적 몰입을 선호하여 내관을 최소화하는 것)로 구분하기도 하였다(Bryant & Veroff, 2007, 72). 이에 따르면, 우리는 긍정적인 정서 경험에 주의를 기울이는 방식을 2가지로 구분할 수 있다. 하나는 주관적인 경험을 내관하는 인지적 성찰(cognitive reflection)이고, 다른 하나는 지각적인 몰입을 선호하여 내관(introspection)을 최소화하는 체험적 몰두(experiential absorption)다.

그런데 일상의 음미 경험은 순전히 세계 초점적인 것 또는 순전히 자기 초점적인 것으로 구분되지는 않는다. 보통의 음미는 두 측면을 모두 가지고 있다고 보아야 한다. 간단한 예를 들어보자. 맛있는 음식으로 인한 긍정 정서 경험을 음미할 때, 우리는 입안에서 음식의 맛을 즐기는 동시에 그 음식이 이 맛의 원천이라는 사실을 인식한다. 친구와 자유여행을 하면서 휴가를 보내는 경험을 음미할 때, 우리는 친밀감이라는 긍정 정서를 즐기면서도 동시에 그 경험이 함께 하는 친구로부터 유래한다는 사실을 안다. 긍정 경험의 방향성과 관련하여 세계 초점 음미와 자기 초점 음미가 있으나, 사실 대부분 음미 경험은 그 둘이 모두 혼합된 양상을 보인다.

2) 음미 처리

개념상 중간 수준에서의 음미 처리(savoring process)는 우리가 주의를 기울이고 음미하도록 긍정적인 자극을 긍정적인 감정으로 변환하는 일련의 정신적·신체적 작업으로 시간이 지나면서 전개된다(Byant, Chadwick & Kluwe, 2011, 108). 상이한 음미 처리가 상이한 긍정 정서 상태를 조절한다. 음미 처리는 긍정 정서 상태에 따라 상이하다. 예를 들어, 감사하기(thanksgiving)는 감사(gratitude)를 조절하고, 경탄하기(marveling)는 경외(awe)를, 자축하기(basking)는 자부심(pride)을, 호사하기(luxuriating)는 신체적 쾌락을 조절한다(Byant, Chadwick & Kluwe, 2011, 109) 4가지 유형의 음미 처리를 음미 경험의 2유형과 결합하여 나타내면 <표 1>과 같다. 감사하기는 세계 초점의 인지적 성찰이고, 자축하기는 자기 초점의 인지적 성찰이다. 반면에 경탄하기는 세계 초점의 체험적 몰두이고, 호사하기는 자기 초점의 체험적 몰두다.

〈표 1〉 음미 처리 모델과 관련 정서

경험 유형	주의 초점	
	외부 세계	자기 내부
인지적 성찰	감사하기(고마움)	자축하기(자부심)
체험적 몰두	경탄하기(경외감)	호사하기(신체적 즐거움)

3) 음미 전략

  가장 협소한 개념 수준에서 음미 반응이나 전략(savoring response or strategy)은 음미 처리의 작동적인 구성 요소다. 그것은 긍정적인 감정의 강도를 증폭하거나 감소시키는 것 또는 긍정적인 감정의 지속을 연장하거나 단축시키는 구체적인 사고나 행동을 의미한다. 음미 반응이나 전략의 사례는 자신의 행운을 기억하기 위한 축복 헤아리기, 나중에 기억하려고 웅장한 일몰 장면을 정신적으로 사진 찍기, 맛있는 와인을 마시면서 눈을 지그시 감는 것 등을 포함한다(Byant, Chadwick & Kluwe, 2011, 109). 브라이언트와 베로프는 긍정 경험과 관련하여 사람들이 활용하는 대표적인 10가지 음미 전략을 제시하였다(Bryant & Veroff, 2007, 182; Byant, Chadwick & Kluwe, 2011, 109). 타인과 공유하기, 잘 기억하기, 자축하기, 감각·지각적으로 세밀하게 느끼기, 비교하기, 몰두하기, 행동으로 표현하기, 순간의 소중함을 인식하기, 축복 헤아리기, 기쁜 생각 억누르기(kill-joy thinking)를 삼가는 것은 긍정 정서 경험을 만끽하는 대표적인 전략이다.
  상이한 인지적 해석이 상이한 대처 전략의 활용을 예측하는 것처럼, 상이한 인지적 해석은 상이한 음미 전략의 활용을 예측한다. 예를 들어, 긍정적인 사건에 대한 강력한 내적인 인과 귀인은 높은 수준의 자축하기를 예측하고, 희귀성을 크게 지각할수록 잘 기억하기 전략을 더 많이 활용한다. 남성에 비해 여성은 긍정 경험에 반응하여 타인과 공유하기, 행동으로 표현하기, 축복 헤아리기에 더 많이 관여한다. 남성은 여성보다 기쁜 생각 억누르기를 더 많이 사용한다. 특히 북미 지역의 남성보다는 집단주의 성격이 강한 동아시아 지역의 남성이 기쁜 생각 억누르기를 더 많이 활용한다. 여하튼 음미 전략을 폭넓게 활용하는 사람일수록 더 높은 수준의 전반적인 행복을 보여 준다(Byant, Chadwick & Kluwe, 2011, 110).

4) 음미 신념

음미 신념(savoring beliefs)은 긍정적인 경험을 음미하는 자신의 능력에 대한 지각을 반영한다. 이것은 직접 긍정적인 결과를 얻는 능력과는 구분되고, 음미의 잠정적인 영역을 포괄한다(Byant, Chadwick & Kluwe, 2011, 109; Bryant & Veroff, 2007, 40). 음미 경험은 현재에서의 긍정적인 감정에 주의력의 초점을 맞추는 것을 필요로 하지만, 사실 음미는 과거(추억, 회상), 미래(예상)에 잠정적인 초점을 맞추는 것을 포함할 수도 있다. 사람들이 추억을 통해 음미할 때, 그들은 과거로부터 다시 불러일으킨 긍정적인 감정에 주의를 기울이거나 또는 과거를 돌이켜 볼 때 그들이 경험한 여타의 긍정적인 감정에 주의를 기울인다. 사람들이 예상을 통해서 음미할 때, 그들은 자신이 미래에 갖게 될 것에 대해 상상하여 생기는 긍정적 감정에 주의를 기울이거나 또는 미래를 내다볼 때 그들이 경험하는 여타의 긍정적인 감정에 주의를 기울인다. 또한 사람들은 과거에 자신이 얼마나 기대했던 것인가를 기억해서 생기는 긍정적 경험(즉, 회상된 기대)을 드러내면서 또는 나중에 그것을 추억할 것을 예상하는 것에 의해 긍정 정서를 드러내면서(예상된 회상) 긍정 정서 경험의 질을 향상할 수도 있다. 엄밀히 말해, 음미의 순간에 개인이 경험하는 긍정 정서는 바로 지금 여기에 있는 것이다. 그러므로 음미는 정신적 시간 여행의 형식을 띠기 마련이다. 우리는 현재에서 미래로 또는 현재에서 과거로 정신적 시간 여행을 하면서 긍정 정서를 경험한다.

브라이언트는 순간·회상·예상을 통한 음미와 관련하여 음미 신념을 측정할 수 있는 자기 보고 형태의 음미 신념 목록(the Savoring Beliefs Inventory)을 개발하였다. 일반적으로 음미 신념은 정서 강도, 외향성, 낙관성, 내적 통제 소재, 자기통제 행동, 삶의 만족, 자존감, 가치 실현, 행복의 강도 및 빈도와 정적인 상관관계를 맺고 있다. 또한 음미 신념은 신경증, 죄책감, 신체적·사회적 쾌감 상실, 절망, 우울, 불행한 정서성이나 중립적인 정서성과는 부적인 상관관계를 맺고 있다(Bryant, 2003, 175). 음미 신념 목록을 활용한 연구 결과는 여성이 남성보다 긍정 정서 경험을 음미할 능력이 더 많다는 것을 보여 준다. 음미 신념에서 이러한 성차는 이미 10세 때에 나타나서 그 이후에도 지속된다. 또한 음미 능력에서 보통 사람은 회상을 가장 잘하고, 현재 순간 음미를 보통 정도로 하고, 예상을 통한 음미를 가장 잘 못하는 것으로 나타났다(Byant, Chadwick & Kluwe, 2011, 111).

3. 음미 전략의 활용 방안

긍정 정서는 아동의 신체적·심리적·인지적·사회적 자원을 축적하여 건강한 발달 결과를 수반한다. 셀리그먼(Seligman)을 비롯한 많은 학자는 긍정 정서가 아동의 번영(flourishing)에 기여하는 핵심 요소임을 강조하였다. 긍정 정서 경험은 아동의 학교생활과도 밀접한 관련이 있다. 긍정 정서 경험은 학생의 학교생활 만족, 접근 대처, 교사와 학생과의 긍정적인 관계, 학업에 대한 통제력, 미래 포부와 목표 설정과 정적인 상관관계를 보여 준다(Lewis, Huebner, Reschly & Valois, 2009, 402). 교실에서 긍정 정서 경험은 정서 소진과는 부정적인 관련을 맺지만, 학교생활의 많은 영역과 긍정적인 관련을 맺는다. 이를테면 교실에서 긍정 정서 경험은 공부와 출석, 학급 토론 참여, 교실 밖에서의 수행 활동, 학업 성취에 대한 낙관적인 전망과 정적인 상관관계를 맺는다(Williams, Childers & Kemp, 2013, 209).

그럼에도 불구하고, 학교에서 학생의 긍정 정서 음미를 촉진하는 교수 방법에 관한 연구는 매우 소홀하다. 왜냐하면 대부분의 연구나 개입 활동은 주로 성인을 대상으로 이루어졌기 때문이다. 하지만 감사, 희망, 평온과 같은 긍정 정서 조절에 초점을 맞춘 학교 기반의 긍정 심리학 개입 활동은 초등 도덕교육에서 음미 전략을 활용하는 것이 왜 중요한지 그리고 어떻게 활용해야 효과가 있는지를 잘 보여 준다. 이에 여기서는 증거 기반의 음미 전략 활용 방안을 다루는 데 초점을 맞추고자 한다. 앞에서 살펴본 바와 같이 음미는 일종의 정신적인 시간 여행이기에 여기서는 초등 교실 상황에서 과거, 현재, 미래에 초점을 맞춘 긍정 정서의 음미 전략을 제시하려 한다.

1) 과거에 초점을 맞춘 음미 전략

이전의 경험이나 사건을 돌이켜볼 때, 우리는 대개 나쁜 시절보다는 좋은 시절을 더 많이 기억한다. 이러한 장밋빛 회상의 감각은 개인이 과거의 긍정 경험을 음미하는 것을 도와주어 현재에서 행복을 느끼도록 한다. 초등 교실에서 유용하게 활용할 수 있는 과거에 초점을 맞춘 음미 전략은 바로 3가지 좋은 일 생각하기와 친절한 행동 성찰하기다.

3가지 좋은 일(three good things) 생각하기

이것은 자신에게 발생한 긍정적인 사건에 대한 마음 챙김 인식을 통해 음미 경험을 촉진하는 방식이다. 셀리그먼과 그 동료(Seligman, Steen, Park & Peterson, 2005, 879-880)는 실험집단에는 매일 일어난 좋은 일 3가지를 유념하여 1주일 동안 매일 밤에 기록하고, 각각의 좋은 일에 대해 왜 그런 일이 자신에게 일어났는지를 인과적으로 설명하게 하였다. 반면에 통제집단에는 1주일 동안 매일 밤에 이전의 기억에 관해 기록하게 하였다. 매일 밤 그날 있었던 긍정적인 사건에 관해 기록하는 것은 1개월, 3개월, 6개월 후의 행복 수준을 증진하는 데에 더욱 효과적이었다. 3가지 좋은 일 개입은 단순히 1주일 동안 3가지 좋은 일의 목록을 만들고 매일 일어난 3가지 좋은 일이 자신에게 왜 생겼는지를 고려하는 것이 긍정 사건에 대한 음미를 증가시켜 주고, 단기적인(1개월) 행복만이 아니라 장기적인(6개월) 행복을 증진할 수 있음을 분명하게 보여 주었다.

이와 유사하게 왓킨스와 그 동료(Watkins, 2014; 추병완·이범웅, 2014, 472)는 실험집단에게 이틀 전, 즉 이전의 48시간을 마음속으로 생각하여 누군가로부터 도움이나 이득을 받아 기분이 좋았던 일을 회상하게 하였다. 3가지 좋은 일의 목록을 만든 후에 실험집단 참가자는 그 특별한 사건이나 경험이 자신에게 어떻게 감사하는 마음을 느끼도록 했는지를 기록하였다. 연구 결과는 셀리그먼과 그 동료의 것과 아주 유사했다. 그러므로 초등학생에게 하루 동안 자신에게 생긴 좋은 일이나 또는 자신이 감사해야 할 사항에 대해 기록해 보게 하는 활동은 긍정 정서의 음미 및 행복 증진에 매우 효과적이라고 평가할 수 있다.

친절한 행동 성찰하기

개인적으로 자신에게 발생한 좋은 것을 음미하는 것뿐만 아니라 자신이 타인을 위해 행한 좋은 것을 음미하는 것도 매우 중요하다. '친절 헤아리기' 개입에서 오타케와 그 동료(Otake et al., 2006, 366)는 실험집단에게 하루 동안 자신이 남에게 베푼 친절한 행동에 대해 깊이 성찰하면서 1주일 동안 매일 자신의 친절한 행동을 헤아리도록 하였다. 처치를 가하지 않은 통제집단과 비교하여 볼 때, 타인을 위해 수행한 친절한 행동에서 유래하는 긍정 정서 경험을 기록한 참가자는 1주 동안 행복에서 커다란 증가를 나타냈다. 이 결과는 타인을 위해 실행한 자신의 행동이 지닌 긍정적 효과를 음미하는 것이 행복을 증진할 수 있음을 잘 보여 준다.

2) 현재에 초점을 맞춘 음미 전략

사실 우리는 일상생활에서 지금 그리고 여기서 발생하는 긍정적인 사건에 제대로 주의를 기울이지 못하는 경우가 많다. 현재에 초점을 맞춘 음미 전략은 긍정 정서 경험이 펼쳐지는 바로 그 순간에 그 경험에 대한 학생의 인식과 음미를 증진하는 것을 목표로 한다. 현재에 초점을 맞춘 음미 전략 중 초등 교실에서 가장 적용이 용이한 방법은 바로 마음 챙김 사진 촬영이다.

환경이 제공하는 유쾌한 자극이나 요소에 대한 학생의 마음 챙김은 완전히 구조화된 사진 촬영 연습에 의해 더욱 향상될 수 있다. 마음 챙김 사진 개입에서 실험집단 참가자는 2주 동안 1주에 2회 최소한 15분 동안 특정한 주제(학교 건물, 친구 등)에 대한 사진을 찍도록 지침을 받았다. 그들은 최대한 주의를 기울여 창의적이고 아름답게, 그리고 자신 있게 의미가 풍부한 사진을 찍도록 교육을 받았다. 서두르지 않고, 모든 것을 담을 수 있게 하고 자신이 찍을 수 있는 최상의 사진을 촬영하도록 하였다. 마음 챙김 사진을 촬영한 참가자는 중립적 혹은 사실적인 사진을 촬영한 참가자보다 더 많은 긍정 기분을 느꼈다. 마음 챙김 사진 촬영은 우리가 환경 속의 긍정 자극을 더 잘 인식하도록 해 줌으로써 단기간의 기분을 향상시킬 수 있는 장점이 있다(Smith et al., 2014, 52).

초등 교실에서 교사는 가족, 친구, 음식, 마을, 자연, 동물 등 여러 가지 주제를 부여하여 학생이 주말마다 1회 마음 챙김 사진을 촬영하게 하고, 주중에 집단 대화 시간을 마련하여 사진을 서로 공유하는 기회를 부여할 수 있다. 학생은 지금 그리고 여기에 초점을 맞추는 마음 챙김 사진 촬영을 통해 현재에 초점을 맞춘 긍정 정서 경험의 음미를 만끽 할 수 있다. 마음 챙김 사진 촬영과 긍정 정서의 공유 기회를 결합하는 것은 학생의 음미 경험을 더욱 증폭할 수 있기 때문이다(Bryant & Veroff, 2007, 119).

3) 미래에 초점을 맞춘 음미 전략

바람직한 긍정 경험의 가치 가운데 상당 부분은 사실 우리의 예상과 기대에서 나온다. 그것은 앞으로 나에게 어떤 좋은 일이 일어날 것인지를 사전에 음미하는 것이다. 미래를 예상하는 것은 과거를 회상하는 것보다 더욱 강렬하고 영향력이 있다. 이러한 정신 지향은 음미를 위한 잠재적 시사점을 갖는다. 왜냐하면 우리가 미래에 대해 생각하는 방식이 바로 우리가 현재를 음미하는 능력에 강력하면서도 긍정적인 영향을 미치기 때문이다. 미래에 초점을 맞춘 음미 전략은 학생이 자신의 주의력을 통제할 수 있고, 스스로가 행복해지는 방법의 일환으로 자신만의 정신적 시간 여행을 미래 시점까지 주도할 수 있다는 중요한 사실을 학생에게 전달한다. 미래에 초점을 맞춘 음미 전략 중 초등 도덕교육에서 용이하게 활용할 수 있는 것은 최상의 가능한 자아 상상하기와 희소성의 이득을 생각하기다.

최상의 가능한 자아 상상하기

연구 결과는 긍정적인 미래의 결과를 예상하는 것이 자신의 현재를 음미하는 것을 더욱 향상시킨다는 사실을 보여 준다. 한 연구에서 실험집단 참가자는 가장 정확하게 내일 자신에게 발생할 수 있는 4가지 긍정적인 사건을 상상하라는 지침을 받았다. 참가자는 단순한 매일의 쾌락으로부터 매우 중요한 긍정적인 사건에 이르기까지 모든 유형의 긍정적인 사건을 상상할 수 있었다. 15일 연속으로 이 활동을 실시한 후에, 실험집단 참가자는 행복 수준에서 커다란 증가를 보여 주었지만, 부정적인 혹은 중립적인 것을 상상한 참가자는 그렇지 않았다(Quoidbach, Wood, & Hansenne, 2009, 351). 이 연구는 긍정적인 미래의 결과를 상상하는 것은 우리가 현재를 더욱 좋게 느끼도록 해 준다는 사실을 잘 입증하였다.

초등 도덕교육에서 미래에 대한 긍정적인 상상의 힘을 활용하는 용이한 방법은 최상의 가능한 자아 상상하기다. 최상의 가능한 자아(the best possible selves)는 원래 킹(King)이 개발한 글쓰기 기반의 트라우마 치료 활동이다. 그는 자신의 최상의 가능한 자아, 즉 자신의 목표를 드러내는 것이 전반적인 웰빙 수준 향상에 기여함을 보여 주었다. 이 활동은 긍정 정서, 낙관성, 효능감, 희망, 삶의 목적, 건강과 웰빙에 효과적이기에(Loveday, Lovell & Jones, 2018, 619), 미래에 초점을 맞춘 음미 전략으로 매우 유용하다.

킹은 이 방법을 활용하는 간단한 지침을 다음과 같이 제시하였다. "여러분의 미래의 삶의 모습에 대해 생각해 보세요. 모든 것이 가능한 한 잘되었다고 상상해 보세요. 여러분은 열심히 일했고 마침내 여러분의 인생 목표를 성취하는 데 성공했습니다. 이것을 여러분의 삶에서 모든 꿈이 실현된 것이라 생각하세요. 이제 여러분이 상상한 것에 대해 자유롭게 글을 써 보세요."(King, 2001, 801). 초등 도덕교육에서 이 전략을 활용할 때, 교사는 반드시 글쓰기 방식을 고수할 필요가 없다. 오히려 학생에게 선택권을 부여하여 간략하게 기술하거나, 마인드맵이나 그림으로 그려보게 할 수도 있고, 눈을 감고 긍정적으로 상상한 결과를 그냥 발표하게 할 수도 있다. 왜냐하면 글쓰기보다 더욱 중요한 것은 학생이 자신의 최상의 미래 자아를 상상하면서 느끼는 긍정 정서 경험 그 자체이기 때문이다.

희소성(scarcity)의 이득을 생각하기

　우리는 흔히 좋은 것은 많을수록 좋고, 무한정 지속할수록 좋다고 생각하기 십상이다. 아이러니하게도, 풍부한 자원은 오히려 음미 경험을 훼손한다. 왜냐하면, 자원이 희소하거나 매우 부족할 때, 오히려 우리는 그것에 주의를 더 기울여 소중히 여기기 때문이다(Smith et al., 2014, 55). 사실 우리는 학교에 다니는 것 자체를 매우 지겹게 느끼지만, 막상 졸업을 해서 더 이상 학교에 다닐 수 없는 순간이 다가오면, 학교에 대해 이전보다 더욱 긍정적인 지각을 한다. 이렇듯 우리는 일상생활에서 마지막(the last) 사건을 더욱 긍정적으로 판정하는데, 그 이유는 마지막 사건은 그 경험을 이제 더 이상 할 수 없다는 사실을 표상하기 때문이다.

　한 실험연구에서 참가자는 여러 다른 초콜릿의 맛을 보는 기회를 가졌다. 연구자는 참가자가 초콜릿을 다 먹으면 연속적으로 다른 초콜릿을 더 주었다. 연구자는 참가자에게 5번째 초콜릿을 주면서, "이것이 마지막 드시게 될 초콜릿입니다.", "여기에 다음에 드실 초콜릿이 또 있어요."라고 말하였다. 마지막 초콜릿이라는 소리를 들은 참가자는 그것이 자신이 제일 좋아하는 초콜릿이라는 보고를 더 많이 하였고, 그 실험을 전반적으로 더욱 즐기는 것으로 나타났다(O'Brien & Ellsworth, 2012, 164). 이 실험연구는 단순하고 일상적인 활동에 어떤 희소성이나 결핍(부족)을 첨가하는 것은 사람들이 그 경험을 주의력과 진가 평가의 가치가 있는 특수한 것으로 바라보게 하는 것을 도와준다는 사실을 입증하였다.

　또 다른 실험연구는 대학 4학년 학생에게 10분간 대학 생활에 대해 글을 써보라는 요구를 하였다. 연구자는 실험집단에게 "이제 여러분은 대학 생활을 보낼 시간이 얼마 남지 않았다. 졸업까지 불과 1,200시간만이 남아있다."고 말하고, 통제집단에게는 "아직도 대학에서 보내야 할 시간이 엄청 많이 남았다. 1년 중 $\frac{1}{10}$이 남았다."라고 말하였다. 2주 동안 이러한 마인드세트를 갖고 생활하게 한 후에 행복 수준을 측정한 결과, 졸업이 임박해 있다고 생각한 대학생은 연구 시작 전보다 행복 수준이 더욱 증가했다(Kurtz, 2008, 1239). 왜 그럴까? 그 이유는 유쾌한 혹은 의미 있는 활동이 곧 종결될 것이라는 인식에 처하는 것은 남은 시간을 최대한 이용하려는 동기와 더불어 삶의 긍정적인 속성에 더욱 주의 집중을 하게 만들기 때문이다.

이것은 교사가 학교에서 일상적인 활동에 희소성이나 결핍의 조건을 첨가하여 학생에게 제시할 경우 긍정 정서의 음미에 효과적임을 잘 보여 준다. 학생이 학교에서 반복적이고 지루한 활동을 최후의 경험이라고 인식할 경우, 그 활동에 대한 평가가 더 긍정적인 것이 될 수 있음을 명심하여 교사는 희소성의 이득 전략을 교실에서 다양하게 활용할 수 있어야 할 것이다. 이를테면, 교사는 학교 급식을 잘 먹지 않는 아이에게 "이것이 초등학교에서 네가 먹는 마지막 급식이라 여기고 먹어보는 건 어떻겠니?"라고 권유할 수 있다.

우리나라 초등학생의 행복 수준은 거의 매년 경제협력기구(OECD) 가입국 가운데 최하위 수준에 머문다. 학업 성취 수준은 타 국가에 비해 상당히 높음에도 불구하고, 행복 수준은 전혀 그렇지 않다. 가장 큰 이유는 초등학생 시기부터 아이가 겪는 심각한 학업 스트레스의 영향 때문이다. 초등 도덕교육은 학생이 더 행복하고 도덕적으로 건전하게 성장하는 데 기여해야만 한다. 이제 우리는 행복한 삶과 도덕적인 삶의 깊은 연관성을 인식하는 가운데, 학생에게 도덕적인 웰빙 기술을 적극적으로 가르쳐야만 한다.

행복한 아이는 일상의 부정적인 사건에 슬기롭게 잘 대처할 뿐만 아니라 긍정 정서 경험을 충분하게 음미하면서 삶의 즐거움과 기쁨을 만끽한다. 그러나 우리는 긍정 정서 경험을 어떻게 음미해야 하는지에 대해서는 교육적 관심을 제대로 드러내지 않았다. 오히려 우리는 부정 정서를 조절하거나 그것에 대처하는 방식에만 교육적 노력을 집중하였다. 그러므로 이 장에서는 긍정 정서의 유형과 기능, 긍정 정서 조절로서 음미(savoring)에 관한 이론적 근거를 살펴보고, 도덕 수업에서 긍정 정서의 음미 전략을 활용하는 효과적인 방법을 제시하였다. 이러한 방법은 부정 정서 조절 편향, 사고와 판단 중심 편향이라는 문제를 안고 있는 초등 도덕교육의 문제를 해결하는 데 상당한 도움을 준다.

긍정 정서는 우리의 경험, 정서, 관계, 정신 능력에서 상향적 선순환을 만들어 낸다. 과거에 느꼈던 긍정적인 정서와 다시 연결되면서 우리는 현재 상황에 대한 지금의 기분과 인식을 향상시켜 더욱 긍정적인 정서와 경험을 만들어 낼 수 있다. 특히 희망, 사랑, 감사, 평온, 고양, 외경 등은 긍정 정서인 동시에 매우 중요한 도덕 정서다. 긍정 정서를 음미하는 기술을 가르치는 것의 궁극적인 목표는 학생이 그러한 기술의 빈번하고 일관된 사용을 통해 자동화된 정서 처리의 활성화 빈도와 가능성을 높이는 데 있다. 이를테면 부정적인 사건에서 비교하기나 긍정적 재해석을 통해 긍정 정서를 음미하는 기술을 학생이 빈번하고 일관되게 활용하면, 그러한 정서 조절의 처리 과정이 자동화되어 의식적인 노력이 없이도 부정적인 사건에서 긍정 정서를 음미할 수 있게 되어(Tugade, Devlin & Fredrickson, 2014, 34), 학생의 웰빙과 회복탄력성 증진에 크게 기여한다. 이제 초등 교사는 긍정 정서를 제대로 음미하는 기술을 학생에게 제대로 가르쳐야 한다. 또한 초등 교사는 음미 기술은 우리가 연습과 실천을 통해 얼마든지 배울 수 있는 것임을 명심해야 한다.

■ 참고 문헌

Algoe, S. B. & Haidt, J. (2009), "Witnessing excellence in action: The 'other-praising' emotions of elevation, gratitude, and admiration, *The Journal of Positive Psychology*, 4(2), 105-127.

Armenta, C. N., Fritz, M. M. & Lyubomirsky, S. (2017), "Functions of positive emotions: Gratitude as a motivator of self-improvement and positive change", *Emotional Review*, 9(3), 183-190.

Bryant, F. B. (2003). "Savoring Beliefs Inventory(SBI): A scale for measuring beliefs about savoring", *Journal of Mental Health*, 12, 175-196.

Bryant, F. B., Chadwick, E. D. & Kluwe, K. (2011), "Understanding the processes that regulate positive emotional experience: Unsolved problems and future directions for theory and research on savoring", *International Journal of Wellbeing*, 1(1), 107-126.

Bryant, F. B., Smart, C. M. & King, S. P. (2005), "Using the past to enhance the present: Boosting happiness through positive reminiscence", *Journal of Happiness Studies*, 6, 227-260.

Burleson, B. R. & Rack, J. J. (2008), "Emotion", In W. Donsbach (Ed.), *The International Encyclopedia of Communication* (pp. 1-7), Malden: John Wiley & Sons.

Cefai, C. & Cavioni, V. (2014), *Social and emotional education in primary school*, New York: Springer.

Cohn, M. A. (2008), Positive emotions: Short-term mechanisms, long-term outcomes, and mediating processes, Doctoral dissertation, The University of Michigan.

Davis, M. & Suveg, C. (2014), "Focusing on the positive: A review of the role of child positive affect in developmental psychopathology", *Clinical Child and Family Psychology Review*, 17, 97-124.

Fredrickson, B. L. (2001), "The role of positive emotions in positive psychology: The broaden-and-build theory of positive emotions", *American Psychologist*, 56(3), 218-226.

Fredrickson, B. L. (2003), "The value of positive emotions", *American psychologists*, 91, 330-335.

Fredrickson, B. L. (2004), "Gratitude, like other positive emotions, broadens and builds", In R. A. Emmons & M. E. McCullough (Eds.), *The psychology of gratitude* (pp. 145-166), Oxford: Oxford University Press.

Fredrickson, B. L. (2013), "Positive emotions broaden and build", *Advances in Experimental Social Psychology*, 47, 1-53.

Fredrickson, B. L., Mancuso, R. A., Branigan, C. & Tugade, M. M. (2000), "The Undoing Effect of Positive Emotions", *Motivation and Emotion*, 24(4), 237-258.

Haidt, J. (2003), "The moral emotions", In R. J. Davidson, K. R. Scherer, & H. H. Goldsmith (Eds.), *Handbook of affective sciences* (pp. 852-870), Oxford: Oxford University Press.

Hefferon, K. & Boniwell, I. (2011), *Positive psychology: Theory, research, and applications*, New York: Open University Press.

King, L. A. (2001), "The health benefits of writing about life goals," *Personality and Social Psychology Bulletin*, 27(7), 798-807.

Kurtz, J. L. (2008), "Looking to the future to appreciate the present: The benefits of perceived temporal scarcity", *Psychological Science*, 19, 1238-1241.

Lewis, A. D., Huebner, E. S., Reschly, A. L. & Valois, R. F. (2009), "The incremental validity of positive emotions in predicting school functioning", *Journal of Psychoeducational Assessment*, 27(5), 397-408.

Loveday, P. M., Lovell, G. P. & Jones, C. M. (2018), "The Best Possible Selves intervention: A review of the literature to evaluate efficacy and guide future research", *Journal of Happiness Studies*, 19, 607-628.

Lyubomirsky, S., Sousa, L. & Dickerhoof, R. (2006), "The costs and benefits of writing, talking, and thinking about triumphs and defeats", *Journal of Personality and Social Psychology*, 90, 692-708.

Nezlek, J. B. & Kuppens, P. (2008), "Regulating positive and negative emotions in daily life", *Journal of Personality*, 76(3), 561-580.

O'Brien, E., & Ellsworth, P. C. (2012), "Saving the last for best: A positivity bias for end experiences", *Psychological Science*, 23, 163-165.

Otake, K., Shimai, S., Tanaka-Matsumi, J., Otsui, K. & Frederickson, B. L. (2006), "Happy people become happier through kindness: A counting kindness intervention", *Journal of Happiness Studies*, 7, 361-375.

Quoidbach, J., Wood, A., & Hansenne, M. (2009), "Back to the future: The effect of daily practice of mental time travel into the future on happiness and anxiety", *Journal of Positive Psychology*, 4, 349-355

Seligman, M. E. P., Steen, T. A., Park, N. & Peterson, C. (2005), "Positive psychology progress", *American Psychologist*, 60, 410-421.

Sharp, S. & Kidder, J. L. (2013), "Emotions", In J. DeLamater & A. Ward (Eds.), *Handbook of Social Psychology* (pp. 341-367), New York: Springer.

Shiota, M. N., Neufeld, S. L., Danvers, A. F., Osborne, E. A., Sng, O. & Yee, C. I. (2014), "Positive Emotion Differentiation: A Functional Approach", *Social and Personality Psychology Compass*, 8(3), 104-117.

Smith, C. A., Tong, E. M. W. & Ellsworth, P. C. (2014), "The differentiation of positive emotional experience as viewed through the lens of appraisal theory", In M. M. Tugade, M. N. Shiota & L, D. Kirby (Eds.), *Handbook of positive emotions* (pp. 1-27), New York: The Guilford Press.

Smith, J. L. & Bryant, F. B. (2016), "The benefits of savoring life: Savoring as a moderator of the relationship between health and life satisfaction in older adults", *The International Journal of Aging and Human Development*, 84(1), 3-23.

Smith, J. L., Harrison, P. R., Kurtz, J. L. & Bryant, F. B. (2014), "Nurturing the capacity to savor interventions to enhance the enjoyment of positive experiences", In A. C. Parks & S. M. Schueller (Eds.), *The Wiley Blackwell handbook of positive psychological interventions* (pp. 42-65), Malden: John Wiley & Sons.

Smith, J. L., Harrison, P. R., Kurtz, J. L. & Bryant, F. B. (2014), "Nurturing the capacity to savor: Interventions to enhance the enjoyment of positive experiences", In A. C. Parks & S. M. Schueller (Eds.), *The Wiley Blackwell handbook of positive psychological interventions* (pp. 42-65), New York: John Wiley & Sons, Ltd.

Tangney, J. P., Stuewig, J. & Mashek, D. J. (2007), "Moral emotions and moral behavior", *Annual Review of Psychology*, 58, 345-372.

Teper, R., Zhong, C. & Inzlicht, M. (2015), "How emotions shape moral behavior: Some answers (and questions) for the field of moral psychology", *Social and Personality Psychology Compass*, 9(1), 1-14.

Tong, E. M. W. (2015), "Differentiation of 13 positive emotions by appraisals", *Cognition and Emotion*, 29(3), 484-503.

Tugade, M. M. & Fredrickson, B. L. (2007), "Regulation of positive emotions: Emotion regulation strategies that promote resilience", *Journal of Happiness Studies*, 8, 311-333.

Tugade, M. M., Devlin, H. C. & Fredrickson, B. L. (2014), "Infusing positive emotions into life: The broaden-and build theory and a dual-process model of resilience", In M. M. Tugade, M. N. Shiota & L, D. Kirby (Eds.), *Handbook of positive emotions* (pp. 28-43), New York: The Guilford Press.

Vélez García & Ostrosky-Solís, F. (2006), "From morality to moral emotions", *International Journal of Psychology*, 41(5), 348-354.

Watkins, P. C. (2013), *Gratitude and the good life*, 추병완·이범웅 공역 (2017), 『감사와 행복한 삶』, 서울: 하우.

Williams, K. H., Childers, C & Kemp, E. (2013), "Stimulating and enhancing student learning through positive emotions", *Journal of Teaching in Travel & Tourism*, 13, 209-227.

9장
감사와 도덕교육

　동서양 국가를 막론하고 최근 감사에 대한 대중적 관심이 크게 증가하고 있다. 1990년대 중반 이후 미국에서는 감사에 관한 대중 서적의 출판이 급격하게 증가하였다. 최근 우리나라에서도 감사에 관한 저서와 번역서, 학술 논문들이 점차 증가하고 있는 추세이다(임경희, 2009, 47). '친(親)감사 악대차'(pro-gratitude bandwagon)라는 신조어가 등장할 정도로, 감사는 국내외적으로 대중적·학문적 관심을 불러일으키는 핵심 의제로 급부상하였다(Gulliford, Morgan & Kristjánssen, 2013, 285).

　감사의 중요성에 대한 인식의 증가는 UN 총회가 2000년을 '세계 감사의 해'(International Year of Thanksgiving)로 지정하는 계기가 되기도 하였다. 감사에 대한 대중적 관심이 급증한 이유는 사람들이 감사를 탐욕스러운 열망과 삶의 질병에 대한 일종의 만병통치약으로 여기기 때문이다(Emmons & Shelton, 2005, 459). 삶에 대해 감사하는 마음을 갖는 것은 마음의 평화, 행복, 신체적 건강, 더욱 깊고 만족스러운 인간관계에 도움이 된다는 인식이 대중을 사로잡았던 것이다.

　학문적 입장에서 볼 때, 심리학에서 긍정심리학 그리고 윤리학에서 덕

윤리학의 발전은 그간 무시되어 왔었던 긍정적인 도덕적 정서이자 덕으로서의 감사에 대한 관심을 다시 불러일으키는 학문적 촉매제가 되었다. 사실 그간 현대 철학자들에게 있어서 감사는 별로 할 말이 없는 진부한 주제로 여겨져 왔고, 심리학자들에게 있어서 감사는 연구할 가치가 별로 없는 가장 무시된 정서들 가운데 하나였다(Gulliford, Morgan & Kristjánssen, 2013, 285).

덕 윤리학은 감사를 은인이 제공해 준 이득을 되돌려주어야 한다는 의무 개념으로부터 행위자가 갖추어야 할 덕으로 보는 고대의 관점을 부활시키는 계기를 마련하였다. 이를테면 버거(Berger, 1975, 301)는 감사를 덕으로 볼 것을 제안하면서, 감사를 표시하는 것은 타인의 선행에 대한 반응이라고 보았다. 그에 의하면, 누군가에게 고마움을 느끼는 것은 우리가 그 사람에게 감사를 표시할 때 드러나는 일군의 신념·감정·태도를 포함한다. 감사를 표현하는 것은 그러한 신념과 태도의 실연을 포함하기에 언어적 표현과 더불어 행동 형식을 필요로 할 수도 있다. 감사의 실연은 타인의 선행에 대한 반응이다. 감사를 표현하는 것은 존중과 존경의 상호실연, 즉 어느 누구도 자신만의 복지에 대한 단순한 수단으로서 상대방을 취급하거나 희생시키지 않겠다는 징표를 포함한다. 그러므로 감사와 관련된 관행은 도덕공동체의 결속력을 드러냄과 동시에 그것을 강화시켜 준다. 그것은 그 자체로서 가치를 지닌 존재로서의 개별 인간에 대한 존중에 기반을 둔 공통의 도덕 생활을 공유하는 것이다(Berger, 1975, 305). 이렇듯 감사는 서로에 대한 우리의 감정 표현을 담고 있기 때문에 인간의 상호 관계에서 중요한 역할을 수행한다.

한편 긍정심리학은 감사를 초월의 덕에 속하는 성품 강점으로 분류하는 가운데(Peterson & Seligman, 2004, 524), 긍정 정서로서의 감사가 개인의 행복과 사회적 관계에 미치는 효과를 과학적으로 연구하는 계기와 토대를 마련하였다. 감사에 관한 최근의 연구 결과에 의하면, 감사의 정서를 갖는 것은 개인의 삶에 대한 만족도를 제고함과 동시에 타인을 향한 수혜자의 관점을 확장시켜 주고, 수혜자로 하여금 은인 그리고 동일한 사회적 범주에서 새로 만나는 낯선 사람들을 표상하도록 만들어 줌으로써 일종의 상향적 호혜성(upstream reciprocity)을 창출한다. 이러한 상향적 호혜성의 반복을 통해 감사는 조직 구조와 사회의 네트워크를 강화시켜 주는 역할을 한다(Tsang, 2006, 138).

이런 맥락에서 인간의 삶에서 감사의 중요성을 체감한 일부 교육학자들은 감사를 시민적 덕으로 규정하는 가운데, 우리가 모종의 감사하는 마음을 갖는 것은 민주 사회에서 참된 시민이 됨에 있어서 매우 중요한 것임을 역설한 바 있다(White, 1999, 43). 또한 긍정심리학자들은 긍정심리학을 학교교육에 적용하려는 긍정교육의 관점에서 아동과 청소년을 대상으로 한 감사 교육 활동을 통해 학생들의 감사 성향을 높이고자 하는 시도를 하였다. 이에 여기서는 아동과 청소년을 대상으로 한 감사 연습(exercising gratitude)이 갖는 도덕교육적 의의를 규명하고자 한다. 이러한 목적 달성을 위해 여기서는 감사의 개념과 도덕적 기능, 감사 교육 활동의 방법과 효과에 관한 선행 연구 결과를 객관적으로 기술하고, 감사 연습 활동이 갖는 도덕교육적 의의를 규명하고자 한다.

1. 감사의 개념과 도덕적 기능

1) 감사의 개념 정의

타인으로부터 우리가 전혀 의도하지 않은 혹은 예상하지 않은 호의나 이득을 얻게 되었을 때, 우리는 '고맙습니다.' 혹은 '감사합니다.'라고 말하며 그 호의나 이득을 베푼 상대방에게 고마워하는 마음을 갖는다. 사실 대부분의 문화권에서는 감사를 지칭하는 나름의 독특한 표현들을 갖고 있음과 동시에 감사를 표현하지 않거나 은혜를 갚지 않는 배은 행위를 일종의 악으로 규정한다. 제공자와 수혜자 간의 결속에 대한 확약으로서의 감사는 인간과 신과의 관계에서 중심적인 것을 차지하므로(Emmons & Kneezel, 2005, 140), 대부분의 종교들은 감사를 중요한 신학적 덕으로 간주하여 왔다.

그러기에 감사를 경험하고 표현하는 것은 인간으로서 갖추어야 할 덕일 뿐만 아니라 좋은 삶의 일부분으로 여겨져 왔다. 감사를 경험하고 표현하는 것은 자신이 받은 호의나 이득을 솔직하게 인정하는 것이기에 일종의 겸손을 드러내는 것이고, 나아가 이타적 상호성에 근거하여 타인과의 긍정적이고 원만한 관계를 형성하게 해 줌으로써 자신의 삶을 건설적으로 개선하기 위한 하나의 방법이다. 감사는 상호작용에 근거한 인간의 삶에 있어서 중요한 차원을 이루고 있기에, 서로 감사를 주고받지 않는 사람들로 이루어진 세상 자체를 상상하는 것 자체가 불가능하다(Harpham, 2004, 21; Tangney, Stuewig & Mashek, 2007, 361). 따라서 감사는 예의 바르고 인도적인 사회를 가능하게 해 주는 초석인 셈이다.

그런데 감사는 태도, 정서, 기분, 도덕적 덕, 습관, 동기, 개인적 특성, 대응 반응, 생활 방식 등으로 다양하게 표현되고 있기 때문에, 감사는 이런 것이라고 한마디로 정의를 내리는 것 자체가 매우 힘들다. 철학적 입장에서 감사에 대한 간명하면서도 엄격한 개념 정의를 시도한 사람은 바로 로버츠(Roberts)이다. 그는 자신의 감사에 대한 개념 정의를 감사에 대한 개념적 지주(conceptual support)라고 부르는 가운데, "내가 X 때문에 S에 대해 감사한다."라는 것은 다음과 같이 명료하게 분석될 수 있다고 주장하였다(Roberts, 2004, 64).

① X는 나에게 하나의 이득이다: 나는 X를 갖는 것에 신경을 쓴다. ② S는 나에게 X를 제공함으로써 잘 행동하였다: 나는 S에게 X를 받은 것에

대하여 신경을 쓴다. ③ S는 X를 제공함으로써, S의 부채에 나를 적절하게 집어넣는 가운데 나에게 빚진 것 이상을 주었다: 나는 S의 부채에 기꺼이 들어 있다. ④ S는 나에게 X를 제공함으로써 나를 향해 호의적으로 행동하였다: 나는 S가 X를 제공했다고 표현하면서, S가 나에게 베푼 호의에 대해 신경을 쓴다. ⑤ S의 호의와 S가 나에게 X를 제공한 것은 S가 좋다는 것을 보여 준다: 나는 S에게 끌린다. 또는 S의 선량함은 X가 좋다는 것 그리고 X를 제공함으로써 S가 나에게 호의적이었다는 사실을 보여 준다. ⑥ 내가 받은 이득을 되돌려주는 모종의 징표로서, 나는 S에 대한 나의 부채감과 애착을 표현하고자 한다. 한편 그는 이득 대신에 해로움을 대체함으로써 "X 때문에 S에게 분노를 느낀다."라는 것도 위와 같은 방식으로 분석될 수 있다고 보았다(Roberts, 2004, 66). 감사가 은인, 선행, 수혜자로 이루어진 것처럼 분노는 악인, 악행, 악행의 피해자로 구조화된다.

철학자들이 감사의 개념을 정의함에 있어서 이렇듯 매우 분석적인 방법을 취한 반면에, 심리학자들은 감사와 다른 변인들 특히 웰빙과의 관계를 설명하기 위해 감사를 경험적으로 수량화하고 측정할 필요성에 크게 사로잡혔다. 따라서 심리학자들은 철학자들처럼 감사의 개념적 명료성과 도덕적 정당화에 치중한 것이 아니라, 감사의 구체적인 효과를 밝히는 데 초점을 맞추었다. 심리학자들의 연구 결과에 의하면, 감사는 수혜자가 은인이나 원천(예: 신, 행운, 운명)이 자신의 웰빙을 증진하기 위해 의도적으로 행동하였음을 인식할 때 발생하는 것이다. 따라서 감사는 타인의 좋은 의도로부터 나온 것이라고 인식한 선물에 대한 긍정적인 정서 반응을 의미한다(Tsang, 2006, 139).

특히 에먼스(Emmons, 2004, 554)는 감사란 선물을 받은 것에 대한 고맙고 기쁜 느낌을 말하며, 그 선물이 특정한 타인으로부터 받은 확실한 이득이든 자연의 아름다움이 불러일으킨 평화로운 행복의 순간이든 상관이 없다고 보았다. 또한 그는 감사에 대한 과학적 관점, 즉 심리학만이 감사를 경험하고 표현하는 사람들의 삶에 어떤 이득을 어떻게 가져다주는지를 증거에 근거하여 명백하게 설명할 수 있다고 주장하였다(Emmons, 2012, 51).

감사하는 감정은 두 단계의 정보처리로부터 생겨난다. 자신의 삶에 좋음이나 좋은 것이 생겼음을 확인하는 것 그리고 그 좋음의 원천이 적어도 부분적으로 자신의 외부에 놓여 있음을 인정하는 것이다. 이러한 인지적 과정은 행동적 결과, 즉 긍정적인 행동을 통해 선물을 전달하는 것을 수반한다. 따라서 감사는 주고받는 역학에서 핵심적인 연결고리로서 작동한다. 감사는 받은 친절에 대한 반응일 뿐만 아니라 수혜자의 입장에서 미래의 자선 행동을 가능하게 해 주는 동기 유발자이다(Lomas et al., 2014, 4).

이렇듯 감사는 유익하고 사심이 없는 동기를 갖고 우리를 향해 행동하는 여타의 힘이 가능하다는 것을 인식하고 승인하는 것을 포함한다. 감사는 심리적·정서적·신체적·영적인 이득을 우리에게 가져다준다. 그렇다면 감사를 경험하고 표현하는 것은 왜 좋은가? 이에 대해 에먼스(2012, 55-58)는 감사와 웰빙 간의 관계를 설명하는 다섯 가지 기제를 제시하였다. 첫째, 감사는 영적 인식을 증가시킨다. 둘째, 감사는 신체적 건강을 증진한다. 셋째, 감사는 쾌락을 극대화한다. 넷째, 감사는 부정적인 것으로부터 우리를 보호한다. 다섯째, 감사는 관계를 강화한다.

한편 프레드릭슨(Frederickson, 2004, 152) 역시 감사가 갖는 이득은 개인의 정신적·신체적 건강을 넘어선다고 주장하였다. 그가 제시한 긍정 정서의 확장 및 축적 이론에 의하면, 감사와 같은 긍정 정서는 개인적·사회적 자원을 구축할 뿐 아니라 지역사회를 강화하는 역할을 할 수 있다고 한다. 프레드릭슨은 감사의 도덕적 동기는 단순히 주고받는 상호작용만이 아니라 은인과 다른 사람을 돕는 다른 방법들을 고안하게 하는 창의성을 고무시킨다고 주장한다. 또한 감사는 구성원들을 지역사회와 연결해주고 시민들 간에 도덕적 행동을 장려함으로써 사회를 강화하는 역할을 할 수 있다. 그는 신도들과 신의 결속을 강화하는 데에 기여한 감사의 역할을 언급하면서, 여러 국가의 종교들이 감사의 중요성을 강조하고 있음을 지적하였다. 이렇듯 감사는 영구적인 자원을 축적하고 여러 다양한 수준에서 사회적 결속을 강화하는 잠재력을 갖고 있다고 평가할 수 있다.

2) 감사의 도덕적 기능

감사가 중요한 이유 가운데 하나는 그것이 우리로 하여금 타인들과 관계를 맺는 방식에 중요한 영향을 미치기 때문이다. 역사적으로 감사는 시민이 지녀야 할 필수적인 덕으로 간주되어 왔다. 스미스(Smith, 1790/1976, 68)에 따르면, 감사는 호의를 베푼 이에게 고마워하는 마음을 느끼게 하는 동기 유발제이다. 그는 감사란 우리로 하여금 즉각적이고 직접적으로 보답을 하도록 만드는 감정이라고 기술하였다. 그는 사회가 순전히 실리적 기반이나 감사 두 가지 모두에 기초해서 작동할 수 있지만, 감사에 기초하여 작동하는 사회가 더 매력적이라고 생각했는데, 그 이유는 감사가 사회적 안정성을 높여 주는 정서적 기제를 제공하기 때문이다. 이렇듯 스미스는 감사하는 감정을 갖는 것은 선의에 기초한 사회를 유지함에 있어서 결정적인 것이라고 생각하였다.

짐멜(Simmel, 1950, 388)은 감사를 사람들이 상호성 책무를 유지하게 하는 데 도움을 주는 힘이라고 생각하였다. 법이나 사회 계약 같은 공적인 사회 구조는 인간의 상호작용을 충분히 조절하거나 보장하지 못하기 때문에 인간은 감사의 마음을 가지도록 사회화되고, 그런 사회화는 상호적 책무에 대한 인식을 경각시켜 주는 역할을 한다. 짐멜은 감사를 인류의 도덕적 기억이라고 지칭하면서, 누군가의 호의에 대해 아무런 반응이 없는 사회라면 그 사회는 분열할 것이라고 말했다.

이를 토대로 매컬러(McCullough et al., 2001, 252)와 그 동료들은 공감,

동정심, 죄책감, 수치심과 마찬가지로 감사는 도덕 생활의 문법에서 특별한 위상을 갖고 있다고 보았다. 그들은 공감과 동정심은 사람들이 타인의 곤경에 반응할 기회를 가질 때 그리고 죄책감과 수치심은 사람들이 도덕 기준이나 책무를 위반할 때 작동하는 반면에, 감사는 사람들이 친사회적 행동의 수혜자일 때 작동한다고 주장하였다. 나아가 그들은 도덕적 정서로서의 감사가 다음과 같은 세 가지의 독특한 도덕적 기능을 수행한다고 주장하였다(Shelton, 2004, 265).

첫째, 도덕적 지표(moral barometer) 기능이다. 지표는 이전 상태로부터의 변화를 알려주는 도구이다. 예를 들어 날씨가 변화할 때, 지표를 읽는 것은 이러한 변화를 반영한다. 감사를 도덕적 지표로 지칭함에 있어서 매컬러와 그 동료들은 도덕적 지표로서의 감사는 자신의 사회적 관계에서 특정한 유형의 변화, 즉 자신의 웰빙을 향상시키기 위해 다른 도덕 행위자가 자신에게 이득을 제공한 것에 민감해지는 것을 의미한다고 보았다(McCullough et al., 2001, 252). 이렇듯 감사는 우리가 다른 사람에게서 긍정적인 무언가를 받았다는 것을 알게 해 주는 도덕적 지표로서 정보 제공의 기능을 수행한다. 그런데 도덕적 지표로서의 감사는 사회인지적 투입에 의존적이다(McCullough & Tsang, 2004, 125). 따라서 우리가 감사를 느낄 때, 그것은 은인인 어느 누군가가 의도적으로 많은 노력이나 비용을 들여서 어떤 가치 있는 일이 우리에게 발생하도록 해 주었다는 것 그리고 그 은인은 의무감에서 그렇게 행동한 것 또는 어떤 모종의 대가를 바라고 그렇게 행동한 것도 아니라는 정보를 우리에게 제공한다(Tsang, Roward & Buechsel, 40).

둘째, 도덕적 동기(moral motive) 기능이다. 감사의 정서는 감사하는 마음을 갖고 있는 사람들로 하여금 도덕적·친사회적 행동을 수행하게끔 촉진하는 동기적 가치를 갖고 있다(McCullough & Tsang, 2004, 128). 이런 의미에서 감사는 호혜적 이타주의의 기저를 이루고 있는 동기 기제 가운데 하나이다. 은인의 행동에 의해 감사하는 마음을 갖게 된 사람은 장차 은인이나 제3자의 복지에 기여할 확률이 더욱 많다. 또한 은인의 행동에 의해 감사하는 마음을 갖게 된 사람은 은인을 향하여 파괴적으로 행동하려는 동기를 제어할 확률이 더욱 많다. 이렇듯 감사의 두 번째 기능은 우리가 자신을 도와준 사람에게 혹은 아무 관련이 없는 다른 사람들에게까지 친절을 돌려주게 한다는 것이다. 마찬가지로 우리는 고마움을 느낄 때 우리를 도와준 사람에게 해로움을 가하고 싶어 하지 않는다.

셋째, 도덕적 강화인자(moral reinforcers) 기능이다. 친사회적 행동에 대해 누군가에게 감사를 표현하는 것은 수혜자로 하여금 장차 도덕적으로 행동하게 하는 데 커다란 효과를 줄 수 있다(McCullough & Tsang, 2004, 129). 감사는 고마움을 느끼는 사람에게 영향을 미칠 뿐만 아니라, 누군가가 감사를 표현할 때 그 감사를 받는 은인에게도 영향을 미칠 수 있다. 누군가가 '고맙습니다.'라고 말할 때 느껴지는 온화한 느낌은 우리에게 심리적 보상을 제공하고, 장차 다른 사람들을 더 도와주려는 마음을 갖게 만든다. 하지만 누군가가 우리에게 감사한 마음을 갖지 않으면 우리는 그 사람에게 불쾌한 감정을 갖게 되어 앞으로는 그 사람을 돕고자 하는 마음이 줄어들게 된다. 수혜자가 감사를 표현할 때, 도움을 준 은인은 더 큰 자기 효능감을 갖게 됨과 동시에 자신이 가치 있는 존재라는 인식을 갖게 되어, 친사회적 행동을 실행할 경향성이 더욱 높아진다. 이렇듯 감사는 도덕적 강화인자로서의 기능을 수행한다.

매컬러와 그 동료들은 타인의 관대한 행위에 대한 반응으로서의 도덕적 지표 기능, 수혜자로 하여금 도덕적·친사회적 행동을 수행하도록 동기 부여를 해 주는 도덕적 동기 기능, 은인에게 감사를 표현했을 때 은인이 미래에 더욱 도덕적·친사회적으로 행동하도록 해 주는 도덕적 강화 인자 기능을 수행한다고 주장하면서, 감사를 경험하고 표현하는 능력은 공감, 관점채택과 같은 도덕적으로 관련된 특성들 및 상냥함의 측면들과 긍정적으로 연합되어 있음과 동시에 나르시시즘의 경우처럼 도덕적 행동과 긍정적 관계를 방해하는 특성들과는 부정적으로 연관되어 있다고 주장하였다(McCullough et al., 2001, 253; McCullough & Tsang, 2004, 125).

2. 감사 교육 활동의 방법과 성과

감사 성향을 높이기 위한 교육적 개입 활동은 주로 성인들을 대상으로 한 것이며, 아동과 청소년을 대상으로 한 교육적 개입 활동은 최근에 이르러서야 가능해졌다. 여기서는 아동과 청소년을 대상으로 했었던 감사 교육의 방법과 주요 연구 성과를 밝히고자 한다.

1) 축복 헤아리기(Counting blessings)

프라와 그 동료들(Froh, Sefick & Emmons, 2008, 218)은 11~14세의 6학년과 7학년 11개 학급 221명의 학생들을 세 가지 조건들(감사 조건, 귀찮은 상황 조건, 무처치 통제 조건)에 무선으로 할당한 후에 축복 헤아리기 활동을 전개하였다. 2주 동안 학생들에게 매일 감사한 일 5가지를 헤아리거나(감사 조건), 귀찮고 짜증나는 일 5가지를 헤아리도록 하고(귀찮은 상황 조건), 무처치 통제 조건의 학생들에게는 정해진 질문지를 완성하도록 하였다.

축복 헤아리기 조건에 있었던 학생들은 귀찮은 상황 조건에 있었던 학생들에 비해 감사, 낙관주의, 삶의 만족도를 더 많이 느낀 반면에, 부정적 정서를 덜 느낀 것으로 나타났다. 실제로 타인의 도움에 대해 감사를 느끼는 것과 긍정 정서와의 관계는 2주간의 개입 동안 더욱 강해졌고, 개입이 끝난 3주째에 가장 강한 것으로 드러났다. 특히 축복을 헤아리도록 지시를 받았던 학생들은 귀찮은 상황 조건이나 통제 조건의 학생들에 비해 높은 학교생활 만족도를 보여 주었는데, 이 역시 2주간의 개입 직후와 개입 종료 후 3주째에 가장 강한 것으로 나타났다(Froh, Sefick & Emmons, 2008, 229). 즉, 축복 헤아리기 활동에 참여한 학생들은 '학교가 재미있다.', '학업에 유능하다.', '학교에서 많은 것을 배운다.', '학교에 가고 싶다.'는 반응을 보였다. 이것은 축복 헤아리기 활동을 통해 학생들의 감사 성향을 높이는 교육적 개입은 부정적인 학교 평가를 완화하는 동시에 긍정적인 학교 분위기를 촉진할 수 있는 실용적인 개입이 될 수 있음을 잘 보여 준다.

2) 감사 방문(The gratitude visit)

프라와 그 동료들(Froh et al., 2009, 413)은 8~19세의 교구 학교 학생 89명을 감사 조건과 통제 조건에 무선으로 할당하였다. 그들은 감사 조건의 학생들에게 이제껏 적절하게 감사하는 마음을 표현하지 못한 은인에게 편지를 쓰도록 하고, 그 은인을 방문하여 감사 편지를 읽어준 후에, 학교로 돌아와서 감사 조건의 다른 학생들과 경험을 공유하도록 하였다. 한편 통제 조건의 학생들에게는 다음과 같은 지침을 주었다(Froh et al., 2009, 414). "여러분의 감정을 표현하는 것은 좋은 일입니다. 어제 일에 대해 생각해 봅시다. 어제 한 일을 생각해 보고 그것을 할 때 여러분이 느꼈던 것들에 대해 몇 가지 적어보기 바랍니다." 학생들은 5일 동안 매일 10~15분 동안 감사 편지를 쓰거나 어제 일에 대한 저널을 기록하였다. 이 교육적 개입 활동은 수업 시간에 2주간 진행되었기 때문에, 학생들은 그런 활동을 첫 주의 월요일, 수요일, 금요일 그리고 둘째 주의 월요일과 수요일에 수행하였다. 감사 조건의 학생들은 2주 차 금요일 전에 은인을 방문하여 감사 편지를 읽어주고 오게 하였다.

프라와 그 동료들의 연구에서 감사 조건의 학생들은 자신들에게 특히 친절했던 사람인데 적절하게 감사를 표현하지 못했던 사람에게 편지를 써서 전달하도록 되어 있었다. 그들이 학생들에게 부여한 지침은 다음과 같았다(Froh et al., 2009, 416). "대부분의 사람들은 잘 된 일에 대해 고마워하거나 친구를 위해 베풀어 준 호의에 감사를 하고, 우리 대부분은 다른 사람에게 '감사합니다.'라고 말하는 것을 기억하고 있다. 그러나 때때로 우리는 '감사합니다.'라는 표현을 거의 의미가 없이 무의식적으로 혹은 매우 빠르게 내뱉곤 한다. 이 훈련에서 여러분은 매우 사려 깊은 방식으로 여러분의 감사를 표현할 수 있는 기회를 갖게 될 것이다. 여러분에게 특히 친절했지만, 여러분이 적절하게 감사를 표현하지 못했던 부모님, 친구, 코치, 급우 등을 생각해 보자. 다음 주에 여러분이 직접 얼굴을 맞대고 만날 수 있는 한 사람을 선택해 보자. 여러분이 해야 할 과제는 그 사람에게 감사 편지를 작성하여 그것을 그 사람에게 전달하는 것이다. 편지는 그 사람이 여러분의 삶에 영향을 준 것을 구체적으로 담고 있어야 한다. 노랫말로 만들어라! 여러분이 그 사람을 개별적으로 만나는 것이 중요하다. 그러나 그 사람에게 만남의 목적에 대해서는 말하지 않아야 한다. 이 훈련은 여러분이 감사해야 할 그 사람에게 일종의 깜짝 놀라는 일이 될 때 더욱 재미가 있다."

이러한 교육적 개입 활동을 통해 감사 조건에서 낮은 긍정 정서를 갖고 있던 학생들은 통제 집단의 학생들에 비해 더 많은 감사와 긍정 정서를 경험한 것으로 나타났으며, 2개월 후의 사후 검사에서도 더 높은 긍정 정서를 지닌 것으로 나타났다. 특히 이 연구는 낮은 긍정 정서를 지닌 아동과 청소년의 웰빙 수준을 향상시키는 데에 있어서 감사 편지가 효과가 있음을 보여 주었다(Froh et al., 2009, 414). 감사와 웰빙의 관계는 긍정 정서의 시너지(synergy) 효과이다. 즉, 감사는 웰빙을 증가시켜주고, 감사를 많이 느낄수록 웰빙 수준이 향상된다(Froh et al., 2009, 410). 감사와 웰빙의 이러한 시너지 관계는 높은 긍정 정서를 갖고 있는 학생들에게서는 자연적으로 발생할 수 있으나, 낮은 긍정 정서를 가진 학생들에게서는 그렇지 않다. 이 연구는 감사 편지 작성 및 방문 활동이 낮은 긍정 정서를 가진 학생들의 감사와 웰빙에 효과적인 것임을 입증해 주었다.

3) 도식적 도움 평가를 학습하기(Learning schematic help appraisal)

대인 관계적 정서로서의 감사는 은인이 비용이나 수고를 들였고, 소중한 도움이나 선물을 은인의 이타적 동기로부터 제공된 것으로 인식된 모종의 도움이나 선물을 타인으로부터 받았다는 사실에 의해 비롯된다. 우드(Wood et al., 2008, 281-282)와 그 동료들은 감사 성향이 높은 사람들이 도움을 받은 후에 감사를 경험하는 이유를 설명하기 위한 인지적 기제를 밝혀내었다. 그들의 연구 결과에 의하면, 감사 성향이 더욱 높은 사람들은 도움 행동을 더욱 유익한 것으로 파악하는 특수한 도식적 편향(schematic bias)을 갖고 있으며, 그러한 도식적 편향은 도움 행동을 받은 이후에 더 많은 감사를 느끼는 이유를 설명해 준다고 하였다.

이를 근거로 하여 프라와 그 동료들은 학생들의 이득 평가 훈련을 통해 감사 성향을 증진시키는 연구를 수행하였다(Lomas et al., 2014, 11). 이 연구는 8~11세의 초등학생들을 대상으로 감사 성향을 증진하기 위한 새로운 시도를 선보였다. 학생들은 학교 기반 감사 교육과정과 주의·통제 교육과정에 무선으로 할당되었다. 학교 심리학 인턴은 감사 조건의 학생들에게 구조화된 수업 지도안을 이용하여 감사의 인지적 결정 요소를 가르쳤다. 감사는 인지가 스며든 정서이기에 우리가 고마움을 느끼기 위해서는 은인으로부터 친절한 의도적인 행동을 받았다는 것을 인식하고 인정해야 한다. 더 구체적으로 표현하면, 우리는 은인이 베푼 이득을 우리에게 소중하고 가치 있는 것으로 지각하고, 그 이득을 은인이 의도적으로 그리고 이타적인 마음에서 우리에게 제공했고, 그 이득을 우리에게 주기 위해 은인이 비용을 들이거나 희생을 했다는 것을 인지·인식해야만 우리는 감사를 경험할 수 있다.

　이득 평가 교육과정(benefit appraisal curriculum)은 이득에 대한 학생들의 인지를 변화시켜 감사를 경험하는 빈도와 강도를 높이려는 의도를 갖고 있다. 이득 평가 교육과정은 이득에 대한 평가를 훈련시키기 위해 고안된 5회기로 구성된 교수 프로그램이다(Froh et al., 2014, p. 136). 1회기는 전반적인 소개와 훈련 프로그램에 대한 개관으로 되어 있다. 1회기에서 강사는 5회기에 걸쳐 강조될 주요 주제들을 포함하는 가운데 코스의 일반 목적과 형태를 강조한다. 이 프로그램의 2~4회기는 감사를 향상한다고 알려진 사회인지적 평가의 구체적인 측면들을 강조한다. 2회기에서는 수혜자를 돕는 행동 이면에 있는 은인의 의도를 이해하는 것을 강조한다. 호의를 제공하기 위해 은인이 수고와 비용을 들였다는 것을 인식할 때, 감사를 경험할 확률이 높아진다. 그래서 3회기는 학생들에게 이득을 주기 위해 은인이 들인 수고와 비용을 이해하는 것을 돕는다. 4회기의 주제는 의도적인 호의가 수혜자에게 어떻게 이로움을 주는지를 학생들에게 이해시키는 것과 관련되어 있다. 끝으로 5회기는 2~4회기에서 다루었던 사회인지적 평가의 본질을 검토하고, 누군가에게 감사를 표현할 때 이 평가를 반영하는 것의 중요성을 또한 강조한다. 5회기에서는 감사를 표현하는 상이한 방법에 대한 논의도 다룬다. 이득 평가 교육과정에 의한 감사 개입의 이론적 틀 및 그 효과를 나타내면 아래의 <그림 1>과 같다(Froh et al., 2014, 133).

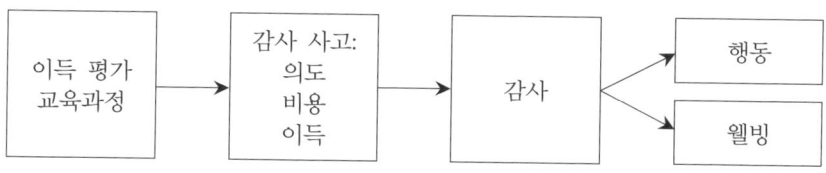

〈그림 1〉 감사 개입을 위한 이론적 틀과 효과

한편 주의·통제 조건의 학생들 역시 구조화된 수업 지도안에 의한 교육을 받았는데 하루의 사건과 같은 중립적인 주제에 초점을 맞추었다. 주의·통제 집단의 수업은 교실 토론, 작문 과제, 역할놀이 활동을 포함하였다. 주의·통제 집단 수업 회기의 일반적 구조는 수업 내용이 아닌, 과제 부여의 관점에서 감사 조건 수업을 매우 유사하게 반영한 것이었다.

두 개의 상이한 연구를 통해 연구자들은 초등학생들이 타인으로부터 도움을 받은 상황에 관련된 사회인지적 평가를 더 잘 인식할 수 있도록 교육을 받았다는 사실을 발견했다. 이를테면, 주간 개입(weekly intervention)은 5개월 이후까지의 장기적인 관점에서 그러한 효과를 발견할 수 있었다. 한편 일상 개입(daily intervention)은 2일 후에 그 효과가 즉각적으로 나타났고, 특히 학생들이 감사를 행동적으로 더 많이 표현하는 효과를 가져왔다. 80% 이상의 학생들이 사친회에 감사 카드를 썼을 뿐만 아니라, 주의·통제 조건의 학생들에 비해 더욱 행복감을 느끼는 것으로 판명되었다.

3. 도덕교육에 대한 시사점

성인들을 대상으로 한 감사 교육 활동에 비해, 아동과 청소년을 대상으로 한 감사 교육 활동 및 그 효과에 관한 연구들은 아직 초창기에 있으므로, 학생들을 대상으로 한 감사 훈련이 도덕교육에서 왜 필요하고 중요한 것인지를 논의하는 것은 상당한 조심성과 주의력을 필요로 하는 게 사실이다. 그럼에도 지금까지 아동과 청소년을 대상으로 밝혀진 연구 결과들은 매우 유망하기에, 여기서는 아동과 청소년에게 감사 연습을 시키는 것이 도덕교육에 주는 의의와 시사점을 밝히고자 한다. 논의의 편의상 여기서는 학교 도덕교육 현장에서 감사 연습의 의의와 실행 방법을 중심으로 살펴보고자 한다. 여기서 학교 도덕교육 현장이라 함은 단순한 도덕 교과 수업을 넘어서서 도덕성의 교수를 직·간접적으로 목표로 하는 학교 환경 전반을 의미한다.

1) 감사 연습의 의의

일찍이 "감사는 가장 위대한 덕일 뿐만 아니라, 모든 덕의 부모이다."라는 키케로(Cicero)의 말처럼(Layous & Lyubomirsky, 2014, 153에서 재인용), 감사를 경험하고 표현하는 것은 도덕 행위자로서 인간이 지녀야 할 바람직한 성품과 건설적인 사회적 삶을 영위하기 위한 가장 기본적인 성격 특성 중 하나로 여겨져 왔다. 아이들은 말을 배우기 시작하면서부터 "고맙습니다." 또는 "감사합니다."라고 말하는 법을 배우며, 이러한 규범적 표현은 거의 모든 공동체, 제도, 종교적 관행에서 중시되고 있다.

그럼에도 우리는 감사를 학교의 도덕교육을 통해서 가르쳐야 할 핵심 가치·덕목으로 설정하고 있지는 않다. 물론 초등학교 도덕 교과에 감사를 주제로 한 단원이 설정되어 있기는 하지만, 학생들에게 감사를 경험하고 표현하는 것을 제대로 가르치는 데에는 턱없이 부족한 것이 사실이다. 그렇다면 우리는 왜 도덕교육에서 감사 연습을 적극적으로 실행해야 하는가? 이에 대한 대답은 크게 보아 두 가지로 분류할 수 있다. 하나는 감사 연습이 갖고 있는 도덕교육적 효과 때문이고, 다른 하나는 감사 성향과 관련한 학생들의 현 상태 때문이다.

첫째, 도덕교육에서 감사 연습을 적극적으로 활용해야 할 이유는 바로 그것이 지닌 도덕교육적 효과 때문이다. 감사는 타인·공동체·사회와의 연관성에 대한 전체적인 감각을 촉진하고, 자신의 강점을 활용하여 그러한 실체에 폭넓게 기여하려는 동기를 조장하여 아동과 청소년의 발달에 긍정적인 도움을 줄 수 있다(Froh, Bono & Emmons, 2010, 145). 세계가 제공한 것 그리고 그것에 나름의 고유한 기여를 하는 것에 관여하기 위해, 감사의 마음을 갖는 것은 매우 유목적적인 아동과 청소년들의 공통된 특징이다. 이러한 유목적적인 존재 상태는 건전한 자아 정체성이 토대를 마련해야 할 자기 내러티브를 정교화·공유·확립하는 과제를 수행하도록 해 준다.

특히 수혜자에게 있어서 도덕적 행위로서의 감사는 아동과 청소년들이 보다 큰 사회적 통합을 실현하는 데 도움을 준다. 여기서 사회적 통합이란 거시적 수준에서 타인을 도와주고 타인과 관계를 맺는 것에 대한 열정을 의미한다(Froh, Bono & Emmons, 2010, 145). 사회적 통합은 우울, 질투, 비행, 반사회적 행동과 부적으로 연합되어 있다. 또한 사회적 통합은 높은 학교 성적, 삶의 만족도, 자기 존중감, 희망, 행복과는 정적으로 연합되어 있다. 따라서 감사와 사회적 통합 간의 연결은 심리 내적 웰빙과 대인 관계적 웰빙을 증진하고, 다양한 삶의 영역에서의 최적의 기능 수행을 조장한다. 한편 감사 성향은 간문화적 역량과도 정적인 상관관계를 맺고 있다(Sandage & Harden, 2011, 833). 감사 성향이 높은 사람일수록 문화적 차이에 대한 민감성을 바탕으로 간문화적으로 적절한 방식에서 사고하고 행동하는 능력을 더욱 용이하게 발휘한다.

사회적 소속감은 인간의 생존을 위한 가장 본질적인 자원이다. 인간에게 있어서 서로 배려하는 유대 관계는 역경과 병리 현상으로부터 완충 역할을 해 줌과 동시에 삶의 전반을 통해 건강과 웰빙을 향상시켜 준다. 감사라는 도덕적 정서를 통해 인간은 친사회적·도덕적 행동을 증진하고, 사람들 간의 지지적인 관계를 형성·강화한다. 이렇듯 감사는 사회적 통합을 도와주고 사람들이 개인을 벗어나서 집단에 기여하도록 해 준다.

또한 감사는 삶에서의 웰빙과 성공을 높이기 위한 여타의 긍정 정서와 나란히 작용하기 때문에, 아동과 청소년들에게 고유한 이득을 제공할 수 있다. 청소년 초기에 감사는 희망과 강력하게 연관되어 있다. 희망은 목표를 달성하기 위한 계획을 수립하는 계기를 제공하고, 계획은 행동을 가져온다. 감사는 타인에 대한 신뢰를 증가시켜 주는데, 타인에 대한 신뢰는 강점을 발견하고 새로운 도전에 직면하려는 아동과 청소년의 시도를 지탱시켜 준다.

나아가 감사는 관계 형성 및 관계 강화에 도움을 주기 때문에, 학업에도 긍정적인 영향을 미친다. 양질의 우정 및 친교 관계를 맺고 있는 학생들은 일반적으로 학교생활을 잘하는 경향이 있다. 아동과 청소년에게 있어서 감사는 삶의 여러 영역에서의 만족도와 신뢰에 영향을 미친다. 자신들의 삶에 만족하지 못하는 학생들은 더욱 공격적이고, 성적 위험 추구, 약물 사용, 빈약한 섭식, 신체적 게으름 등과 같은 부정적인 특징을 보여 준다. 만약 그들이 학교를 싫어할 경우, 학업 성취나 과외활동 그리고 학교와의 연계에서 더욱 뒤처지게 마련이다. 일반적으로 학교와 연결되어 있다는 감정은 낮은 위험 행동과 높은 학업 성취도의 중요한 결정 인자이다. 따라서 감사는 인간 발달에서의 인격 형성, 성공, 웰빙을 위한 여타의 사회적 정서 기능들을 활용하는 것을 도울 수 있다.

둘째, 도덕교육에서 감사 연습을 적극적으로 실행해야 할 이유는 바로 감사 성향과 관련한 아동과 청소년들의 삶에서 나타나는 문제점과 깊이 관련되어 있다. 오늘날 우리의 아동과 청소년들은 마땅히 고마워할 상황임에도 감사를 표현하는 데 익숙하지 않으며, 타인으로부터 도움이나 혜택을 받는 것을 마치 자신의 당연한 권리인 양 착각하기도 한다. 심지어 일부 청소년은 심각한 자기애(narcissism) 경향이나 자기중심주의에 함몰되어 타인으로부터의 도움이나 혜택을 받는 것이 자기가 잘났기 때문이라는 그릇된 생각을 하기도 한다. 이에 이인재(2013, 214) 교수는 요즘 학생들은 감사의 대상을 찾는 것에도 어려움을 느끼며 어떻게 감사함을 표현해야 하는지, 감사함을 어떻게 지속시켜 나가야 하는지에 대해 잘 모르고 있다고 지적한 바 있다.

특히 우리 인간이 지닌 자족 편향(self-serving bias)은 아동과 청소년들로 하여금 감사를 경험하고 표현하는 것을 더욱 어렵게 만들고 있다. 우리는 무언가 좋은 일이 생겼을 때에는 그것이 우리의 실행과 노력에서 얻어진 것이라 간주하는 반면에, 무언가 좋지 않은 일이 생겼을 때에는 타인이나 상황의 탓으로 돌리는 경향이 있다. 이러한 자족 편향은 타인의 친절이나 호의에 대한 인정과 승인을 가로막음으로써 감사를 경험하고 표현하는 것을 방해한다. 이렇듯 오늘날 아동과 청소년의 삶에서 나타나는 감사의 경험과 표현의 부족은 학교에서의 도덕교육을 통해 감사 연습이 왜 필요한 것인지를 정당화해 준다. 또한 감사를 표현하는 것은 은인의 정서와 의도를 파악할 수 있는 능력을 필요로 하기에(Layous & Lyubomirsky, 2014, 155), 타인의 관점을 인지적·정서적으로 헤아릴 수 있는 마음읽기 능력이 발달하는 8세 무렵의 초등학생 시기부터 감사 연습을 실행하는 것은 아동과 청소년의 발달을 위해 매우 필요한 교육적 개입 활동이라고 평가할 수 있다.

2) 감사 연습의 실행 방법

그렇다면 도덕교육에서 우리가 감사 연습을 활용할 수 있는 구체적인 실행 방법은 무엇인가? 여기서는 아동과 청소년을 대상으로 실시한 세 가지 개입 방안을 도덕교육 현장에서 실제로 적용함에 있어서 고려해야 할 사항들을 중심으로 논의하고자 한다.

이미 많은 연구를 통해 밝혀진 바와 같이, 축복 헤아리기 활동은 학생들의 감사 성향을 제고하는 데에 큰 도움을 준다. 따라서 교사는 도덕교육의 차원에서 학생들에게 감사 저널이나 감사 일기를 지속적으로 작성하게끔 유도할 수 있다. 그런데 축복 헤아리기 활동에서 학생들의 감사 피로를 예방하기 위해, 교사는 학생들에게 큰 축복만이 아니라 작은 축복도 미묘한 방식으로 생각하여 기록하도록 해야 한다. 감사하는 마음을 가진 사람은 큰 호의만이 아니라 작은 즐거움도 기록한다. 우리의 삶에서 은인의 작은 호의는 큰 축복보다 더욱 빈번하게 발생한다. 축복을 헤아림에 있어서 우리가 느끼는 감사의 강도는 긍정적인 정의적 경험의 단순한 숫자만큼 그리 중요한 것은 아니기 때문에, 작은 호의를 열거하는 것의 중요성을 학생들이 생각해 보도록 하는 것이 중요하다. 따라서 교사는 학생들이 받은 축복을 작게 나누어 분석하여 기록하도록 지도하는 것이 바람직하다.

또한 학생들이 헤아려야 할 축복의 숫자 역시 마찬가지로 중요한 이슈가 된다. 감사 개입 연구에서 연구자들이 왜 축복을 5개까지 생각해 보도록 요구했는지를 이해하는 것이 중요하다. 왜냐하면 그것은 학생들에게 반드시 5가지를 축복 목록으로 만드는 것을 요구하지 않는 것이기 때문이다. 학생들이 열거하거나 기록할 이득의 최소 숫자를 강제적으로 요구하는 것은 학생들로 하여금 그들이 실제 축복이라고 여기지 않는 것을 어색한 방식으로 열거하도록 몰아세울 수도 있음에 교사는 유념해야 한다. 따라서 학생들이 헤아려야 할 축복의 숫자에 있어서 그들에게 모종의 융통성을 부여하는 것이 최상의 대안이다.

한편 감사 편지와 감사 방문은 인지적으로 경험되기만 할 뿐 행동으로 구체화되지 않는 지식 위주의 감사 연습에 그치는 것을 방지하는 데 큰 도움을 줄 수 있다(Watkins, 2014, 230). 물론 감사를 표현하기 위해 누군가를 직접 방문하는 것이 항상 가능한 것은 아니기 때문에, 감사 편지가 더욱 편리한 감사의 표현일 수 있다. 멀리 떨어져 있는 개인들 간의 소통 방식이 오늘날 크게 변하고 있음을 고려하여 감사를 표현하는 전자우편,

음성메일, 문자 메시지, 동영상 등이 효과적일 수도 있다. 하지만 이러한 전자적 표현 수단들은 수혜자가 은인과 직접 관계하는 것을 부분적으로 제한하는 형식을 제공한다는 것도 유념해야 한다. 이러한 이유 때문에 전자적인 형태의 감사 표현은 실제로 편지를 쓰는 것, 전화를 거는 것, 방문하는 것보다 덜 체화된 감사 표현이라고 평가할 수 있다.

끝으로 이득 평가 교육과정은 감사 성향의 토대가 될 수 있는 인지적 습관을 향상하기 위해 계획된 처치 방법의 효과를 직접적으로 검증한 것이다. 이것은 우리가 도덕 수업을 통해 학생들에게 감사를 가르치는 구체적인 방법을 제공한다. 도덕 수업을 통해 감사를 가르칠 때는 그것을 세분화하여 도움 행동에서 은인의 의도, 도움 행동을 하는데 은인이 투자한 수고나 비용, 그리고 수혜자에게 주어진 혜택이 무엇인지를 학생들이 이해할 수 있도록 해야 한다. 앞에서 살펴본 바와 같이, 이득 평가 교육과정은 감사를 초등학생들이 쉽게 이해할 수 있도록 세분화하여 교과 수업을 통해 가르치는 방안의 실제를 잘 보여 주었다. 따라서 도덕 수업을 통해 감사를 직접적으로 가르칠 때는 의도, 비용, 이득에 초점을 맞추어 학생들이 언제 그리고 어떻게 감사를 표현해야 하는지를 이해하고, 의무감이나 강요에 의해서가 아닌 자발적이고 내재적인 동기에 의해 감사를 표현할 수 있도록 지도해야 한다. 또한, 교사는 수업 활동에서 학생의 발언, 수업에의 몰입 태도, 타 학생들에 대한 지지나 도움 등에 대해 학생들에게 수시로 감사를 표현함으로써, 학생들이 언제 그리고 어떻게 감사를 표현해야 하는지를 모델링(modeling)할 수 있어야 한다. 역할 모델로서의 교사의 역할은 감사 연습에 있어서도 결코 예외가 될 수 없기 때문이다.

오늘날 많은 사람이 학생들의 사회·정서적 역량을 교과 학습 못지않게 중시함에 따라서 학생들의 행복과 웰빙이 오늘날 학교교육의 주요 의제로 부상하고 있다. 강한 사회적 유대에의 소속감은 인간의 기본적인 욕구 중의 하나이기에, 아동과 청소년 시기에 안전하고 강력하며 지지적인 관계를 형성하며 긍정 정서를 함양하는 것은 발달 경로에 있어서 매우 바람직한 결과를 수반한다. 감사는 사람들이 얻으려고 애쓴 것, 당연한 것, 또는 기대한 것이 아니라 오히려 타인의 좋은 의도에서 비롯된 개인적 선물을 받았을 때 생기는 전형적인 정서적 반응이다. 도덕적 정서로서의 감사는 사람들에게 삶의 유의미함을 제공함과 동시에 타인, 공동체, 자연, 신, 여타의 영적인 힘과의 연관성에 대한 감각을 확장시켜 준다. 이렇듯 감사를 경험하고 표현하는 것은 아동과 청소년의 기분을 좋게 하고, 학교생활을 포함한 전반적인 삶에 대한 만족도를 증가시켜주며, 지지적인 인간관계 형성 및 사회적 결속을 강화하고, 다문화 사회의 존속에 필요한 간문화적 역량을 발달시켜 주며, 나아가 세계에 대한 유목적적인 참여 의식을 함양시켜 준다.

그럼에도 아동과 청소년의 감사에 대한 연구가 본격화된 것은 아주 최근의 일이다. 이에 여기서는 아동과 청소년을 대상으로 한 감사 교육 활동에 대한 주요 연구 결과들을 분석하고, 감사 연습이 갖는 도덕교육적 의의를 밝히고자 하였다. 긍정적인 도덕 정서로서의 감사는 긍정 정서의 함양, 삶의 만족도 증가, 우울증 감소, 신체적 건강 증진 등에 탁월한 효과가 있을 뿐만 아니라 도덕적·친사회적 행동, 긍정적 관계, 사회적 통합을 예측해 주는 매우 중요한 삶의 방식이다. 따라서 도덕교육에서는 축복 헤아리기, 감사 방문, 이득 평가 교육과정의 활용을 통하여 학생들이 감사를 경험하고 표현할 수 있도록 감사 성향을 제고하는 실제적인 노력을 경주해야 한다.

감사가 여러 가지 다양한 심리적·사회적 이득을 갖고 있는 것이 명백하다 해도, 특히 도덕교육자의 입장에서는 감사를 가르치는 것이 항상 그리고 반드시 학생들의 도덕 발달에 도움을 주는 것이어야만 한다는 사실에 주목해야 한다. 그러므로 정의와 공동선에 대한 모종의 참다운 관심을 포함하고 있는 인간 번영(human flourishing)에 기여하기 위해서는, 용기나 절제의 경우에서와 마찬가지로 감사를 가르치는 것이 더욱 크고 성찰적인 도덕적 비전의 관점에서 실행되어야 할 것이다. 그렇지 않다면 용기와 절제에서의 습관화의 증진이 용맹스럽고 자기 통제적인 악한이나 사기꾼을 만들어낼 수 있는 것과 마찬가지로, 진실하고 적절하며 정성 어린 감사가 오히려 상대방에게 비굴한 태도를 보이거나 아첨을 하는 경우처럼, 아주 부패하고 자기 보존적인 목적을 향해 증진될 수도 있기 때문이다. 따라서 감사는 그것이 은인의 의도와 행동에 대한 수혜자의 도덕적 공감과 관점 채택 능력을 통해 나오는 진심 어린 것일 때, 긍정적인 결과를 얻을 수 있다는 것을 도덕교육자들은 항상 명심해야 할 것이다.

참고 문헌

이인재(2013), "감사 성향이 도덕적 행동에 미치는 영향", 『초등도덕교육』, 41, 191-220.

임경희(2009), "감사 연구의 최근 동향 및 과제", 『상담평가연구』, 2(1), 47-60.

Berger, F. R. (1975), "Gratitude", *Ethics*, 85(4), 298-309.

Emmons, R. A. & Kneezel, T. T. (2005), "Giving thanks: Spiritual and religious correlates of gratitude", *Journal of Psychology and Christianity*, 24(2), 140-148.

Emmons, R. A. (2004), "Gratitude", In C. Peterson & M. E. P. Seligman (Eds.), *Character strengths and virtues: A handbook and classification* (pp. 553-568), New York: Oxford University Press.

Emmons, R. A. (2004), "The psychology of gratitude: An introduction", In R. A. Emmons & M. E. McCullough (Eds.), *The psychology of gratitude* (pp. 3-16), Oxford: Oxford University Press.

Emmons, R. A. (2012), "Queen of virtues? Gratitude as a human strength", *Reflective Practice: Formation and Supervision in Ministry*, 32, 49-62.

Frederickson, B. L. (2004), "Gratitude, like other positive emotions, broadens and builds", In R. A. Emmons & M. E. McCullough (Eds.), *The psychology of gratitude* (pp. 145-166), Oxford: Oxford University Press.

Froh, J. J. & Bono, G. (2008), "The gratitude of youth", In S. J. Lopez (Ed.), *Positive psychology: Exploring the best in people, Vol 2. Capitalizing on emotional experience* (pp. 55-78), Westport, CT: Praeger.

Froh, J. J., Bono, G. & Emmons, R. A. (2010), "Being grateful is beyond good manners: Gratitude and motivation to contribute to society among early adolescents", *Motivation and Emotion*, 34(2), 144-157.

Froh, J. J., Bono, G., Fan, J., Emmons, R. A., Henderson, K., Harris, C., Leggio, H. & Wood, A. M. (2014), "Nice thinking! An educational intervention that teaches children to think gratefully", *School Psychology Review*, 43(2), 132-152.

Froh, J. J., Kashdan, T. B., Ozimkowski, K. M. & Miller, N. (2009), "Who benefits the most from a gratitude intervention in children and adolescents? Examining positive affect as a moderator", *Journal of Positive psychology*, 4(5), 408-422.

Froh, J. J., Sefick, W. J. & Emmons, R. A. (2008), "Counting blessings in early adolescence: An experimental study of gratitude and subjective well-being", *Journal of School Psychology*, 46, 213-233.

Gulliford, L., Morgan, B. & Kristjánssen, K. (2013), "Recent work on the concept of gratitude in philosophy and psychology", *Journal of Value Inquiry*, 47, 285-317.

Harpahm, E. J. (2004), "Gratitude in the history of ideas", In R. A. Emmons & M. E. McCullough (Eds), *The psychology of gratitude* (pp. 19-36), Oxford: Oxford University Press.

Layous, K. & Lyubomirski, S. (2014), "Benefits, mechanisms, and new directions for teaching gratitude to children", *School Psychology Review*, 43(2), 153-159.

Lomas, T., Froh, J. J., Emmons, R. A., Mishra, A. & Bono, G. (2014), "Gratitude interventions: A review and future agenda", In A. C. Parks & S. M. Schueller (Eds.), *The Wiley Blackwell handbook of positive psychological interventions* (pp. 3-19), Hoboken: John Wiley & Sons, Ltd.

McCullough, M. E., Kilpatrick, S. D., Emmons, R. A. & Larson, D. B. (2001), "Is gratitude a moral affect", *Psychological Bulletin*, 127(2), 249-266.

McCullough, M. E. & Tsang, J. (2004), "Parent of virtues? The prosocial contours of gratitude", In R. A. Emmons & M. E. McCullough (Eds.), *The psychology of gratitude* (pp. 123-141), Oxford: Oxford University Press.

Peterson, C. & Seligman, M. E. P. (2004), *Character strengths and virtues: A handbook and classification*, New York: Oxford University Press.

Roberts, R. C. (2004), "The blessings of gratitude: A conceptual analysis", In R. A. Emmons & M. E. McCullough (Eds.), *The psychology of gratitude* (pp. 58-78), Oxford: Oxford University Press.

Sandage, S. J. & Harden, M. G. (2011), "Relational spirituality, differentiation of self, and virtue as predictors of intercultural development", *Mental Health, Religion & Culture*, 14(8), 819-838.

Shelton, C. M. (2004), "Gratitude: Considerations from a moral perspective", In R. A. Emmons & M. E. McCullough (Eds.), *The psychology of gratitude* (pp. 257-281), Oxford: Oxford University Press.

Smith, A. (1976), *The theory of moral sentiments*, 6th ed., Oxford: Clarendon Press.

Tangney, J. P., Stuewig, J. & Mashek, D. J. (2007), "Moral emotions and moral behavior", *Annual Review of Psychology*, 58, 345-372.

Tsang, J. (2006), "Gratitude and prosocial behaviour: An experimental test of gratitude", *Cognition & Emotion*, 20(1), 138-148.

Tsang, J. Rowart, W. C. & Buechsel, R. K. (2008), "Exercising gratitude", In S. J. Lopez (Ed.), *Positive psychology: Exploring the best in people, Vol 2. Capitalizing on emotional experience* (pp. 37-54), Westport, CT: Praeger.

Watkins, P. C. (2014), *Gratitude and the good life*, New York: Springer.

Wood, M. A., Maltby, J., Stewart, N. & Linley, P. A. (2008), "A social-cognitive model of trait and state levels of gratitude", *Emotion*, 8(2), 281-290.

10장
회복탄력성과 도덕교육

내가 교사들을 만날 때 그들에게 자주 하는 질문이 있다. 첫 번째의 질문은 '선생님이 가르치는 아이가 어떤 아이가 되길 바라고 있습니까? 한두 가지로 간략하게 말씀해 주세요?' 대부분의 교사들이 제시하는 답변에 공통적으로 들어 있는 단어들은 사랑, 인성, 행복, 자아실현 등이다. 두 번째로 '그럼 학교는 지금 무엇을 중점적으로 가르치고 있다고 보십니까? 한두 가지로 간략하게 대답해 보세요?' 그러면 교사들은 대부분 지식, 국·영·수, 문해력(literacy), 학업 성취·성공 등을 언급한다. 대부분의 교사들은 우리의 아이들이 더욱 행복하고 올바른 인성을 갖춘 가운데 자신의 잠재력을 실현할 줄 아는 인간이 되길 바라고 있다. 그러나 실제로 학교에서 가르치는 것은 상급학교 진학을 위한 지식 위주의 교육을 통한 학업 성취·성공에 치우쳐 있음을 엿볼 수 있다. 두 질문에 대한 교사들의 대답에서 우리가 중첩되는 공통적인 단어들을 찾을 수 없는 이유는 과연 무엇일까? 그것은 학교에서 학업 성공과 행복교육을 동시에 실현할 수 없다는 그릇된 믿음이 가득하기 때문이다. 최근에 긍정교육(positive education)과 사회 정서 학습(social & emotional learning)은 행복과 정신건강을 위한 기술도 학업 성취·성공을 위한 기술과 유사하게 학교에서 가르칠 수 있으며, 학업 성취·성공을 결코 상쇄하지 않는 가운데 얼마든지 실행될 수 있다고 본다.

사실 행복한 삶 혹은 번영(flourishing)은 윤리학의 근본 주제임에도 불구하고 도덕교육의 목표로서 크게 주목을 받지 못했던 것이 사실이다. 그러나 이제는 상황이 너무나 달라졌고, 그에 따라 도덕 교사의 역할도 더욱 커지는 추세이다. 오늘날 아동과 청소년이 직면한 도전들 가운데 상당수는 기성세대가 경험한 것들과 어느 정도 유사하기는 하다. 이를테면 그들은 성장하면서 자신의 정체성을 탐색하고, 독립성을 추구하기 위한 다양한 시도를 해야만 한다. 그러나 아동과 청소년이 직면한 도전들 가운데에는 기성세대가 경험하지 못한 새롭고 심각한 것들도 많이 있다. 오늘날 상당수의 학생들이 가정 해체를 경험하고 있고, 날로 치열해지는 경쟁 체제 속에서 학업 성적에 대한 상당한 압력과 스트레스를 받고 있는 가운데 다수의 학생들이 우울 증세를 보이고 있다. 동시에 그들은 관계적 욕구 충족의 일환으로 SNS를 관리하는 데 많은 시간을 할애하고 있는 가운데 인터넷 중독의 경우처럼 사이버 웰니스(wellness)를 위협하는 다양한 요인들에 직면해 있다. 도시화된 사회 속에서 살다 보니 그들은 자신이 속한 지역사회에 대한 연관성이나 소속감을 크게 느끼지 않는다. 그런가하면 그들은 세월호 참사와 같은 각종 자연적·인위적 재난에 쉽게 노출되어 있기도 하다.

세계보건기구(WHO)는 정신건강은 지구가 떠안고 있는 대표적인 질병의 하나이며, 2020년 무렵에는 암에 버금가는 심각한 질병이 될 것이라고 경고한 바 있다. 그럼에도 불구하고 전 세계적으로 정신건강을 위해 사용되는 비용은 연간 1인 당 2달러에도 미치지 못하고 있으며, 전 세계 인구의 절반이 1명의 정신과 의사가 20만 명 이상을 담당하고 있는 열악한 환경에서 살고 있다고 한다(WHO, 2011, 10).

최근의 국내 통계 수치들을 살펴보면 왜 우리가 청소년의 정신건강과 행복에 관심을 기울여야 하는지가 아주 분명해진다. 보건복지부가 2014년 7월 2일 발표한 OECD(경제협력개발기구)의 'OECD Health Data 2014' 분석 자료에 따르면, 우리나라는 2012년 기준 OECD 회원국 중 가장 높은 자살률을 기록했다. 지난 2003년 이후 10년 연속 1위라는 불명예를 안고 있다(최인재, 2012, 4-5). 그리고 청소년의 자살 비율도 지속적으로 증가하고 있으며, 청소년 자살은 청소년의 사망 원인 중 가장 큰 비율을 차지할 정도이다. 최근 1년간 자살 계획을 해 본 경험이 있는 청소년 비율이 19.5%로 나타났으며, 최근 1년간 자살 시도 경험이 있는 청소년 비율도 3.6%로 나타났다. 2011년 아동·청소년 정신건강 실태 조사 결과에 따르면, 초등학교에서 고등학교로 올라갈수록, 또한 남학생보다는 여학생이 우울과 같은 부적응적인 심리 요소의 점수가 더 높았고, 자아 존중감, 자기 효능감과 같은 적응적 심리 요소의 점수는 매우 낮은 것으로 나타났다. 청소년의 스트레스 인지 비율이 전체 응답자 중 43.2%로 나타났고, 우울증 경험 비율의 경우는 응답자 중 37.5%로 나타났다. 이렇듯 현재 우리나라 아동과 청소년들의 정신건강은 매우 우려할 만한 수준이다.

그런데 청소년 우울증은 성인과 달리 우울한 감정이 겉으로 드러나지 않는 가면성 우울증(masked depression)이라는 데 심각성이 더하다. 우울증이 무단결석, 게임·인터넷 중독, 비행 등 행동 문제나 학업부진과 같은 위장된 형태로 드러난다는 것이다. 당연히 주변은 물론 자신까지 그 원인이 우울증임을 모르는 경우가 태반이다. 아동기와 청소년기에 있어서 높은 수준의 일상 스트레스와 우울증의 증가는 비단 우리나라만의 문제는 아니다. 이에 오늘날 많은 국가에서는 아동과 청소년의 우울증을 예방하고, 스트레스 관리 능력을 증진시키며, 행복과 웰빙 수준을 높이기 위한 다양한 교육 활동을 전개하고 있다. 그리고 이러한 교육 활동의 기저에 놓인 핵심 개념이 바로 회복탄력성(resilience)이다.

1980년대 중반 이래 아동 발달, 소아의학, 심리학, 정신의학, 사회학 등 여러 학문 분야에서의 많은 연구자들이 삶에 있어서 주요한 역경을 겪으면서 심각한 정신병리를 지속적으로 겪는 아동이 있는 반면에 왜 다른 아동은 그런 역경에 성공적으로 대처하는지에 주목하여 왔다(Werner, 2013, 87). 그들의 연구를 통해 등장한 회복탄력성 개념은 오늘날 아동과 청소년의 삶에서 위험과 스트레스를 근본적으로 제거하지는 않지만, 효과적으로 다룰 수 있게 해 주는 완충 과정의 최종 산물, 성품 강점, 개인적 자산으로 여겨지고 있다. 특히 최근 학교교육을 통한 회복탄력성 증진 프로그램의 개발 및 실행은 위기에 처한 학생들에 대한 결핍 모델에서 강점에 기반을 둔 예방 모델로의 전환을 의미하는 것이기에, 우리가 아동과 청소년의 웰빙과 행복 수준을 높이기 위한 교육 방안을 모색하는 데에 많은 시사점을 줄 수 있다. 이에 여기서는 회복탄력성 개념에 대한 문헌 분석에 근거하여 다음의 세 가지 질문들에 대한 해답을 찾는 데 중점을 둘 것이다. 첫째, 회복탄력성이란 무엇이고, 교육적으로 왜 중요한 것인가? 둘째, 회복탄력성 증진을 위한 성공적인 교육적 개입 사례는 무엇인가? 셋째, 도덕 교과에서 활용할 수 있는 회복탄력성 증진을 위한 지도 방법은 무엇인가?

1. 회복탄력성이란 무엇인가?

1) 회복탄력성의 개념 정의

회복탄력성은 오늘날 정신건강과 신체건강을 포괄하는 건강 분야에서 적절성과 영향력이 급증하고 있는 매우 중요한 개념이다(Atkinson, Martin & Rankin, 2009, 138). 회복탄력성은 사실 오랜 기간 여러 학문 분야에서 연구된 개념이기에 한마디로 개념 정의를 하는 것이 매우 어렵다. 하지만 회복탄력성에 대한 대부분의 개념 정의들은 곤경·고난·역경·도전에 대처·대응하는 데 필요한 개인적 강점에 초점을 맞춘다. 회복탄력성은 변화·도전·좌절·실망·곤란한 상황이나 역경에 직면하여, 인내하고 적응적으로 대처하고 회복하여 합당한 수준의 웰빙 상태로 복귀하는 능력을 의미한다(Noble & McGrath, 2014, 136). 회복탄력성은 변화하는 상황적 요구에 대한 반응에 있어서의 유연성 그리고 부정적인 정서적 경험으로부터 복귀할 수 있는 능력을 의미하기도 한다(Tugade, Fredrickson & Barret, 2004, 1169). 회복탄력성은 적응이나 발달의 심각한 위협에도 불구하고 좋은 결과를 이끌어내는 것을 특징으로 하는 일군의 현상을 뜻하기도 한다(Masten. 2011, 228). 회복탄력성은 도전 이후에 정신적 혹은 신체적인 건강이 유지·회복·향상되는 것, 달리 말해 우리가 어려운 상황에 적응적으로 반응하여 계속해서 번영·성장할 수 있는 능력을 의미한다(Ryff & Singer, 2003, 20).

회복탄력성은 대부분의 경우 인간의 기본적인 적응 체제의 작동 결과로 생기는 하나의 공통적인 현상이다. 그러한 체제가 보호를 받는 가운데 잘 작동을 하게 되면, 심각한 역경에 직면해서도 발달이 활발하게 이루어진다. 이에 오늘날 회복탄력성은 스트레스와 압력을 효과적으로 다룰 수 있는 능력, 일상적인 도전에 대응할 수 있는 능력, 좌절·실수·외상·역경에서 회복할 수 있는 능력, 분명하고 현실적인 목표를 세울 수 있는 능력, 다른 사람과 편하게 상호작용할 수 있는 능력, 자신과 타인을 존중하고 존엄성을 인정할 수 있는 능력과 같은 여러 능력으로 이해되고 있다(Brooks, 2013, 443). 하지만 회복탄력성은 맥락, 시간, 연령, 젠더, 문화적 기원뿐만 아니라 개인 내적으로도 상이한 삶의 상황에서 다르게 나타날 수 있는 다차원적인 특성이다. 이를테면 어떤 한 사람이 특정 분야에서는 높은 회복탄력성을 보이지만, 다른 분야에서는 낮은 회복탄력성을 보일 수도 있다(Connor & Davidson, 2003, 76).

회복탄력성에 대한 연구가 이루어진 것은 50년이 훨씬 넘었지만, 특히 긍정심리학의 등장 이후 최근 20년 동안에 괄목할 만한 성장을 보였다. 회복탄력성에 대한 연구가 긴급함을 보이게 된 데에는 적어도 두 가지의 요인이 존재한다(Goldstein & Brooks, 2013, 3). 첫째, 20세기 말에 기술적 복잡성이 크게 증가함으로써 역경에 직면한 아동과 청소년의 숫자 그리고 그들이 직면한 역경의 숫자도 증가하였다. 이전에 비해 훨씬 많은 숫자의 아동과 청소년들이 위험에 처해 있었기 때문이다. 둘째, 위험 요인과 보호 요인 그리고 그것의 작용을 이해하는 데 대한 관심이 증가함과 더불어, 그런 정보들이 위험에 처해 있는 아동과 청소년에게 더 많은 긍정적인 결과를 수반하는 임상적으로 적절한 개입으로 추출될 수 있는지 그리고 모든 아동과 청소년의 회복탄력적인 마인드세트(resilient mind-set)를 조성하는 데에 일반적으로 적용될 수 있는 임상적으로 적절한 개입으로 추출될 수 있는지를 결정하는 것에 대한 학문적 관심이 크게 증가했기 때문이다.

회복탄력성에 관한 연구는 지금까지 네 차례의 연구 물결을 거치면서 발전해 왔다. 제1의 연구 물결에서는 기본 개념 및 방법론과 더불어 회복탄력성 현상을 잘 기술했으며 주로 개인에게 초점을 맞추었다. 제2의 연구 물결에서는 회복탄력성에 대한 보다 역동적인 설명을 하였다. 이러한 역동적 설명은 역경과 위험의 맥락에서 이루어지는 긍정적 적응에 관한 이론과 연구에 대한 발달 체제 접근법을 채택하여, 개인의 발달을 포함하는 수많은 체제와 개인의 상호 교류에 초점을 맞추었다. 제3의 연구 물결에서는 발달 경로의 변화를 지향하는 예방 개입을 통하여 회복탄력성을 조성하는 데 초점을 맞추었다. 그리고 제4의 연구 물결에서는 후성적 과정과 신경생물학적 과정, 두뇌 발달, 발달의 조형을 위한 체제들의 상호작용 방식에 대한 관심의 증대와 더불어 다양한 수준의 분석을 통해 회복탄력성을 이해하고 통합하는 데에 초점을 맞추고 있다(Wright, Masten & Narayan, 2013, 15-16).

제1의 연구 물결에서는 <표 1>에서 볼 수 있는 바와 같이, 위험에 처한 아동이 보다 나은 적응을 이루어내는 것과 관련된 공통 변인들이 존재한다는 것을 밝혀내었다. 그리고 제2의 연구 물결에서는 왜 그러한 변인들이 반복적으로 발견되는지를 설명할 과정에 관한 연구들이 활발하게 진행되었다. 제2의 연구 물결에서는 회복탄력성을 발달의 복합적인 과정으로 혹은 수많은 과정을 거치면서 발생하는 하나의 현상으로 강조하면서, 병리적 결과와 긍정적 결과를 조성하는 복잡하면서도 체제적인 상호작용을 이해하는 데 주목하였다.

<표 1> 증진 요인과 보호 요인의 사례

아동의 특징
- 유아기에서의 사회적이고 적응적인 기질
- 좋은 인지 능력, 문제 해결 기능, 실행 기능
- 긍정적 또래 관계의 형성 및 유지 능력
- 효과적인 정서 및 행동 조절 전략
- 자신에 대한 긍정적 관점(자기 확신, 높은 자존감, 자기 효능감)
- 삶에 대한 긍정적 전망(희망적임.)
- 신앙과 삶에 대한 의미감
- 사회와 자신에 의해 가치 있게 평가된 특성(재능, 유머 감각, 타인에게 매력적임.)

가정의 특징
- 안정적이고 지지적인 가정환경(조화로운 부부관계, 민감하고 감응적인 배려 제공자와의 친밀한 관계, 높은 수준의 애정·구조와 모니터링·기대에 초점을 맞춘 권위 있는 양육 유형, 긍정적인 형제자매 관계, 확대 가족 구성원들과의 지지적인 연결)
- 아동교육에 대한 부모의 관심과 참여
- 아동에게 보호적인 특징을 가진 부모

- 사회경제적 이점
- 고등교육을 받은 부모
- 신앙과 종교 생활

지역사회의 특징
- 높은 수준의 이웃 특질(안전한 이웃, 낮은 수준의 지역사회 폭력, 감당할 만한 가격의 주택, 여가 센터에의 접근, 청정한 공기와 물)
- 효과적인 학교(잘 교육을 받고 잘 보상을 받는 교사, 방과 후 프로그램, 스포츠·음악·미술과 같은 학교의 여가 자원)
- 부모와 10대를 위한 고용 기회
- 좋은 공중 보건 관리
- 경찰·소방서·병원 등 비상 서비스에 대한 접근
- 배려적인 성인 멘토와 친사회적인 10대와의 연결

문화적 또는 사회적 특징
- 보호적인 아동 정책(아동의 노동, 건강, 복지)
- 교육 지향적인 가치관과 자원
- 압제와 정치적 폭력의 예방과 보호
- 신체적 폭력에 대한 낮은 수용

* 출처: Wright, Masten & Narayan, 2013, 21.

제3의 연구 물결에서는 아동이 직면하는 위험과 누적적인 외상의 복잡성을 인정하는 가운데, 개입이 긍정적인 결과를 얻기 위해서는 다양한 영역을 가로지르는 역량들을 증진하고 보호를 강화하는 것이 중요함을 강조하였다. 그리고 제4의 연구 물결에서의 초점은 다수준 역학 그리고 유전자, 신경생물학적 적응, 두뇌 발달과 맥락을 다양한 수준에서 연결하는 수많은 과정을 연구하는 데 맞춰져 있다. 그 결과 회복탄력성에 대한 신경과학적 연구가 늘고 있으며, 회복탄력성의 국가사회적인 중요성에 부응하여 융합학문적인 연구가 활성화되고 있다.

이러한 연구 물결을 통해 회복탄력성은 다음의 세 가지 특징을 가진 지닌 역동적 개념으로 자리를 잡았다. 첫째, 회복탄력성은 개인 안에 존재하는 하나의 고정된 특성이 아니라, 개인 안에서 그리고 환경 속에서 변인들 간의 복잡한 상호작용이다. 둘째, 회복탄력성은 서로를 강화시켜 주는 일군의 긍정적 속성들의 증가에 의해 강해질 수 있는 보호 기제로 작동하는 하나의 이론적 구성물이다. 셋째, 회복탄력성을 확인함에 있어서 심각한 도전이나 위협 그리고 훌륭한 적응이나 발달의 질과 같은 두 가지 지표들이 존재해야만 한다. 만일 정상적인 발달을 손상시키는 것으로 생각되는 중대한 역경을 직면하거나 극복하지 않았다면 그 사람은 회복탄력적인 사람으로 간주되지 않는다. 그리고 역경에 직면하여 좋은 혹은 적절한 결과를 얻지 못했다면 그 사람은 회복탄력적인 사람으로 간주되지 않는다.

2) 회복탄력성 개념의 교육적 의의

긍정심리학자들은 회복탄력성을 도덕적 개념보다는 정신건강 개념으로 이해한다(Peterson, 2006, 238). 회복탄력성은 가벼운 불안으로부터 외상과 전반적인 우울증에 이르는 부정적 정서 경험을 회피하거나 그로부터 튀어 나와서 회복하는 것을 도와주는 개인적 자원으로 구체화된다. 물론 회복탄력성은 긍정심리학에만 고유한 개념은 아니다. 회복탄력성은 긍정심리학 운동 이전부터 존재했었던 개념이다. 사람들의 회복탄력성은 자기보고 척도에 의해 측정된다. 피험자들은 "나의 일상은 나의 흥미를 끄는 것들로 가득 차 있다.", "나는 새롭고 이례적인 상황을 처리하는 것을 즐긴다." 등과 같은 태도 진술들에 동의하는 정도를 표시한다.

회복탄력성에 관한 제3의 연구 물결에서 중시된 임상적 개입 활동 그리고 최근에 긍정심리학에서 회복탄력성 개념의 적극적인 도입은 위기에 처한 학생들에 대한 결핍 모델에서 예방 모델로 전환한다는 것을 의미한다. 회복탄력성 연구는 불리한 조건이 가하는 위협과 역경 속에서 성장하는 아동의 발달에 관한 결핍 모형이 지닌 여러 가지의 부정적 가정들을 뒤엎어 놓았다(Noble & McGrath, 2014, 137). 왜냐하면 회복탄력성은 불리한 조건에서도 아동이 긍정적 발달의 결과를 성취하고 부적응적인 결과를 회피하는 것을 의미하기 때문이다. 달리 말해, 회복탄력적인 마음가짐은 어떤 사람이 성인기로 성장하는 경로에서 겪게 될지도 모르는 역경에도 불구하고 잘 살기 위해 필요한 기술을 발달시킬 기회를 제공하는 산물이기 때문이다(Goldstein & Brooks, 2013, 6).

결핍 모델과 달리 예방적 접근은 모든 학생에게 낙관주의적 사고·유용한 사고·적응적 거리두기·유머·정서관리 기능·자기관리 및 자기훈육 등과 같은 개인적인 회복탄력성 기능을 가르치고, 학생들의 회복탄력성 발달에 도움을 주는 동시에 보호적인 학교 기반 요인들을 학교에서 발전시키는 것을 의미한다. 회복탄력성은 주요한 스트레스 요인(stressors)이나 역경을 다루는 것에만 국한되지 않는다. 모든 학생은 일상생활에서의 도전들을 성공적으로 관리하기 위해 회복할 수 있는 기능과 태도를 필요로 한다. 회복탄력성은 삶에서의 성공과 만족을 위해 반드시 필요한 것이다. 그것은 우리로 하여금 스트레스와 역경을 극복하고, 힘난한 세상을 헤쳐 나가며, 힘든 시기로부터 벗어날 수 있게 해 준다. 각고의 노력에도 불구하고 우리는 스트레스와 역경을 완벽하게 예방할 수 없다. 그러나 우리는 도전과 역경에 대해 우리가 사고하는 방식을 변화시킴으로써 더욱 탄력적이고 유연하게 적응할 수 있는 방법을 학습할 수 있다.

많은 연구 결과들은 역경과 기회에 대해 우리가 사고하는 방식이 학교와 직장에서의 성공, 건강, 수명, 우울증 위협에 영향을 준다고 한다(Hall & Pearson, 2005, 12; Brooks, 2013, 446). 회복탄력성을 지닌 사람은 대개 다음과 같은 특징을 소유한다. ① 지적·정서적·창의적 발달을 포함하여 여러 분야에서 긍정적인 개인적 발달을 실현할 능력을 갖는다. ② 타인과 긍정적이고 정중한 관계를 형성·유지할 능력을 갖는다. 회복탄력성을 지닌 사람은 지지와 도움을 얻을 수 있는 타인에게 편안함을 느끼고 그의 중요성을 높게 평가한다. ③ 자신의 정서를 확인·관리하고 타인의 감정을 이해할 수 있는 능력을 갖는다. ④ 단호함, 공감, 타협을 포함하는 의사소통 기능을 갖는다. ⑤ 자신이 문제를 해결할 수 있고 결정할 수 있다고 믿는다. 문제를 해결하고 풍부한 지식과 정보에 근거한 결정을 내리고 자신의 행동에 대한 책임을 수용한다. ⑥ 현실적이지만 보람이 있는 목표를 설정하고 그것을 실현하기 위해 적극적인 노력을 한다. 회복탄력성을 지닌 사람은 세계에 기여할 수 있고 긍정적인 차이를 만들어낼 수 있다고 믿는다. ⑦ 자기 훈육과 자기 통제를 잘한다. 회복탄력성을 지닌 사람은 자신이 통제할 수 있는 것을 정의할 수 있고, 그러한 통제 분야에 시간과 에너지를 집중한다. ⑧ 실수로부터 배울 것이 있다고 믿는다. 회복탄력성을 지닌 사람은 실패를 두려워하지 않고, 자신의 실패를 부끄럽게 생각하지도 않는다. ⑨ 문제를 거부하거나 문제로부터 회피하는 것이 아니라 자신의 강점을 정의하고 그것을 강화한다. ⑩ 자신을 조롱하지 않으면서 자신을 웃게 만드는 유머 감각을 갖고 있다.

이와는 달리 회복탄력성이 부재하는 사고방식은 우리의 정서적 에너지와 소중한 회복탄력성 자원을 소진시킬 수도 있는 '세계에 대한 부정확한 신념'과 '부적절한 문제 해결 전략'에 집착하게 만들 수 있다. 회복탄력성에 관한 연구들은 역경에도 불구하고 개인으로 하여금 성공·번영하게 만들어주는 것에 담겨져 있는 과정들을 이해하기 위한 통찰력을 제공한다. 그러므로 우리의 학생들이 장차 삶에서 직면하게 되는 스트레스나 역경을 극복하고, 불안이나 우울 증세가 아닌 낙관주의와 자기 확신을 갖고 새롭고 어려운 과제에 도전하는 가운데, 행복과 만족을 얻으려면 학생들이 회복탄력성을 발달·증진시켜 주어야 할 것이다.

2. 회복탄력성 증진을 위한 교육적 개입

여기서는 아동과 청소년의 회복탄력성을 증진하기 위한 국외의 대표적인 교육적 개입 사례들을 살펴보고자 한다. 학생들의 정신건강과 웰빙을 증진하고, 정신건강 문제들을 예방하는 데 초점을 맞춘 대표적인 교육적 개입 사례는 사회 정서 학습(social and emotional learning)과 긍정교육(positive education)이다. 그러나 사실 사회 정서 학습과 긍정교육은 회복탄력성 개념보다는 더 크고 포괄적인 정신건강과 웰빙 개념에 초점을 맞추고 있고, 이미 우리 학계에도 자세하게 소개된 바 있으므로 여기서는 초·중등 학생의 회복탄력성 증진에만 직접적으로 초점을 맞춘 싱가포르, 미국, 호주의 대표적인 교육적 개입 사례에 대해 알아볼 것이다.

1) 싱가포르의 교육적 개입 사례

회복탄력성 개념은 여러 가지 불리한 여건을 안고 있는 싱가포르가 지속적인 경제 성장과 번영을 위하여 매우 중시하는 가치 가운데 하나이다. 싱가포르는 우리의 도덕 교과와 유사한 교과교육을 통해 회복탄력성을 가르쳐 온 대표적인 국가이다. 싱가포르 교육부는 시민 모두가 힘을 합쳐 국가가 당면한 제약과 도전들을 극복해 나갈 때 평화와 안정이 깃들 수 있음을 강조하고 있다. 싱가포르는 2014년부터 기존의 '공민과 도덕교육'(Civic and Moral Education)을 '인격과 시민성교육'(Character and Citizenship Education)으로 대체하였다. 기존 '공민과 도덕교육'에서 회복탄력성에 대한 교육은 초등학교에서는 주로 개인적인 차원에서 변화에 능동적으로 대처하기 위한 방법을 강조하였고, 중등학교에서는 회복탄력적인 가정, 회복탄력적인 시민과 회복탄력적인 국가가 되는 것의 중요성을 강조하였다.

2014년부터 적용된 '인격과 시민성교육'은 존중, 책임, 성실, 배려, 조화, 회복탄력성의 여섯 가지 핵심 가치에 근거한다. 싱가포르 교육부에 따르면, 회복탄력성을 지닌 사람은 역경에 직면하여 정서적 강점과 인내심을 가지며, 낙관성·적응력·풍부한 자원력을 드러내는 사람이다(Singapore Ministry of Educatio, 2014, 2). 싱가포르는 여섯 개의 핵심 가치를 자기 인식, 자기 관리, 사회 인식, 관계 관리, 책임 있는 의사결정의 발달을 목표로 하는 사회 정서 학습(social and emotional learning)과 연계하여 가르침으로써 회복탄력성 교육의 효율성을 제고하고 있다.

  '인격과 시민성교육'의 목표는 여덟 가지 사항으로 구성되어 있다(Singapore Ministry of Education, 2014, 5). ① 자기인식력을 획득하고 개인적 웰빙과 효율성을 실현하기 위해 자기 관리 기능을 적용한다. ② 성실하게 행동하고 도덕적 원리들을 지지하는 책임 있는 결정을 내린다. ③ 사회적 인식 능력을 획득하고, 상호 존중에 근거한 긍정적인 관계를 설정·유지하기 위하여 대인관계적인 기능을 적용한다. ④ 회복탄력적인 사람이 되며, 도전을 기회로 바꿀 수 있는 능력을 갖는다. ⑤ 우리의 국가 정체성에 대한 자긍심을 갖고, 싱가포르에 대한 소속감을 가지며, 국가 건설에 헌신적으로 참여한다. ⑥ 싱가포르의 사회·문화적 다양성을 소중하게 여기고, 사회적 응집성과 조화를 증진시킨다. ⑦ 타인을 배려하고 우리의 공동체와 국가의 발전에 능동적으로 기여한다. ⑧ 풍부한 지식과 정보를 갖춘 책임 있는 시민으로서 공동체, 국가, 세계 문제에 대해 성찰하고 그에 반응한다.

  그리고 이러한 목표를 달성하기 위한 구체적인 교육 내용은 <표 2>에서 볼 수 있는 바와 같이 정체성, 관계, 선택이라는 세 가지 핵심 질문을 자아, 가정, 학교, 지역사회, 국가, 세계라는 6개의 영역에서 학습하도록 되어 있다(Singapore Ministry of Education, 2014, 12). 다만 초등학교 1~4학년에서는 자아, 가정, 학교, 지역사회, 국가의 5개 영역만 학습하고, 5~6

학년에서는 세계를 포함한 6개 영역 모두를 학습하도록 되어 있다.

싱가포르의 '인격과 시민성교육'은 회복탄력성 개념을 자아, 학교, 국가의 세 영역에서 주로 강조한다. 자아 영역에서는 정서적 강점을 통해 드러나는 것으로서의 회복탄력성 개념을, 학교 영역에서는 역경에 직면하여 정서적 강점을 가진 것을 통해 드러나는 회복탄력성 개념을 그리고 국가 영역에서는 싱가포르의 총체적 방어를 위한 회복탄력성 개념을 강조하고 있다. 이렇듯 싱가포르는 회복탄력성 개념을 국가가 추구해야 할 중요한 핵심 가치로 설정하여 '인격과 시민성교육' 교과를 통해 체계적으로 가르치는 대표적인 국가이다. '인격과 시민성교육'을 통한 회복탄력성 교육에서 회복탄력성의 개념을 개인 혹은 자아 수준에만 제한하는 것이 아니라, 학교와 국가로 확대하여 가르치는 것은 매우 의미 있는 시도라고 평가할 수 있다. 싱가포르의 사례는 회복탄력성 개념을 교과 교육을 통해서 가르치고 훈련시킬 수 있는 방식을 분명하게 보여 준다.

〈표 2〉 '인격과 시민성교육'의 핵심 영역과 질문

영역		핵심 질문		
		정체성	관계	선택
자아	내가 누구인지를 알고, 내가 될 수 있는 사람이 되기	• 나는 다른 사람과 어떤 점에서 유사한가? • 나는 다른 사람과 어떤 점에서 다른가?	• 나를 어떻게 지각하고 있고, 타인과의 관계에 영향을 미치는 나 자신을 어떻게 관리하고 있는가?	• 나와 타인을 좋게 만드는 선택을 어떻게 할 것인가?
가정	가족 유대를 강화하기	• 가정에서 나는 누구인가?	• 나는 내 가족들과 어떻게 관계를 형성·유지하고 있는가?	• 나의 행동이 내 가족과 나 자신에게 어떤 영향을 미치는가?

학교	건전한 우정과 단체정신을 조성하기	•나는 다른 사람과 어떻게 친구가 될 수 있는가? •팀에서 활동할 때 우리의 역할은 무엇인가?	•나의 친구는 누구인가? •어떻게 하면 우리가 잘 협력할 수 있는가?	•우정 관계에서 내가 바라는 것은 무엇인가? •팀을 이룩하기 위해 우리의 강점을 어떻게 활용해야 하는가?
공동체	우리의 공동체를 이해하고, 포함적인 사회를 만들기	•우리에게 있어서 포함적인 사회란 무엇인가?	•포함적인 사회에서 우리가 타인을 이해하고 관계를 맺기 위해 해야 할 일은 무엇인가?	•포함적인 사회를 건설함에 있어서 우리의 역할은 무엇인가?
국가	국가 정체성과 국가 건설에 대한 마음을 계발하기	•싱가포르인을 만드는 것은 무엇인가?	•내가 타인과 맺고 있는 관계가 국가 건설에 어떻게 기여할 수 있는가?	•싱가포르의 안녕에 대한 우리의 헌신을 어떻게 표현할 수 있는가?
세계	세계화된 세계에서 능동적인 시민이 되기	•세계화된 세계에서 능동적인 시민이 된다는 것이 의미하는 바는 무엇인가?	•세계화된 세계에서 우리는 다른 사람들과 어떻게 상호작용을 해야 하는가?	•세계화된 세계의 요구를 충족시키기 위해 우리의 강점과 능력을 어떻게 활용해야 하는가?

2) 미국의 교육적 개입 사례

우울과 불안 장애는 미국의 학생들이 겪고 있는 대표적인 질환에 속한다. 이러한 문제점을 해결하기 위해 펜실베이니아 대학교의 셀리그먼(Seligman)과 그 동료들은 오랜 기간 회복탄력성의 발달에 대한 연구를 수행하였다. 1970년대에 셀리그먼의 연구는 학습된 무력감에 초점을 맞추었으나, 이후에 그와 그의 동료들은 낙관주의와 비관주의의 우울증과의 관계뿐만 아니라 귀인과 설명 양식을 탐색하였다. 1980년대에 셀리그먼과 그 동료들은 우울증을 예방하고 회복탄력성을 증진시키는 프로그램을 개발하여 그 효과를 검증하는 데에 치중하였다(Hall & Pearson, 2005, 12). 셀리그먼과 그 동료들은 아이들이 비관적인 생각을 물리치고 인생에 대해 더욱 낙관적으로 접근하는 방법을 발전시키도록 돕기 위해 집단훈련을 제공하는 학교 프로그램을 개발하였다. 그들은 비관적인 설명 양식과 우울증의 발병 사이에는 강한 연관성이 있다고 생각했다. 우울증은 기분이 몇 주에 걸쳐 나아지지 않고 저조한 상태가 지속되는 현상이다. 이는 행복 정도가 주기적으로 떨어지는 것과는 다르며, 낮은 에너지와 무력감이 동반된다. 우울증에 빠진 사람은 상황이 자신의 통제 밖에 있다고 믿는다.

펜실베이니아 대학교의 회복탄력성 프로그램(Penn Resiliency Program)은 학생들로 하여금 우울증을 유발하는 일상적인 스트레스와 개인적 문제들에 대처할 수 있는 능력을 증가시키기 위한 특별한 교육과정이다. 이 프로그램은 회복탄력성을 증가시키는 것으로 보이는 개인 내적 요인이나 능력을 발달시키는 데 초점을 맞추었다. 이에 따라 이 프로그램에서는 정서 조절(그렇게 하는 것이 적절할 때에 정서를 확인·명명·표현·통제할 수 있는 능력), 충동 통제(지금의 상황이나 장기적 목표 달성에 도움을 주지 못하는 충동을 확인하고 그것에 저항할 수 있는 능력), 인과 분석(문제의 여러 가지 정확한 원인을 확인할 수 있는 능력), 현실적 낙관주의(현실의 한계 안에서 가능한 낙관적으로 생각하기), 자기 효능감(현 상황에 가장 잘 부합하는 대처 기술과 문제 해결 기술을 확인하고 실행할 수 있는 자신의 능력에 대한 확신), 공감(타인의 정서 상태를 정확하게 확인하고 관계를 형성할 수 있는 능력), 관계 형성 및 추구(어려운 시기를 통해 타인과의 관계를 심화시키고 지지를 얻기 위해 타인과 함께 하는 것을 편안하게 여기고 기꺼이 관계를 형성하고자 하는 것)의 일곱 가지 능력을 발달시켜 학생들의 우울증을 예방하는 동시에 회복탄력성을 증진시키고자 하였다(Reivich, Gillham, Chaplin & Seligman, 2013, 205).

<표 3>은 이 프로그램에서 학생들에게 가르친 기능과 그것이 목표로 했던 회복탄력성 능력을 나타낸 것이다. 특히 이 프로그램은 여러 연구를 통해 효과가 검증된 대표적인 긍정교육 개입 활동으로 손꼽힌다. 이 프로그램은 학생들의 무력감을 감소시키고, 낙관성을 증가시키며, 임상적 수준의 불안과 우울증을 예방하고, 행동상의 문제들을 감소시키며, 상이한 인종의 학생들과 협동하는 능력을 증가시켜 주는 것으로 밝혀졌다 (Kristjánsson, 2012, 95). 이 프로그램을 주도한 연구자들에 따르면, 펜실베이니아 회복탄력성 프로그램의 효과를 검증하기 위한 17개의 연구가 실행되었으며, 그 결과 밝혀진 대표적인 연구 결과들은 다음과 같다. 첫째, 우울증의 징후들을 예방하고 감소시켜 준다. 둘째, 무력감을 감소시킨다. 셋째, 우울증과 불안의 임상 수준을 예방한다. 넷째, 불안을 예방하고 감소시켜 준다. 다섯째, 행동상의 문제점들을 감소시켜 줄 수 있다. 여섯째, 유색 인종의 학생들에게도 마찬가지로 효과가 있다. 일곱째, 집단의 지도자를 훈련시키고 감독하는 것이 프로그램의 성공에 있어서 가장 결정적이다(Seligman, Ernst, Gillham, Reivich & Linkins, 2009, 297-298).

〈표 3〉 펜실베이니아 회복탄력성 프로그램 기능과 능력

가르친 기능	목표로 설정한 회복탄력성 능력
ABC	정서 조절과 공감
설명 양식	현실적 낙관주의와 인과 분석
자기 논박(self-disputing)	자기 효능감
균형 잡힌 시각으로 보기	현실적 낙관주의와 자기 효능감
목표 설정	충동 통제
단호함과 타협	관계 형성 및 추구
의사결정	자기 효능감, 충동 통제, 공감

<표 3>에서 볼 수 있는 바와 같이, 펜실베이니아 회복탄력성 프로그램은 인지 행동 치료적 관점에서 엘리스(Ellis)의 ABC 모형에 근거하여 학생들에게 인지 양식과 문제 해결 기능을 주로 가르쳤다. 엘리스는 촉발 사건(Activating event), 신념(Belief), 결과(Consequences)의 ABC 모형을 제안했다. ABC 모형은 동일한 사건이라도 서로 다른 사람은 그 사건에 대하여 각자 독특한 신념이나 믿음을 갖기 때문에 그 사건에 대하여 다르게 느끼고 반응하는 결과를 가져온다고 가정하였다. 흔히 우리는 어떠한 사건(A)이 곧바로 우리의 정서나 행동이라는 특정한 결과(C)를 가져온다고 생각한다. 하지만 그 사이에는 반드시 우리의 믿음이나 신념(B)이라는 연결고리가 있는 것이다. 달리 말해서, 우리의 삶에서 벌어지는 다양한 사건들은 그 자체로서는 아무런 결과도 가져오지 않는다. 그것이 특정한 결과를 가져오려면 우리의 신념 체계에 의해 해석되고 매개되어야 한다. 우리가 사건에 대한 우리의 생각과 신념은 사건이 우리의 행동과 정서에 미치는 영향을 매개하는 것이다.

  이러한 가정에 근거하여 마련된 프로그램에서 학생들은 부정확한 사고를 탐지하는 방법, 사고의 정확성을 평가하는 방법, 대안적인 해석을 시도하여 부정적인 정서에 도전하는 방법을 학습하였다. 펜실베이니아 회복탄력성 프로그램은 12회의 90분 수업 혹은 18~24회의 60분 수업을 통해 진행되었다. 매 수업에서 회복탄력성 개념과 기능이 제시되고 여러 가지 방식으로 훈련을 하도록 되어 있다. 예를 들어, 가시방석 기법(hot seat technique)을 통해 학생들은 하나의 당혹스런 경험을 부정적인 관점에서 평가하는 방법을 학습한 후에 곧바로 그 사고의 관점을 바꾸어 대안적인 긍정적 해석에 대해 사고하는 방법을 학습한다(Peterson, 2006, 133). 이 활동의 목적은 학생들이 비관적인 생각에 대해 재빨리 반박하는 방법을 가르치는 것이다.

  가시방석 기법은 친구의 도움을 받을 때 가장 잘 연습할 수 있지만, 학생들이 교묘하게 섞어 넣을 수 있는 목록 카드를 가지고 있다면 혼자서도 할 수 있다. 교사는 어느 경우에나 학생들을 화나게 하거나 괴롭히는 수십 개의 통상적인 사건들의 목록을 학생들에게 작성하게 한다. 교사는 그 목록을 친구에게 건네주거나 각각의 사건을 별개의 목록 카드에 적어놓게 한다. 그런 다음 친구에게 기분 나쁜 사건 하나를 임의로 선택해서 가시방석에 앉아 있는 학생에게 전달해 주거나, 혹은 학생 스스로 목록 카드 하나를 뽑아서 큰 소리로 읽게 한다. 교사는 학생들에게 그 사건이 유도하는 즉각적이고 자동적인 그리고 비관적인 생각을 규정하도록 노력하게 한다. 그런 다음, 가능한 빠르게 다음의 세 가지 가운데 하나를 실행하게 한다. ① 비관적인 생각에 대한 증거를 냉정하게 평가한다. "이번 시험도 50점인가? 지난주에 정말 열심히 공부를 했으니까 아마 아니겠지." ② 대안적인 설명을 생각한다. "내가 외우는 데에만 급급했지 개념의 의미를 정확하게 이해하지 못했던 것 같아." ③ 사고의 폭을 넓힌다. "내가 비록 원하는 점수를 얻지는 못했지만, 나는 결코 슬프거나 외롭지 않아. 우리 부모님은 나를 정말로 사랑하셔." 교사는 학생들에게 자신의 반응을 큰 소리로 말하게 한다. 그리고 이것을 두 번째 사건, 세 번째 사건 등에 반복하게 한다. 학생들은 이 기법을 반복할수록 더욱 익숙해지고 자동화시키는 단계까지 도달할 수 있다.

회복탄력성 훈련에서 가시방석과 같은 세부 기법들을 보완해주는 것이 바로 마음 챙김(mindfulness)이다(Kristjánsson, 2012, 96). 마음 챙김은 내적인 평온과 지금 그리고 여기의 나에 대한 평가를 통하여 회복탄력성을 강화시켜 준다. 마음 챙김이란 현재의 순간에 집중해 늘 깨어 있는 상태를 의미한다. 마음 챙김이란 자신이 살고 있는 바로 이 순간에 충실하게 만드는 방법 중 하나다. 현재의 존재에 충실한 것은 불안과는 대립되는 개념이다. 불안이란 그 자체가 과거 또는 미래를 걱정하는 것이기 때문이다. 불안은 현재 시점에 초점을 맞추는 경우가 거의 없다. 뭔가 나쁜 일이 바로 지금 일어나고 있는 중이라면, 아마 그것 때문에 불안하지는 않을 것이다. 걱정하는 대신에 그 일을 처리하고 있을 것이다. 물론 지금 당장 일어나는 일이 두려울 수는 있겠지만 어떻게든 지금 그 일을 처리하고 있다면 실제로는 그 일에 대해서 걱정을 하고 있는 것은 아니다. 그러므로 학생들에게 있어서 마음 챙김의 단기적 효과는 이완된 집중력의 증가이고, 장기적 효과는 불안감과 파괴적 행동의 감소이다.

이렇듯 펜실베이니아 회복탄력성 프로그램은 인지 행동 치료에 근거하여 학생들의 우울 증세와 불안 증세를 예방하기 위한 시도이다. 우울과 불안 증세를 예방하는 데 초점을 맞춘 인지 행동 치료는 인지 양식(cognitive styles)과 문제 해결 기능을 표적으로 삼는다. 따라서 학생들에게 부정적인 해석을 확인할 것을 요구하며, 부정적 해석을 지지하는 증거와 반대되는 증거를 생각해 보고, 대안으로 더욱 현실적인 해석을 하도록 가르친다. 특히 이 프로그램에서는 회복탄력성 능력을 일곱 가지로 구조화하고, 그것의 발달에 부합하는 최적의 기능을 가르치고자 했다는 점에서 의미가 있다. 이것은 우리가 학생들의 회복탄력성 기능을 발달·증진시키고자 할 때 어떤 능력과 기능에 초점을 맞추어, 어떤 방법을 활용해야 하는지를 분명하게 보여 준다.

3) 호주의 교육적 개입 사례

바운스백(Bounce Back) 프로그램은 원래 호주의 두 심리학자가 개발하였다. 맥그래쓰와 노블(McGrath & Noble, 2003)은 5~14세 학생들을 위한 회복탄력성 교육 프로그램을 개발하였는데, 이 프로그램은 유치원~2학년, 3~4학년, 5~8학년에 적합한 교육과정 자원들로 구성되어 있다. 이 프로그램은 호주, 스코틀랜드 등의 많은 학교에서 실행되었으며, 특히 영국은 2012년에 이 프로그램을 모든 학교에서 활용할 것을 권장하였다.

바운스백 프로그램은 두 개의 부분으로 이루어진다. 하나는 학생들로 하여금 자신들이 회복탄력적이라고 느끼고 삶의 위기에 대응하는 데 도움을 주는 개인의 삶에 있어서의 환경적 요인들에 초점을 맞추고 있다. 바운스백 프로그램은 학생들의 회복탄력성에 도움을 주는 환경적 요인으로서 학교에 연결되고 소속되어 있다는 느낌, 긍정적인 학교와 가족의 연결, 또래와 연결되어 있다는 느낌, 지지적인 교사와 교실 환경, 가족 이외의 성인 배려자, 공동체 생활에의 참여, 종교적 공동체에의 참여를 제시하였다.

다른 하나는 개인적 대처 기술을 가르치는 것이다. 이것은 인지적 행동 치료 원리와 긍정교육의 관점을 결합하여 9가지의 교육과정 단원에 걸쳐서 학생들에게 웰빙과 회복탄력성을 가르치도록 되어 있다(Noble & McGrath, 2014, 145-146). 핵심 가치(core values) 단원은 정직, 공정, 친절, 협동, 자기 존중과 타인 존중, 차이점 수용을 가르친다. 회복탄력적인 사람들(people bouncing back) 단원은 인지 행동 치료와 상담 원리에 근거한 10가지 대처 기술을 가르치는 것인데 BOUNCEBACK의 머리글자를 따서 만든 것이다. 10가지 진술문의 내용은 다음과 같다. ① B: 힘든 시간은 지속적이지 않다. 만사는 항상 좋아지기 마련이다. ② O: 네가 다른 사람들에게 말을 걸면 그들이 너를 도울 수 있다. 현실을 체크하라. ③ U: 도움이 되지 않는 사고는 너를 더욱 당황하게 만든다. ④ N: 완벽한 사람은 아무도 없다. ⑤ C: 긍정적인 것에 집중하고, 많이 웃어라. ⑥ E: 너뿐만이 아니라 모든 사람은 간혹 슬픔, 상처, 실패, 거부, 좌절을 맛본다. 그것들은 정상적인 삶의 일부분이다. 그것들이 너에게만 해당한다는 식으로 개인화하려고 시도하지 마라. ⑦ B: 공정하게 비난하라. 일어난 사건의 상당 부분은 너 자신, 타인, 불운, 상황 때문이다. ⑧ A: 변화시킬 수 없는 것을 기꺼이 수용하라. 그러나 네가 먼저 할 수 있는 것을 변화시키려는 시도를 하라. ⑨ C: 파국적 사고는 너의 걱정을 과장한다. ⑩ K: 사태를 균형 잡힌 시각으로 바라본다. 밝은 면을 바라보기(Looking on the bright side) 단원은 낙관주의적 사고와 감사를 가르친다. 용기(Courage) 단원은 자신에게 도전적인 것을 시도하는 일상적인 용기와 영웅주의, 무모한 행동을 구분하는 데 초점을 맞춘다. 정서(Emotion) 단원은 긍정적 정서를 확장하기 위한 방법, 타인을 공감하는 방법, 강한 부정적 정서를 관리하는 방법을 가르친다. 관계(Relationship) 단원은 친구를 사귀고 갈등을 관리하는 방법을 가르친다. 유머(Humor) 단원은 교실을 재미있는 공간으로 만드는 방법을 소개함과 동시에 유용한 유머와 상처를 주는 유머, 어려운 상황을 사소화하는 유머의 차이에 대해 가르친다. 불링 금지(No bullying) 단원은 불링 행동과 여타의 반사회적 행동에 대해 가르치고, 불링을 피하는 방법과 불링을 당하는 학생을 돕는 방법을 제시한다. 성공(Success) 단원은 학생들로 하여금 자신의 성품 강점을 발견하고, 현실적인 목표를 설정하며, 교실활동과 공동체 활동을 통하여 의미감과 목적의식을 갖도록 하는 데에 초점을 맞춘다.

바운스백 프로그램의 효과는 호주뿐만 아니라 스코틀랜드에서의 체계적인 적용을 통해서도 입증된 바 있다. 이 프로그램은 스코틀랜드의 퍼스-킨로스(Perth-Kinross) 지역의 16개 초등학교에서 2008년부터 2010년까지 3년에 걸쳐 실행되었으며, 학생들의 개인적 회복탄력성, 사회적 기능, 학급에의 연관성, 긍정적인 학교 문화 조성에 효과적인 것으로 밝혀졌다(Axford, Blyth & Schepens, 2011, 12). 이 프로그램은 회복탄력성에 도움을 주는 환경적 요인과 개인적 대처 기술을 동시에 추구했다는 점에서 의미가 크다. 또한, 이 프로그램은 학급과 학교를 응집력 있는 공동체로 만드는 가운데, 회복탄력성을 위한 개인적 기술과 기능을 가르칠 때 교육효과가 더욱 크다는 사실을 잘 보여 준다.

3. 회복탄력성 증진을 위한 도덕과 지도 방법

　회복탄력성을 증진하기 위한 외국의 교육적 개입 프로그램들은 대부분 학생의 자율성을 중시하는 학생중심적인 접근법을 취하는 가운데, 사고 양식을 변화시키려는 인지적인 접근과 안전한 애착 관계 형성 및 긍정적 정서를 함양시키는 데 초점을 맞추고 있음을 알 수 있다. 그리고 그 과정에서 애정·존중·믿음을 주는 성인과의 관계 형성이 중요함을 부각시킨다. 또한 국외의 성공적인 개입 프로그램들은 이론적 일관성을 갖고 있고, 일회성이 아닌 장기적인 프로젝트로서 실행되고 있음을 알 수 있다.

　도덕 교과에서 회복탄력성이 중요한 이유는 무엇인가? 우리는 먼저 회복탄력성의 보호 요인들 상당수가 도덕 교과에서 중시해야 할 성품 강점들과 밀접하게 연합되어 있다는 사실에 주목해야 한다. 회복탄력성의 보호 요인들은 영성, 희망, 자기조절, 신중, 희망, 공정함, 통찰, 사회성, 개방성, 창의성, 자기조절, 유머, 활력 등의 성품 강점과 밀접하게 연관되어 있다(Peterson & Seligman, 2004, 79). 이러한 성품 강점들의 상당수가 도덕 교과에서 중시하는 핵심 가치·덕목들이라는 사실을 고려할 때, 회복탄력성을 가르치는 일은 곧 도덕 교과에서 중시하는 핵심 가치·덕목들을 간접적으로 가르치는 방안이 될 수 있다. 회복탄력성이 도덕교육에서 중요한 또 다른 이유로는 그것이 학생들의 웰빙을 구성하는 중요한 요소라는 사실이다. 최근 긍정심리학과 신경과학의 연구 결과들은 도덕교육이 학생들의 웰빙과 밀접한 연관성이 있음을 잘 보여 준다. 그리고 회복탄력성은 학생들의 웰빙을 저해하는 요소들에 맞설 수 있는 개인적 역량을 제공해준다. 앞에서 살펴본 바와 같이 회복탄력성이 높은 학생들은 사회적 역량, 자율성, 문제해결 기능, 목적의식과 높은 희망 수준을 공유한다. 회복탄력성이 강한 학생은 지적·정서적·창의적인 영역에서 긍정적인 개인적 발달을 추구할 수 있고, 타인 배려와 공감 능력 및 문제해결력을 가짐으로써 긍정적인 사회적 관계를 형성할 수 있다. 그러므로 도덕 교과에서 학생들의 회복탄력성을 증진하는 것은 건전한 도덕성 발달을 위한 확고한 토대를 제공하는 것이다. 셋째, 회복탄력성은 학생들이 도덕적 실패로부터 벗어나 도덕적 행위자로서 거듭날 수 있게 해 준다. 학생들은 자신의 도덕적 실패와 관련하여 자기 비하나 경멸을 통해 도덕적 주체로서의 자신의 존재감을 망각할 수 있다. 그렇게 되면 학생들은 자포자기의 심정에서 더욱 더 비도덕적 행동의 사슬에 얽매이게 된다. 회복탄력성은 학생들이 도덕적 실패라는 역경에서 벗어나, 도덕적 행위자로서의 자신의 존재감을 회복하게 해 준다는 점에서 도덕교육적으로도 매우 중요한 개념이다.

하지만 현재 우리의 도덕과 교육과정은 회복탄력성을 직접적인 교육 내용으로 설정하고 있지 않기에, 교사들은 회복탄력성을 가르칠 적절한 단원을 파악하는 데 어려움을 느낄 수 있다. 그럼에도 불구하고 '도덕적 주체로서의 나' 영역에서 다루어지고 있는 주제들의 상당수는 회복탄력성과 밀접한 관계가 있음을 알 수 있다. 왜냐하면 '도덕적 주체로서의 나' 영역에서 강조하고 있는 자율, 성실, 절제의 덕목은 회복탄력성과 밀접한 관계가 있기 때문이다. 또한 최근에 도덕 멘토 혹은 윤리 상담자로서의 도덕 교사의 역할이 강조되고 있음에 비추어 볼 때, 도덕 교사들은 교실에서 학생들과의 만남을 통해 학생들의 회복탄력성을 증진·함양시키는 다양한 교육 활동을 전개해야만 한다. 교실과 학교의 회복탄력성에 관한 연구들은 교실에서 교사와 학생 사이에 존재하는 관계의 질, 교실에 존재하는 급우 관계의 질, 교실과 학생의 가정 간에 존재하는 협동과 연관성의 정도가 중요함을 일깨워 준다(Doll, 2013, 401). 이러한 사실을 고려하여 여기서는 도덕과 교육 장면에서 교사가 학생들의 회복탄력성을 증진·발달시키기 위한 지도 방법 및 지도 사례를 제안하고자 한다.

1) ABCDE 접근법

ABCDE 접근법에 대한 상세한 설명은 셀리그먼의 『낙관적인 아이』라는 책에서 찾아볼 수 있다(Seligman, 2007, 115). ABCDE 접근법은 개별 학생들에게 가르칠 수 있는 논리적이고 체계적인 접근법으로서, 5개 부분으로 이루어진 체계에 따라 학생들에게 비관적이고 도움이 안 되는 사고의 양상을 알아보는 방법을 가르치는 것을 목표로 한다(Hooper, 2012, 158-159). 교사는 도덕 수업을 통해 ABCDE 접근법을 활용함으로써 학생들로 하여금 도움이 안 되는 자신의 믿음들을, 행동을 취하도록 촉구하는 더욱 낙관적이고 활력을 가져다주는 말로 대체하는 방법을 배울 수 있다. 우울한 생각은 절망감을 한층 더하는 부진과 소극성이 특징이다. ABCDE 접근법을 통해 학생들은 도움이 안 되는 생각에 대한 이해를 높이는 방법을 알고, 자신의 생각과 행동을 바꾸기 위해 문제해결 방법을 이용하도록 배울 수 있다. ABCDE 전략은 만 8세 이상의 아이들에게 효과적이다. 자신의 생각에 대해 생각하는 메타인지 능력이 아직 충분하게 발달하지 못한 만 8세 미만의 학생들에게는 무엇이 기분이 처지게 만드는지를 제대로 이해하는 것 자체가 어렵기 때문이다. 이 접근법을 활용하기 위한 간단한 사례를 제시하면 다음과 같다.

A는 불행한 사건(Antecedents)이다. 이 과정에서 처음 할 일은 앞서 무슨 일이 있었던 것인지를 주의 깊게 살피는 것이다. 또래들 사이에서 자신의 인기를 걱정하는 철수의 경우를 생각해 보자. 철수의 가장 친한 친구인 영철이는 철수에게 다른 친구들하고 공원으로 놀러가는 데 같이 가자고 하지 않았다. 철수는 속상하고 배신감이 들었다. 철수는 이것이 영철이가 자신들의 우정에 싫증이 난 표시가 아닌가 생각했다.

B는 왜곡된 믿음(Belief)이다. 철수가 그 일에 대해 선생님에게 이야기했을 때 선생님은 공감하며 철수의 이야기를 들어주었다. 선생님은 철수

가 상처받았음을 알고서, 철수에게 지금 어떤 생각이 드는지 말해줄 수 있는지를 물어보았다. 때로 우리가 하던 일을 멈추고 가만히 있어 보면 우리 머릿속에 떠오르는 생각과 발상들을 좀 더 잘 알 수 있다고 선생님은 철수에게 설명해 주었다. 철수는 자기 생각에 가장 친한 친구들은 항상 함께하고 싶어 해야 한다고 선생님에게 말했다.

C는 결과(Consequences)이다. 이런 믿음은 철수로 하여금 자신이 거부당했다고 느끼게 했고 이것이 내 탓이지만 아마도 영속적이기도 한 상황이라고 여기게 했다. 영철이가 자신의 친구이기를 원치 않는다면 아마도 다른 사람들도 같은 감정을 느낄 것이고 그래서 자신은 다시 가장 친한 친구를 갖지 못할 것이다. 그 결과 철수는 이런 상황을 만성적인 것으로 확대하는 생각을 갖게 된다.

D는 반박하기(Disputation)이다. 선생님은 이런 비관적인 생각에 대해 철수와 이야기를 나누었다. 철수 자신은 영철이 하고만 시간을 함께 보내고 싶어 할까? 그렇지 않다. 친한 친구들도 때로는 즐겁게 각자 다른 친구들과 함께하기도 한다. 철수는 태권도장에 다니는데 거기에는 영철이가 아닌 다른 친구들도 있다. 철수는 태권도장에서 영철이가 없어도 시간을 잘 보냈다. 선생님은 철수가 영철과의 우정이 특별한 이유는 무엇인지, 그리고 두 사람이 공유하는 것은 무엇인지에 대해 생각해 보도록 도와주었다. 또 교사는 철수에게 친구 사이에서 두 사람이 친밀하게 어울리는 것은 무리에서 항상 어울리고 섞이는 것과는 다르다는 것을 알도록 했다.

E는 활기 얻기(Energizing)이다. 철수는 자신이 영철과 단둘이서만 함께하는 걸 즐겼다는 생각을 하게 되었다. 두 사람은 다른 친구들과도 즐거운 시간을 보낼 수 있었을 것이다. 나중에 영철을 만났을 때, 철수는 질투를 하거나 화를 내지 않고 공원에 놀러간 건 어땠는지 물어볼 수 있을 것이다.

이 접근법은 역경에 관한 우리의 믿음이나 신념이 우리가 느끼는 것 그리고 결과적으로 우리가 행동한 것에 영향을 미친다는 것을 인식하고,

다른 사고 양식이나 인지 양식을 통해 그러한 믿음을 반박하고 다른 대안을 모색함으로써 회복탄력적인 사고 양식을 길러주기 위한 것이다. 교사는 도덕 수업이나 학생들과의 대화 혹은 상담의 맥락이나 상황에서 학생들로 하여금 새로운 사고 양식을 활용하도록 돕기 위해 이 접근법을 활용할 수 있다.

2) 회복탄력성의 역할 모델 활용하기

모방은 인간에게 있어서 매우 중요한 학습 기제이며, 이것은 회복탄력성의 경우에도 예외가 될 수 없다. 교사는 도덕 수업을 통하여 학생들이 회복탄력적인 역할 모델들을 자주 접할 수 있게 해 주어야 한다. 김주환은 『회복탄력성』에서 우리가 도덕 수업을 통해 활용할 수 있는 역할 모델들을 상세하게 소개하고 있다. 이를테면 그는 회복탄력성이 높은 사람들의 사례로서 서울대 이상묵 교수, 해리포터 작가인 조앤 롤링(Joan K. Rowling), 영화배우인 에이미 멀린스(Aimee Mullins), 동화 작가 안데르센(Hans C. Andersen)과 같은 유명 인물뿐만 아니라 우리나라의 일반인 사례들을 상세하게 제시하고 있다(김주환, 2011, 21-37).

회복탄력성을 위한 교육에 있어서 교사는 특히 설명 양식(explanatory style)의 모델이 될 필요가 있다. 설명 양식은 크게 보아 누구에게 이것에 대한 책임이 있는지와 연관된 개인화(나-내가 아님), 이것이 얼마나 지속되는지와 관련한 영속성(항상-항상 아님), 그리고 이것에 의해 자신의 삶이 얼마나 많은 영향을 받고 있는지와 관련한 확산성(모든 것-모든 것이 아님)의 세 가지로 구성되며, 우리가 자신의 삶에서 경험하는 여러 사건을 설명하는 습관적이고 반성적인 방식을 의미한다. 이를테면, '나-항상-모든 것'의 설명 양식을 사용하는 사람들은 상황을 불변적이고 모두 포괄적인 것으로 생각하기 때문에 자신을 비난하고 쉽게 포기하는 경향을 보인다.

'내가 아님-항상-모든 것'의 설명 양식을 사용하는 사람들은 타인을 탓하는 경향이 많고, 역경 속에서 자신의 역할에 대한 책임을 거의지지 않는다. 이와는 반대로 '내가 아님-항상 아님-모든 것이 아님'의 설명 양식을 사용하는 사람들은 가장 낙관적이기는 하지만, 현실에 대한 정확하고 현실적인 관점은 여전히 아니다(Hall & Pearson, 2005, 13).

사실상 대부분의 스트레스나 역경이 전적으로 100% 어느 한 사람의 원인 때문은 아니다. 또한 많은 스트레스들이 무한정 지속되거나 또는 개인의 삶의 모든 영역에 걸쳐서 영향을 미치는 것은 아니다. 따라서 교사는 학생들이 현실적 낙관주의에 근거한 설명 양식을 사용하도록 본보기가 될 필요가 있다. 현실적 낙관주의란 상황을 거부·부정하지 않으면서 긍정적 전망을 유지할 수 있는 능력을 의미한다. 그것은 또한 부정적인 측면을 무시하지 않는 가운데 상황의 긍정적 측면을 바라보는 것, 긍정적인 결과는 자동적으로 발생하는 것이 아니라 노력과 문제 해결 및 계획을 통해서 성취되는 것이라는 지식에 근거하여 긍정적인 결과를 향해 실제적인 노력을 경주하는 것을 의미한다. 교사는 학생들이 직면하는 개별적인 상황들을 가능한 한 융통성 있고 정확하게 사고하는 방법을 학생들에게 시범을 보여 줌으로써 설명 양식과 현실적 낙관주의의 모델이 되어야 한다.

3) 강점과 약점을 확인하기

자신들의 삶에서 성공보다는 실패를 자주 접한 학생들은 그들 나름의 장점을 확인할 수 있는 능력을 상실한 경우가 많다. 또한 대부분의 학생들이 자신만의 강점을 확인하는 일에 적극적인 노력을 기울이지도 않는 상태다. 그러므로 교사는 도덕 수업 장면을 통해 숨겨져 있는, 망각하고 있는, 파묻혀 있는, 계발되지 않은 자기 나름의 강점과 연합된 긍정적 경험을 회상·확인할 수 있는 기회를 학생들에게 부여해야 한다(Prince-Embury,

2014, 29). 학생들이 자신의 강점을 발견·확인하기 위한 구체적인 두 가지 방안을 제시하면 다음과 같다. 이때 교사는 학생들이 자신의 생각을 기록한 후에 동료 학생들 앞에서 발표해 보게 함으로써 공적 확언 및 상호 이해의 장을 마련할 수도 있다.

첫째, 교사는 'Three I's' 활동을 전개할 수 있다. 이것은 나에 대한 세 가지 사실을 확인하는 데 초점을 맞추고 있다. 이 활동은 학생들이 소속되어 있고 안전하다고 느끼는 안전 기지(secure base), 내적 가치와 유능감인 자아 존중감, 개인적 강점과 한계에 대한 정확한 이해를 동반한 숙달감과 통제감인 자기 효능감이 회복탄력성의 발달에 있어서 중요한 요인이라는 사실에 근거한 것이다(Daniel & Wassell, 2002, 13). 사실 회복탄력성은 매우 복잡하고 신중함이 요구되는 문제이다. 예를 들어, 어떤 학생은 역경에 잘 적응하는 것처럼 보이지만, 사실은 심각한 어떤 증상을 내재화하고 있을 수도 있기 때문이다. 따라서 교사는 외현적인 학생의 대처를 액면 그대로 수용해서는 안 된다. 이 활동은 학생들이 스스로 자기 자신의 세 가지 사항에 대해 심사숙고하게 함으로서 자기 이해와 자기 인식 능력을 증가시키는 장점이 있다. 이 활동에서 교사는 학생들에게 괄호 안에 들어갈 자신에게 가장 적합한 것들을 생각하여 적도록 해야 한다.

① 나는 (   )을 가지고 있다.
② 나는 (   ) 사람이다.
③ 나는 (   )을 할 수 있다.

여기서 ①은 학생들이 현재 갖고 있는 안전 기지에 대한 이해를 제고하는 데 도움을 줄 수 있다. 그리고 ②는 건강한 자아 정체성에 대한 인식을 도울 수 있고, ③은 자기 효능감을 높여줄 수 있다. 이때 교사가 괄호 안에 들어갈 적합한 말을 학생들이 쉽게 찾을 수 있도록 스스로가 시범을 보이면 더욱 좋다.

둘째, 교사는 학생들로 하여금 지금까지 살아오면서 학생들이 처했던 곤란이나 역경을 회상하면서, 그것을 어떻게 극복했는지에 대해 성찰함으로써 학생들 스스로 자신의 강점을 찾도록 도와줄 수 있다. 이를 위해 교사는 학생들에게 다음과 같은 활동지를 부여하여 수업을 전개할 수 있다.

▶ 여러분이 다음과 같은 경우에 처했을 때를 생각해 보고, 그때 여러분이 무엇을, 어떻게 했었는지 잘 생각해 봅시다. 그리고 그것을 상세하게 기록해 봅시다.
- 어려운 일이나 시기를 극복하였을 때
- 힘든 상황으로부터 복귀하였을 때
- 어려운 일이나 시기를 쉽게 지나갔을 때
- 스스로 어려운 일에 도전을 했을 때
- 대충 적당히 하는 것으로부터 벗어나서 꼼꼼하게 어떤 일을 수행했을 때

한편 교사는 학생들로 하여금 현재 자신의 회복탄력성 수준을 자체 평가하여, 어느 부분에서 자신이 취약한지를 성찰할 수 있게 해 줄 필요가 있다. 국제 회복탄력성 프로젝트(International Resilience Project)에서는 학생들의 회복탄력성을 측정하기 위한 15개 항목의 간단한 체크리스트를 개발한 바 있다(Daniel & Wassel, 2002, 12). ① 나를 무조건적으로 사랑해 주는 사람이 있다. ② 나의 문제나 감정에 대해 이야기할 수 있는 가족 이외의 성인이 있다. ③ 나의 재능을 발휘할 때 칭찬을 받는다. ④ 나는 필요할 때 가족에게 의지할 수 있다. ⑤ 내가 닮고 싶어 하는 사람을 알고 있다. ⑥ 나는 모든 일이 잘될 것이라고 믿는다. ⑦ 나는 사람들이 나를 좋아하도록 만드는 사랑스러운 행동을 한다. ⑧ 나는 보이는 것에 비해 더 큰 힘을 가지고 있음을 믿는다. ⑨ 나는 새로운 것을 시도하고자 한다. ⑩ 내가 하는 일에서 성취하는 것을 좋아한다. ⑪ 나는 자신이 어떻게

하느냐에 따라 결과가 달라진다고 느낀다. ⑫ 나는 나 자신을 좋아한다. ⑬ 나는 과제에 초점을 맞추고 그것에 열중할 수 있다. ⑭ 나는 유머 감각이 풍부하다. ⑮ 나는 일을 시작하기 전에 계획을 세운다. 이러한 자기 진단 활동은 학생들이 회복탄력성과 관련하여 자신의 강점과 약점을 파악하게 하는 데 큰 도움을 준다.

4) 학생들에 대한 높은 기대

교사는 학생들의 회복탄력성에 있어서 매우 중요한 보호 요인이다. 학생들은 자신을 지지하고 인정하며 사랑해 주는 사람이 곁에 있을 때 회복탄력성을 발휘할 수 있다. 회복탄력성의 중요한 보호 요인으로서의 교사는 무엇보다도 먼저 학생들에 대한 높은 기대를 가져야 한다. 높은 기대를 가진 효과적이고 지속적인 교사와 학생 간의 대화와 소통은 학생들이 건전한 자아개념을 갖게 하는 데 도움을 준다. 그것은 또한 내재적인 동기를 제공하고 학생들이 성공할 수 있는 환경을 조장해 준다.

특히 학생들에 대한 높은 기대는 학생들이 긍정적 정서를 경험하게 만든다. 프레드릭슨(Fredrickson)의 '확장 및 축적 이론'에 따르면, 부정 정서가 특정 행동 경향성을 통해 선택의 범위를 축소시키는 것과는 대조적으로, 긍정 정서는 가능한 행동들에 대한 생각을 확장하고 더 넓은 사고 범위의 사고와 행동을 자각하도록 만든다고 한다. 확장 및 축적 이론에서는 긍정 정서가 창의적, 유동적, 전체적으로 사고하는 데에 도움을 주어, 우리로 하여금 신체적·사회적·지적 자원을 축적하게 만드는 기제가 된다고 설명한다. 그리고 이러한 자원은 우리가 더 오래 더 충만하게 살도록 도와준다. 우리를 긍정성으로 이끌어주는 10가지 감정들은 사랑, 기쁨, 감사, 평온(serenity), 흥미, 희망, 자랑, 재미(amusement), 영감, 경외(awe)이다. 또한 긍정 정서는 학생들의 심리적 회복탄력성을 증진시켜 주는 효과가 있다(Fredrickson, 2001, 222).

  일반적으로 학생의 행동과 교사의 기대는 상호작용한다. 교사가 학생에게 학업 성취에 있어서 더 많은 것을 기대할 때 학생들은 더 많이 성취하는 경향이 있으며, 학생이 학업에서 더욱 성공적이면 학생에 대한 교사의 기대 수준은 더 높아지는 경향이 있다. 교사가 학생의 실패에 대해 동정하거나, 단순 과제를 마친 것에 대해 지나치게 칭찬하거나, 학생이 원하지 않는 도움을 제공할 때 교사는 학생들에게 낮은 기대라는 의도하지 않은 메시지를 전달할 수도 있다(추병완, 2012, 158). 따라서 도덕 수업과 교실 생활의 장면에서 교사는 학생들에게 명확한 기대를 가지고 소통해야 한다. 교사는 학생들이 알기를 바라는 것, 할 수 있기를 바라는 것을 아주 구체적으로 제시해야 한다. 그리고 학생들에게 참된 존중과 학생의 능력에 대한 신뢰가 존재하는 분위기와 환경을 창출하여 학생들이 특정한 과업에 대한 기대를 충족시킬 수 있도록 고무시켜 주어야 한다.

  한편 교사는 학생들의 발언을 경청해야 한다. 경청하기는 상대방으로 하여금 배려를 받고 있다는 느낌을 가지도록 만들기 때문이다. 만약 타인이 자신의 말을 경청하지 않으면, 사람들은 자신이 배려를 받지 못하고 있다는 느낌을 갖게 된다. 그러므로 교사는 학생들과의 대화에 있어서 그들의 말을 경청하는 습관을 가져야 한다(김정섭, 2009, 73). 특히 도덕 수업에서 교사의 경청하기가 요구되는 상황은 학생들로 하여금 자신의 삶에 대한 내러티브를 만들 것을 요구할 때, 학생들에게 질문을 한 다음에, 학생들의 개인적인 삶에 관심을 표명할 때, 학생들로 하여금 어떤 판단이나 의사결정을 하도록 요구할 때, 학생들이 자신의 요구 사항을 교사에게 말하고자 할 때 등이다.

5) 안전한 애착에 근거한 학습공동체 구축

방어적인 배제에 의존하지 않는 가운데 정서적으로 어려운 상황에 대응할 수 있는 능력의 근원은 자신이 누군가에 의해 지지를 받고 있고 사랑을 받고 있다는 믿음에 있다. 회복탄력성의 발달과 증진에 있어서 학생들은 적어도 한 사람 이상과 매우 친밀하고 밀접한 관계를 형성해야만 한다. 역경에 직면했을 때 안정된 애착 관계는 회복탄력성과 밀접한 관계가 있다. 안정된 애착을 보이는 아동과 청소년은 학교생활을 잘하고, 또래들과 좋은 관계를 더 잘 형성하며 더 높은 주의집중력을 보인다.

회복탄력성은 아동이 소속되어 있고 안전하다고 느끼는 안전 기지와 밀접한 관계가 있기 때문에 도덕 수업이 이루어지는 장면에서 교사는 감응성과 배려를 통해 안전한 애착에 근거한 학습공동체를 만드는 데에 힘써야만 한다. 회복탄력성은 긍정적인 또래 관계, 특히 좋은 우정을 형성하는 것과 관련되어 있다. 학령기에 있어서 우정은 도덕적 삶을 학습하고 실천하는 특수한 인간관계이다. 학생들은 우정 관계를 통해 자기중심성에서 탈피하여 상호 호혜적이고 상호 주관적인 삶의 방식들을 적극적으로 학습한다. 우정은 아동에게 웰빙과 행복을 제공해 주고, 그들의 삶이 더 나은 것이 되도록 만들어 준다. 친구가 있다는 것은 스트레스의 영향을 완충시켜주고 막아주며 중재해주고, 스트레스에 대처할 수 있는 정보를 제공해 준다. 우정은 사회적 기능을 획득하거나 정교하게 만들 수 있는 맥락, 자신과 타인에 대한 지식, 스트레스 상황에서의 정서적 지지, 미래의 친밀한 관계를 위한 기초를 제공한다는 점에서 특히 중요하다.

학생들의 삶에서는 배척 자체가 매우 큰 스트레스이다. 친구의 부재는 사회적 지지의 부재를 의미하며, 그것은 낮은 자존감과 빈약한 자기 효능감을 야기한다. 사회적 지지는 스트레스의 영향을 감소시키는 완충 장치이다. 학생들은 신뢰할 수 있는 정겨운 친구를 통해 건설적 피드백과 같은 평가적 지지, 공감·신뢰·배려와 같은 정서적 지지, 충고·제안·해결책과 같은 정보적 지지, 그리고 현실적인 도움이나 서비스 제공과 같은 도구적 지지를 얻을 수 있다. 그러므로 교사는 협동학습이나 소집단 프로젝트 혹은 학급 프로젝트와 같은 수업 기법을 통하여 학생들이 서로 안전한 애착 관계를 형성할 수 있도록 도와주어야 한다.

또한 교사는 학생들이 교실 수업에 있어서 상당한 자율성을 행사할 수 있도록 해 주어야 한다. 교사는 학생들이 그들 스스로 계획을 세우고 의사 결정을 할 수 있는 기회를 부여하여 학생들이 주도성과 유능감을 가질 수 있게 해야 한다. 교사는 학생들이 삶에서 직면하는 여러 상황에서의 도덕적 실패를 기꺼이 수용하고 인정하며, 인간은 오류 가능성을 지닌 존재이기에 누구나 실패할 수 있으나 그 실패를 거울삼아 재정진할 수 있는 자세를 갖추는 것이 중요하다는 사실을 학생들이 갖게 해 주어야 한다. 그리고 모든 학생이 도덕적 삶의 실천에서 성공할 수 있다는 확고한 기대와 신념을 갖도록 해 주어야 한다.

우리가 삶에서 직면하는 많은 도전과 역경들은 정상적인 발달을 좌절시키고 무력감과 무능함을 조장하여 우리의 정신건강을 취약하게 만들 수 있다. 오늘날 학생들은 기성세대가 이전에 미처 경험하지 못했던 새로운 도전과 역경에 취해 있으며, 그것에 능동적으로 적응하거나 대처하지 못한 학생들은 매우 높은 수준의 불안 증세와 우울 증세를 경험하고 있다. 회복탄력성은 적응이나 발달의 심각한 위협에도 불구하고 좋은 결과를 이끌어내는 것을 특징으로 삼는 일군의 현상을 의미한다. 즉, 회복탄력성은 도전이나 역경 이후에 정신적·신체적인 건강이 유지·회복·향상되는 것을 의미한다.

그렇다면 도덕교육을 통해 학생들의 회복탄력성을 발달·증진시킬 수 있는 방법은 무엇인가? 이 장에서는 이에 대한 분명한 해답을 찾고자 하였다.

이에 여기서는 회복탄력성의 개념 정의와 교육적 중요성에 대해 살펴보고, 학생들의 회복탄력성을 증진하기 위한 싱가포르, 미국, 호주의 성공적인 교육적 개입 사례들을 분석하였다. 이를 토대로 하여 여기서는 도덕교육을 통해 회복탄력성을 증진시킬 수 있는 지도 방법으로서 ABCDE 접근법, 회복탄력성의 역할 모델 활용하기, 강점과 약점을 확인하기, 학생들에 대한 높은 기대, 안전한 애착에 근거한 학습공동체 구축을 제안하였다.

  자기를 수용하고, 자신의 개인적 성장에 대한 관심을 가지며, 삶의 의미와 목적을 갖고, 자율적으로 행동하며, 타인들과 긍정적인 관계를 맺고, 자기를 조절할 수 있는 능력을 갖춘 사람들은 대개가 높은 회복탄력성을 보인다. 그리고 이러한 사람의 모습은 도덕교육이 지향하는 이상적인 인간의 모습과 크게 다를 바가 없다. 모든 학생이 스트레스와 역경을 극복하고 회복탄력적인 사람이 되기 위해서는 그들의 능력을 신뢰할 수 있는 적어도 한 명의 카리스마적인 성인을 곁에 두고 있어야 한다. 그리고 우리는 이제 도덕 교사가 그런 성인이 되어야 할 중요한 시점에 와 있다. 학생들의 회복탄력성에 영향을 주는 카리스마적인 성인으로서의 도덕 교사는 학생들에게 마음을 열고, 그들에게 손을 뻗쳐 다가가서 웃어주고, 이름을 불러주고, 개별 학생에 대한 높은 기대와 배려를 보여 준다. 그는 학생의 자율성과 주도성을 존중하고, 교사와 학생 간 그리고 학생들 간의 안전한 애착 관계 형성을 통해 교실을 하나의 응집력 있는 학습공동체로 만든다. 그리고 인지 양식과 문제 해결 기능을 활용하여 학생들이 스트레스나 역경을 이전과는 다른 방식으로 파악하도록 끊임없이 고무시켜 준다. 그러므로 도덕 교사는 학교에서 학생들의 회복탄력성을 증진·발달시키는 데 있어서 가장 결정적인 역할을 수행하는 보호 요인이라는 사실을 우리는 한시도 잊어서는 안 될 것이다.

■ 참고 문헌

김정섭(2009), "학교공동체의 심리", 한대동 외 7인 공저, 『배움과 돌봄의 학교공동체』 (pp. 59-84), 서울: 학지사.
김주환(2011), 『회복탄력성』, 서울: 위즈덤하우스.
최인재(2012), 『청소년 건강 실태 및 대응 방안』, NYPI 청소년 정책 리포트 30, 서울: 한국청소년정책연구원.
추병완(2013), "도덕 교과에서의 행복교육: 긍정심리학과 긍정교육의 시사점", 『도덕윤리과교육』, 40, 53-76.
추병완(2012), 『도덕교육의 새 지평』, 고양, 인간사랑.
Atkinson, P. A., Martin, C. R. & Rankin, J. (2009), "Resilience revisited", *Journal of Psychiatric and Mental Health Nursing*, 16, 137-145.
Brooks, R. B. (2013), "The power of parenting", In S. Goldstein & R. B. Brooks (Eds.), *Handbook of resilience in children* (pp. 443-458), 2nd edition, New York: Springer.
Connor, K. M. & Davidson, J. R. T. (2003), "Development of a new resilience scale: The Connor-Davidson resilience scale", *Depression and Anxiety*, 18, 76-82.
Daniel, B. & Wassell, S. (2003), *Assessing and promoting resilience in vulnerable children*, London: Jessica Kingsley Publishers.
Doll, B. (2013), "Enhancing resilience in classrooms", In S. Goldstein & R. B. Brooks (Eds.), *Handbook of resilience in children* (pp. 399-409), 2nd edition, New York: Springer.
Fredrickson, B. L. (2001), "The role positive emotions in positive psychology: The broaden and build theory of positive emotions", *American psychologist*, 56(3), 218-226.
Goldstein, S. & Brooks, R. B. (2013), "Why study resilience?", In S. Goldstein & R. B. Brooks (Eds.), *Handbook of resilience in children* (pp. 3-14), 2nd edition, New York: Springer.
Hall, D. K. & Pearson, J. (2005), "Resilience-Giving children the skills to bounce back", *Education and Health*, 23(1), 12-15.
Hooper, J. (2012), *What children need to be happy, confident and successful:*

Step by step positive psychology to help children flourish, London: Jessica Kingsley Publications.

Kristjánsson, K. (2012), "Positive psychology and positive education: Old wine in new bottles?", *Educational Psychologist*, 47(2), 86-105.

Masten, A. S. (2011), "Ordinary magic: Resilience processes in development", *American Psychologist*, 56(3), 227-238.

Noble, T. & McGrath, H., (2014), "Well-being and resilience in school settings", In G. A. Fava & C. Ruini (Eds.), *Increasing psychological well-being in clinical and educational settings* (pp. 135-152), New York, Springer.

Peterson, A. (2006), *A primer in positive psychology*, Oxford: Oxford University Press.

Peterson, C. & Seligman, M. E. P. (2004), *Character strengths and virtues*, Oxford: Oxford University Press.

Prince-Embury, S. (2014), "Three-factor model of personal resiliency and related interventions", In S. Prince-Embury & D. H. Saklofske (Eds.), *Resilience interventions for youth in diverse populations* (pp. 25-57), New York: Springer.

Reivich, K. & Shatté, A. (2002), *The resilience factor: Seven keys to finding your inner strength and overcome life's hurdle*, New York: Broadway Books.

Reivich, K., Gillham, J. E., Chaplin, T. M. & Seligman, M. E. P. (2013), "From helplessness to optimism: The role of resilience in treating and preventing depression in youth", In S. Goldstein & R. B. Brooks (Eds.), *Handbook of resilience in children* (pp. 201-214), 2nd edition, New York: Springer.

Ryff, C. D. & Singer, B. (2003), "Flourishing under fire: Resilience as a prototype of challenged thriving", In C. L. M. Keyes & J. Haidt (Eds.), *Flourishing: Positive psychology and the life well-lived* (pp. 15-36), Washington, DC: American Psychological Association.

Ryff, C. D. & Singer, B. (1998), "The contours of positive human health", *Psychological Inquiry*, 9(1), 1-28.

Seligman, M. E. P. (2007), *Optimistic children*, New York: Mariner Books.
Seligman, M. E. P., Ernst, R. M., Gillham, J., Reivich, K. & Linkins, M. (2009), "Positive education: Positive psychology and classroom interventions", *Oxford Review of Education*, 35(3), 293-311.
Seligman, M., Reivicj, K., Jaycox, L. & Gillham, J. (2007), *The optimistic Child: A proven program to safeguard against depression and building lifelong resilience*, New York: Houghton Mifflin Books.
Singapore Ministry of Education (2014), *2014 Syllabus Character and Citizenship Education: Primary*, Singapore: Student Development Curriculum Division, Ministry of Education.
Tugade, M. M., Fredrickson, B. L. & Barret, E. F. (2004), "Psychological resilience and positive emotion granularity: Examining the benefits of positive emotions on coping and health", *Journal of Personality*, 72(6), 1161-1190.
World Health Organization (2011), *Mental health atlas 2011*, Geneva: World Health Organization Press.
Wright, M. O., Masten, A. S. & Narayan, A. J. (2013), "Resilience processes in development: Four waves of research on positive adaptation in the context of adversity", In S. Goldstein & R. B. Brooks (Eds.) (2013), *Handbook of resilience in children* (pp. 15-37), 2nd edition, New York: Springer.

■ 찾아보기

(ㄱ)

가면성 우울증 ············· 285
가시방석 기법 ············· 300
가치 질문 탐색 ············· 94
가치·덕목 ······ 20, 70, 100, 101, 110, 140, 141, 272, 305
감사 방문 ············· 47, 267, 276, 278
감사 성향 ······ 47, 48, 259, 266, 267, 269, 272, 273, 274, 276, 277, 278
감사 연습 ············· 259, 272, 274, 275, 276, 277, 278
객관적 자연주의 ············· 144
거머 ············· 192
결핍 모델 ············· 39
경로 사고 ······ 43, 93, 209, 210, 211, 212, 213, 217, 218, 220, 221, 225
고양 ············· 11
공통의 인간성 ············· 182
공포 관리 이론 ············· 27
교훈 학습 ············· 153
구성주의 ············· 131
국제 회복탄력성 프로젝트 ············· 312
그릿 ············· 75, 91, 92, 126
근본 이론 ············· 142
긍정 건강 ············· 53, 73, 74, 88, 103
긍정 관계 ············· 52, 53, 73, 85, 99, 100, 103

긍정 관여 ············· 53, 73, 75, 90, 103
긍정 도덕교육 ············· 1, 20
긍정 목적 ············· 53, 73, 75, 93, 103
긍정 성취 ············· 73, 75, 91, 92, 103
긍정 훈육 ············· 22, 23, 24, 61

(ㄴ)

나딩스 ············· 132
나르시시즘 ············· 180, 186, 188, 266
나바이즈 ············· 8
네프 ············· 181, 184, 187, 195, 196
넷 세대 ············· 7
뇌 체조 ············· 102
니산 ············· 14

(ㄷ)

대인관계 ············· 22, 43, 177, 186, 192
대표 강점 ······ 39, 53, 54, 59, 60, 73, 79, 84, 101, 162, 164, 165
데이먼 ············· 112, 115, 124, 132
도덕 정서 ······ 16, 29, 46, 230, 231, 238, 252, 278
도덕과 교육과정 ············· 5
도덕성 ······ 10, 11, 15, 16, 19, 20, 24, 26, 30, 160, 201, 229, 231, 238, 272, 306
도덕적 강화인자 ············· 265

도덕적 고통 ·· 31
도덕적 권태 ·· 6
도덕적 균형 ·· 14
도덕적 동기 ·· 264
도덕적 면허 ·· 15
도덕적 세정 ·· 15
도덕적 역량 ·· 21
도덕적 이탈 ·· 10
도덕적 전문 기술 ································· 9
도덕적 지표 ·· 264
도덕적 판단 ············· 21, 62, 186, 193
도덕적 향상 ·· 9
도식 ·· 24
도식적 편향 ·· 269
돌레잘 ··· 127
드리커스 ··· 22
디지털 네이티브 ································· 7
디지털 시민성 ····································· 8

(ㄹ)
로버츠 ··· 260
로저스 ··· 181
루스벨트 ··· 32
리더십 ····························· 84, 94, 98
리프 ·· 125

(ㅁ)
마음 챙김 ··· 182
마음 챙김 자기 자비 ························· 195
매컬러 ··· 263
매티슨 ··· 134
머슬로우 ··· 181

멀티태스킹 ··· 7
메츠 ······································ 56, 142, 143
모델링 ··· 29, 150, 157, 158, 162, 277
목적의식 ········ 53, 94, 110, 111, 113,
  114, 115, 116, 119, 120, 121, 123,
  124, 125, 127, 130, 133, 134, 159,
  164, 167, 176, 304, 305
목표 사고 ··· 43
목표 코칭 ··· 92
민주 시민성 ··· 8

(ㅂ)
바우마이스터 ······································ 148
바운스백 프로그램 ······· 302, 303, 304
반추 ······································ 160, 183, 187, 188
발문 전략 ··· 200
배려 ······ 6, 11, 74, 85, 100, 140, 152,
  153, 199, 216, 295, 305, 314, 315,
  316, 317
밴두라 ··· 157
버거 ·· 258
베어드 ··· 160
불안 ········ 47, 50, 51, 52, 57, 68, 74,
  95, 125, 126, 151, 168, 176, 179,
  186, 187, 188, 230, 235, 291, 293,
  297, 299, 301, 302, 316
브랑크 ··························· 112, 115, 130

(ㅅ)
사이버 웰니스 ····································· 284
사회 학습 ························ 157, 158, 162
사회정서학습 ······································ 294

삶의 만족 ············ 20, 37, 43, 44, 47,
　52, 109, 122, 126, 146, 164, 165,
　166, 168, 189, 208, 220, 230, 244
상향적 호혜성 ······························ 259
생태 시민성 ·· 8
설명 양식 ·· 309
성장 마인드세트 ················ 80, 91, 92
성찰 ····· 8, 12, 53, 89, 133, 135, 231,
　240, 241, 245, 246
성품 목록 ·· 101
셀리그먼 ·············· 37, 38, 39, 41, 53,
　70, 71, 72, 73, 125, 244, 246, 297,
　298, 307
쉬넬 ·· 147
스나이더 ·· 43
스미스 ·· 263
스테거 ···························· 146, 161, 163
신 중심 관점 ·································· 143
신경과학 ·· 102
신경신화 ··· 8
실존적 공허 ······································· 5
실존적 신경증 ································ 139
심리적 비평형 ·································· 31
심리적 웰빙 ···································· 125
심리적 회복탄력성 ························ 166
싱가포르 ············· 294, 295, 296, 317

(ㅇ)
아리스토텔레스 ········ 10, 19, 20, 142
안전 애착 ············ 150, 151, 152, 157
에릭슨 ·· 156
에먼스 ·· 261

에우다이모니아 ································ 19
엘리스 ·· 300
역할놀이 ·· 196
열린 교육 ·· 13
영혼 중심 이론 ······························ 143
왜 질문 ·· 132
우울증 ············· 37, 52, 68, 146, 164,
　180, 187, 215, 278, 285, 291, 292,
　297, 298, 299
워너 ·· 154
유대감 ················ 149, 150, 158, 159,
　166, 189, 196
음미 경험 ········ 239, 240, 241, 243,
　246, 248, 250
음미 신념 ······························ 243, 244
음미 전략 ·········· 231, 242, 243, 245,
　247, 248, 249, 252
음미 처리 ······························ 241, 242
의미에의 의지 ································ 159
이득 평가 교육과정 ············· 47, 270,
　277, 278
인간 번영 ·· 279
인격과 시민성교육 ········ 294, 295, 296
인생 내러티브 ······················ 160, 161
인성 특질 ·· 69
인성교육진흥법 ···························· 3, 98
인지 발달 ···· 122, 150, 153, 154, 155
인지 양식 ·· 302
일관성 ··· 117, 146, 147, 215, 216, 305

(ㅈ)
자기 결정 이론 ································ 42

자기 공감 ················· 181
자기 대화 ············· 199, 200, 218
자기 동정 ················· 184
자기 친절 ········· 182, 185, 187, 199,
    200, 201
자기 통제 ········ 52, 53, 201, 279, 293
자기 효능감 ······· 157, 182, 190, 221,
    234, 265, 298, 311, 315
자기중심주의 ················· 6
자비 초점 치료 ············· 194
자아 강도 ················· 134
자아실현 웰빙 ·············· 125
자연주의 ················· 143
자족 편향 ················· 275
자존감 ··················· 178
잠재적 교육과정 ············· 98
점화 ···················· 24
정서 조절 ········· 56, 181, 229, 230,
    231, 238, 239, 245, 252, 298
정체성 자본 모델 ············ 120
정체성 형성 이론 ············ 120
제임스 ·················· 178
조던 ···················· 181
주관적 자연주의 ············· 144
주도 사고 ········· 43, 93, 210, 211,
    212, 214, 217, 218, 220, 221, 225
죽음 현출성 ··············· 27
증거 기반 ················· 30
지롱 그래머 스쿨 ············· 96
지혜의 상처 ················ 129
짐멜 ···················· 263

(ㅊ)
창조적 가치 ··············· 148
체험적 가치 ··············· 148
초자연주의 ········· 143, 144, 145
최상의 가능한 자아 ········ 166, 225,
    248, 249
추도문 ·················· 129
축복 헤아리기 ········· 47, 230, 242,
    243, 266, 267, 275, 276
친사회적 행동 ········· 11, 25, 27, 28,
    47, 122, 163, 231, 264, 265, 278

(ㅋ)
칸트 ···················· 142
케건 ···················· 150
케케스 ·················· 169
쾌락주의적 적응 예방 모델 ······· 37
퀸 ····················· 113
키케로 ·················· 272
킹 ················· 166, 249

(ㅌ)
타일러 ···················· 4
태도적 가치 ··············· 148
통 ····················· 236
통찰력 ·········· 55, 153, 154, 293
트랜스휴머니스트 ·············· 9

(ㅍ)
펜실베이니아 회복탄력성 프로그램
    ······ 50, 51, 78, 88, 299, 300, 302

평온 ············· 54, 89, 149, 189, 237, 238, 245, 252, 301, 313
프랭클 ················ 114, 145, 148, 159
프레드릭슨 ············ 55, 86, 234, 235, 262, 313
플로리싱 ········· 6, 20, 21, 36, 53, 69, 70, 73, 81, 82, 85, 96, 98, 99, 101, 103, 104, 122, 125, 140, 157, 159, 160, 177, 224
플로우 ······························· 166
피아제 ························· 14, 154

(ㅎ)
하이트 ························ 29, 238
학교 기반 긍정심리학 개입 ··········· 62
해비거스트 ························ 155
허무주의 ····················· 140, 145

화이트헤드 ··························· 12
확장 및 축적 이론 ········· 25, 42, 74, 86, 224, 230, 231, 234, 235, 262, 313
확증 ································ 132
회복탄력적인 마인드세트 ············ 288
희망 개입 ············· 43, 44, 209, 217, 219, 220, 221, 222, 225
희망 이론 ············· 43, 91, 93, 209, 210, 211, 214, 217, 219, 221, 222, 223, 224
희소성 ····························· 250

(기타)
ABCDE 접근법 ······················ 307
PERMA 모델 ························ 41
PURE 모델 ························ 146
VIA ······························· 164

긍정 도덕교육론

1판1쇄 발행 2019년 3월 2일

지은이 추병완
펴낸이 김진수
펴낸곳 **한국문화사**
등 록 1991년 11월 9일 제2-1276호
주 소 서울특별시 성동구 광나루로 130 서울숲 IT캐슬 1310호
전 화 02-464-7708
팩 스 02-499-0846
이메일 hkm7708@hanmail.net
홈페이지 www.hankookmunhwasa.co.kr

책값은 뒤표지에 있습니다.

잘못된 책은 구매처에서 바꾸어 드립니다.
이 책의 내용은 저작권법에 따라 보호받고 있습니다.

ISBN 978-89-6817-735-4 93370

이 도서의 국립중앙도서관 출판예정도서목록(CIP)은 서지정보유통지원시스템 홈페이지
(http://seoji.nl.go.kr)와 국가자료종합목록시스템(http://www.nl.go.kr/kolisnet)에서
이용하실 수 있습니다. (CIP제어번호: CIP2019004841)